高校转型发展系列教材

生产计划与控制

梁 迪 单麟婷 主编

清华大学出版社
北 京

内 容 简 介

本书系统地介绍了生产计划与控制的理论、方法和案例，包括各种新思想、新理论和新方法，主要内容包括绪论，产品开发与设计，库存控制、生产预测，综合计划，主生产计划，MRP、MRPⅡ与ERP，生产作业计划，生产控制及绩效控制，供应链管理等。为提升实践与应用能力，本书还特别编写了相关的案例及习题。

本书可作为高等院校的工业工程及物流工程、项目管理、管理科学与工程等相关专业的本科生、硕士研究生教学用书和参考书，还可作为企业从事生产管理人员的参考书或培训教材。

本书封面贴有清华大学出版社防伪标签，无标签者不得销售。
版权所有，侵权必究。举报：010-62782989，beiqinquan@tup.tsinghua.edu.cn。

图书在版编目(CIP)数据

生产计划与控制/梁迪，单麟婷主编. —北京：清华大学出版社，2022.8
高校转型发展系列教材
ISBN 978-7-302-61139-4

Ⅰ. ①生… Ⅱ. ①梁… ②单… Ⅲ. ①工业生产计划—高等学校—教材 ②工业生产—生产过程—生产管理—高等学校—教材 Ⅳ. ①F402.1 ②F406.2

中国版本图书馆 CIP 数据核字(2022)第 110441 号

责任编辑：施　猛
封面设计：常雪影
版式设计：孔祥峰
责任校对：马遥遥
责任印制：刘海龙

出版发行：清华大学出版社
　　　　　网　　址：http://www.tup.com.cn，http://www.wqbook.com
　　　　　地　　址：北京清华大学学研大厦A座　　邮　编：100084
　　　　　社 总 机：010-83470000　　邮　购：010-62786544
　　　　　投稿与读者服务：010-62776969，c-service@tup.tsinghua.edu.cn
　　　　　质 量 反 馈：010-62772015，zhiliang@tup.tsinghua.edu.cn
印 装 者：三河市铭诚印务有限公司
经　　销：全国新华书店
开　　本：185mm×260mm　　印　张：24.25　　字　数：573 千字
版　　次：2022 年 10 月第 1 版　　印　次：2022 年 10 月第 1 次印刷
定　　价：79.00 元

产品编号：088331-01

前言

工业工程是对人员、物料及设备等集成系统进行设计、改进及运用的一门科学。生产计划与控制属于工业工程领域重要研究方向之一。它是研究如何将生产要素组成有机系统并有效地运营、改善，创造出产品和服务的一门学科，也是随着近代工业的产生、发展而成长起来的一门实践性很强的学科。生产计划与控制的目的在于跟踪市场需求的变化，合理安排物料、设备、人力资源和资金等，以降低生产成本、缩短交货期、提高产品质量及企业运行的效率，使生产系统达到最优功效。企业也正是通过生产计划与控制这项基本职能，将各项生产要素组织成现实生产力，按市场需求创造出物质产品和服务，并不断提高企业的经济效益和社会效益，最终实现企业愿景。

"互联网+"时代的到来使传统企业面临划时代的挑战和机遇。促进中国企业由"中国制造"向"中国智造"转变，以迎接日益严峻的全球性变革，是生产计划与控制课程教学不可推卸的责任与义务。因此，我们需要从原理、技术和方法等各个层面对传统教材进行创新与改进。

本书在阐述生产计划与控制主要基础理论的同时，也提供了一些国内外知名企业的应用案例，启发读者通过本书的理论学习和案例解读，学会生产计划与控制的基础理论与研究方法，尤其是增强科学分析和解决生产系统实际问题的能力。

本书在内容和结构安排方面具有以下特点。其一，注重理论基础的系统性。本书以培养工程应用型人才为目标，清晰地阐述了生产计划与控制的基本概念、基本原理、基本方法与实际应用。其二，内容具有鲜明的时代性。本书内容和资料符合当下社会发展的需求，反映本学科前沿领域的进展与发展方向，以增强读者的专业责任感和使命感。其三，案例和习题具有工程实践背景。本书选用的大部分案例和习题是工程中遇到的实际问题，将解决实际工程问题的氛围融于案例研讨的训练中，以切实提高读者思考和解决问题的能力。

第1、2、4章由梁迪编写；第3、6章由苏莹莹、张天瑞、亓祥波、於春月和潘苏蓉编写；第5、7章由王丽莉编写；第8、9、10章由单麟婷编写；案例及习题由潘欲成编写。

编写本书过程中，编者参考了有关著作和资料，并得到了吉林大学孔繁森教授及许多专家的帮助，在此一并表示衷心的感谢。

鉴于编者水平有限，书中难免存在不足之处，敬请读者批评指正。

反馈邮箱：wkservice@vip.163.com。

编 者

2022年5月

目录

第1章 绪论 ... 1
1.1 生产和生产系统 ... 1
1.1.1 生产 ... 1
1.1.2 生产系统 ... 3
1.1.3 工业企业的生产系统 ... 5
1.1.4 生产过程规划的层次 ... 7
1.2 生产类型 ... 11
1.2.1 按生产过程组织方式分类 ... 11
1.2.2 按生产的形态分类 ... 13
1.2.3 按成品库存或产品需求特性分类 ... 15
1.2.4 按生产过程结构分类 ... 18
1.2.5 按行业特点分类 ... 21
1.3 生产管理 ... 22
1.3.1 生产管理概述 ... 22
1.3.2 生产管理的新趋向 ... 23
1.3.3 生产管理的基本职能 ... 24
1.4 生产计划与控制概述 ... 26
1.4.1 生产计划 ... 26
1.4.2 生产控制 ... 30
1.5 企业制造战略 ... 31
1.5.1 制造战略的制定构架 ... 32
1.5.2 制造战略的制定 ... 35
1.5.3 制造战略的竞争优势选择 ... 39

第2章 产品开发与设计 ... 45
2.1 产品开发决策 ... 45
2.1.1 产品开发的概念和新产品的分类 ... 46
2.1.2 产品开发的重要意义 ... 46
2.1.3 产品开发策略 ... 47
2.1.4 产品开发程序 ... 48

        2.1.5 产品开发方式 ·· 49
    2.2 产品设计过程 ·· 50
        2.2.1 产品设计的重要性 ·· 50
        2.2.2 产品设计的要求 ·· 51
        2.2.3 产品设计的阶段 ·· 52
        2.2.4 产品设计的原则 ·· 54
    2.3 面向顾客的产品设计 ·· 55
        2.3.1 质量功能展开 ·· 55
        2.3.2 价值分析与价值工程 ·· 60
    2.4 产品设计和生产类型的关系 ·· 64
        2.4.1 产品生命周期 ·· 64
        2.4.2 生产系统定位 ·· 67
        2.4.3 经济分析 ·· 70
    2.5 产品设计开发新趋势 ·· 73
        2.5.1 并行的产品设计方法 ·· 73
        2.5.2 计算机技术在产品设计中的运用 ·· 76

第3章 库存控制 ·· 81
    3.1 库存概述 ·· 81
        3.1.1 库存的定义 ·· 81
        3.1.2 库存的类型 ·· 82
        3.1.3 库存的作用 ·· 85
        3.1.4 库存成本 ·· 87
        3.1.5 库存控制常用术语 ·· 88
    3.2 库存控制方法 ·· 89
    3.3 独立需求下的库存控制 ·· 93
        3.3.1 定量控制系统 ·· 93
        3.3.2 定期订货系统 ·· 95
        3.3.3 定量控制系统与定期订货系统的比较 ·· 96
    3.4 独立需求下的库存控制模型 ·· 97
        3.4.1 经济订货批量模型 ·· 97
        3.4.2 经济生产批量模型 ·· 100
        3.4.3 价格折扣模型 ·· 102
        3.4.4 再订货点模型 ·· 106

第4章 生产预测 ·· 113
    4.1 生产预测概述 ·· 113

  4.1.1　预测的概念和分类 113
  4.1.2　需求预测的作用和步骤 115
 4.2　定性预测 117
  4.2.1　研讨性方法 117
  4.2.2　调查试验法 119
 4.3　定量预测 120
  4.3.1　时间序列预测 120
  4.3.2　因果预测 131

第5章　综合计划 137
 5.1　生产能力概述 137
  5.1.1　生产能力及其相关概念 137
  5.1.2　生产能力的分类 141
  5.1.3　生产能力的影响因素 141
  5.1.4　生产能力的测定 142
  5.1.5　生产能力的调节与平衡 143
  5.1.6　工作中心 145
 5.2　生产能力的计算分析 147
  5.2.1　生产能力的计算 147
  5.2.2　生产能力的需求分析 153
 5.3　生产能力的动态分析 154
  5.3.1　规模经济 155
  5.3.2　学习曲线 155
 5.4　综合计划概述 159
  5.4.1　综合计划的概念及地位 159
  5.4.2　综合计划的编制策略 160
  5.4.3　综合平衡 164
 5.5　编制综合计划的技术 166
  5.5.1　编制综合计划的步骤 166
  5.5.2　综合计划编制方法 168
  5.5.3　服务企业的综合计划 173

第6章　主生产计划 179
 6.1　从综合计划到主生产计划 179
 6.2　主生产计划概述 180
  6.2.1　主生产计划的相关术语 181
  6.2.2　主生产计划与其他制造活动之间的关系 182

6.2.3　主生产计划的计划对象 182
6.3　主生产计划的编制 183
　　6.3.1　主生产计划的编制原则 183
　　6.3.2　主生产计划的编制步骤 183
　　6.3.3　主生产计划中的批量安排 188
6.4　粗能力计划 190
　　6.4.1　粗能力计划概述 190
　　6.4.2　粗能力计划的编制方法 191
　　6.4.3　粗能力计划的决策 198

第7章　MRP、MRP II 与 ERP 205

7.1　物料需求计划 MRP 205
　　7.1.1　MRP 的发展过程 206
　　7.1.2　MRP 的基本思想和基本内容 206
　　7.1.3　MRP 的流程 207
　　7.1.4　MRP 的计算过程 213
7.2　细能力计划 216
　　7.2.1　细能力计划的作用和分类 216
　　7.2.2　细能力计划的分析步骤 217
　　7.2.3　细能力计划的计算过程 218
7.3　制造资源计划 MRP II 226
　　7.3.1　闭环 MRP 226
　　7.3.2　从闭环 MRP 到 MRP II 229
　　7.3.3　MRP II 的基本原理和功能描述 229
　　7.3.4　MRP II 的特征 230
　　7.3.5　MRP II 的财务系统 232
7.4　企业资源计划 ERP 232
　　7.4.1　从 MRP II 到 ERP 232
　　7.4.2　ERP 同 MRP II 的主要区别 234
　　7.4.3　ERP 软件 235

第8章　生产作业计划 243

8.1　生产作业计划概述 243
　　8.1.1　生产作业计划的任务 244
　　8.1.2　生产作业计划的工作内容 245
　　8.1.3　生产作业计划的目标及决策问题 245
　　8.1.4　生产作业计划的分类及特点 247

         8.1.5 编制生产作业计划的依据及方法 248
    8.2 大量流水生产的生产作业计划 249
         8.2.1 大量流水生产的特点 249
         8.2.2 大量流水生产的期量标准 250
         8.2.3 大量流水生产的生产作业计划的编制 256
    8.3 成批生产的生产作业计划 259
         8.3.1 成批生产的特点 259
         8.3.2 成批生产的期量标准 260
         8.3.3 成批生产的生产作业计划的编制 268
    8.4 单件小批量生产的生产作业计划 273
         8.4.1 单件小批量生产的特点 273
         8.4.2 单件小批量生产的期量标准 273
         8.4.3 单件小批量生产的生产作业计划的编制 274
    8.5 作业排序 275
         8.5.1 作业排序概述 275
         8.5.2 作业排序方法 279
    8.6 项目型生产作业计划 284
         8.6.1 构建项目的网络模型 284
         8.6.2 编制项目的进度计划 287

第9章 生产控制及绩效控制 301
    9.1 生产控制概述 301
         9.1.1 生产控制的概念 302
         9.1.2 生产控制的特性 303
         9.1.3 生产控制任务 303
         9.1.4 生产控制的方式 304
         9.1.5 生产控制的方法 305
         9.1.6 生产控制的作用及程序 306
    9.2 生产调度系统 307
         9.2.1 生产调度概述 308
         9.2.2 生产调度原则 308
         9.2.3 生产调度工作制度 309
         9.2.4 生产调度机构 311
         9.2.5 生产调度工作程序 312
    9.3 生产进度控制 316
         9.3.1 生产进度控制概述 316
         9.3.2 生产进度控制常用工具 317

9.3.3 常用的生产进度控制措施 321
9.4 生产绩效控制 325
9.4.1 生产成本控制概述 325
9.4.2 目标成本的制定 327
9.4.3 成本差异的计算和分析 330
9.4.4 基于作业的成本控制 333
9.5 生产率控制 340
9.5.1 生产率控制的基本概念及运行过程 340
9.5.2 生产率测评 341
9.5.3 生产率的提高 344
9.5.4 人力资源与提高生产率 346

第10章 供应链管理 359
10.1 供应链及其牛鞭效应 359
10.1.1 供应链的发展阶段 359
10.1.2 供应链的概念 360
10.1.3 供应链中的"三流" 361
10.1.4 供应链中的牛鞭效应 361
10.2 供应链的管理与设计 364
10.2.1 供应链管理概述 364
10.2.2 供应链的设计 366
10.3 快速响应供应链体系 368
10.4 供应链全球化的趋势 371
10.4.1 全球供应链管理概念 371
10.4.2 全球供应链的类型 372
10.4.3 全球供应链的趋势和影响 372

参考文献 376

第1章 绪论

1.1 生产和生产系统

1.1.1 生产

生产是以一定生产关系联系起来的人们所利用的劳动资源,通过改变劳动对象使其适合人们需要的过程。简言之,生产主要是指物质资料的生产。通过物质资料生产,一定的原材料能够转化为特定的有形产品。人类文明的发展历史表明,生产的进步推动着社会的进步,生产是人类社会生存和发展的基础。服务业的兴起,使生产的概念得到延伸和扩展。过去,西方学者把与工厂联系在一起的有形产品的制造称为"production"(生产),而把提供劳务服务的活动称为"operations"(运作)。现在,他们有时将两者均称为"operations",将有形产品和劳务都称为"财富",把"生产"定义为创造财富的过程,从而把生产的概念扩大到非制造领域。然而事实上,现代社会已经很难将制造产品和提供服务完全分开,几乎不存在单纯制造产品而不提供任何服务的企业。一个汽车制造厂如果只将汽车销售给顾客,而不提供售后服务,不会有顾客愿意购买其产品。不同企业只是提供产品和服务的比重不同,如汽车制造厂提供产品的比重大一些,而餐馆提供服务的比重大一些。当然,单纯提供服务而不提供任何有形产品的企业也是存在的,比如,咨询公司就是典型的例子。

从一般意义上讲,生产又可以理解为一切社会组织将它的输入转化为输出的过程。这种转化是在生产运作系统中完成的。生产运作系统是由人和机器构成的,是能将一定输入转化为特定输出的有机整体。生产与运作管理是对生产运作系统的设计、运行与维护过程的管理,包括对生产运作活动进行计划、组织与控制。生产计划与控制属于生产与运作管理的范畴,并且是生产与运作管理的核心。

现代生产是一个把生产要素转换为有形产品和无形产品(服务),创造经济财富并增加附加价值的过程。从生产形成过程的角度看,凡是将投入的生产要素转换为有效产品和无形产品(服务)的活动便可称为生产。生产活动包括投入、转换和产出三个基本环节。

1. 投入(input)

投入指的是生产活动所需要的各种资源(人力、设备、物料、信息、技术、能源、土地等生产要素)的取得、使用、消耗及转化状态。内部投入分为直接投入和间接投入两种。

直接投入指在生产过程中被全部消耗掉的资源，其中包括成为产品组成部分的原材料、毛坯及外购零、配件等主要材料，也包括不转换为产品组成部分但消耗掉的辅助材料，如润滑油、溶剂以及水、电、汽等，还包括劳动力中直接消耗于生产过程的人工、直接用于生产过程的机器设备等。按生产要素的价值形态即成本而言，上述各类直接投入的材料成本、人工成本、设备折旧费等构成了产品制造费用。

间接投入包括间接参与产品形成的人工，如管理者和技术人员的劳动，以及技术和管理的投入。这部分消耗构成产品成本中的管理费用。

直接投入和间接投入都属于企业能够主动控制的内部投入，而企业本身无法控制的投入称为外部投入，如技术经济发展的信息和用户需求信息等。

2. 转换(transformation process)

转换是企业完成产品制造和有效服务的主体活动。各行业的转换过程各具特点：制造业主要涉及实物形体转换；运输行业主要涉及位置转换；通信行业主要涉及信息转换；仓储行业主要涉及物资的储存和重新配送；零售行业主要涉及商品交换或者商品所有者的交换。扩大到非营利性组织，医疗行业实现人的身体状况的转换，就是将作为"投入"的病人经诊断和治疗等转换环节"输出"健康的人；各类学校实现知识转换，就是将"投入"的学生经传授知识和训练技能等转换环节"输出"德、智、体全面发展的人。当然，这些转换并非相互排斥，如行业或企业可以兼备多种转换功能，如制造企业除了对产出的产品完成形体转换外，还要通过用户辨识产品质量和价格的方法来实现信息转换的功能；又如企业难免要存储和发送产品，为实现产品的位置转换和重新配送功能，企业还要设立销售部门来完成交换功能。

3. 产出(output)

生产过程的直接产出有两种形式，即有形产出和无形产出。有形产出指企业出产的实物产品，如汽车、冰箱、牙膏、打印机等物质产品；无形产出指服务，如咨询、设计方案、快递服务、送货服务等非物质产品。这些有形产出和无形产出均属于生产过程的直接产出。除此之外，还有对社会产生影响的间接产出，包括税收、工资、奖金、技术发展及环境等。

所有产出的产品和服务都需要为用户提供价值，这种价值即效用。产品效用通常体现为以下几种形式：形体转换，是指物质产品形体变化带来的效用，如汽车、冰箱等；位置转换，是指地点变换带来的效用，如运输等；信息转换，是指将初始信息转换为有用信息带来的效用，如管理咨询和市场调查报告等。

1.1.2 生产系统

工业企业将上述投入、转换和产出集成于一体，构成生产系统(production system)。"系统"意味着生产是一个整体，各个环节不能相互分离地运作，然而构成生产系统的各个环节仍具备自身的特征。生产系统是指与实现生产目标规定的有关的生产单位的集合体，是一个人造的、闭环的、动态的系统。一个企业就是一个大的系统，而生产系统是整个企业系统的一个子系统，其主要职能是生产产品——通过转换过程将投入转化为理想的产出。生产系统的构成与变换过程中的物质转换过程和管理过程相对应，从而包括一个物质系统和一个管理系统。物质系统是一个实体系统，主要由各种设施、机械、运输工具、仓库、信息传递媒介等组成；管理系统则主要指生产系统的计划与控制系统，其中的主要内容是信息的收集、处理、传递、控制和反馈。同时考虑到用户满意度和与供应商保持长期合作关系在生产中起着越来越重要的作用，人们把用户和供应厂商也作为生产系统的组成部分。无论是制造业还是服务业，其生产系统都是由输入、变换、产出、管理、供应商与用户6个部分组成的，如图1-1所示。任何一个系统与其他系统的差别仅仅在于输入的要素、变换的形式和产出的目标等内容上，每一个组成部分都发挥其特有的功能。

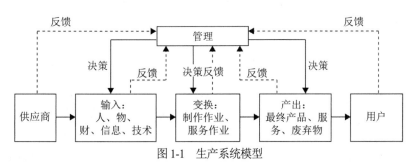

图 1-1　生产系统模型

图1-1所示生产系统的输入，既有物质，又有信息和资金，所以说，生产系统本身实质上包括物质流动、资金流动和信息流动，且这些流动相互影响综合起来构成一个集成的总系统。生产中的物流体现为工位与工位、工位与仓库、供应商与主机厂，以及主机厂与销售商等之间的运输(体现位置变化的过程)；同时物料也有库存，体现为存储过程。生产过程必然发生资金的流动，资金是随着物料流动而流动的；生产计划是运行系统的过程控制和信息管理，要有效地编制生产计划与进行生产过程的控制，就必须对物流、资金流和信息流进行综合分析。

(1) 输入——资源要素。输入可以是一种原材料、一位顾客，或者是另外一个系统的产成品等，主要表现为人、物、财、信息、技术的输入。其中，人是指生产过程中的劳动力，包括直接劳动力和间接劳动力；物是指投入的原材料、土地、厂房等，是系统的物质基础；财是指生产中花费的资金，其数量、构成、周转速度等要素直接影响到企业的生产活动能力；信息是指生产过程中收集和接触到的消息，既包括直接信息，如客户电话、员工反馈，也包括间接信息，如市场分析报告、杂志、新闻等，物流和资金流能顺利流动的前提是信息的顺畅流动；技术则指企业在生产过程中应用的工艺等。

(2) 变换——转化过程。这个过程既是劳动过程，也是管理过程；既是物质变换过程，也是价值增值过程；同时还是人力、物力和财力等资源消耗的过程。系统中发生的转化过程涉及制作作业及服务作业，包括以下几种：物理过程，如生产；位置变化过程，如运输；交易过程，如零售；存储过程，如库存；生理过程，如美容、化妆；信息过程，如电信。

(3) 产出——产品和服务。无论是有形的产品还是无形的服务，都必须在需要的时候，以适宜的价格和品种，向顾客提供质量适当的产品和服务。

(4) 管理——指挥与控制组织的协调活动。管理是通过对生产系统战略决策的计划、组织、指挥、实施、协调和控制等活动，实现系统的物质变换和价值变换过程。管理需要实现对生产系统中输入、变换和产出过程的监督和控制。企业管理需要善于发现生产系统运行过程中出现的新问题，并查明原因、制定对策，从而采取措施予以解决。

(5) 供应商——生产要素的生产者和供应者。过去，生产厂家总认为，供应商与生产厂家之间只是以价格或合同为基础的委托与被委托的关系，否认他们是生产系统的组成部分。然而在当今的环境下，供应商能否按时制造和交付质量合格的材料和零部件，对所有后续活动都有着重要影响。因此，生产厂家现已将供应商视为生产系统中的一部分，与他们建立起相互信赖和利益共享的长期合作关系。在这种关系下，供应商可按厂家的日程计划供应物料，甚至参与产品的开发和设计过程，共同努力缩短产品的生命周期。

(6) 用户——生产系统中企业产品需求信息提供者。现今的市场已由以前的以产品为中心逐步转化为以客户为中心，用户信息的输入和反馈对企业进行产品设计和改进起着越来越重要的作用。此时，若生产厂家仍像过去一样，只按自己的设想来开发产品，则会因产品不符合用户的要求而导致失败。因此，把用户作为生产系统的组成部分，努力进行市场研究，充分了解用户的需要，并利用这些信息进行产品的设计和生产，已成为企业管理工作的重要组成部分。

就企业内部而言，生产系统包括投入、转换和产出三个环节，但是会不可避免地和外部市场发生关联，最重要的关联主体是与投入环节相关的供应商、与产出环节相关的用户。与产出环节相关的用户包括产品的最终消费者、用此作为中间产品的企业以及营销实体。

转换系统是生产系统的核心，它汇集了企业的绝大部分人力、物力和财力，使投入转换为产品和服务。所有企业至少要有一个生产转换系统，不过转换形式不同。表 1-1 列举了几个不同性质的企业、不同性质的社会组织的投入、转换和产出的具体内容。

表 1-1 典型的生产系统

系统	主要投入(输入)	转换系统	产出
汽车制造企业	原材料、外购零部件、设备、人员、动力	经加工和装配作业将投入转换成汽车(形体转换)	汽车
搬运公司	卡车、燃料、待运货物、卡车零部件、人员	包装和运输货物到目的地(位置转换)	发送后的货物
百货公司	顾客、商品柜台、存储的商品、售货员	吸引顾客，商品交换	销售服务
会计事务所	人员、信息、计算机、建筑物和家具	吸引顾客，汇编资料，提供管理信息和计算应纳税额(信息转换)	管理信息、审计报表、计税服务

(续表)

系统	主要投入(输入)	转换系统	产出
餐馆	顾客、食材、厨师	烹调食品，提供用餐服务	满意的顾客及美味食物
医院	病人、医生、护士、药物、医疗设备	诊断和治疗(生理过程)	康复的病人
大学	高中毕业生、教师	知识转换	大学毕业生

在以上不同类型的生产系统中，通常将有形产品的转换过程称为生产过程，将无形产品的转换过程称为服务过程，两者统称为生产运作过程。在现代社会经济中，任何一个企业的产出都是有形产品和无形服务的组合。对于现代制造业企业来说，其产品的技术含量和知识含量越来越高，在销售产品的同时，需要提供的无形服务越来越多；对于餐饮、酒店、航空等服务业企业来说，无形服务的产出也离不开其服务设施所提供的商品、食品等有形产品的支持。

1.1.3 工业企业的生产系统

图 1-1 的生产系统模型是从系统观点来概括生产过程的，而从工业企业各部门间生产转换的过程来描述，生产系统的构成如图 1-2 所示。图 1-2 将生产系统分成两个层次，一是由生产系统的投入、转换和产出过程所构成的运作层(operations level)；二是高层管理者对生产系统的目标设置和规划等功能所构成的决策层(decision-making)。

1. 运作层

(1) 营销部门。任何营利性企业，都是为了满足客户市场需求，从而获取最大利润。企业的生产过程都起始于客户市场的需求，而终止于向客户发送产品。企业直接面向客户市场的是"营销"部门。营销部门有两项互有联系却分别运作的职能：一是营销，在分析客户需求和市场走势的基础上采取各种促销行为，同时提出开发有市场潜力的新产品设想及产品性能要求；二是销售，向客户出售产品。

(2) 产品开发部门。产品开发部门依据营销部门输入的信息进行新产品研究、开发和设计工作。好的产品是生产企业和客户之间双赢的纽带，既是企业的利润载体，又是用户需求得以满足的载体，是制造企业的"立命之本"。产品总是包括现有产品和新产品两类，即使现行产品销路很好，也要不断开发新产品，因为缺乏产品创新，企业会逐渐失去市场。通常，新产品设计方案和现有产品的订单构成企业的生产任务，然后传递给制造部门。

(3) 制造部门。制造部门负责两个阶段的工作。首先是生产过程规划与计划控制，然后是组织实施生产过程。

(4) 配送部门。生产过程产出的产品则需送到配送部门，发往客户市场。客户市场包括销售渠道的经销商、代理商以及直接消费者。

(5) 供应部门。产品生产过程中需要各种外购物资材料，因此供应部门的具体工作有物资供应计划的编制、物资订购与采购的组织，以及物资的保管和仓库管理。

(6) 生产支撑部门。制造部门需要有生产支持能力，最基本的支持包括技术、管理和人员。技术支持包括各种设备和生产技术，如计算机集成制造系统(computer intergrated manufacturing system，CIMS)等先进制造技术；管理支持包括设备维修系统、质量保证系统等；人员支持则是指具备专业技能和素质的管理人员和工人。

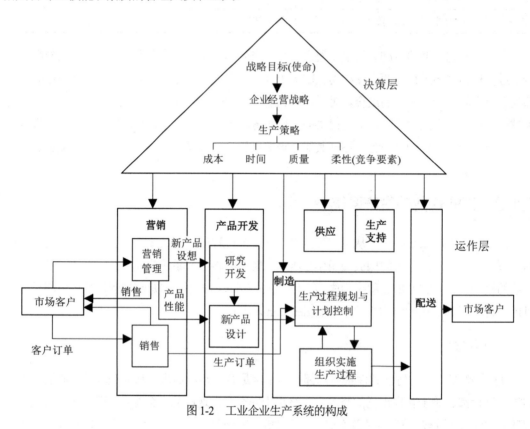

图 1-2　工业企业生产系统的构成

2. 决策层

营销、产品开发、制造、配送、供应和生产支持等部门构成生产系统的实体，可归之为运作层，而生产系统的运作要遵循企业的战略目标，所以，在生产过程运作层之上还有企业决策层。企业决策层具有以下决策职能。

(1) 制定战略目标。制定战略目标属于企业高层管理人员的决策职能，指导着企业各个部门和运作过程中的所有决策。任何企业都应有战略目标，如 IBM 公司设定两个战略目标：在研究、开发和制造最先进的信息技术方面争创第一，把先进的技术变成用户的财富；比亚迪的远景目标是将比亚迪发展成集电池、材料、电子和半导体于一身，实现包括镍镉、镍氢、锂离子电池、LCD、精密注塑等电池产业群的世界第一，实现包括电动汽车和传统汽车的汽车产业群的全国第一；丰田公司"有路必有丰田车"的目标曾家喻户晓。这类目标的制定反映了经营者的价值观和经营理念。企业以利润驱动的根本理念不会变化，也不应该变化，否则企业就不是企业,而是非营利性组织了,但是在处理短期盈利和长期盈利、企业效益和社会效益以及客户利益之间的关系方面,不同理念的经营者会制定出不同的战略目标。从企业对社会的贡献而言,企业的战略目标体现出企业的社会使命。企业战略目标和社会使命是同一内容不同视角的命名。这种具备社会使命性质的企业战略目标,不仅指导和鼓励企业员工的前进方向,还实际指导着企业各个部门的决策。在战略目标和各运作部门决策之间还存在企业经营战略和生产策略制定两个环节。

(2) 企业经营战略。企业经营战略是在变化的环境下达到战略目标的长期性的总体谋划。企业经营战略要在分析研究企业经营条件和核心能力的基础上才能制定出来。经营条件指宏观环境,包括市场走势分析、竞争状况分析,以及经济、技术和社会发展态势等。核心能力指企业自身在潜入市场方面所具有的优势,如生产自动化技术、熟练和敬业的劳动力队伍、新产品快速投产的能力、精干的销售队伍等。企业经营战略制定的主要目的是巩固企业的核心能力或建立新的核心能力,以扩大市场占有额。经营战略一旦制定出来,便要体现在企业的营销、生产、财务、研究开发、人事等各种管理功能的规划和实践中。

(3) 生产策略。生产策略是企业为了遵循经营战略在生产职能方面的长期谋划。这涉及若干战略性的决策,如开发何种新产品,何时投入生产,需要哪些新设施,采用何种新生产技术和工艺,以及如何规划生产等。在生产策略中,要提出产品竞争要素。产品竞争要素一旦确定,则有关产品、设施、生产技术等方面的决策都会有明确的指导思路。

竞争要素可理解为企业扩大市场份额的主要途径,客户可以从企业的竞争要素中满足预期的需求。竞争要素项目包括低生产成本、快速发送和准时发送、高质量产品(服务)以及高柔性,即快速调整生产以适应产品品种和产量变化的能力。某个企业的生产系统通常不可能具备全部的竞争优势。产品竞争要素一旦确定,生产系统将在此重点的导向下做出许多运作层的决策。如以低产品成本为重点,要将注意力将放在改进产品设计、采用新生产技术、提高生产率、降低废次品和减少库存等方面;如以配送服务为重点,则要增加产品库存,改善配送方法和信息系统等;如以高质量为重点,则要改善结构,减少废次品,提高耐用和耐磨程度以及加强售后服务;如以提高柔性为重点,则要改变生产类型,运用 CAD/CAM(计算机辅助设计与制造)等生产技术,减少在制品和增强生产能力等。

竞争要素是企业战略目标和经营战略的体现,是衔接决策层和运作层的关键信息,指导着营销、研究开发、制造等各个管理功能部门的决策和运作。

1.1.4 生产过程规划的层次

企业生产计划和控制工作涉及的范围很广,包括企业内部的各个部门和各种职能,如营销产品开发、供应、配送、人事、设备维修、动力等,还包括企业外部的客户、经销商、供应商和合作企业等。企业的高、中层和基层的管理人员都在不同程度上参与生产过程规划和计划控制工作的决策、设计和运作过程。生产过程规划和计划控制虽在制造部门中诸实施,但不能局限在制造部门内部,如果那样的话,就无法掌握此项工作的全貌。现从图 1-2 所示的制造部门的两部分活动即"生产过程规划与计划控制"和"组织实施生产过程"出发，分析在规划和生产过程运作中涉及的相关问题的决策。

按照葛泽尔(Norman Gaither)的经验，涉及生产过程规划和实施的决策可归类为战略决策、运作决策和控制决策，如图1-3所示。

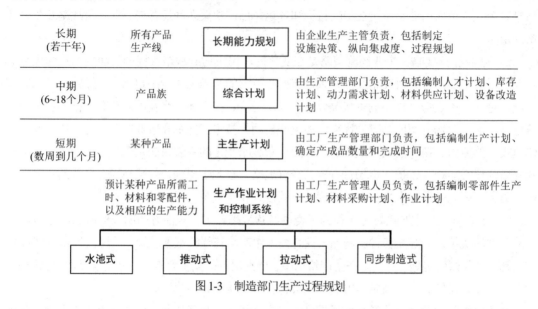

图1-3 制造部门生产过程规划

第一种，战略决策。这类决策发生在图1-3中的长期能力规划阶段，涉及企业产品、生产过程和设施的方向性问题，需要生产、人事、设计、营销和财务等各方人员在一起做出决策。决策内容主要包括启动一项新产品开发方案；新产品的生产过程流程设计；生产技术选择、稀缺原材料、生产能力或人力的分配方案。

第二种，运作决策。这类决策发生在图1-3中的综合计划、主生产计划，以及生产作业计划和控制系统设计三个阶段。在这个阶段，企业所做出的决策围绕以适当的成本生产出客户满意的产品并使企业有利可图展开，主要的运作决策涉及每种产品的成品和在制品库存水平、月生产产品品种及数量、生产能力的调整和外协，以及原材料采购等。

第三种，控制决策。这类决策发生在生产作业计划和控制系统设计阶段，主要处理日常的各种应变问题。决策内容主要包括制定达到目标成本的措施；产品设计修改后的质量标准制定；决定关键机器设备维修间隔。生产现场管理者的日常工作是处理有关工人操作、产品质量和机器设备在生产过程中出现的问题。从图1-3可以看出，生产作业计划与控制系统是在制造部门范围内发生的行为，而实际上，生产过程规划和计划控制的职能并非制造部门本身就能承担的，生产过程规划要求决策层的企业高层管理者参与。如把生产过程实体看成企业的"硬件"，规划和计划控制系统则是与之配套的"软件"。固然，离开软件，硬件将一无是处，但软件的开发却要和硬件相适应。规划和计划控制系统与企业的营销、设计、采购、配送等所有的管理功能以及与企业物流、信息流的构成密不可分。特别是在竞争日趋激烈的环境下，为满足大量客户个性化和快速反应的需求，企业内部信息由过去的串行传递(即由市场信息传给研究开发，再依次传给设计、生产、供应等)转变为并行传递，营销部门的信息直接并同时传给设计、生产等各个部门，由定期沟通转为实时沟通。企业间的合作也必然日趋密切，虚拟组织把不同企业组织起来，就像在同一个组织完成产品生产一样。因此，对任何企业而言，生产某项产品都面临更为频繁的"自制或外购、外包"的决策问题，一个制造部门的任务可能变成供应部门的任务，客户某项个性化需求可能促使制造部门向供应部门和支持部门实时提出新要求。总之，生产过程规划和计划控制活动落实在制造部门，但要做好这项工作，需要企业各个部门之间甚至企业之间的良好沟通和合作。相应地，需要掌握规划和计划控制知识及技术，了解企业整个生产系统，了解企业各个管理部门的职能。

制造部门的"生产过程规划"职能可以按时间跨度细分为 4 个层次，即若干年内的长期规划、6~18 个月的中期计划、数周到几个月的短期主生产计划，以及生产作业计划和控制系统设计(见图 1-3)。各种规划或计划涉及的对象和范围也不同。长期规划涉及所有的生产线，一般由企业生产主管负责，称为长期能力规划。规划的主要内容有设施决策(如厂址及设施选择、生产规模和能力设定)、纵向集成度(如自制或外购决策、主要资源供应商的选定)、过程规划(如生产过程中生产流程和新自动化系统的选择等)。中期计划面向产品族，称为综合计划，其由工厂生产管理部门负责，主要涉及生产资源配置，编制各项资源计划，包括人力计划、库存计划、动力需求计划、材料供应计划和设备改造计划等。短期计划只管某一项产品，由工厂生产管理人员负责，称为主生产计划，其规定各种零部件的生产数量及时限。第 4 层次便是设计生产现场的生产作业计划和控制系统，由制造部门的生产管理人员负责编制零部件的生产计划、材料采购计划和作业计划。生产作业计划系统旨在及时和精确地预计生产某项产品所需工时、材料和零部件，以及相应的生产能力。然而，不论计划制订得多么详细，在生产过程实施中总会不可避免地遇到各种偶发事件，受到干扰，引起生产运行结果和计划的偏离，而生产控制系统便是采集和分析生产过程的反馈信息，调度人力、设备等各种资源并采取纠正偏差行动的系统。

主生产计划规定每种产品生产数量及时间表，生产作业计划和控制系统则为计划和控制零部件的加工和产品装配，安排生产过程所需的各种支持性工作，包括设备维修和质量保证等。生产作业计划与控制系统的设计有 4 种思路，即水池式、推动式、拉动式和同步制造式。

第一种设计思路，水池式。这种方式的生产控制着眼于保持库存量以维持生产过程的正常进行，对供应商、客户及生产环境的动态信息需求相对较少，生产者可能不知道客户所需产品的时间和数量，企业已有足够的库存，产品装配所需的零部件由在制品库提供。同样，原材料库能够提供足够的储备，以供零部件制造；企业向供应商提交的原材料订单总是大于实际需求。水池式系统属于存货生产模式。在信息和通信技术发达的今天，这种方式显得不够敏捷，只是在企业产品需求信息缺乏和需求随机的情况下才适用。

第二种设计思路，推动式。这种方式的生产控制着眼于提前期信息，用以管理和控制物流。在这种方式下，每批原材料提前准备好，按照零部件生产需求送货，继而零部件按产品装配需求提前加工完毕送往装配线，产品则按客户需求提前装配，按期发送。每批原材料进入企业的仓库"后门"，推走原先那批原材料，类似地，后续生产阶段的新的一批在制品和成品推走原先一批在制品和成品。这一系列材料和物流进出由生产计划安排，由其规定各个生产环节何时应该产出多大批量的零部件或产品。例如，客户要求 4 月 30 日运出产品 A300 台，设备阶段提前期均为一周，则生产计划中，总装应当安排在4月24日开始至4月30日为止，部件装配安排在4月17日至4月23日，零件加工在4月10日到4月16日期间，材料采购则需在4月3日至4月9日完成。简而言之，推动式系统是提前准备好材料和零件，按需求发送到下一个生产环节或仓库，按计划来推动生产过程的物流方式。在推动式系统下，计划与控制系统的成效取决于计划的精确性，而计划的精确性又取决于客户需求信息和提前期的精确程度。与水池式系统相比较，推动式系统可以降低原材料和在制品的库存，提高人员生产率和机器设备的利用率，在以工艺导向为主的生产过程中效果尤为显著。

第三种设计思路，拉动式。这种方式的生产控制着眼于降低生产过程各个环节的储备量。推动式系统中各个生产环节关注上游生产环节送来的在制品或库存量，而在拉动式系统中各个生产环节关注下游环节的需求，并且只是按此需求来确定本环节的生产数量和生产时限。产品直接从上游环节流向下游环节，各环节之间很少有库存。原材料和零件被下游环节牵引，一直往前成为产品，到配送至客户手中为止。这种方式称谓甚多，普遍的说法是"准时制生产"(just in time, JIT)。在准时制生产条件下，生产管理人员要能及时有效地解决生产现场频繁出现的问题。由于取消了在制品库，每种原材料都必须符合质量标准，每只零件都必须按规定的时间送达规定的地点。同时，每台设备都不能出现故障，以免中断生产，破坏整个生产过程。所以，采用JIT方式生产的企业要和全面质量管理系统结合起来。在产品种类和数量稳定、重复生产标准产品的生产线上，已有不少采用准时制生产的成功经验，但在单件小批生产情况下，采用这种生产方式的困难较多。

第四种设计思路，同步制造式。同步制造的理论基础是哥德纳特提出的约束理论。该理论的主要出发点是，整个生产系统绩效取决于生产作业中的瓶颈环节。目前，企业编制计划常采用平衡各工序生产能力的办法。约束理论则认为，生产能力不平衡是正常的，甚至比平衡更好。应保持平衡的是系统中的物流，而不是各工序的生产能力。瓶颈环节损失1小时，可引起整个系统损失1小时，而非瓶颈环节节约1小时对系统绩效并无实际影响。所以，制订计划和控制作业要首先识别约束环节即瓶颈和瓶颈作业，接着消除约束，继而识别新的约束，周而复始地改进系统绩效。在生产实践中，体现约束理论的计划和控制系统常被称为同步制造。同步制造旨在不断改进整个系统而不是局部作业的绩效。这里的绩效不采用综合评价企业经营的财务指标，如净利润、投资收益率和现金流量等，而采用更能反映生产绩效的运行评价指标，包括产销率(售出产品获取资金的速率)、库存量和运作费用。生产管理目标应是在降低库存和运作费用的同时提高产销率，因为这些指标更能考核生产计划和控制系统的直接绩效。

生产过程的管理者要注视生产现场工人的日常操作情况、产品质量、制造和管理费用，以及机器设备维护等状况，一旦生产过程出现失常事件，如某个工序的绩效不佳、出现废次品、机器故障或事故等，要及时采取补救措施，使整个系统维持正常运行。同时管理者要检查、监督、分析计划执行进度，如发现偏离要及时调整。

1.2 生产类型

生产类型反映了企业生产过程的主要特性，是指企业以什么样的基本形式来组织生产资源，设计生产系统。由于产品的不同、需求的不同和技术的不同，各行各业的生产过程千差万别，而不同生产过程的管理方法和管理重点也有所不同。

1.2.1 按生产过程组织方式分类

为了完成生产作业，车间内部的各个工段、工作地和设备之间要有机地联结，合理地布置，不同的布置构成了不同的生产组织方式，这直接影响生产过程资源的配置和效益。按生产过程组织方式，生产过程可分为以下三种：按对象原则形成的产品导向型、按工艺原则形成的工艺导向型和模块式生产三种。

1. 按对象原则形成的产品导向型生产过程

产品导向型生产过程视产品不同可分为两大类。一类是加工—装配型生产，制造单台(件)产品(如汽车、冰箱)可以成批生产，但各批产品轮换制造时需要调整生产过程，这类生产过程常被称为生产线或装配线，如汽车制造厂中的底盘生产线、发动机装配线和总装线等。另一类是流程型生产，是原材料连续流过各道工序(如筛选、破碎、搅拌、分离、掺和、裂化、合成、蒸发等)的生产过程。食品、酿造、炼油、化工、造纸、塑料等行业的产品生产属于此类生产过程。

产品导向型生产过程与其他类型生产过程相比较，需要较高的初始投资，需要安较昂贵的材料搬运设备(如传送带)，并制作专用设备和工具(如产品专用的自动焊接机)。此外，产品导向型生产过程的适应性差，一旦更换产品，系统就很难适应。优点是这种方式对劳动技能要求不高，培训和指导工作量不大，计划和控制生产较方便。在第一次世界大战结束前，这种组织方式只有美国才采用。第二次世界大战后，工业化国家的几乎所有企业都采用产品导向型生产过程来组织生产，原因很简单，它满足了绝大多数管理者得到高产量、低成本、便于计划和控制的期望。

2. 按工艺原则形成的工艺导向型生产过程

工艺导向型生产过程按生产工艺来划分生产单位。一个生产单位汇集同类(或类似)工艺所需要的各种设备和装置，对企业的各种产品(零件)进行相同的工艺加工。例如，工厂所有的喷漆工序都集中在一起，形成喷漆车间。这类生产过程组织方式也可称为间歇生产，即时干时停，产品按件或按批从一个生产单位转移到另一个生产单位。

这类生产过程组织方式的主要优点是具有产品柔性，即具有适应生产各种类型产品的能力。此外，工艺导向型生产过程一般采用通用加工设备和材料搬运设备，初始投资较小，但需要工作人员具有较熟练的劳动技能,对培训和指导操作的要求较高,生产计划和控制也较复杂。

3. 模块式生产

以产品为导向和以工艺为导向是传统组织生产的两种基本途径。实际上,企业通常组合运用这两种途径,在一个企业或车间内部有些生产单位按对象原则来组织生产,而另一些产品按工艺原则来组织生产。人们在长期运用两者组合的实践中总结出另一种具有特色且规范的生产组织形式,即模块式生产,或称重复型生产。

模块式生产的基础是成组技术(group technology)的推广应用。成组技术在第二次世界大战后由苏联的米特罗范诺夫提出,并用于金属加工过程中。成组技术要建立零件的代码系统,用多位数码来表示每个零件的物理特性(材料和尺寸等)。这套零件代码系统组成数据库,以供设计工艺路线并辨识相似零件。具有相似特性的零件归并为一组形成零件族,一个零件族可以在同一机器上使用相似的工具和工序来完成,相应的加工设备和工艺路线形成一个模块或制造单元,车间按此模块或制造单元组织生产,便是模块式生产组织。

单件小批量生产的金属加工车间常用车、钻、铣、刨等通用机床,加工的产品都是小批量、小批次的。而模块式生产促进零件设计标准化,将相似零件集中为零件族,使得加工批量增大。

在模块式生产下,零件在生产单元内部流动可有不同形式。如图1-4所示,单元A和B完全是产品导向型生产,所有零件都在同样的机器上直线流动;单元C和D中的零件则有不同的工艺路线,但由于每个生产单元内部的零件都有很高的相似性,零件流动接近产品导向型生产,这样既吸取了按对象原则组织生产的优点,又兼顾了零件之间的差异,零件可以流过不同的设备,如零件a和b、c和d的生产。模块式制造单元一般在单件小批生产车间下采用。

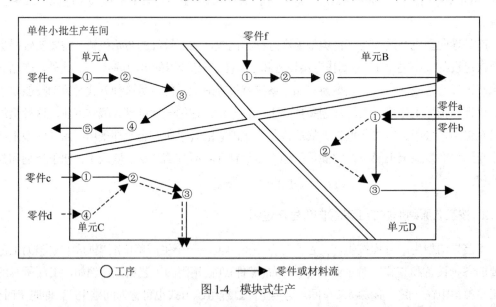

图1-4 模块式生产

在模块式生产下,零件族在一个生产模块中用同样的机器和类似工具进行批量生产,这是单件小批生产所不具备的。这样,批量变更时,能够大幅减少调整费用,方便灵活调整在制品数量,提高劳动生产率。但这种组织方式也有缺点,为了减少零件在模块之间传送,生产模块内会出现重复的设备。另外，单件小批生产车间所生产的零件不可能都由生产模块完成，剩下的零件加工效率就不高。尽管模块式生产过程组织未来很有发展潜力，但不会出现单件小批生产的组织形式全部过渡到模块式生产的情况，模块式生产可看成单件小批生产和大量生产的中间阶段。

1.2.2 按生产的形态分类

按生产的形态，制造业企业的生产过程分为两大类：流程型生产(process manufacturing)和离散型生产(discrete manufacturing)。这两种工业的生产类型在组织管理特点、产品和经营性质、设备和制造性质等方面有着明显的区别。

1. 流程型生产

流程型生产是指在流程生产企业中，物料是均匀、连续地按一定工艺顺序运动，在运动中不断改变形态和性能，最后形成产品的生产类型。

(1) 流程型生产的组织管理特点。产品工艺加工过程相似；按工艺流程布置生产设备；车间、工段按工艺阶段划分。流程型生产的组织管理的重点在于保证原材料、动力的连续、不间断供应；加强维护保养；实时监控；保证安全生产。因为在流程型生产组织方式下任何一个环节出现故障，都会造成整个生产线停工的严重后果。同时，在流程型生产组织方式下，生产批量大，物料需求均匀，生产计划等管理相对简单，制造系统的生产能力很容易根据关键设备的生产能力清楚地确定，而生产能力的充分利用又是生产计划的主要目标，因此，对流程型工业而言，综合生产计划的地位和作用比离散型工业更为重要。

(2) 流程型生产的产品和经营性质。流程型工业一般向企业或有组织的顾客销售产品，顾客数量较少；其产品的品种数量较少，标准化程度较高；按顾客要求定制产品的情况较少，市场需求比较稳定。

(3) 流程型生产的设备和制造性质。流程型工业大多属于资本密集型工业，生产设备自动化程度较高，价格昂贵，生产设施按照工艺流程布置，原材料通常按照固定的工艺流程连续不断地通过一系列装置设备加工处理成产品，生产线的专用化程度很高。由于流程型生产对自动化的设备依赖度高，对设备运行状态监测和控制要求极高，需要通过设备及工艺参数确保设备完好率、生产过程的可控性及产品质量稳定性。

2. 离散型生产

离散型生产也被称为加工装配式生产，是指物料离散、间断地按一定工艺顺序运动，在运动中不断改变形态和性能，最后形成产品的生产类型。在离散性生产过程中，产品由许多离散的零部件通过部件装配和总装配而成，各零件的加工过程彼此独立，整个产品的生产工艺是离散的。

(1) 离散型生产的组织管理特点。零件加工彼此独立；通过部件装配和总装形成产品；协作关系复杂；管理难度大。离散型生产的管理重点在于控制零部件的生产进度，保证生产的成套性。离散型工业产品具有多品种、小批量等行业特点，其生产管理较流程型企业更为复杂。因其产品较为复杂，一般每个产品在生产过程中分解为多个加工任务，由不同的加工工艺来制造完成。生产车间一般下设工段/班组，零件在不同工段/班组之间进行流转。由于设备能力的制约，离散型生产组织方式下，零件加工的工艺路线和设备使用非常灵活，这样就造成了计划的频繁变更，也导致了管理困难和计划预见性差的局面。

(2) 离散型生产的产品和经营性质。离散型工业产品品种数量繁多，结构复杂，标准化程度低(虽然零部件能以适当方式实现标准化)；按顾客要求定制产品的现象较为普遍，产品生命周期较短，更新速度较快；大多数产品属于最终产品，故生产系统受顾客需求波动的影响较大。离散型生产类型的管理最为复杂，因此在生产管理中有较多的针对该类型生产的研究和方法。

(3) 离散型生产的设备和制造性质。在大多数离散型工业中，原材料或零部件断续地通过生产系统，产品零件种类繁多，工艺路线大多各不相同，所需设施布局也不一样，故如何协调原材料、零部件和人力的投入与产出的数量及时间，以及如何安排设备，是生产计划中一件困难且必要的工作。此外，对于离散型工业来说，生产能力是一个动态的概念，制造系统的"瓶颈"环节往往随产品结构的更换而变化和转移，故如何在作业计划中做好负荷平衡，如何使生产过程同步化也是生产计划中一件困难且必要的工作。因此，这种生产类型企业的年度生产计划往往制订得比较粗略，重点制订的是短期的生产计划和作业计划。

主要的离散型工业包括机械加工、家具、五金、医疗设备、军工等。表 1-2 和表 1-3 分别归纳了两种类型工业在产品和经营性质方面、设备和制造性质方面的主要区别。

表 1-2 流程型工业和离散型工业在产品和经营性质方面的主要区别

主要特征	工业类型	
	流程型	离散型
顾客数量	少	多
产品品种数	少	多
产品差别	有较多标准产品	有较多顾客要求的产品
按顾客要求定制程度	低	高
顾客需求变化	相对稳定	不断变化
营销特点	依靠产品价格与可获性	依靠产品特点

表 1-3 流程型工业和离散型工业在设备和制造性质方面的主要区别

主要特征	工业类型	
	流程型	离散型
生产要素的密集性	资本密集	人力、材料密集
自动化程度	较高	较低
物流的流动方式	连续	断续

(续表)

主要特征	工业类型	
	流程型	离散型
设备布置的性质	流水生产	批量或流水生产
柔性	低	高
生产能力	可明确规定	模糊
设备故障的影响	大	一般
对设备可靠性的要求	极高	一般
维修的性质	停产检修	多为局部修理
原材料品种数	较少	多
能源消耗	高	低
在制品库存	较低	较高
产成品存货	高	底
产品结构的灵活性	低	高
生产信息收集	较容易	较难

1.2.3 按成品库存或产品需求特性分类

生产类型可按成品库存或产品需求特性来分类，而生产任务的来源对成品库存有决定性影响。制造部门的生产任务来源不外乎销售预测和订单两种，按销售预测组织生产的，称为备货型生产或存货型生产(make-to-stock，MTS)；按订单组织生产的，称为订货型生产(make-to-order，MTO)。流程型生产一般为备货型生产，离散型生产既有备货型生产，又有订货型生产。

1. 备货型生产

备货型生产是指在没有接到顾客订单时，预测各种规格品种的产品市场需求量，按已有的标准产品或产品系列进行的生产。备货生产依据预测结果确定生产数量以及企业成品、半成品仓库和经销商仓库的库存数量。生产的目的是补充成品库存，通过成品库存来满足随时发生的用户需求。成品库根据预测数字保持一定的库存水平，并负责给客户发送产品。当然，销售预测离不开订单信息，但该项产品可以在收到用户订单前就投入生产，并贮存于成品库。流程型生产中的化肥、炼油、制糖、制皂等的生产，离散型生产中的轴承、紧固件、小型电动机、自行车、台式计算机、家电产品等的生产，都属于备货型生产。服务业的快餐生产也属于备货型生产。

在备货生产系统中，销售部门预计今后几周和几个月内的各项产品需求数量，预测数据首先输入库存控制部门，库存控制部门核实库存数量并决定是否需要投料生产该种产品。如已有足够库存量,则可直接从成品库中按订单发货;如成品库缺货,则需下达生产任务,并根据生产任务向供应商订购原材料、零件和部件,同时通知生产计划和控制部门制订企业生产计划。为防止库存积压和脱销,备货型生产管理的重点是按"量"组织生产过程各环节之间的平衡,保证全面完成计划任务。在备货生产下,顾客的产品定制程度很低,通常是标准化、大批量地轮番进行生产。备货型生产的生产效率比较高,但前提是能够准确预测顾客需求和强化推销工作;否则生产效率越高,库存积压越严重,企业效益越差。

2. 订货型生产

订货型生产是在收到顾客的订单之后,才按顾客的具体要求组织生产,包括按顾客订单进行设计、供应、制造和发货等工作。因为产品按顾客要求进行生产,所以在规格、数量、质量和交货期等方面可能各不相同;又因为产品按订货合同规定的交货日期进行生产,生产出来立即交货,所以基本上没有产成品存货。订货型生产管理的重点是确保交货期,按"期"组织生产过程各环节的衔接和平衡。它适用于规格品种多,个性要求较多的工业产品,如发电设备、生产线设备、锅炉、船舶等。企业对这类产品也要进行预测,但只预测单件小批生产线的需求,而不按个别产品项目预测。企业未接到订单,此项产品便不投入生产,这是和备货生产的主要差别之处。然而,订货生产并不排斥存货生产的概念,成品虽然没有库存,但有些标准化、规范化的零部件仍然可以有库存,可在收到订单之前投入生产。订货型生产方式还可以进一步分为以下三种。

(1) 订货组装方式,是指预先生产出半成品存货,然后根据顾客要求组装成不同的产品。如在汽车工业中,用相同的底盘、发动机配以不同的车型和内部装饰,组装成不同型号的产品。订货组装方式在性质上类似于备货生产方式,其零部件的标准化和通用化程度较高,生产批量较大,生产效率较高,既可在产品零部件的生产中采用大批量生产,又可在产品装配时满足顾客的不同要求。

(2) 订货制造方式,是指从制造阶段开始按顾客的要求进行制造,如重型机械、工程机械等的生产。在订货制造方式下,产品是预先设计好的,生产准备工作(如原材料的采购)可以根据市场预测按计划提前进行,这样,产品的生产期限基本上等于生产周期,有效缩短了交货期。但因为这是根据预测进行的原材料采购,如果预测得不准确,就会造成原材料的积压,所以生产管理的重点是加强预测工作,缩短采购提前期和生产周期。

(3) 订货工程方式,是指从设计开始按顾客要求设计制造产品。如对于大型发电设备、船舶制造、飞机制造等产品,企业在收到订单后先要进行工程图设计,待工程图出来后,才进行采购、外协、生产技术准备和制造。在订货工程方式下,产品的生产周期长,生产管理的重点是如何缩短设计周期,提高零部件的标准化和通用化水平,如采用计算机辅助设计(computer aided design, CAD)可以大大缩短设计周期,如果再能结合计算机辅助工艺设计(computer aided process planning, CAPP),则可进一步缩短生产技术准备周期,使制造系统的整体响应速度大大提高。

备货型生产和订货型生产的主要区别如表 1-4 所示。

表 1-4 备货型生产与订货型生产的主要区别

项目	备货型生产	订货型生产
产品性质	标准产品	按用户要求生产，无标准产品，有大量变型产品与新产品
对产品的需求	可以预测	难以预测
价格	事先确定	订货时确定
交货期	不重要，由成品库随时供货	很重要，订货时确定
设备	多采用专门的、高效的设备	多采用通用设备
员工技术	专业化人员	多种操作技能人员
产品特点	量大，标准，容易预测	量小，多变，难预测
生产流程	稳定，标准，均衡	不稳定，无标准，难均衡
库存	连接生产和市场的纽带	不设成品库存
计划	优化的标准计划	不便详细做计划，遵循"近细远粗"原则

图 1-5 更直观地展示了用备货型生产、订货组装生产、订货制造生产、订货工程生产等不同生产方式下完成顾客订单的情况。

在现代生产管理中，备货型生产方式与订货型生产方式的界限日益模糊。这里关键是缩短生产周期，提高零部件的标准化和通用化水平，以及提高制造系统的柔性。如果生产周期足够短，备货型生产方式也可以在订货型生产方式下运作，从而使产成品库存减至最少；如果零部件的标准化和通用化水平足够高，订货型生产方式也可以运作在备货型生产方式下运作，从而达到订货装配方式的效果。

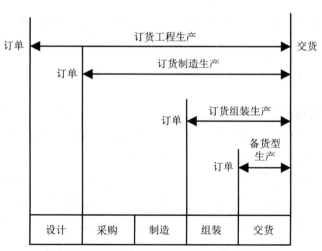

图 1-5　4 种不同生产方式下完成顾客订单的情况

1.2.4 按生产过程结构分类

按生产过程结构，生产类型可分为连续生产、大量生产、批量生产、单件生产、项目生产以及大量客户化生产等几种。按生产过程结构来分类，即按生产过程的设备专业化程度、物流标准化程度和产品重复程度来分类。一般情况下，设备专业化程度高，物流标准化和产品重复程度也高，这几项指标是一致的。

1. 连续生产(continuous production)

上道工序生产出一单位的中间品即向下转移的生产方式，称为连续生产。这种生产方式在制造业中被称为流水作业，而在化工生产中被称为连续生产。连续生产是产品制造的各道工序必须前后紧密相连的生产方式，即从原材料投入生产到成品制成时止，按照工艺要求，各个工序必须顺次连续进行，如冶金、纺织、化工等的生产。有些连续生产，在时间上不宜中断，如发电、炼铁、炼钢、玻璃制品生产等，节假日一般也不停止。

2. 大量生产(mass production)

与连续生产相比，大量生产的产品品种要多一些，而且产品数量很大。大量生产是长期在固定地点按照一定的生产节拍进行某一个零件的某一道工序的加工。由于生产对象基本固定，产品设计和工艺过程的标准化程度高，工序划分和分工很细，操作工人可以重复进行相同的作业。典型的大量生产行业有汽车工业、电子工业。

在设计方面，大量生产具有简便、标准、工作量小的优点。在工艺方面，大量生产有利于编制详细的工艺规程，进而提高工艺的先进性。在生产组织方面，大量生产分工精细，专业化程度高，易于采用专用且高效的设备，机械化和自动化水平高，产出率高，劳动生产率高。在生产管理方面，大量生产有利于相对集中的生产管理模式，理性管理多，非理性管理(对例外情况)少，计划调度简单，工作人员易熟悉加工工艺与技术，人力、物力消耗少，有利于机器设备的充分利用。

3. 批量生产(batch production)

批量生产是指企业(或车间)在一定时期内，一次出产的在质量、结构和制造方法上完全相同产品(或零部件)的生产类型。批量生产的产品品种较多，而每个品种的产量较小，各种产品在计划期内可成批轮番生产，具有工作地或设备有效工作时间短、机械化和自动化水平不高、对工人技术要求较高的特点。批量生产的产品一般为定型产品，有相同或相似的工艺路线。成批生产典型的批量生产有机床制造、轻工业机械制造。按批量生产的规模，批量生产可分为大批生产、中批生产和小批生产。因为大批生产与大量生产的特点相近，所以，习惯上把两者合称为"大量大批生产"。同样，小批生产的特点与单件生产相近，习惯上把两者合称为"单件小批生产"，如图1-6所示。

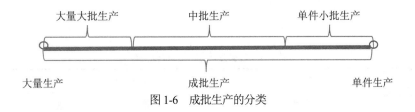

图 1-6 成批生产的分类

4. 单件生产(simplex production)

单件生产是指生产产品的品种多而每一品种的产量数量很少，生产重复程度低，各自有单独的工艺路线的生产类型。在单件生产方式下，生产技术准备工作的时间长，产品生产周期长，设备和工艺装备都不通用，虽然有的设备很贵，但设备利用率较低，产品成本高。单件生产属于订货生产，订单确定以后才购买原材料，在制品数量大。典型单件生产的行业类型有新产品试制、重型机械制造、专用设备制造等。在现实社会中，严格意义上的单件生产、不重复制造的企业十分少见，即使是航天航空、远洋巨轮制造等工业，其产品也有标准型号，只是重复生产的周期比较长，如一年或更长时间。

5. 项目生产(project production)

项目生产是一种面向订单设计的生产类型。项目生产以满足客户的个性化需求为目标，其产品结构复杂，生产周期长，对资源计划、能力均衡、成本控制与交货期控制要求很高。项目生产经营活动是由一个个项目组成的，以大型复杂产品的开发和生产为主体，以项目管理为中心，产品生产的重复性很低，非通用件多，重复购买可能性小，通常是一次性产品，主要集中在高端制造、工程研究院大型设备研制、成套设备制造，如飞机、大炮等复杂产品。

在项目生产下，制造过程通常采用通用设备，加工对象很难在生产过程中移动，所有设备资源都往现场集中，生产过程柔性程度高，工厂的基本投资并不大，但需要一些贵重设备(可购买或租用)，在制品量大，制成品量小，各功能管理部门要对客户需求做出迅速反应，组织机构分散化而非阶层式，市场要求的产品品种多，产量小。这种企业的优势是生产能力，凭工人的经验、技术和技能来满足用户需求，靠设计能力、质量、交货速度和可靠性来赢取订单。

6. 大量客户化生产(mass customization)

大量客户化生产是新近发展起来的生产方式，是单件生产方式在当代环境下发展而成的，有望成为新的一种生产类型。"客户化"这个概念并不新鲜，如衣服和鞋帽都有标准尺码和型号，便是"客户化"的表现，而"大量"二字强调满足大量客户的个性化需求。例如，戴尔(Dell)计算机是最能够掌握此种创新行销模式的代表企业之一，其成功的关键是允许顾客大量订做所需产品。当时其他企业都是通过经销商销售产品，戴尔却通过网络与直接销售(direct marketing，DM)，产品不需经过中间商，直接卖给顾客，顾客只要从网络上下单，几天后就可以收到产品。

大量客户化生产过程尽管发展前景很好，但它的基础仍然是单件、批量和大量生产，所以下面分析各类指标的属性时，仍按上述五类生产过程来讨论。

表 1-5 表明在各类生产过程中各类指标的属性，如产品和市场类包括产品类型、产品品种、

订单规模等。

表 1-5　各类生产过程的特征指标

特征指标		过程类型				
		项目生产	单件生产	批量生产	大量生产	连续生产
产品和市场	产品类型	定制	定制	→	标准	标准
	产品品种	广泛	广泛	→	窄，标准产品	很窄，标注产品
	订单规模	小	小	→	大	很大
	引入新产品频率	高	高	→	低	无
	销售内容	能力	能力	→	产品	产品
制造	设备类型	通用	通用	→	专用	高度专用
	过程柔性	高	高	→	低	无柔性
	产量	低	低	→	高	很高
	厂房利用率	混合	低	→	高	高
	能力变化	渐增式	渐增式	→	阶跃式	新设施
	制造中的关键任务	符合规格/交货期	符合规格/交货期	→	低成本生产	低成本生产
投资及成本	基本投资水平	低/高	低	→	高	很高
	库存水平					
	零件/原材料	按需求	按需求	→	缓冲储备	缓冲储备
	在制品	高	高	很高	低	低
	制成品	低	低	很高	高	高
	总成本份额					
	直接劳动消耗	低	高	→	低	很低
	直接材料消耗	高	低	→	高	很高
	工厂管理费	低	低	→	高	很高
基础设施	适宜的组织控制方式	分散/集中	分散	→	集中	集中
	组织管理模式	企业家型	企业家型	→	科层型	科层型
	最重要的生产管理要素	技术	技术	→	经营/人	技术
	专家对制造的支持程度	高	低	→	高	很高

表 1-5 中，→ 表明处于单件和大量两种生产之间。按照产量高低，批量生产可分为不同类型，一是在接近低产量端，制造过程的产品品种多，新产品投入多，竞争力主要靠生产能力；

二是在高产量端，产品趋于标准化，品种稳定，订单扩大，价格因素显得重要。批量生产既要满足市场对多品种的需求，又要满足生产效率对产量规模的要求。管理者要在相互矛盾的需求下找到合理的解决办法，可通过成组加工将各种品种产品归入同一制造过程，也可将各种订单中同样的产品放在同一制造过程，减少调整时间，提高效率。

从表 1-5 中可知，在制造过程选择中，产量是个关键变量。随着产量变化，单件生产可过渡到小批量生产，小批量生产可过渡到大批量生产，大批量生产可过渡到大量生产。不过项目生产与单件生产、大量生产与连续生产之间不存在过渡问题，项目生产和连续生产主要由产品的性质和产量决定。企业选择过程方案必须考虑产量这个首要因素。

1.2.5 按行业特点分类

按行业特点，生产类型可分为制造业生产和服务业生产。

1. 制造业生产

制造业生产是通过物理作用或化学作用将有形输入转化为有形输出的过程。划分制造性生产类型的标志有多种。上述 4 种分类方式(1.2.1~1.2.4)都是制造性生产。

2. 服务业生产

服务业生产又称非制造业生产，其基本特征是提供劳务，而不是制造有形产品。但是，不制造有形产品不等于不提供有形产品。

1) 服务业生产的分类

(1) 按照是否提供有形产品，服务业生产可分为纯劳务生产和一般劳务生产。纯劳务生产不提供任何有形产品；一般劳务生产则提供有形产品。

(2) 按照顾客是否参与，将服务业生产可分为顾客参与的服务生产和顾客不参与的服务生产。

(3) 按照劳动密集程度和与顾客接触程度，服务业生产可分为大量资本密集服务、专业资本密集服务、大量劳务密集服务和专业劳务密集服务。

2) 服务业生产的特点

与制造业生产相比，服务业生产有以下几个特点。

(1) 服务业生产的生产率难以测定。

(2) 服务业生产的质量标准难以建立。

(3) 与顾客接触是服务业生产的一个重要内容，但这种接触往往导致效率降低。

(4) 纯服务业生产不能通过库存来调节。

3. 制造业生产和服务业生产的差异

生产管理最初主要应用于制造业，那时服务业还处于简单手工艺操作水平，其生产的组织与管理未受到重视。随着现代化的进程与发展，服务业日渐发达，许多生产管理的概念，诸如工作设计、生产作业系统布局、生产能力、存货和作业计划等都已应用到服务业生产行业中来。制造业生产与服务业生产之间存在很大的区别，如表 1-6 所示。

表 1-6　制造业生产和服务业生产之间的区别

制造业生产	服务业生产
• 有形、耐用产品、产出可以被储存	• 无形、非耐用产品、产出无法储存
• 趋向于资本密集型	• 趋向于劳动密集型
• 与顾客接触程度低	• 与顾客接触程度高
• 对需求响应时间较长	• 要求对需求响应非常及时
• 跨地区或国家经营	• 面向有限区域、周边地区
• 生产设施规模较大	• 服务设施规模较小
• 质量水平易于衡量	• 质量难以用统一标准衡量

尽管制造业和服务业有各式各样的企业和无数品种的投入和产出，但对生产管理的要求可概括为以下 4 个基本点：适时、适质、适量和低成本，即考虑时间、质量、数量和成本要素。生产管理者所考虑的问题总离不开如何按时、按质生产出预定数量的产品，同时又尽可能保持低成本以谋求较高利润。

1.3　生产管理

1.3.1　生产管理概述

生产管理(production management)是指为实现生产既定目标，对生产过程所涉及的活动进行计划、组织并控制实施，有效利用资源以提高效率和生产质量，以求利润最大或成本最低，并最终达到客户的满意。生产管理的主体一般是指产业革命以来的工业企业，制造业是其典型代表。本书虽然主要针对制造业，但其生产管理方法在服务业中也是可以借鉴的。

生产管理的基本问题就是如何实现生产任务和目标的问题，而生产管理的目标可用一句话概括："在需要的时候，以适宜的价格，向顾客提供具有适当质量的产品和服务。"因此，现代生产管理的基本问题始终是提高质量、降低成本和缩短交货期。

传统的生产管理遵循"3S"原则，即专门化、简单化和标准化，使各项工作细分成简单的工序，并由专门的人员负责，提供统一规格的大量产品，目标是追求规模经济效益。而近代企业为适应市场的不断变化和客户的个性化需求，其生产管理遵循多元化原则，提供多样化的产品并追求生产柔性。

生产管理的任务主要有以下几项：通过生产组织工作，按照企业目标的要求，设置技术上可行、经济上合算、物质技术条件和环境条件允许的生产系统；通过生产计划工作，制定生产系统优化运行的方案；通过生产控制工作，及时有效地调节企业生产过程内外的各种关系，使生产系统的运行符合既定生产计划的要求，实现预期生产的品种、质量、产量、出产期限和生产成本的目标。生产管理的目的在于做到投入少、产出多，取得最佳经济效益。

1.3.2 生产管理的新趋向

随着21世纪的来临，企业的生产经营发生了巨大的变化：产品的生产周期缩短，产品更新加快，生产方式由少品种、大批量向多品种、小批量甚至是单件生产的生产类型过渡，产品上市时间缩短，质量日益提高，成本日趋降低，产品的售后服务日趋完善，这对现代生产管理提出了新的要求。同时运筹学、系统工程、微电子计算机等科技成果和新技术的出现和成熟，推动了生产管理理论和方法的发展。所以，近几年来企业生产管理出现了许多新的思想和趋势，并在实践中逐步得到推广和应用。

1. 生产和服务的专业化与顾客需求的多样化趋势

一方面，随着经济全球化的进程，社会分工越来越细，生产和服务的专业化程度越来越高，协作开展的范围越来越广泛。另一方面，顾客需求的多样化趋势比以往任何时期都日趋明显。生产与服务的专业化与顾客需求的多样化这一永恒的矛盾越来越突出，生产管理需要在这对矛盾中找到现实的妥协点。

首先，在需求的特征方面，从同质性、异质性需求转向个性化需求。相应地，服务方式也从无差别服务、差别服务转向个性化服务。其次，在生产与服务方式方面，从少品种大量生产(mass production)、适量品种批量生产(batch production)向多品种单元生产(cell production)方式转变。最后，在生产趋势方面，从标准化、专业化、通用化向多样化、柔性化方向发展。

2. 计算机技术和信息技术

计算机技术、信息技术的不断发展对生产管理产生了深刻的影响。在计算机技术和信息技术的影响下，生产与服务过程的数据化趋势日益明显，产生了一系列先进的制造技术，从作为生产管理手段的计算机辅助设计(CAD)、计算机辅助制造(CAM)、计算机辅助运作计划(CAPP)，到物料需求计划(MRP)、企业资源计划(ERP)、管理信息系统(MIS)，再到计算机集成制造系统(CMIS)。

3. 精益生产系统

精益生产系统(lean production system，LPS)是在市场需求多样化的背景下产生的。大批量生产方式的衰落客观上促成了日本准时生产方式(just in time，JIT)的形成，而将JIT理念从生产制造系统、零部件供应系统扩展到产品研究与开发、营销管理、人力资源管理等领域就形成了精益生产系统。

4. 敏捷制造系统

敏捷制造是以虚拟企业(virtual enterprise)或动态联盟为基础的制造模式。敏捷制造面对的是经济全球化的竞争，采用可以快速重组的生产单元构成的扁平组织结构，以充分自治的分布式的协同工作代替传统的金字塔式的多层组织的管理结构，将对立的竞争关系转变为既有竞争又有合作的"双赢"(win-win)关系，强调信息的开放、共享与集成。敏捷制造的运作方式为"急救室式"，辅之以柔性的配置(人员、设施)组合以及开放的体系结构。敏捷制造被称为"21 世纪制造企业战略"。

5. 大量定制系统

定制生产是按照顾客个性化需求进行生产的模式。个性化生产与标准化生产是两种完全不同的生产方式。标准化生产由于产品或服务具有共性，可以实现大量生产。但是，标准化的大量生产不能满足顾客的个性化需求。而大量定制(mass customization)生产将个性化与标准化完美地结合起来，使顾客在获得个性化产品的同时，只需支付大量生产的产品费用。大量定制的核心是将顾客个性化的产品转变为若干不同程序中的标准化模块，通过模块的排列组合满足顾客的个性化需求。标准化模块的运用不仅使产品的组成单元大规模减少，还可以使产品大量生产，从而使大量定制产品的效率大幅度提高，成本大幅度降低，甚至达到与大量生产相当的水平。

6. 再循环与再制造系统

环境因素是 21 世纪生产管理所要考虑的首要问题。生产管理系统运行所要考虑的环境因素包括投入与产出两个方面。未来的生产系统应该是再循环与再制造系统。再循环是指将材料收回再利用；再制造是指将旧产品中的某些部件拆卸下来，在新产品中再使用。据资料介绍，美国汽车的 75%零部件、欧盟汽车的 85%零部件可以被循环利用。在欧盟，创办企业首先必须申明它们的产品可以再循环的比例。基于再循环与再利用的客观要求，面向循环利用的设计(design for recycling，DFR)和面向拆卸的设计(design for disassembly，DFD)应运而生。面向循环利用的设计，是指考虑了拆卸废旧品以收回可循环零件能力的产品设计；面向拆卸的设计，是指在产品设计初期就考虑产品的可拆卸性。甚至有人预言，如果说 20 世纪制造业的标志为装配线(assembly line)，那么 21 世纪制造业的标志应是拆卸线(disassembly line)。

1.3.3 生产管理的基本职能

生产管理的基本职能就是对生产过程的计划、组织和控制。下面分别说明这些职能的主要内容。

1. 计划职能(planning function)

计划是未来生产和管理活动的依据和目标。它包括目标的制定，为实现目标所采取的措施和方案的拟订,以及实施目标和措施的有关活动的计划安排。企业的目标包括远期目标和近期目标。远期目标包括生产增长速度目标、竞争地位目标等,它们都关系到企业的长远发展。近期目标如年度产量目标等,与之对应的计划包括产品生产进度计划、新产品试制计划等。另外,财务预算也是计划的一个部分。在生产计划拟订出来之后,需要编制财务预算以筹措资金,并控制资金的使用。

2. 组织职能(organization function)

组织职能包括生产组织机构设计、责权规定和工作岗位的设置等。组织流图(organization chart)通常用来表示企业的组织设计。生产管理部门的组织流图属于企业组织流图的一部分。图 1-7 表示一类制造企业组织流图,生产管理者负责企业生产系统高效、低成本运行;营销管理者负责将企业的产品和服务销售出去以实现利润;财务管理者负责企业资金的筹措和管理。

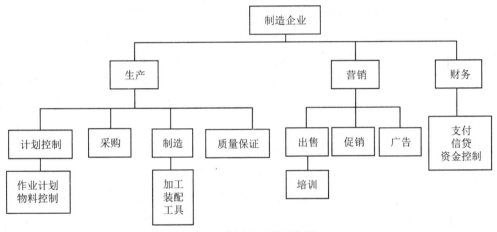

图 1-7 制造企业组织流图

3. 控制职能(controlling function)

控制是对计划执行情况所进行的检查、监督、分析和调整等工作。它包括从生产过程的产出取得实际绩效的信息,将它们与计划要求相比较,对比较的结果进行分析,若发现有偏差,则采取措施,返回去调节生产过程的投入,以修正偏差。

为履行上述的管理职能,企业内需建立一整套生产计划与控制的职能管理机构,分工负责,管理好整个企业的生产活动。工业企业内承担生产计划与控制工作的典型职能机构包括如下几个。

(1) 生产计划准备部门,从事产品的设计、工艺准备与工艺装备设计制造等生产技术准备工作,也包括改变产品和工艺技术时对生产组织机构的调整工作。

(2) 生产计划部门,负责中长期的生产预测和生产计划的编制。一般又兼管生产成果和其他技术经济指标的统计分析工作。

(3) 生产作业计划部门,负责日常生产作业计划的编制和组织实施工作,包括对生产过程的监督和生产调度,以及对生产库存的控制等。

(4) 物资供应与采购部门,负责供应生产过程所需要的各种外购物资材料,其具体工作有物资供应计划的编制、物资订购与采购的组织以及物资的保管和仓库工作。

(5) 设备管理部门，基本任务是为各生产部门提供性能正常和良好的生产设备，具体负责设备的购置、管理和维修改造工作。

(6) 劳动管理部门，主要任务是为各生产部门配置合乎需要的劳动力。为此，要利用科学方法制定生产定额，并对工人进行培训，提高工人队伍的技术水平和政治文化素质。

(7) 成本管理部门，负责生产成本的编制、实际成本的核算和分析以及成本控制等工作。

1.4 生产计划与控制概述

任何一个制造型企业，都必须有计划和控制功能，包括产品的市场需求预测，制订计划以决定何时增加设备与人员，何时购买与制造物料，制造多少；购买多少等。在整个生产管理系统中，生产计划是首要环节，是执行与控制的先决条件，其目的是规定未来的时间(计划期)的生产活动目标和任务，以指导企业的生产工作按经营目标的要求进行。

生产控制的目的是对生产计划的具体执行情况进行跟踪、检查、调整等。它包括从生产过程的产出取得实际绩效的信息，将它们与计划要求相比较，对比较的结果进行分析，若发现有偏差，则要采取措施，以调节生产过程的投入，纠正偏差。制订计划、执行计划及对计划的控制是一个不断持续改善的过程，其终极目标是盈利。要实现盈利，必须首先激发顾客的欲望，获得顾客的认同。细化的目标有质量目标、成本目标、交货期目标和服务目标等，为了实现这些细化目标，就生产计划和控制功能而言，必须准确做到"在正确的时间、提供正确数量的所需产品"。这些目标虽然彼此是相互矛盾的，市场的变化也是动态的，但是要确保快速地响应市场的需求，使顾客满意，必须有足够的库存来满足变幻不定的需求，这样库存占用资金必然会很高。所以说，对生产计划和控制的每一个层次都应系统地去考虑和分析，以保证在库存尽可能低的情况下快速满足顾客需求，为顾客提供高质量的产品。

1.4.1 生产计划

企业的一切活动都是在计划的指导下开展的，因此一个企业作为一个大系统，其每个子系统或每个职能部门能正常有序运行，并最终能实现企业的目标，一定是因为有各种计划在其中起着指导作用。根据业务职能的不同，可把企业的计划分为不同的类型。企业长远发展计划是企业的战略计划，它指导企业的全局，关系企业的兴衰。战略计划下面最主要的是经营计划，再往下就是各种职能计划，它们既各自独立，又相互联系和相互制约，形成一个有机的整体，共同指导企业的各项活动，从而保证企业实现目标。本书主要讨论各类计划中与产品生产直接相关的生产计划。

生产计划是根据需求和企业生产能力，对一个生产系统的产出产品品种、时间、进展、人力和设备等资源的配置以及库存等问题预先进行的考虑和安排。生产计划是企业为了生产出符合市场需要或满足顾客要求的产品而确定的何时生产、何地生产以及如何生产的总体计划。生产计划从整体上反映企业在计划期内应该达到的产品品种、质量、产量和产值等生产方面的指标，生产进度及相应的布置，是企业计划期生产活动的综合安排。一方面，企业的生产计划根据市场需求和销售计划制订；另一方面，它又是物料供应计划制订、设备管理计划制订和生产作业控制的重要依据。

生产计划的主要内容有以下几项：调查和预测市场对产品的需求，核定企业的生产能力，确定目标，制定策略，选择计划方法，正确制订生产计划、库存计划、生产进度计划和计划工作程序以及计划的实施与控制工作。从层次和时间上，可对生产计划进行如下分类，如图 1-8 所示。

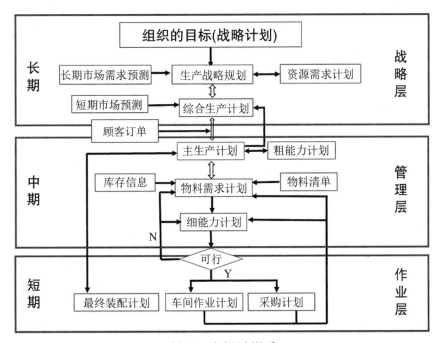

图 1-8　生产计划体系

1. 按层次结构分类

生产计划并非一个，而是一系列的计划，涵盖了生产管理的战略层、管理层和作业层。不同层次的生产计划紧密联系，相互协调配合，构成了企业的整个生产计划体系。

计划按照不同的层次可以分为战略计划、经营计划和作业计划。这三个计划的内容、时间、完成人员均不同。任何一个企业都应有一个总的战略，它规定整个公司的目标和发展方向，并指导公司的一切活动，这对企业的成功有决定性的影响，而经营计划和作业计划都是围绕战略计划来进行的。

一般来说，战略计划往往是由高层管理人员制订的，它的周期较长，通常为 3～5 年或更长。高层管理者在制订战略计划时要对市场有深刻的了解，并能洞察市场在未来的发展方向，要具有高瞻远瞩的眼光。经营计划则比战略计划的周期要短，通常为 1 年左右，经营计划是将战略计划所规定的目标和任务变成切实可行的计划，例如，战略计划规定在未来要推出一种新的产品，则经营计划要对该产品生产所需的资源进行分配。在编制战略计划和经营计划时，均要对其资源进行负荷分析，若资源和生产不符合，可重新规定目标，使得它们与可用资源相适应，也可通过购置和补充额外资源，放宽关键资源的约束条件，以便决定满足特定目标的最优分配。所以说，计划的编制实际上是一个不断优化、不断调整的动态过程。作业计划则比较具体，其周期比较短，期间也要进行资源和负荷的能力平衡分析。作业计划按照时间长短可分为长期作业计划和短期作业计划。

2. 按时间跨度分类

从计划的时间跨度上讲，生产计划可分为长期计划、中期计划和短期计划。

1) 长期计划

长期计划包括市场需求预测、生产战略规划、资源需求计划、综合生产计划。

(1) 市场需求预测。市场需求预测可以分为长期市场需求预测和短期市场需求预测。长期市场需求预测主要是宏观的预测，预测的时间跨度较长，通常为 3~5 年，主要考虑国家宏观经济的发展和政策、产业发展的大环境、产品的科技竞争能力等因素。这种长期市场需求预测一般由企业的最高层管理者做出，不针对具体的产品，而是针对产品群。短期市场需求预测又可以分为两个方面：一方面，在制订综合生产计划时预测未来 1 年内的销量；另一方面，在综合生产计划执行期间要不断地对预测进行调整，即要做更短的预测，通常是每一季度或每个月。

(2) 生产战略规划。生产战略规划主要是有关企业长远发展的规划，一般由企业的最高层管理人员制订，属于战略层次的计划，用来指导全局，计划周期比较长，通常为几年时间。生产战略规划考虑的是产品开发的方向、生产能力的决策和技术发展水平。生产战略规划的不确定性较高。

(3) 资源需求计划。生产战略规划做出后，要对资源进行规划，对企业的机器、设备与人力资源是否能满足生产战略规划规定的要求进行分析，这就是资源需求计划，资源需求计划是一较高层次的能力计划。

(4) 综合生产计划。综合生产计划介于长期计划和中期计划之间，有的学者将它纳入中期计划。综合生产计划是指导企业各部门一年内经营生产活动的纲领性文件。综合生产计划可以在产品需求约束条件下实现劳动力水平、库存水平等指标的优化组合，以实现总成本最小的目标。

2) 中期计划

中期计划主要包括主生产计划(master production scheduling，MPS)、粗能力计划(rough-cut capacity planning，RCCP)。物料需求计划介于中期计划和短期计划之间，如将物料需求计划也纳入中期计划中来，则和物料需求计划相对应的能力需求计划(capacity requirement planning，CRP)也应归到中期计划中。能力需求计划通常也称为细能力计划。

(1) 主生产计划。主生产计划是计划系统中的关键环节，确定了每一具体的最终产品在每一具体时间段内的生产数量。主生产计划在短期内(一般为 6~8 周)通常是固定不变的，8 周以后容易出现各种变化，而 6 个月后，则可能会发生根本性的改变。主生产计划是生产者对客户需求的一种承诺，它充分利用企业资源，协调生产与市场，实现生产计划大纲中所表达的企业经营计划目标，同时也是物料需求计划的一个主要的输入。主生产计划针对的不是产品群，而是具体的产品，是基于独立需求的最终产品。

(2) 粗能力计划。粗能力计划和主生产计划相对应，主生产计划能否按期实现的关键是生产计划必须与现有的实际生产能力相吻合。所以说，在制订出主生产计划后，必须对其是否可行进行确认，这就要进行能力和负荷的平衡分析。粗能力计划主要对生产线上关键工作中心进行能力和负荷平衡分析。如果能力和负荷不匹配，则在调整能力的同时也可修正负荷。

(3) 物料需求计划。物料需求计划是在主生产计划对最终产品做出计划的基础上，根据产品零部件展开表(即物料清单，BOM)和零件的可用库存量(库存记录文件)，将主生产作业计划展开成最终的、详细的物料需求和零件需求及零件外协加工的作业计划，决定所有物料何时投入，投入多少，以保证按期交货。对于制造装配型企业，物料需求计划对确保完成主生产计划非常关键。在物料需求计划基础上考虑成本因素就扩展形成制造需求计划，简称 MRPII。物料需求计划制订后还要进行细能力计划的制订。

(4) 细能力计划。物料需求计划规定了每种物料的订单下达日期和数量，那么就要分析生产能力能否满足需求。细能力计划是依据 MRP 的输出，并结合生产制造信息对工作中心的能力进行详尽的需求分析，计算出人员负荷和设备负荷，进行瓶颈预测，调整生产负荷，做好生产能力与设备符合的平衡工作，制订出计划。一方面，细能力计划能充分利用人力与设备；另一方面，可以减少产品的加工等待时间，缩短生产周期，为生产人员提供能力及相符合信息。

3) 短期计划

短期计划主要根据物料需求计划产生的结果作用于生产车间现场，包括最终装配计划(final assembly scheduling，FAS)、车间作业计划(production activity control，PAC)、采购计划等。

(1) 最终装配计划。最终装配计划是描述在特定时期里将 MPS 的物料组装成最终的产品。有些时候，MPS 的物料与 FAS 的物料是一致的，但在许多情况下，最终产品的数量比下一层 BOM 的物料还多，此时 MPS 与 FAS 的文件是不同的。

(2) 车间作业计划。车间作业计划是在 MRP 所产生的加工制造订单(即自制零部件生产计划)的基础上，按照交货期的前后和生产优先级选择原则以及车间的生产资源情况(如设备、人员、物料的可用性，加工能力的大小等)，将零部件的生产计划以订单的形式下达给相应的车间。在车间内部，根据零部件的工艺路线等信息制订车间生产的日计划，组织日常的生产。同时，在订单的生产过程中，实时地采集车间生产的动态信息，了解生产进度，发现问题并及时解决，尽量使车间的实际生产接近于计划。

(3) 采购计划。采购计划有其固有的特性，现在特别强调要实现供应链的集成，这就要重视企业和供应商之间的和谐关系，与其形成战略伙伴关系。供应商是企业的延伸，企业对供应商的能力也要有一个规划。

1.4.2 生产控制

在生产计划的实际执行过程中，尽管企业的生产计划已经对日常生产活动做了比较周密而具体的安排，但由于受到各种因素的影响，计划与实施之间必然会产生差异。这些差异可能表现在生产进度的快慢、生产数量的多少、人员与设备的忙闲不一等，以致不能完成计划和按期交货。因此，为保证企业生产计划的完成，实现企业的目标，取得良好的经济效益，必须对企业的生产活动进行有效的控制。生产控制是指在生产过程中，按既定的政策、目标、计划、标准，通过监督和检查生产活动的进展情况、实际成效，及时发现偏差，找出原因，采取措施，以保证目标和计划的实现。它是生产管理的一项重要职能，是实现生产管理目的、完成主生产计划和生产作业计划的手段。

1. 生产控制的内容

控制贯穿于生产系统运动的始终。生产系统凭借控制对系统各环节的活动进行监督、制约和调整，使生产系统按计划运行，并能不断适应环境的变化，从而达到系统预定的目标。生产系统运行控制的活动内容十分广泛，涉及生产过程中的人、机器、物料、资金等各种生产要素、各个生产环节及各项专业管理，主要内容有以下几个方面。

(1) 进度控制。进度控制是生产控制的中心环节，是保证生产按计划执行、取得良好经济效益的手段。它对生产作业计划的执行及时进行指导和调节，以确保生产过程中生产进度的安排。

(2) 质量控制。质量控制是对影响质量的所有要素加以控制，确保产品的整个形成过程的最优状态，形成质量控制的有机整体。

(3) 物料控制。物料控制是对企业内部原材料、辅助材料、在制品和产成品的移动和存储进行控制，确定满足生产需要所需的库存量，并控制在制品和产成品库存，使物料在从原料到成品的整个转化过程中处于较为连续的加工状态，减少物料的等待和闲置时间，从而确保生产过程的连续性。

(4) 成本控制。成本控制即运用一定的方法将生产过程的一切耗费限制在预先确定的计划成本范围内，通过分析实际成本与计划成本之间的差异，找出原因，采取降低成本的对策。

(5) 准时制(JIT)生产。JIT 代表一种生产控制理念，即一切生产活动，包括制造、搬运、交货和供应等，只在需要的时候，以需要的数量发生。生产任务由市场需求触发，由市场需求拉动产品装配，再由产品装配拉动零件加工，形成一个"拉式"生产控制系统。它意味着整个生产系统只生产市场需要的产品，并且通过拉动式生产控制达到存货和在制品最少、浪费最小、空间占用最小的目的。

2. 生产控制的主要作用

(1) 生产控制是保证企业生产活动能够持续进行的重要环节。通过对生产过程进行有效的控制，企业可以均衡而连续地生产，有效利用人、财、物等各类资源，减少原材料、在制品和产成品库存，减少资金占用，提高企业适应市场需求变化的能力。

(2) 生产控制是解决生产问题的重要手段。只有在生产过程的各个阶段进行生产控制，才能及时发现问题，并采取措施，有效地解决问题，保证生产活动正常进行。

(3) 生产控制是实现生产作业计划的有效手段。通过计量、统计、比较等方法，企业实现生产信息的传递和反馈，掌握实际与计划的偏差，并及时校正偏差。

(4) 生产控制是调节生产的有效工具。在生产过程中，生产控制协调生产和各项生产准备工作的关系，进行各环节的平衡衔接，防止生产过程中出现阻塞或脱节的现象。

(5) 生产控制推动管理工作的改善和计划水平的提高。生产控制中获得的信息从不同侧面反映了生产运行及其组织管理状况，当出现计划不当的信息时，能及时反馈给计划部门，为计划的修正和下期计划的制订提供依据。

1.5 企业制造战略

战略是企业为实现和完成其使命所设计的长期计划，企业的战略决策影响企业未来的发展方向，制造战略始于企业战略，而生产设备和生产技术人员安排受制造战略指导。企业战略是企业为求得生存和发展，在较长时期内生产经营活动的发展方向和关系全局问题的重大谋划。企业制造职能与企业战略是紧密联系、相互影响的，企业必须将制造职能和战略进行整合，以企业战略来指导作业体系与管理体制决策。

所谓制造战略是指企业在其经营战略的总体规划下，决定选择什么样的生产系统、确定什么样的管理方式来达到企业的整体经营目标、实现对生产系统的整体谋划。具体地说，就是要决定企业在产品的生产过程、生产方法、制造资源、质量、成本、生产周期等方面行动方案的选择及企业如何进行生产定位。在制造战略制定过程中，对外部条件进行考察，需要明确企业的使命；分析内部情况，对其进行调整，使企业能适应所处的环境。因此，企业的制造战略规划应依据所处环境中的威胁与机遇，以及企业自身的优势和弱点来制定。企业只有明确外部存在的机遇与威胁以及内部的优势与弱点，才能建立起一个有效的制造战略框架。

在企业的制造战略决策中，需要着重考虑的因素是竞争。竞争对手可以通过拓宽产品品种范围、改进质量或降低成本来赢得市场。新的行业进入者或替代产品都有可能给企业现有的利润份额带来威胁。其他需要考虑的重要环境因素包括经济发展趋势、技术进步、政治环境、社会及人的观念变化，以及重要资源的可获得程度等。供应商和顾客的讨价还价能力可能是潜在的威胁，也可能带来机遇。这些因素的变化给现行战略带来的影响使计划和产品开发呈现缺陷和不足，从而要求对企业制造战略进行调整，使之适应环境的变化。这意味着企业必须从市场的角度出发，捕捉市场中有利的发展机会，识别自身的独特能力或优势，并使之与发展机遇相吻合、相适应。

1.5.1 制造战略的制定构架

生产制造战略展示的不仅是新概念和新技术，还是研究生产过程的全新视点，加之在竞争中的巨大作用，这些都不能不引起学术界的高度重视。

自20世纪70年代以后，国外管理学界对于生产制造战略的研究日渐增多，逐渐形成一套较为成熟的理论框架和操作程序。它的基本构架由三部分组成，即竞争力排序、竞争绩效目标以及行动方案。

1. 竞争力排序

根据哈佛商学院威克汉姆·斯金纳教授(Wickham Skinner)早期研究和伦敦商学院特里·希尔(Terry Hill)教授的最新研究成果，现代生产的竞争力被归纳为以下5个方面。

(1) 成本，指具有竞争性价格的产品和服务。

(2) 灵活性，包括对需求变化的应变能力、柔性和新产品开发的速度，重点是指迅速改变生产产量、产品组合的能力和研制新产品所需的时间以及建立生产新产品的工艺流程所需要的时间。

(3) 质量，包括产品质量和过程质量。产品质量包括根据面对的细分市场而建立适当的产品质量标准和功能特性；过程质量至关重要，它与产品的次品率、耐用性和可靠性直接相关。

(4) 交货，包括交货速度和交货可靠性，主要指快速和按时交货的能力。

(5) 服务，包括有效的售前和售后服务及产品支持能力、提供方便的服务网点的能力及产品定制满足顾客特殊需要的能力。

生产竞争力排序内容如表1-7所示。

表1-7 生产竞争力排序

项目	内容
成本	低价格：价格竞争能力
灵活性	产品的设计变化：快速变换产品设计的能力
	产量变化：迅速改变产品产量的能力
	产品组合变化：迅速改变产品组合的能力
	生产线宽度：提供广阔生产线的能力
质量	低次品率：保障低次品率的能力
	高功能：保障产品高功能的能力
	可靠性：保障产品使用可靠性的能力
	耐用性：保障产品经久耐用的能力

(续表)

项目	内容
交货	快速交货：快速的订单响应和交货能力
	及时交货：按时履行交货的能力
服务	售前服务：提供有效的前期技术联系和支持的能力
	售后服务：提供优质、满意的售后服务的能力
	产品支持：提供可靠的产品支持的能力
	网点分布：提供方便的产品服务网点的能力
	产品定制：提供产品定制以满足个性化需求的能力

2. 竞争绩效目标

竞争绩效目标是指与选定的优先竞争力相一致的生产绩效目标，用一套指标体系度量。这一指标体系突破了传统的会计指标，不仅包括成本指标，还包括时间指标、质量指标及服务指标等。表1-8中列举了这套指标体系中的主要指标。

表1-8 生产绩效主要指标举例

• 主要产品平均单位成本	• 产品生产周期	• 产品开发项目及时完成率
• 直接劳动生产率	• 新产品开发速度	• 能够生产的产品品种数量
• 设备准备时间	• 生产投入的速度	• 及时交货状况
• 采购间隔期	• 从用户订货到交货的时间间隔	• 顾客对质量的综合评价
• 原材料库存时间	• 采购零部件的次品率	• 顾客对新产品的满意度
• 在制品库存时间	• 成品的平均次品率	
• 成品库存时间	• 产品返修率	

企业根据顾客对产品的不同需求，并将那些具有相似的市场行为特征和对制造系统要求相似的产品组合到一起，分别选定优先竞争力，再从这套指标体系中挑选出需要的指标，通过对竞争对手的标杆瞄准确定每个产品组合的重点绩效目标值，作为满足不同竞争需要的努力方向。

3. 行动方案

行动方案是指为了发展优先竞争力，实现竞争目标而采取的行动措施，包括各种先进的管理方法和管理技术。20世纪60年代以来，新的管理方法不断涌现，诸如物料需求计划(MRP)、计算机集成制造系统(CIMS)、全面质量管理(TQM)、准时制造(JIT)、制造资源计划(MRPII)、供应链管理等。表1-9中列出的是制造业企业经常采用的行动方案。

表1-9　制造业企业行动方案举例

• 使员工的任务多样化	• 整合生产信息系统
• 开展成本节约活动	• 建立内部跨部门信息系统
• 加强工作绩效评估	• 改善生产物质条件
• 工人培训	• 准时生产系统
• 管理人员培训	• 机器人的使用
• 主管人员培训	• 柔性生产系统
• 计算机辅助制造	• 生产设计
• 计算机辅助设计	• 系统质量控制
• 价值工程/产品再设计	• 工厂重新布局
• 组织跨职能工作小组	• 改善工人生活质量
• 开展职能团队活动	• 改进生产过程保护环境
• 改进新产品生产过程	• 强化生产与企业战略关系
• 改进老产品生产过程	• 招聘技术工人

　　行动方案是生产制造战略的一项重要内容，它必须兼顾被选方案对优先竞争力及绩效目标的影响以及企业内、外部的资源。考虑这些因素，实际上既是围绕所制定的生产竞争绩效目标如何对资源合理配置的问题，也是战略的整合问题。在不同时代有不同的生产管理的理论，相应地，在不同生产制造战略指导下的生产系统也呈现不同的形式，如表1-10所示。

表1-10　20世纪不同时代生产制造战略及生产系统的发展演变特点

特点	60年代	70年代	80年代	90年代
产品竞争	成本竞争	市场竞争	质量竞争	时间竞争
生产战略	• 大批量 • 成本极小化 • 系统稳定 • 产品集中	• 内部职能的协调和集成 • 整个商品化过程的协调	• 工序控制 • 物料周转快 • WCM • 管理费降低	• 新产品投入 • 应变能力强 • 学习性强 • 新型组织
生产系统形式	PICS NC	MRP MPS CNC	MRPII；JIT OPT；DNC SPC；TQM CAD；CAM	CIMS 指挥调度系统 权变构造理论 选择性干涉 分权化 精益化

注：PICS=生产与库存控制系统；NC=数控；MRP=物料需求计划；MPS=主生产计划；CNC=计算机数控；WCM=世界级制造；MRPII=制造资源计划；JIT=准时制造；OPT=优化生产技术；DNC=直接数控；SPC=统计工序控制；TQM=全面质量管理；CAD=计算机辅助设计；CAM=计算机辅助制造；CIMS=计算机集成制造系统。

1.5.2 制造战略的制定

1. 企业内外环境的分析

在制定公司战略和生产制造战略时,都要对企业的内外环境进行分析。外部环境通常包括竞争、客户、经济、技术和社会条件。外部环境能够对生产系统产生显著的影响,从而影响公司战略及制造战略的形成。内部环境在可用的资源、现存的企业文化、劳动力的技能和能力、现存设备的位置及使用年限、使用的控制系统类型等方面来影响生产战略。对内部环境的分析通常能帮助识别企业目前生产系统的优劣势。在当今世界范围内的竞争市场中,应该比以前更注重以下一些外部因素。

(1) 客户需求。企业虽然可以通过一些营销手段在一定程度上控制需求水平,但某些市场需求的变化是无法控制或预测的,如经济波动引起的变化、客户偏好改变和新竞争者的加入等。因此,生产计划不仅要考虑客户现在的需求,更要考虑客户将来的需求。

(2) 技术。随着产品和工艺技术的变化,生产技术也必须改变,企业可选择作为技术领先者和技术跟随者,或采用其他技术战略。生产制造战略的作用是预测技术环境并形成相应的决策。近年来,随着机器人技术、计算机辅助技术、计算机集成制造技术和办公自动化技术的快速变化,企业未来的生存也依赖于所采取的技术战略形式。

(3) 资源条件。在制定生产制造战略时,应该考虑原材料资源的可获得性。例如,石油危机是导致一些行业生产混乱的主要原因。所以,企业应该制定具体的策略以解决原材料资源缺乏的问题。

(4) 法律因素。法规的变化会使一些行业发生重大变化。例如,环境污染标准、安全规定,以及反不正当竞争法等法律、法规的变化都会对生产管理产生重要的影响。

(5) 环境因素。不断变化的社会态势和价值观念影响着生产系统中的劳动力和管理者。生产制造战略制定者应认识到这些变化并在制定劳动力政策中予以应对。由于生产定位在强调团队工作和参与方法,并吸引工人全身心投入上,这很有可能成为未来变化的最重要的领域之一。

(6) 竞争状况。推出新产品的速度、成本的高低、质量水平的差异等都能反映竞争状况。例如,在20世纪80年代初,日本制造一辆小汽车的成本要比美国的低2200美元。日本人在自动化方面没有优势,但是工人工资低,仅此一项就产生550美元的差距。剩下的1650美元的差距来自日本人不断提高质量、较高的生产率、库存成本低、同样产出的较小生产规模等。日本人是凭着质量、低库存以及团队协作这样一个高度协作系统来达到这样的效果的。这就要求美国在这种竞争劣势中生产的职能不仅满足竞争的需要,还要通过良好的生产制造战略来形成企业的竞争优势。当竞争性质发生变化时,就要协调生产战略,以便为企业提供一个稳固的竞争优势。

2. 明确生产运营宗旨

生产运营宗旨是指与企业战略相关的生产职能的目的,它应说明生产运营目标(成本、质量、灵活性、交货)的优先顺序。下面是一个保险企业生产运营宗旨的典型陈述:"我们保险运营的宗旨是通过提供服务来满足市场需求，从而获得保险及个人理财的市场份额，并在这些领域成为质量的领导者，这就要在合理的成本下进行产品创新，以此来提供出色的服务。"这个宗旨陈述反映了该企业是通过导入新产品来强调企业的差异化战略。这个企业不是强调以现存产品和低成本作为战略，其生产宗旨中提到的是合理的成本而不是最低成本。生产运营宗旨直接来源于企业战略，经常是企业战略在生产运作层次上的翻版。

3. 识别生产系统的特殊能力

生产系统的特殊能力是企业在生产领域中所拥有的，并且有竞争优势的特性或能力。生产系统的特殊能力应支持生产运营宗旨。特殊能力会形成竞争优势，因此，它是生产制造战略的核心。大多数企业都识别其特殊能力，并努力地保护它。

特殊能力有多种形式，就生产管理目标来说，特殊能力可以是最低的成本、最高的质量、最好的交货服务、最大的灵活性等。就生产资源来说，它可以是以人力为导向的资源，也可以是独占原材料资源，也可以是比竞争对手有更好的技术资源等。然而资源上的特殊能力应转化为客户的认同和对企业战略的实施。换句话说，当企业强调质量和新产品引进时，以低成本的制造作为优势是没有用处的。特殊能力要求生产运营专注于必须做到最好的方面，因为通常生产不能一下子把所有方面都做好。表1-11中列举了特殊能力的几个主要方面和相应的一些企业或服务。

表1-11 特殊能力举例说明

项目	特殊能力	企业或服务
价格	低成本	美国一级邮政、邮购计算机
质量	高设计性能和高质量	凯迪拉克、五星级饭店
	稳定的质量	可口可乐、百事可乐、摩托罗拉
时间	迅速交货	麦当劳快餐、联合包裹UPS
	准时交货	一小时快照、联邦快递、邮政快递
柔性	种类多	医院急诊、超市
服务	优良的客户服务	IBM、达美航空公司
地点	方便	超市、干洗店、自动柜员机

企业生产系统的特殊能力虽然会保持一定的稳定性，但并不是一成不变的，而是随着企业的发展发生阶段性的变化。这种特殊能力的变化，支撑着企业战略的改变。表1-12中列示了第二次世界大战后日本一些制造企业的战略演变过程。

表 1-12 20 世纪日本制造企业的战略演变

时间	战略	利用特殊能力形成优势
50 年代	低劳动成本战略	可利用廉价的劳动力
60 年代	规模战略	用资本密集的方法获得较高的劳动生产率和较低的单位成本
70 年代	工厂中心战略	利用较小的工厂，使用精益生产方式，提高产品质量
80 年代	柔性工厂战略	减少了新产品和工艺设计的结合时间，利用通用设备以适应产量设计以及品种的变化，持续强调质量
90 年代	增加特色产品战略	将增加新产品特色与继续对新产品和工艺进行改进相结合

4. 树立生产管理目标

生产管理目标就是用明确的数量和文字来描述企业生产管理预期所要得到的结果。生产管理目标是对生产管理宗旨的提炼，通常表现在 4 个方面：成本、质量、交货期和灵活性。无论是从近期还是从长远观点来看，生产管理期望达到的目标就是这些结果。

企业如果把质量作为竞争的首要优势，就要在生产管理中做很多事情。例如，我们应和客户一起探讨来确定他们的特殊要求，也应该相信经过培训的工人能够提供客户所需的产品或服务等等。这里的要点是质量目标会导致生产过程中的特定行动并要提供客户所需的产品或服务。

5. 制造战略制定方法

伦敦商学院的 Terry Hill 教授首创了"订单资格"(order-qualifier)和"订单赢取"(order-winner)两种运营概念。订单资格是一个企业的产品或服务参与竞争的基本条件。对制造业而言，一般保证质量、按时交货和产品可靠性是资格要素；对服务业而言，承诺可能是最基本的资格，但是不同的行业有不同的资格标准。如航空业，安全是最重要的资格条件，而对饮食服务业来说，洁净是必不可少的资格条件。企业必须在运作管理中，提高自己的资格水平，从而提高竞争力。订单赢取是企业的产品或服务区别于其他企业的特性或特征。对制造业而言，低成本或价格，可靠的质量可以成为订单赢得要素；对于服务业而言，除了价格、质量外，声誉是一个非常重要的订单赢得要素。订单赢取是企业的重点竞争优势，反映该企业所提供产品和服务的差异性。产品价格低、质量高、性能可靠、更新快，送货及时等均可构成订单赢取因素。订单资格则是从客户角度而言，指客户对于企业产品的筛选标准。企业要经常分析判断客户的"订单资格"项目及其标准，如果只是注重"订单赢取"因素而忽略"订单资格"因素，同样也可能失去市场。譬如，企业某种产品价格低廉、性能可靠，具有明显的竞争优势，但用户在产品的快速、准时发送和产品的规格等方面也会有基本的要求，如这些项目达不到客户"订单资格"项目的标准，客户仍然不会因价格低廉和性能可靠就去买这种产品。所以，生产策略最终要从订单资格和订单赢取两方面来分析竞争要素以及对于企业的要求。图 1-9 显示了不同生产系统订单的资格与赢得要素。

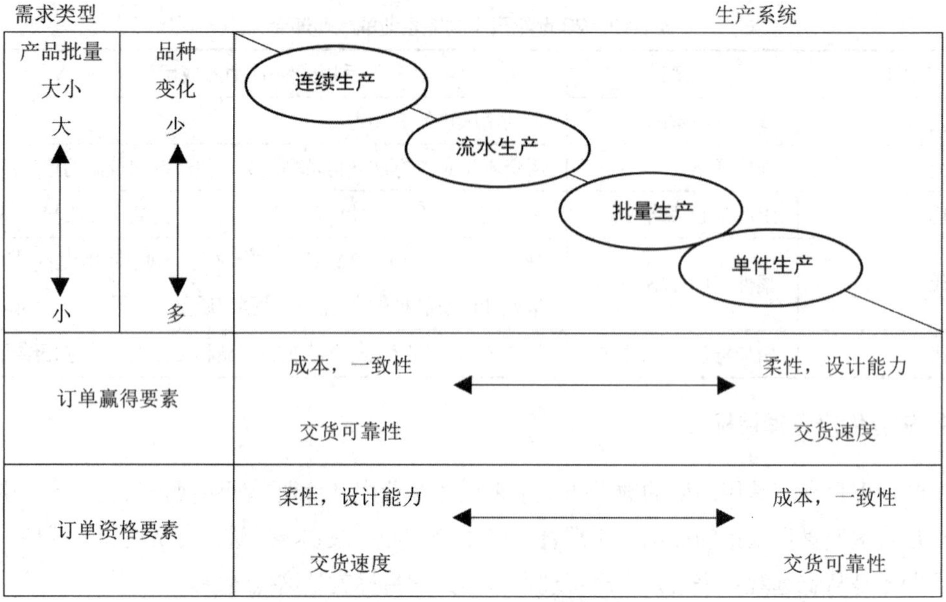

```
需求类型                                              生产系统
┌─────────┬─────┐
│产品批量  │品种 │     连续生产
│大小     │变化 │         流水生产
│   ↕     │ ↕   │              批量生产
│大→小    │少→多│                   单件生产
├─────────┴─────┼──────────────────────────────────────┤
│               │  成本，一致性    ←→   柔性，设计能力  │
│订单赢得要素   │                                      │
│               │  交货可靠性            交货速度      │
├───────────────┼──────────────────────────────────────┤
│               │  柔性，设计能力  ←→   成本，一致性   │
│订单资格要素   │                                      │
│               │  交货速度              交货可靠性    │
└───────────────┴──────────────────────────────────────┘
```

图 1-9 不同生产系统的订单赢得与资格要素

赢取订单是制定制造战略的关键准则，也是制造系统和营销系统的主要结合点。制造决策问题可分成两类：一类是过程选择，包括技术类型、工厂规模和能力配置、生产线设计等"硬件"方面的决策；另一类是基础设施决策，即质量保证，组织结构，人员素质及信息技术等"软件"方面的支持。该方法的主要特点是将制造战略和营销战略连成一体，制造战略从公司目标和营销战略派生出来，同时，营销战略又建立在制造过程充分支持的基础上。表 1-13 为制造战略制定的方法。

表 1-13 制造战略制定的方法

公司目标	营销战略	产品赢取订单的方式	制造战略	
			过程选择	基础设施
持续增长	产品市场细分	价格	生产过程类型	生产计划和控制
存货	产品组合	质量	生产技术定位	质量保证与控制
利润	标准化或定制化	交货时间	生产能力	制造系统工程
投资回收	创新程度	产品可靠性	生产存储	检验系统
	领先或跟随	需求满足能力		薪酬系统
		产品品种		工作岗位结构
		设计领先		组织结构
		技术支持		
		售后服务		

1.5.3 制造战略的竞争优势选择

从生产管理的角度而言，在选定了经营产品与服务范围之后，需要确定如何高效率地提供这些产品和服务，并将它们高效益地提供给顾客。例如，就新建一个饭店来说，仅确定向顾客提供的食物品种是不够的，还需要确定特点和能力，如该饭店所处的位置和烹调特色等。只有通过这些特点，才能使该饭店具有区别于其他竞争对手的优势。竞争优势是指一个企业在其生产或服务系统中所必须拥有、相对于竞争对手具有优越性并以此赢得市场的要素和能力。

1. 生产制造战略的竞争要素

一般而言，企业制造战略的竞争要素可划分为四大类，包括 8 个方面，如图 1-10 所示。

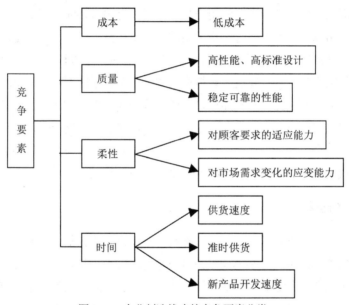

图 1-10　企业制造战略的竞争要素分类

(1) 成本因素。企业通常以低价格为基础参与市场竞争。虽然以低价格销售降低了产品的边际利润，但可以通过产品的大批量销售来弥补，保持总利润额稳定或上升。为了保持一定的边际利润，生产成本也必须降低，使原材料消耗、废品率、人工费用和管理费用都保持在较低水平。降低成本的能力通常需要增加技术投资，更新设备和提高自动化程度来获得。由于产品的标准化有利于成本的降低，为了减少成本又不影响产品质量，产品生命周期的成熟阶段可采用低价格策略。产品生命周期的成熟阶段是增加市场占有率的有利时机。在成熟阶段，销售量位于高水平，可利用专业化、高效率的生产设备实现产品大批量生产以供销售，虽然生产的固定成本随技术投资而增加，但变动成本可以大大降低，满足盈亏平衡要求。

(2) 质量因素。质量因素涉及两方面的竞争要素，一是高性能、高标准的设计；二是稳定可靠的性能。设计方面的质量包括优异的性能、紧密的公差配合度、持久的耐用性，也包括员工的技能和所能提供的帮助。优良的售后服务和优惠也可以成为提高服务质量的组成部分。例如，一些厂商允许顾客分期付款或提供设备租赁等。性能方面的质量以产品与服务符合性能和规格设计要求的频率或达到满意度的次数来衡量。例如，衡量银行的业务工作质量，可以考察记录顾客账户号码出错的次数等。

(3) 柔性因素(灵活性)。有两种反映灵活性的因素通常受到重视。一种是对顾客要求的适应能力，即能够根据顾客偏好提供所需要的产品或服务。在这种情形下，产品或服务常根据顾客的要求制作，生产数量较低，企业的竞争优势是建立在具备技术难度较高且非标准化产品生产能力基础之上的。一种是对市场需求变化的应变能力，即能够迅速调节生产率以应对较大幅度需求量波动的能力。对于不同的产品，其市场需求的变动周期可能相差很大，可以是数年、数月或数日不等，这就要求企业的生产系统具备良好的柔性，以适应市场需求的多样性和易变性。

(4) 时间因素。与时间相关的竞争要素包括三点。其一是供货速度，以接到订单起一直到交货所花费的时间来衡量。企业可以利用产品库存或拥有的富余的生产能力来缩短供货时间。其二是准时供货，常以兑现保证按时供货承诺的频率或次数来衡量。其三是产品开发速度，是指引进新产品或服务的快慢程度，从产生新的构思到产品最终定型和生产所经历的时间来衡量。对于生命周期较短的产品，其开发速度显得愈发关键，企业不得不对进入市场的每一种新产品或服务做出及时反应。率先拥有新产品进入市场会给企业带来竞争优势，尤其是在经营环境变化较快时。但是当研究开发费用昂贵和技术因素以及顾客需求不确定时，产品开发速度的重要性就被淡化了。在当今市场竞争日趋激烈的情况下，时间作为参与竞争的要素之一，已得到众多企业的重视，成为获取竞争优势的一种重要途径。

2. 竞争要素的选择

在某些时候，企业可以同时增强成本、质量、柔性方面的竞争力。例如，废品和返工有时占产品生产成本的 20%~30%之多，通过改进质量可以减少废品和返工，使质量成本得以显著降低，同时提高了生产率，缩短了供货时间。此外，改进产品与服务质量会有助于销售量的增加，使得大批量生产的经济性成为可能。大批量生产以重复性生产为基础，增加了标准化程度并伴随单位成本的降低，使得较低成本并达到高质量水平成为可行。

然而，实际情况并非总像我们所希望的那样。当达到某种程度时，某一竞争要素的继续改进可能会伴随着其他竞争要素的弱化。例如，伍德(Wood)的研究表明，高度的灵活应变能力可能会导致较高成本，但并非所有的情况都是如此。凯克瑞(Kekre)与斯利尼瓦萨(Srinivasan)认为，采用零部件标准化可以实施大批量生产，以达到满足多品种多样化需求和节约生产成本的效果。所以，存在着如何权衡得与失的问题。为此，企业经营者必须能够识别存在于上述竞争要素之间的相互补充与相互矛盾之处。由于受具体情境的影响，当决定哪些竞争要素应当予以强化时，企业经营者必须对权衡利弊的结果做出合理的判断。例如，对于高重复性和标准化生产而言，同时强化低成本和缩短交货时间的竞争优势是可行的。

企业定期地对竞争要素的优劣进行研究和分析，将有助于生产制造战略的有效实施。管理人员应就各竞争要素的期望值对公司的经营现状进行评价，并与本行业水平相比，由此可对企业在市场竞争中所处的地位做出判断。在此基础上，企业应制定出一套明确、可度量的标准来体现竞争要素水平。作为说明，以下列举了每一竞争要素所期望达到的水平：将单位成本降低为 80 元；减少废品损失 10%；保持现有的公差配合度；保证自接到订单起 3 周之内交货；提高准时交货率达 95%；缩短新产品或服务的开发与测试时间 6 个月；增加产品规格数量 50%；2 个月内使生产率提高 1 倍。

案例

利达食品有限公司的发展战略

1. 公司简介

利达食品(山东)有限公司(以下简称"利达公司")是山东的本土企业。企业生产饼干等系列产品，其中威化饼干是其主要产品，已出口到东南亚、中东、南非等多个国家和地区。随着国内外市场的不断打开，产品需求量逐年上升，订单也在逐年增长。但是我们在看到订单增长的同时，也看到了利达公司的发展后劲的不足。作为传统的食品生产企业，利达公司近几年没有推出新的产品，原有的产品品种比较单一，工艺改进较少。目前新的经济形势以及疫情的影响，使企业的所面临的市场环境已经发生了较大的变化，利达公司必须进行产品的升级创新，保留现有市场和开拓新市场的同时，不断开拓新的市场增长点。经过深入调研，利达公司未来的战略发展业务如下：仍然以饼干业务为主线，对现有的饼干产品进行配方的改良，不断开发新口味的产品，例如开发儿童系列饼干产品、低脂肪系列产品、提神系列饼干产品。当然新工艺、新口味的提升需要资金的不断投入，在目前的经济形势下，需要处理好资金流对企业的影响，利用好多种融资渠道，为企业的产能提升以及设备的升级做好准备。

利达公司经过十几年的努力，业务遍布全国并出口到海外，在食品业内具有良好的声誉。借国家食品行业战略发展之东风，通过战略研究进行资源整合，为利达公司发展成为食品大型企业提供最优方案。

2. 发展战略现状

1) 单一决策者进行决策

公司的重大决策由公司总部做出，但是往往由领导者一个人做出，缺少下面各部门负责人的科学分析，往往效果不是太理想，甚至会在进行过程中，推倒重来。因此公司应结合授权法、寻找外部专家团队来制定初步战略规划，成立战略制定规划小组，各个部门将自己的实际情况和发展计划进行有效的展现，最终总结出公司的发展战略规划。

2) 对内外部环境分析得不够细致

在新的经济形势下，公司对需要内部和外部环境进行全面详细的分析，才能够制定出符合实际情况的战略，仅依据自己个人的判断很难得出符合实际的结论。目前公司销售的多种产品需要打折促销才能销售到大型超市内，随着产能的提升，所有生产出来的产品是否能够实现全部销售，也是值得权衡的问题。因此分析公司内部和外部环境对公司的战略制定至关重要，决定了制定的战略能否真正促进本公司经济的增长。

3) 品牌战略定位不够明确

目前公司品牌有多种，多个品牌在市场上的知名度不够突出，表现平平，品牌的层次感不明显。在对自己的品牌宣传的过程中没有集中力量扩大高端品牌的知名度，对品牌的发展战略没有明确的规划，品牌的宣传也仅仅局限于打打广告，宣传过程中没有突出自己产品的特色和文化内涵，没有具体支撑品牌战略的实施与保障的措施。

4) 公司发展战略的实施缺乏有效的保障措施

公司目前仅仅是有发展计划，没有制定明确的发展战略，发展战略不够清晰，也没有制定详细的时间表和保障措施来保证发展战略的完整实施。目前公司发展战略仅仅局限于各部门负责人，没有有效传达到部门员工，员工在执行的过程中缺乏明确的目标，同时缺乏监督团队监控发展战略的实施，因此无法保证战略实施保障的有效实施。

5) 主要原材料价格受配额的影响较大

目前，公司的原材料主要是小麦粉和白糖，而国内的小麦粉和白糖的价格比国际上要高30%左右，为了抵消原材料的价格对公司生产成本的影响，公司一部分的产品用于出口，主要出口到欧美以及东南亚地区，通过做进料加工，可以抵消进口关税的影响，但是糖和面粉的进口需要国家的批准，因此如果配额的申请与否与公司的出口业务的影响巨大，就会在一定程度上增加了公司的运营风险，也为公司的经营带来了不确定性。

3. 战略目标

通过前面的分析，可以看出利达公司首先应采取成本领先的策略，降低主要原材料以及包装材料的采购价格、加工和物流等各种生产环节的生产成本，进一步提高的生产效率。在生产效率处于瓶颈期的时候，进一步考虑优化生产工艺水平，引进先进的生产设备，提高机械化水平，增加产品的单位时间产出数量，降低产品的单位成本。在确保公司预期效益的同时，公司应充分发挥内部优势，提高自主创新能力，研发的方向主要朝向新配方产品，例如椰香味、奶油原味的产品等，或者替换原来产品的配方，在不降低口感的基础上用价格更低的小料等。其次，利达公司应研发新的工艺，用简单易操作的方式替换原有的复杂不易操作的方式，降低单位材料的损耗，提升单位时间产出数量，进一步降低单位产品的成本。同时公司应利用我国进一步扩大改革开放的契机，促进公司的转型升级，结合公司自主知识产权和生产工艺的提升，进一步促进公司的竞争力，从而构建具有竞争力的品牌和营销网络，并制定公司的长期战略，从而确保公司未来的总体竞争优势。

1) 2020—2025 年的战略目标

一是到 2025 年年底，提高生产效率，原材料损耗率降低到 5%，扩大产能，使公司年产量翻番，保障公司产品在饼干市场的供给，不断提高生产效率，进一步降低公司产品的生产成本，提高产品的市场知名度，提高产品的市场占有率，成为国内市场的主要饼干供应商。

2) 利达公司的近期目标

首先，重点将饼干打造成为全国的知名产品，通过新技术和新技术的研究开发，提升生产工艺和配方质量。在提升产品品质的同时，通过改良配方，进一步降低产品的生产成本。其次，建立多种营销渠道，利用近几年电商快速发展的有利时机，线上和线下共同发展，建立稳定的产品销售渠道。最后，开发其他新口味的产品，增加产品的层次以及价格梯度，使消费者有更多的选择空间，与此同时也会增加企业的利润增长点。

3) 利达公司的长期目标

经过公司的共同努力，进一步提升公司产品的品牌知名度，扩大市场占有率；随着资金的不断投入，进一步扩大公司的生产线，扩大公司生产线的产能，从而满足日益增长的社会需求；在提高产能的同时，进一步提高生产效率，降低产品的单位成本，增加公司的利润水平；通过自主创新使企业拥有自主知识产权专利的产品，从而增强企业未来的市场竞争力，实现百年企业的目标。

4. 创新战略

一是新产品研究开发战略。公司应利用自己的研发团队，通过不断与商业伙伴的合作，研发出新的产品，并不断地投资开发自己的专利产品。通过不断推出新的产品，扩大自己的市场占有率。

二是提高产品营养含量。公司应不断研发新的配方和工艺，提高饼干的营养含量，研发低脂肪、低糖分的饼干系列；研究新的技术，如压缩饼干技术和压缩奶油技术，提高单位饼干的营养比例；在减少环境污染的同时，加大产品的质量检测标准。

目前，公司的质量和研发团队正在进行饼干系列产品的研发和创新，不断地改进产品的配发和生产工艺，致力于研究饼干的微量元素和保质期的曲线关系，在提高饼干微量元素的同时致力于扩大饼干的保质期，并且保持原有的口味和外观。

5. 营销战略

利达公司目前与现今的流量明星签订了广告代言业务，计划投入5000万元广告费，进一步打开北方市场。未来利达公司在2020—2025年每年投入1亿元人民币作为品牌的推广费用，不仅仅局限于电视广告、报纸，更要加强与线上平台的合作，进一步扩大自有品牌的认知度。

综上，利达公司必须研究制定一系列内部控制制度，包括原材料采购、产品生产和销售等，涵盖关联交易、投资决策、财务会计和内部控制等各个环节，改善公司的供应链管理。依托供应链的整体优势，公司应与原材料供应商和客户共享市场信息，降低生产经营风险，从而提高企业效率，增加企业的整体收益。

资料来源：房帅. 利达食品有限公司发展战略研究[D]. 青岛：青岛科技大学，2020.

思考题

1. 生产系统主要由什么组成？
2. 生产管理和生产运作管理之间的异同是什么？
3. 阐述企业制造战略的作用。

4. 从系统的投入、产出和转换过程,讨论制造业和服务业的不同。
5. 制造企业的一般职能表现在哪些方面?
6. 生产计划的主要内容有哪些?

第 2 章 产品开发与设计

产品开发与设计是企业根据其生产战略及市场需求，研制新产品、进行产品设计和工艺设计的活动，是企业生产活动的前提。产品开发属于研究与开发(research and development，R&D)的范畴。一般来说，产品决定工艺，工艺决定技术装备，因而，企业的研究开发实际上是围绕产品开发来进行的。企业要不断研究开发新产品和改进老产品，以保持市场竞争优势。产品开发与设计工作的主要内容如图 2-1 所示。

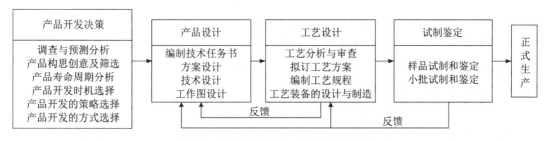

图 2-1 产品开发与设计工作的主要内容

2.1 产品开发决策

顾客个性化需求和市场多变性进一步加剧了市场竞争的激烈程度。21 世纪 90 年代以来，由于科学技术不断进步和经济不断发展、全球化信息网络和全球化市场形成及技术变革的加速，围绕新产品的市场竞争日趋激烈。技术进步和需求多样化使得产品生命周期不断缩短，企业面临着缩短交货期、提高产品质量、降低成本和改进服务的压力。所有这些都要求企业能对不断变化的市场做出快速反应，源源不断地开发出满足用户需求的产品去占领市场。市场竞争主要围绕新产品的竞争而展开。

2.1.1 产品开发的概念和新产品的分类

1. 产品开发的概念

何谓产品开发？从不同的角度出发，可对产品开发的概念做出不同的描述。一般来说，产品开发是指在原理、用途、性能、结构、材料等方面改进产品时所进行的一系列活动。比如新产品在产品性能、材料性能和技术性能等方面具有先进性或独创性，或优于现有产品。所谓具有先进性的产品是指采用新技术、新材料产生的产品，或采用原有技术、经验技术和改进技术综合产生的产品。所谓具有独创性的产品，一般是指采用新技术、新材料或引进技术所产生的全新产品或在某一市场范围内属于全新产品。

2. 新产品的分类

按产品开发创新和改进程度，新产品可分为以下几种。

(1) 全新产品，即具有新原理、新技术、新结构、新工艺、新材料等特征，与现有任何产品完全不同的产品。全新产品是科学技术上的新发明，在生产上的新应用。例如数码相机就是一种全新产品，它打破了自相机问世以来用胶片照相的方法原理。

(2) 改进新产品，指对现有产品采用技术措施，改进原有产品性能、功能，提高质量，增加规格型号，改变款式、花色而制造出来的新产品。如彩色电视机的不同系列、不同规格型号均是其基本型号的改进新产品。又如 PDVD 是 DVD 的改进新产品，PDVD 又称逐行扫描 DVD，它避免了普通 DVD 机隔行信号输出造成的失真或缺损，与逐行扫描电视、数字高清晰度电视配合使用可以获得胜似电影的美妙画质。

(3) 换代新产品，指设计原理基本不变，部分地采用新技术、新结构或新材料，从而使产品的功能、性能或经济指标有显著改善的产品。如无绳电熨斗就是电熨斗的换代新产品；彩色电视机就是黑白电视机的换代新产品；数码电视机就是模拟电视机的换代新产品；DVD 就是 VCD 的换代新产品等。

(4) 本企业新产品，即指对本企业来说是新的，但对市场来说并不新的产品。但通常企业不会完全仿照市场上的已有产品，而是在造型、外观、零部件等方面做部分改动或改进再推向市场。这种新产品对企业来讲是比较容易开发的，采用仿制或技术引进的方式便能迅速地开发出这种产品。

成功开发的新产品应具有以下特征：微型化、轻便化、多功能化、时代感强、简易化、利于环保、适应性强、人体工程化等。

2.1.2 产品开发的重要意义

当今时代，唯一不变的事情就是变化，创新已经成为时代发展的主旋律。对企业而言，开发新产品对企业生存与发展有着重要的战略意义。

(1) 开发新产品有利于促进企业成长。由于任何产品都具有投入期、成长期、成熟期和衰退期，企业要成长、要发展，就必须不断进行新产品的开发。

(2) 开发新产品可以使企业保持竞争优势和竞争地位。任何产品只要进入成长期后期，只要有利润，必然会有大量的同行加入竞争行列，势必造成本企业利润空间的大大缩小。因此，一个成功的企业应该抢夺先机，开发新产品。

(3) 开发新产品有利于充分利用企业的生产和经营能力。在固定总成本不变的情况下，开发新产品能提高资源利用率，降低产品成本，从而提高企业的经营能力。

(4) 开发新产品有利于企业更好地适应环境的变化。在经济社会迅速发展的今天，企业面临的各种环境不断发生变化，如不及时开发新产品去适应环境，企业就会面临淘汰的局面。如今各行业间的竞争越来越激烈，不同价位、不同材料的产品充斥市场，导致市场对产品的要求越来越高，不断开发新产品使之顺应市场成为一种必然。

(5) 开发新产品有利于加速新技术、新材料、新工艺的应用。企业在研制新产品过程中，都面临技术、材料和工艺等方面的难题，正是在解决这些难题的过程中，促进了新的技术、材料和工艺的产生与应用。例如在鸟巢的主体结构框架的设计过程中，为了满足其抗低温、易焊接、抗震性能强的要求，舞阳钢铁厂的科研人员开发出了 Q460 钢材，而且加工的钢板厚度达到 110 毫米，这些都促进了新材料的研发和新工艺的采用。

综上所述，开发新产品有利于企业的成长、进步和竞争能力的提高。因此，要把握未来，就要把握先机开发出好的新产品并尽快占领市场。只有这样，企业才会在激烈的竞争中立于不败之地。

2.1.3 产品开发策略

采取正确的产品开发策略是使新产品开发获得成功的前提条件之一。在制定产品开发策略时，应分析、预测技术发展和市场需求的变化，还应做到"知己知彼"，即不仅知道本企业的技术力量、生产能力、销售能力、资金能力及本企业的经营目标和战略，还应了解竞争对手的相应情况。

1. 制定产品开发策略的侧重点

制定产品开发策略时，可以从以下几个侧重点出发。

(1) 从消费者需求出发。满足消费者需求是新产品的基本功能，即使是开发技术导向型产品，也必须考虑市场可能的潜在需求。以索尼研制的晶体管收音机为例，其开发时考虑了市场接受能力基础上的价格标准(约 30 美元)，考虑了能装进男式上衣口袋方便使用的规格，考虑了性能和质量的要求，这些都是根据以往市场经验而出发的。

(2) 从挖掘产品功能出发。挖掘产品功能就是赋予已有产品以新的功能、新的用途。调光台灯的出现就是一个很好的例子。台灯本身的功能是照明，但调光台灯不仅能照明，还可以起到保护视力和节电的作用，因此一上市就大受欢迎。后来又出现了一种既可调光又可测光的台灯，能将光线调到视力保护最佳范围，可以说是对调光台灯功能的进一步挖掘。

(3) 从提高新产品竞争力出发。新产品的竞争力除了取决于产品市场的客观需求、功能外，也可以从其他方面提高新产品的竞争力，如成本、交货速度、售后服务质量等。

2. 产品开发的主要策略

(1) 领先策略。这种策略就是在激烈的产品竞争中采用新原理、新技术、新结构优先开发出全新产品，从而先入为主，引领市场。这类产品的开发多属于发明创造范围。在这种策略下，投资数额大，科学研究工作量大，新产品实验时间长。

(2) 超越自我策略。这种策略的着眼点不在于眼前利益，而在于长远利益。这种暂时放弃一部分眼前利益、最终以更新更优的产品去获取更大利润的经营策略，不仅要求企业有长远的"利润观"理念，注意培育潜在市场，培养超越自我的气魄和勇气，更需要企业有强大的技术作为后盾。

(3) 紧跟策略。在这种策略下，企业往往针对市场上已有的产品进行仿造或进行局部的改进和创新，但新产品的基本原理和结构与已有产品相似。这类企业跟随既定技术的先驱者，以求用较少的投资得到成熟的技术，然后利用特有市场或价格方面的优势，在竞争中对早期开发者的商业地位进行侵蚀。

(4) 补缺策略。每一个企业都不可能满足市场的所有需求，所以在市场上总存在着未被满足的需求，这就为企业留下了一定的发展空间。企业要详细地分析市场上现有产品及消费者的需求，从中发现尚未被占领的市场。

2.1.4 产品开发程序

了解了产品开发的概念、产品开发的重要意义以及产品开发策略之后，那么，如何进行产品开发？它包括哪些阶段和步骤？产品开发的程序可概括为新产品的"构想及方案的产生→开发→设计→生产"。关于方案产生之后的选择，并不存在绝对的好与不好，主要是从企业能力、企业整体经营以及产品运作战略等角度来考虑的，它是制造运作战略中的重要决策内容。这里只就新产品开发程序中的其他几个步骤展开论述。

1. 新产品构想及方案的产生

获得新产品构想及方案的来源有多种，如来自企业内部、企业管理人员、普通一线生产员工、研究开发部门等，又如来自企业外部、其他企业、发明家的产品或新公布专利等。新产品构想及方案可通过以下途径获得。

(1) 人的创造性。很多科技成果，是靠人的创造性取得的。如电灯、飞机、原子弹、电视等。人的创造性取决于三个基本条件：一是知识和智力，即存储信息并回忆信息的能力，正确理解、思考事物之间的内在联系、因果关系的能力；二是想象力，能够将许多要素、过程结合组成与众不同的内容的能力；三是进取心，愿意并能够做到在很长一段时间内集中注意一件事，不气馁。人的这种创造性是可以被激发的，其关键在于所受的教育和所受的创造力训练。因此，企业应重视这方面的工作，采取一些具体的措施培养和激励人的创造性。

(2) 技术预测。除了创造性之外，技术预测也是产生产品构想及方案的一个重要手段，即预测新产品会采用的技术。技术预测中常用的一种方法是"德尔菲法"(Delphi)，这种方法将专家意见与程序化的步骤相结合，能够得到一个比较公认的结果。

(3) 有组织地研究与开发工作。这种方法类似于企业的研究与开发活动。有很多新产品的构想是来源于研究机构和研究人员长期持续的、有目的的研究活动，如很多新药品的构想及方案都是这样产生的。

2. 新产品的开发和设计

产品构想及方案确定以后，就进入新产品开发阶段。在这一阶段，首先要对新产品的原理、构造、材料、工艺过程，以及新产品的技能指标、功能、用途等多方面做仔细研究，然后对其中的关键技术课题进行研究与试制，进一步确认和修改技术构思。

接下来进入新产品设计阶段，确定新产品的基本结构、参数和技术经济指标，确定产品技术规格等。在这一阶段，产品将基本定型。值得提出的是，产品的可靠性、产品的制造成本主要取决于设计阶段，因此，对设计阶段必须有足够的重视和严格的管理措施。

3. 新产品的生产准备及生产

在新产品的生产准备阶段，首先要进行工艺设计、工夹具设计和技术文件的准备，必要时还应该进行样品试制和批量试生产以及市场试销。然后进入生产阶段，进入这一阶段实际上就意味着开发的结束。但也有企业将新产品投放市场、对初期市场进行跟踪调查、将调查结果反馈到有关部门包括在新产品的开发程序内。从新产品开发管理角度来说，这是很有意义的。

2.1.5 产品开发方式

产品开发有以下 5 种方式，不同类型的企业应采取不同的开发方法。

1. 独立开发

独立开发是具有独创性的开发方式，要求企业具备较强的科研能力、雄厚的技术力量和保持一定的技术储备。

2. 技术引进

技术引进一般是指企业利用国内外的先进技术(如直接购买专利、技术等)来从事新产品开发的方式。利用引进技术来开发新产品是很多企业的成功经验。这种方式可以节省企业的科研经费，减少开发风险，加速企业技术水平的提高，缩短新产品的开发周期，主要用于研究开发能力较弱的企业。

3. 技术引进与独立开发相结合

技术引进与独立开发相结合是在充分消化吸收引进技术的基础上，结合本企业的特点进行创新的一种方式。这种开发方式投资少，见效快，不仅能引进先进技术，还能创造出具有本企业特色的新产品。这种开发方式适用于已有一定的开发条件，外部又有比较成熟的开发这类新产品的若干新技术可以借鉴的企业。

4. 联合开发

联合开发是指与有关大专院校、科研院所或其他企业合作研究开发的方式。采用这种方式的企业自身有一定的研究开发条件和能力，但尚不具备独立开发能力，或基于对研究开发费用、风险、联合各方实现优势互补等因素的考虑。

5. 委托开发

委托开发是指委托有关大专院校、科研院所或其他生产企业进行产品开发的方式。采用这种方式的企业自身一般不具备研究开发资源条件和能力，或考虑到研究开发费用、风险等因素。

2.2 产品设计过程

产品设计是将顾客需求或新产品构思变为具体产品的一个实现过程。在产品规划阶段，并没有形成一个明确的产品构成，只是对新产品的性能和特性提出了要求。产品设计阶段的主要任务就是寻求实现这些性能和要求的方法。

2.2.1 产品设计的重要性

企业生存的根本在于产品，而产品设计对企业生存影响巨大。在制造过程中发生的问题主要属于个别产品，可以通过一定的措施来补救、修复，而设计中存在的问题，将影响到这一种产品的全部，而且常常是在产品交付顾客使用了才会发现。例如，在新型汽车产品设计中，经过方案设计、技术设计、产品试制都没问题，产品已经开始规模生产，并打开一定市场。但如果用户在使用过程中发现某一零件不符合一些特定环境下的安全性要求，制造厂家只能把该车型的全部产品召回，重新设计以达到安全要求，但这将造成数以亿计的经济损失，并严重影响企业的声誉。有关统计表明，在设计、生产、使用过程中对某种产品进行改进或修正所需要的成本是成级数增长的。也就是说，在设计阶段发现并改进产品的某一缺陷所需成本是 1 元的话，那么在制造过程中将要花 10 元才能纠正，如果产品已经制造出来，想改进这一缺陷，将要花 100 元或更多，甚至无法挽回。由此可见，产品设计对企业经济效益的影响是巨大的。

2.2.2 产品设计的要求

只有产品在技术性能、经济指标、整体造型、操作使用和可维修性等方面能够做到统筹兼顾、协调一致，其设计才具有合理性，才会受到用户的欢迎。因此，如何拟订设计要求，是产品设计的一个重要前提。

1. 拟订设计要求的原则

拟订设计要求的一般原则是"详细而明确，合理而先进"。"详细"就是尽可能列出全部设计要求，编制出一份设计要求明细表；"明确"就是对设计要求尽可能定量化；"合理"就是对设计要求的提出要适度、要实事求是；"先进"就是与国内外同类产品相比，产品在功能或技术性能、经济指标方面具有一定的领先优势。

2. 拟订设计要求的方法

设计要求应视具体产品的情况而定。有些产品可依据国际标准、国家标准或专业标准来确定；有些可通过直接计算而得；有些可通过统计法、类比法、估算法、试验法等来确定。

3. 设计要求的具体内容

设计要求可分为主要要求和次要要求。主要要求是指直接关系到产品的功能、适应性、性能、生产能力、可靠性、使用寿命、效率、使用经济性等方面的要求；次要要求是指间接关系到产品质量的要求。

(1) 主要要求。功能要求，即产品的功用，可以从人机功能分配、价值工程原理和技术可行性三方面来分析。适应性要求，即对作业对象的特征、工作状况、环境条件等发生变化的适应程度。性能要求，即指产品所具有的工作特征。生产能力要求，是指产品在单位时间内所能完成工作量的多少。可靠性要求，是指在规定使用条件下，产品预期使用寿命内能完成规定功能的概率。使用寿命，是指正常使用条件下，因磨损等原因引起的产品技术性能、经济指标下降在允许范围内且无须大修而延续工作的期限。效率要求，是指输入量的有效利用程度。使用经济性要求，是指单位时间内生产的价值与同时间内使用费用的差值。此外，还有成本要求，人机工程学要求，安全防护、自动报警要求，与环境适应的要求，运输、包装的要求。

(2) 次要要求(为了保证实现主要设计要求而提出的要求)。虽然强度、刚度要求，制造工艺要求，零件加工技术要求，各作业动作间的协调配合要求，对各种产品设计都是适用的，但是某一具体的产品设计所涉及的设计要求的内容，其主次轻重是不同的。设计人员应做具体分析，以拟订出详细、明确、合理而又先进的设计要求。

在拟订设计要求时，要着重考虑人、机、材料、成本，一般简称为4M(man、machine、material、money)。基于机械设计的可靠性、适用性与完善性的考虑，设计要求一般可归结为在保证功能要求与适当使用寿命下不断降低成本的要求。

2.2.3 产品设计的阶段

不同类型的产品设计程序和具体内容有所不同，但一般可以分为方案设计、技术设计和工作图设计三个阶段。

1. 方案设计

方案设计主要是明确包括市场需求和生产运作条件在内的设计思想和技术原理，正确地进行选型，确定新产品的基本结构和参数。方案设计的内容及其深度由新产品的种类和复杂程度而定。如对于一般的机械产品而言，方案设计应包括总体方案设计和外观造型设计、产品参数及性能指标计算、产品简略总图、传动系统略图，原理结构图等。

(1) 编制设计技术建议书。当进入方案设计阶段后，就要着手设计技术建议书，逐渐明确和细化产品的设计技术方案，直到方案设计完成。技术建议书的编制过程是全面明确设计要求的过程。技术建议书是方案设计的总结，也是提交方案、送交评审的主要文件。

产品规划阶段往往只是提出一些设计要求，包括一些输入条件及对功能的要求，但一般都是指导性的原则问题，并没有明确化。因此，在技术建议书中，必须全面弄清一切要求的环境条件和主要、次要的功能目标。在方案设计过程中，通过系统功能分析、原理方案构思直至提出初步的结构方案，不仅要说明设计要求在技术上是可行的，还要从市场竞争、经济性、社会环境、法规等方面分析证明其可行性。因此技术建议书一经审批就是以后设计的依据，起着纲领性的作用。

技术建议书的主要内容如下：①明确产品名称及产品设计要求，要求包括功能、适应性、性能、物料材质、信息、可靠性、寿命、使用经济性、安全、人机工程学、包装、环保等方面。②分析方案设计的技术规范与设计要求的符合程度。③提出比较可能的原理方案和结构方案，提出对推荐方案的综合分析。④附上方案的原理示意图和结构草图以及主要部件的结构方案图。⑤如有功能相近的产品，应做出该产品在国内外同类产品中的水平分析及发展前景展望。⑥采用新原理、新结构、新材料、新工艺等的必要性和可靠性分析。⑦标准化综合水平评估。⑧拟作的试验项目研究。⑨企业生产能力及经济效果分析。

(2) 系统功能分析。设计的目的在于实现并满足顾客对某种功能的需求，而设计系统的功能就反映出设计输入和输出之间的因果关系。功能是系统的属性，在原理方案构思之前，首先要对所设计的系统进行功能分析，从总的功能开始，逐一地分解为各级分功能，直到出现不可再分解的功能单元，从而建立功能结构、明确相互连接关系，以利于功能原理的采用和结构多功能的开发。

从总功能到分功能的分解，也就是将复杂的功能分解成多个简单功能，一直分解到能找出相应的技术、物理结构来实现为止；反之，各个分功能的组合应能满足上一层功能的要求。对于创新型设计而言，方案设计的重要任务便是建立一个最优的功能结构。如果可以直接采用已知的部件来实现某一功能时，就不必要对这一部分进行分解。

在功能分析中，也要明确各分功能之间的逻辑关系、物理关系。功能结构应尽可能简单，以便建立成本较低且可靠的系统。

(3) 原理方案设计。原理方案设计阶段是进行创造性设计的关键阶段。例如，在信息通信技术方面，电报、电话、互联网所依据的原理完全不同，从而引发了人与人沟通方式的巨大变革。为了获得更好的方案，要充分发挥人的创造力，构思出各种可能的方案。20 世纪 80 年代，在国外就出现了较为成熟的"设计目录"的设计方法。这种设计目录实际上是把实现各种功能的已知的、可能的原理方案罗列出来，以供选择。

对于各个分功能，必须根据其作用原理找到相应的技术物理效应，再将其结构化、具体化而成为原理方案，可用原理草图表示出来。

在技术系统中，同一种功能可由多种技术或物理结构来实现，这就要求设计者能选出最佳技术或物理结构。

(4) 初步的结构方案设计。将各分功能原理方案的作用原理进行组合，形成完整的功能体系设计，即可得出整个产品的设计方案。产品的结构方案应能完整地实现总功能，且所表达的各分功能的次序和连接关系在逻辑和物理上都是适当的。

结构方案设计是将原理方案具体化形成系统化、结构化的过程，以结构图的形式来表达。结构图并不要求完全展示各组成部分的形状，只要求展示实现功能的示意图。但设计者一定要有明确的可制作的零件形体，并考虑到材料的选取和工艺上的可行性。初步结构方案设计的详细说明应反映在设计技术建议书中。

(5) 方案设计评审。设计技术建议书是方案设计的说明和总结，方案设计评审也就是对技术建议书的评审。评审包括对技术要求、约束条件、经济性要求、社会要求，以及设计方案对功能需求满足的程度等的认定。设计人员一般要提供多个设计方案，并选出较优方案进入下一阶段的工作。

2. 技术设计

设计方案一旦通过评审，接下来就要详细地设计产品的结构和零部件组成。设计者应将定性化的结构方案细化成定量的具体结构，并对具体的结构参数进行比较、计算，最终确定主要尺寸、材料、零件空间布置等。

技术设计是设计过程的核心，既要完成内在的复杂的功能结构设计，又要完成外在的总体布置设计。技术设计的结果包括产品总图、部件结构图、重要部件零件图和分析计算说明书等资料。技术设计一般包括以下三个方面的设计。

(1) 功能结构设计。在方案设计阶段，设计者已经完成了初步的功能结构草图，而在技术设计的功能结构设计阶段，设计者的主要任务就是将这一草图具体化，以图样的形式表示出完整的技术方案。

(2) 总体设计。总体设计是指产品的总体布置、人机关系、产品与环境的关系、造型的美观性等方面的设计，是对产品的总体考虑。

(3) 技术设计评审。在技术设计阶段，相关人员同样要进行设计效果的审查和评估。评审的主要依据是设计技术建议书，看技术设计的结果是否满足技术建议书的要求。评估的主要指标涉及功能、原理、结构、性能参数、制造性、安全性、人机工程、装配、运输、使用、经济性、环保等方面。

3. 工作图设计

工作图设计又称图纸设计或详细设计。在工作图设计阶段，设计者要设计全部的部件及零部件图纸，编制零件明细表、产品说明书。

工作图设计是对功能结构设计的补充，重点应详细规定各个零件的形状、尺寸、表面形态、材料及其他技术要求。

2.2.4 产品设计的原则

不同的行业、不同种类的产品设计方法及过程是不一样的。虽然产品设计的内容和对象千差万别，但是在产品设计过程中，为了实现产品设计的质量目标，应遵循以下基本原则。

1. 需求原则

一切产品设计都是为了满足顾客的需求，所以需求原则是设计者在产品设计中应该遵循的基本原则，在明确需求时特别要注意以下三点。

(1) 切忌"闭门造车"。设计者要通过市场调查、顾客反馈等多种手段，了解市场信息，把握市场脉搏。了解顾客的需求是设计成功的关键，尽量避免主观臆测来推断市场情况。

(2) 应从动态的角度去观察顾客需求。顾客需求是随时间、地点、环境的不同而变化的，因此，设计者应及时适应这种不断变化的需求，做出适应性设计和产品的安排，同时考虑以后的产品升级换代。

(3) 顾客需求有明确需求(显需求)和不明确需求(隐需求)之分。设计者不仅要关注显需求的变化，还要注意识别隐需求。

2. 效益原则

任何企业的目标都是实现其经济效益，而产品设计本身是一项投入很大的工程，更要讲究效益，包括技术经济效益和社会效益。因此在整个设计过程中，设计者应时刻把设计与预期的效益紧密联系起来，以产品整个生命周期费用最低为目标，同时要注意兼顾生产和使用过程的经济性。

3. 简化原则

大量的设计实践表明，在确保产品功能的前提下，应力求简化设计，这是降低成本、确保质量、提高可靠性的重要措施之一。值得注意的是，简化不等于简陋。简化设计是指尽量使产品的结构、生产工艺及生产过程简单化，而不是偷工减料。

4. 信息原则

信息原则是指设计过程中要不断地进行信息交换，包括设计内部与外部的信息交换，以及设计内部的信息交流。设计内部与外部的信息交换包括市场信息、设计开发所需的技术信息等的交换；设计内部的信息交流是指产品开发所涉及的各个部门、人员之间的信息交往，以及产品设计各个阶段的信息反馈。设计者必须全面、充分、正确地掌握与设计有关的信息，才能保证设计工作质量，杜绝发生差错。

5. 合法原则

合法原则是指符合相关法律、法规的规定，符合国家政策以及相关的标准化原则。涉及产品设计的相关法律法规主要有消费者权益保护法、环境保护法、专利法、产品质量法等。标准化原则有两类：一类是涉及安全、健康和环境的强制性标准；另一类是推荐性标准。推荐性标准主要是为了便于统一规格及标准，提高零部件之间的可更换性，企业可根据需要参照使用。

2.3 面向顾客的产品设计

在新的市场环境下，顾客由被动地选择产品转化为主动地对产品提出具体要求，顾客需求已影响到产品的概念构思、设计制造、售后服务、信息反馈以及报废回收的整个产品生命周期。这种以顾客需求为导向的产品设计方法已经成为产品设计的重要特征之一。顾客对产品的需求除了有功能、质量、价格和可靠性等有形需求外，还有对外形、品牌等精神文化方面的无形需求，企业及其产品的文化内涵也能满足顾客需求，增强其市场竞争力。图 2-2 显示了顾客需求构成的一般内容。面对不同的产品要求，顾客需求构成会有所不同。

所谓面向顾客的产品设计，是指在产品设计阶段就要考虑产品对顾客需求的满足程度，按照顾客的需要赋予产品应当具备的功能以及偏向顾客的喜好设计产品的外形和特性等。面向顾客的产品设计就应真正了解顾客的需要，因此在设计阶段可以征求顾客对产品的看法，利用技术手段不断改进产品。

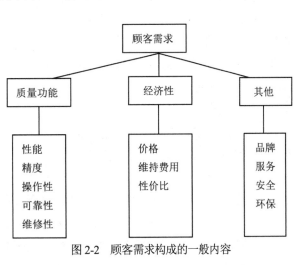

图 2-2 顾客需求构成的一般内容

产品满足顾客相应需求的程度受到企业技术水平的制约，但是在既定的技术水平上，运用一些方法能够最大限度地理解顾客的需要，并能优化配置现有的人力、物资资源，降低产品研究设计成本。

2.3.1 质量功能展开

质量功能展开(quality function deployment，QFD)首创于日本。1972 年，日本三菱重工有限公司神户造船厂首次使用了"质量表"。1978 年 6 月，水野滋和赤尾洋二在其著作《质量功能展开》中从全面质量管理的角度介绍了这种方法的主要内容。经过推广、发展，质量功能展开的理论和方法体系逐步完善，其应用也从产品扩展到服务项目。QFD 是一种将顾客的要求引入产品设计规范，把顾客要求转化成设计要求、产品特性、工艺要求、制造要求的多次分析方法。通过组建一个来自市场营销、工程设计、生产制造部门的交叉团队，QFD 从多个角度倾听顾客的心声，从而使得产品设计具有针对性。

质量功能展开以研究和了解顾客的想法，确定一个优良的产品特征为起点，通过市场研究顾客调查与访问，明确顾客对产品的要求；确定顾客要求后，根据其对顾客相对重要的程度，分别赋予权重；也可以请顾客对企业及竞争者的同类产品进行排序，以利于企业确定对顾客重要的产品特性和衡量其产品与市场上同类产品的相对关系，更好地理解与关注那些需要改进的地方。将顾客对产品的需求信息用特定的矩阵形式展示出来，所得到的矩阵叫"质量屋"矩阵。

1. 质量屋的构成

构造质量屋矩阵是 QFD 的核心内容，根据不同的应用目的，质量屋的构成可能不同，但其基本结构和分析方法是一样的。一般的质量屋由 6 个部分构成，如图 2-3 所示。

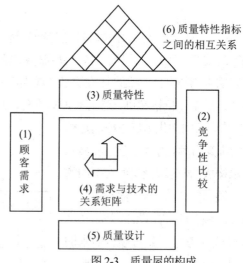

图 2-3　质量屋的构成

(1) 顾客需求。这一栏是把顾客对产品的各种需求项目按重要程度的顺序列出来。重要程度可以通过调查或通过顾客的直觉打分确定，分值为 1～5，分值越高，这种需求越重要。

(2) 竞争性比较，是指顾客为本企业产品和其他企业的产品满足各个要求项目的程度进行打分，以便于比较本企业产品的竞争性。满足程度由低到高分为 5 个等级。

(3) 质量特性，又称技术特征，是指产品所具有的各种技术指标。这些指标通常通过头脑风暴法列出。这些质量特性应便于量化，以便于零部件的设计和改进。

(4) 需求与技术的关系矩阵。质量特性与顾客需求都确定之后，接下来就是要确定特性与需求之间的密切程度，从而能够找出满足顾客需求的技术改进目标和方式。各项质量特性与顾客需求之间的两两关系，组成的关系矩阵，又称中心矩阵。

(5) 质量设计。根据企业的技术、资金状况，由顾客需求的重要程度和关系矩阵，确定开发、引进和产品设计的目标和措施。

(6) 质量特性指标之间的相互关系。各个指标之间有相互重叠或相互矛盾的功能，如不加以处理，会使后续工作无所适从，所以分析指标之间的关系是十分重要的。

2. 质量屋的构建过程

质量屋的构建过程是极为复杂的，其构建程序如图 2-4 所示。质量屋的构建一般要由专业人士组成的 QFD 小组来完成。

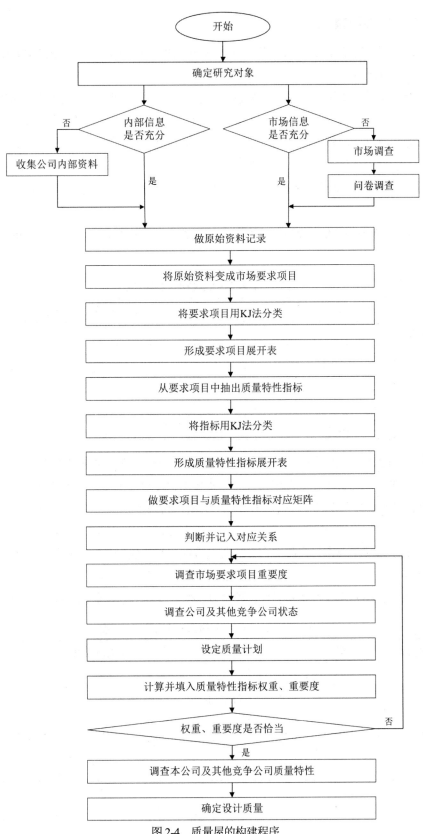

图 2-4 质量屋的构建程序

3. 质量功能展开的案例分析

下面以一个汽车制造商如何改进汽车车门为例,进一步说明质量功能展开(QFD)如何应用与如何做出面向顾客的产品设计。

(1) 分析顾客需求及其重要程度。通过市场调查、顾客访问等方式,设计人员可以发现顾客对汽车质量特性要求是多方面的,其中与汽车车门有关的最主要一条是"操作性能良好","操作性能良好"是概括性的,要将这一要求进行细化,通过两层分解,得出 12 个详细指标。(易于从外部关闭、在斜坡上可保持开门状态、易于从内部关闭、不反弹、易于从外部开启、易于从内部开启、不漏雨、低噪声、洗车时不渗水、无风声、开门时不滴水、无"格格"声),将这些指标填入图 2-5 中。

各项需求的重要程度可以参照表 2-1 列出的相关说明来进行评定,并把相应的重要程度填到质量屋中。

表 2-1 顾客需求的性质和重要程度

顾客需求的性质	顾客需求的重要程度
不影响功能实现	1
不影响主要功能实现	2
比较重要影响功能实现	3
严重影响功能实现	4
基本的、涉及安全的、特别重要	5

(2) 质量功能特性分析及其相互关系。质量功能特性的分析可以根据顾客需求的有关内容来确定。分析时,设计者应充分考虑相关的专业知识和经验,用专业的术语进行描述。比如在本例中,有关"易于开关"这项顾客需求所对应的质量特性应该是与开关所用的力有关的特性,其中包括关门动力、平地上的阻力、10°斜坡上的阻力、开门动力、最大关门力等。与密封性有关的顾客需求,应是与密封及隔音有关的质量特性,其中包括车门密封阻力、车窗隔音性、减少行驶噪声、防水性等。将这些质量特性填写到质量屋图 2-5 相应的栏中。

各质量功能之间的相关性质及相关程度可以参照表 2-2,将相关结果填入图 2-5 中。

表 2-2 各质量功能之间的相关性质及相关程度

相关性质	符号	相关性质及相关程度
正相关	○	相互叠加的作用,正相关的关系
强正相关	◎	很强的相互叠加作用,强正相关的关系
空白		无关系
负相关	×	相互削弱的作用,负相关的关系
强负相关	#	很强的相互削弱和抵消的作用,强负相关的关系

(3) 关系矩阵。有了上面的分析，接着要分析每项顾客需求与各个质量特性之间的关系，得到一个关系矩阵(中心矩阵)。

(4) 工程特性指标(技术指标)及其重要程度。工程特性指标是各项质量特性所能达到的技术标准和水平，其中要包括本公司的产品、其他公司的产品指标。设计人员也可以根据顾客要求的程度推导出各项质量性能指标所应达到的技术水准，然后对本公司产品、其他公司产品达到这一水准的程度进行评判。本例中直接列出了各项工程特性指标的数值，并把其重要度也列入质量屋中，如图 2-5 所示。

(5) 市场竞争能力评价。这一步要分析本公司产品、A 公司产品、B 公司产品的市场能力情况。分析产品在市场中可能处于的位置和状态，这对于改进产品的竞争能力，进一步分析产品的优缺点，改进产品的设计及制造、营销等有很大的帮助。市场竞争能力的分析具体细化到了每一项顾客需求，这样比较容易发现问题，并找出相应的解决方法，使得产品具有较强的竞争力。市场竞争能力可用多种形式来表达，表 2-3 是其中常用的一种评价准则。经过分析，将结果填入图 2-5 中。

表2-3　市场竞争能力评价准则

市场竞争能力(得分)	5	4	3	2	1
相应的竞争能力状况分析	可参与国际竞争，并占有一定份额	在国内市场占有优势	在国内市场竞争力一般	在国内市场的竞争力较差,市场占有率呈下降趋势	产品滞销

(6) 技术竞争力评价。最后一步是分析本公司产品的技术竞争能力，并与其他公司的产品进行比较，找出优势和差距，这样可以根据分析结果采取相应的改进措施。技术竞争能力评价准则可以参照表 2-4。经过分析，将结果填入图 2-5 中。

表2-4　技术竞争能力评价准则

技术竞争能力(得分)	5	4	3	2	1
技术状况和水平	处于国际先进水平	处于国内领先水平	在行业内处于先进水平	技术水平一般	技术水平较低

最后，得出的汽车车门的质量屋如图 2-5 所示。

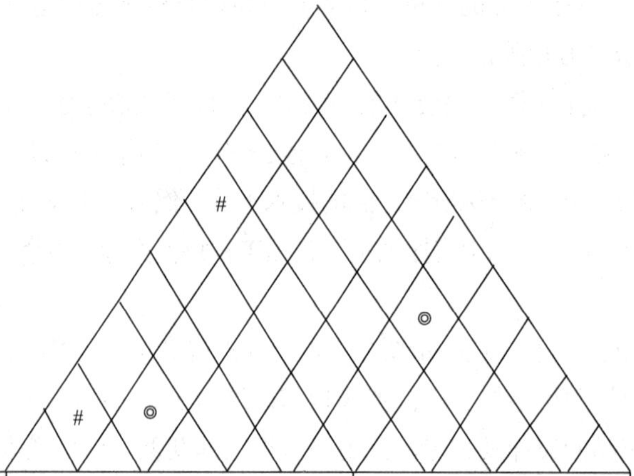

一				开 关 力					密封、隔音				市场竞争力			
二				关门动力	平地上的阻力	10°斜坡上的阻力	开门动力	最大关门力	车门封闭阻力	车窗隔音性	减少行驶噪声	防水性	本公司车	A公司车	B公司车	...
一	二	三	重要程度													
操作性能良好	易于开关	易于从外部关闭	5	◎				◎	#				1	3	3	
		在斜坡上可保持开门状态	3		◎	◎							2	1	3	
		易于从内部关闭	4	○			○						4	3	3	
		不反弹	3		○			○	×				3	1	2	
		易于从外部开启	4	○					×				2	4	1	
		易于从内部开启	3		○	○							3	2	1	
	密封性	不漏雨	5						◎			◎	4	3	2	
		低噪声	3							○	◎		3	2	2	
		洗车时不渗水	4						○			◎	2	3	4	
		无风声	3							○	○		4	3	4	
		开门时不滴水	4									○	3	1	2	
		无"格格"声	2							○	○		1	4	3	
工程特性指标				10Nm	40N	27N	10Nm	54N	45N	1	9dB	5bar				
重要程度				4	3	2	5	1	3	1	3	5				
技术竞争力		本公司的车		15	54	27	4	80	45	1	9	5				
		A公司的车		3	54	27	4	58	30	1	5	4				
		B公司的车		13	49	31	15	63	30	1	6	4				
		...														

图 2-5 汽车车门的质量屋

2.3.2 价值分析与价值工程

1. 价值工程的基本原理

所谓价值工程,是指在功能分析的基础上,致力于以最低的总成本可靠地实现用户所需功

能的有组织的创造性活动。价值工程的核心内容可以用下面公式来表达

$$价值 = 功能 / 成本$$

这一公式概括了以下几方面的内容。

(1) 可靠地实现用户所需功能是价值工程的根本要求。早在 1947 年,美国的麦尔斯就提出:"人们需要的不是产品本身,而是产品的功能。"这说明具备一定的功能是一切产品存在的前提,功能是产品的基本特性,也是对人的某种需要的满足。人们购买产品时首先要考虑该产品的功能如何,是否符合他们的特定要求。

(2) 价值工程的目的是以最低的总成本可靠地实现顾客所需功能。这里说的"总成本"是相对于顾客而言的,不仅包括顾客购买产品的成本,还包括产品使用过程中所支付的各种费用,即使用成本,它直接影响了顾客购买产品的决策。一般来说,在一定的生产技术水平上,必然存在一个满足顾客特定功能需求的最低总成本水平,并在制造成本和使用成本两方面进行合理的分配。制造技术过高,可能导致功能过剩和总成本上升,产品价格也因而提高,从而会对顾客购买产品产生不良影响;制造技术过低,则难以保证能满足顾客的功能需求,或是顾客在使用过程中的成本迅速增加,这同样也会影响到顾客对产品的购买。价值工程的目的就在于提高产品的价值,在成本与功能之间寻找一个平衡点,使得单位总成本所能提供的功能最大化。

(3) 功能分析是价值工程的关键。价值工程紧紧围绕顾客购买产品的实质意图,依靠功能分析实现产品功能优化的目的。功能分析不仅考虑顾客所需功能与产品功能在类别和程度上所存在的差异,还分析实现功能所采取的各种不同手段的效果情况,以有效地降低产品总成本。

(4) 价值工程是一项有组织的创造性活动。价值工程是一项创造性活动,要求在思维过程中打破传统,站在新的高度上进行分析和创新,从而不断地开发出满足顾客需求的新产品。价值工程又是一项有组织性的活动,要求充分发挥集体的智慧,集思广益,按照科学的分析程序和方法进行。

2. 提高产品价值的途径

不断提高产品的价值是社会发展的必然要求,也是企业提高自身竞争力的要求。从价值工程的角度出发,提高产品价值有以下几种途径。

(1) 在保持成本的基础上,提高功能。新产品开发向美观化和成套化方向发展多属于此类。所谓美观化,是指在产品的外观和形状上做一些改变,以更符合审美观点,给人一种美的享受。所谓成套化,是指各种产品之间的功能可以互为补充。这些相关产品成套的生产和销售,可给顾客带来很大的方便。对产品进行这方面的改动,并不会导致成本的提高,但在满足顾客的需求方面却卓有成效。

(2) 保证功能,降低成本。产品制造工艺和生产流程方面的改进往往能大幅度地降低成本。产品向微型化的方向发展多属于此类。微型化的结果是体积缩小,重量减轻,物料成本下降,比如空调、电子仪表、照相机等。产品向节能化、标准化发展也会导致同样的结果,家电产品比较适合在这一方面做出改变。

(3) 成本有所提高,功能大幅度提高。有时新产品的设计方案虽然会导致成本增加,但是

在功能方面能大幅度地提高产品对顾客需求的满足程度。产品的多功能化、集成化多属于此类。比如多功能组合机床，带摄像头、收音机等功能的手机等。值得注意的是，产品的多功能化容易产生一些"无用"的功能，因此设计时要严格按照价值工程的方法，认真分析哪些功能是顾客真正需要的，哪些是不太需要的，或是根本不需要的。

(4) 功能有所下降，但成本大幅度降低，这种情况与第 3 种情况相对应。在价值工程的功能分析中，发现一些用户基本或根本不需要的产品功能，而去掉这些功能会使产品的总成本大幅度地降低。去掉一些不必要的功能也是提高单位成本的产品价值的途径之一。另外一种趋势就是产品向低值易耗化发展。所谓低值易耗化，是指产品是一次性的，比如一次性饭盒，一次性雨衣等就是低值易耗化产品。这些产品可以不受使用寿命的限制，采用价格相对较低的材料和节约维修费用的方法，大大降低了成本。

(5) 成本下降，功能提高。这是最理想的情况。随着科学技术的发展，新的制造工艺、新的材料的不断出现，做到这一点也是有可能的。

3. 价值工程在产品设计中的应用

价值工程工作包括 4 个基本阶段和 16 个详细步骤，如表 2-5 所示。

表 2-5 价值工程的工作程序

价值工程工作程序		对应的问题
基本阶段	详细阶段	
准备阶段	1. 选定项目，建立工作小组 2. 制订工作计划	它是什么？由谁来负责？花多少时间和精力进行分析
分析阶段	3. 收集情报 4. 功能定义 5. 功能整理	它是干什么的
	6. 功能分类 7. 确定改进	它的成本是多少
	8. 功能评价 9. 确定改进对象范围	它的价值是多少
创造、评价阶段	10. 创造	有其他方法实现这一功能吗
	11. 初步评价 12. 具体化及调查验证	新方案的成本是多少
	13. 仔细评价 14. 制定改进方案	新方案的成本是多少
实验阶段	15. 审批、实施与检查 16. 成果鉴定	新方案产生了多大的经济效应

由表 2-5 可以看出，价值工程所涉及的问题也是进行产品设计时必须回答的问题。无论在

产品设计的哪一阶段都可以应用价值工程进行系统的评价和改进。例如，进行产品设计时，可以分析产品零部件的相互关系是否合理，技术参数的选择是否和客观要求相吻合。在分析、创造、评价阶段，价值工程工作如下所述。

(1) 收集情报。围绕所选择的产品对象，收集有关情况，包括市场及顾客方面的、产品设计与研究方面的、工艺与制造方面的、原材料与能源供应方面的以及有关新工艺、新技术、新材料等方面的资料，特别要注意对所涉及的关键技术进行预测，掌握其可能产生的各种影响。

(2) 功能定义。功能是指产品的使用价值或效用，即满足某种需要的作用。所谓功能定义，就是用简洁的语言把产品以所包含的零部件的功能表达出来。功能定义回答"它是干什么的"问题。例如，手表和虎口钳的功能可以分别定义为"指示时间"和"形成压力"。由于价值工程以功能分析为核心，因此，功能定义的好坏对价值工程有直接影响。

(3) 功能整理。功能定义完成后应该加以整理，使之系统化。所谓功能整理，就是按照用户对功能的要求，明确已定义的功能类别和性质以及相互间的关系。

(4) 功能分类。一个产品往往有多种功能，它可以从不同的角度来分类。

按照功能的性质，功能可分为使用功能和品位功能。使用功能是指能满足用户使用的可靠性、安全性、维修性等方面要求的功能。例如，冰箱的使用功能就是食品保鲜。品位功能是指产品满足用户对外观、美学、心理感受等方面要求的功能。

按照功能的重要性，功能可分为基本功能和辅助功能两种。基本功能是指产品存在的基本依据，辅助功能是基本功能的补充或者扩展。相对而言辅助功能处于次要地位，比如手机的基本功能是通信，而里面显示的时间等是一些辅助功能。

按照功能的作用，功能可分为必要功能和不必要功能，两种功能的区别在于顾客是否需要和承认。如电灯的必要功能是照明，而发热升温则是不必要功能。

按照满足顾客需要的程度，功能可分为合适功能和过剩功能。比如，一辆跑车设计的最高时速是250km，对于赛车手来说是合适功能，对于普通人来说是过剩功能。

(5) 确定改进。在功能分类的基础上，就可以对照顾客的需求，区别重点需要满足和过剩的或不必要的功能，加强尚未满足用户需求的不足功能。

功能之间的相互关系可分为两种：一是上下层的功能关系，上层功能是下层功能的目的，下层功能是实现上层功能的手段，即上层功能由下层功能组成；二是并列关系，是指属于同一个上层功能的各个功能之间的关系。图2-6是保温瓶的功能系统图，很清晰地表达了各个功能之间的关系和位置。

确定各个功能后，要进行功能成本分析。这一工作的目的，就是明确实现这些已定义的各个功能的成本值。成本分析可以通

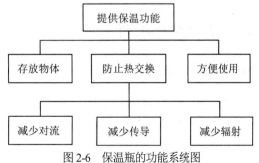

图2-6 保温瓶的功能系统图

过计算各功能目前实际成本或估计产品构思、设计时所预计要分配各个功能的成本得出。成本分析一般分两步进行：零部件成本分析和功能成本分析。零部件成本分析可根据成本会计的计

算得出；功能成本则是实现这一功能的零部件的成本之和。当一个零部件对应于多个功能时，应该按一定比例分摊来计算成本。

(6) 功能评价。功能评价的目的就是对功能系统中各功能进行定量估算，给出一个数值。可以采用以下两种方法来计算功能值。

① 金额形式。金额形式的功能值是现实条件下同行业中实现该功能的目标成本或可能达到的最低成本。由于科学技术的发展，该数值会随着时间的推移而减小。

② 评分形式。从顾客的角度对各个功能的重要性进行评价打分，其得分值即为功能值。常用的评价打分方法有：直接评分法、倍数确定法、强制确定法等。表 2-6 是采用多比例两两对比评分法对自行车各项功能所做的评价结果。其中各行的数值之和就是对应的功能值。所谓两两对比是指比较两个功能的重要性，比如载人功能与行驶功能相比，若有 25%的人认为载人比行驶更重要，而 75%的人认为行驶比载人更重要，那么载人相对行驶的得分是 0.25，相应地行驶相对于载人的得分是 0.75，以此类推。

(7) 确定改进对象范围。确定改进对象范围的基础是价值分析。价值分析就是在功能成本分析和功能评价的基础上，通过对功能的价值进行评价，确定改进的目标和优先次序。

表 2-6 采用多比例两两对比评分法对自行车各项功能所做的评价结果

功能	载人	行驶	控制	挡泥	载货	外观	总的功能值
评分	—	0.25	0.75	0.95	0.75	0.75	3.45
	0.75	—	0.75	0.95	0.75	0.75	3.95
	0.25	0.25	—	0.75	0.50	0.75	2.50
	0.05	0.05	0.25	—	0.25	0.05	0.65
	0.25	0.25	0.50	0.50	—	0.50	2.00
	0.25	0.25	0.25	0.25	0.75	—	1.75

2.4 产品设计和生产类型的关系

2.4.1 产品生命周期

1. 产品生命周期的 4 个阶段

产品生命周期(product life cycle，PLC)，是产品的市场寿命，即一种新产品从开始进入市场到被市场淘汰的整个过程。产品生命周期由美国哈佛大学教授雷蒙德·费农(Raymond Vernon)1966 年在其《产品周期中的国际投资与国际贸易》一文中首次提出。费农认为，产品生命是指产品在市场上的营销生命，产品和人一样，要经历形成、成长、成熟、衰退的生命周期。就产品而言，也就是要经历一个开发、引进、成长、成熟、衰退的阶段。而这个周期在不同的技术水平的国家里，发生的时间和过程是不一样的，期间存在一个较大的差距和时差，正是这一时差，表现为不同国家在技术上的差距，它反映了同一产品在不同国家市场上的竞争地位的差异，从而决定了国际贸易和国际投资的变化。典型的产品生命周期一般可以分成 4 个阶段，即引入期(或介绍期)、成长期、成熟期和衰退期，如图 2-7 所示。

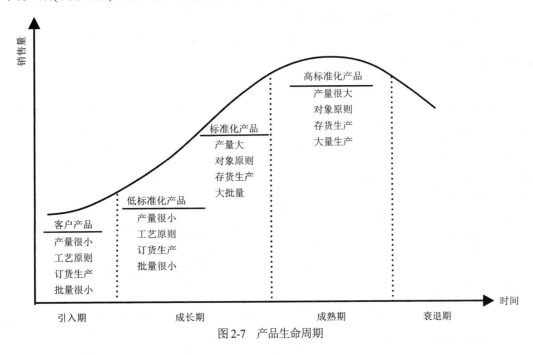

图 2-7　产品生命周期

(1) 引入期。引入期指产品从设计投产直到投入市场进入测试的阶段。新产品投入市场，便进入了引入期。此时产品品种少，顾客对产品还不了解，除少数追求新奇的顾客外，几乎无人实际购买该产品。生产者为了扩大销路，不得不投入大量的促销费用，对产品进行宣传推广。该阶段由于生产技术方面的限制，产品生产批量小，制造成本高，广告费用大，产品销售价格偏高，销售量极为有限，企业通常不能获利，反而可能亏损。

(2) 成长期。当产品销售取得成功之后，便进入了成长期。在成长期，产品试销，效果良好，购买者逐渐接受该产品，产品在市场上站住脚并且打开了销路。这是需求增长阶段，需求量和销售额迅速上升。生产成本大幅度下降，利润迅速增长。与此同时，竞争者看到有利可图，将纷纷进入市场参与竞争，使同类产品供给量增加，价格随之下降，企业利润增长速度逐步减慢，最后达到生命周期利润的最高点。

(3) 成熟期。在成熟期，产品走入大批量生产并稳定地进入市场销售，经过成长期之后，随着购买产品的人数增多，市场需求趋于饱和。此时，产品普及并日趋标准化，成本低，而产量大。销售增长速度缓慢，直至转而下降。由于竞争的加剧，同类产品生产企业之间不得不在产品质量、花色、规格、包装服务等方面加大投入，从而使成本增加。

(4) 衰退期。衰退期指产品进入了淘汰阶段。随着科技的发展以及人们消费习惯的改变，产品的销售量和利润持续下降，产品在市场上已经老化，不能适应市场需求，市场上已经有其他性能更好、价格更低的新产品能够充分满足消费者的需求。此时成本较高的产品就会由于无利可图而陆续停止生产，该产品的生命周期也即将结束，以致最后完全撤出市场。

产品生命周期是一个很重要的概念，它和企业制定产品策略以及营销策略有着直接的联系。管理者要想使其产品有一个较长的销售周期，以便赚取足够的利润来补偿在推出该产品时所做出的一切努力和经受的一切风险，就必须认真研究和运用产品的生命周期理论。此外，产品生命周期也是营销人员用来描述产品和市场运作方法的有力工具。

在产品生命周期的不同阶段中，销售额、利润、现金流量、购买者、竞争者等都有不同的特征及策略，这些特征及策略可用表 2-7 概括。

表 2-7 产品生命周期各阶段特征及策略

	阶段	引入期	成长期	成熟期	衰退期
特征	销售额	低	快速增长	缓慢增长	下降
	利润	易变动	顶峰	下降	低或无
	现金流量	微小或负数	适度	大	小
	购买者	创新使用者	大多数人	大众	落后者
	竞争者	稀少	渐多	最多	渐少
策略	策略重心	扩张市场	渗透市场	保持市场占有率	提高生产率
	营销支出	高	高(但百分比下降)	下降	低
	营销重点	产品知晓	品牌偏好	品牌忠诚度	选择性
	营销目的	提高产品知名度	追求最大市场占有率	追求最大利润和保持市场占有率	减少支出及增加利润回收
	分销方式	选择性分销	密集式	更加密集式	排除不合适、效率差的渠道
	价格	成本加成法策略	渗透性价格策略	竞争性价格策略	削价策略
	产品	以基本型为主	改进产品，增加产品种类及服务保证	差异化、多样化的产品及品牌	剔除弱势产品项目
	广告	争取早期使用者，建立产品知名度	大量营销	建立品牌差异及利益	维持品牌忠诚度
	销售追踪	大量促销及产品试用	利用消费者需求增加	鼓励改变采用公司品牌	将支出降至最低

2. 影响产品生命周期的其他因素

从图 2-7 可以看出，产量和品种直接影响到生产类型的选择。随着产品品种减少，产量增大，生产类型向大批大量生产发展。但企业在生产过程类型选择中不能简单地考虑这两个因素，产品生命周期的各阶段对应何类生产，还要考虑以下一些重要因素。

(1) 多产品。企业一般都有多种产品。各个产品的生命周期阶段并不相同，这就有个组合问题。图 2-8 表示从保持设备利用率的角度来组合几种产品的生产。

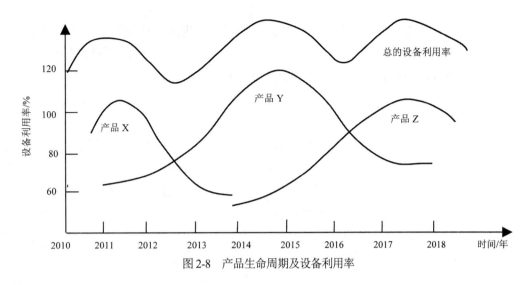

图 2-8 产品生命周期及设备利用率

图 2-8 中假定产品 X、产品 Y 和产品 Z 都可利用同一条生产线和设备。一种产品处于衰退期，而其他产品处于引入期或成熟期，生产线仍可保持足够负荷。也可能是它们的部分零件可利用共同设备，另一些零件却需要单独的设备，实际情况要复杂得多。

(2) 生命周期阶段的过渡。一方面生命周期阶段的产量需求不一样，相应有不同的生产类型，而不同的生产类型导致不同的生产流程和车间布置；另一方面，产品不能一直停留在生命周期的某个阶段。因此，生产过程规划中应主要按照哪个阶段设计，这是一个风险决策。如果选择在生命周期后阶段进行大量生产，则投资很大，届时，产品步入衰退阶段，竞争力和销售有可能出现问题；如果只根据当前市场需求情况来选择单件、小批生产类型，也可能丧失商机。总之，无论以哪个阶段为主，都必须考虑生产过程过渡的问题，以适应产品生命周期阶段的变化。

(3) 预测需求量和实际生产量之间的关系。实际生产量并不完全取决于预测需求量，如完全按照预测数量生产，生产能力不一定可行，经济上不一定合理，也不一定和企业经营战略所确定的竞争优势重点一致。

上述几个因素都说明生产系统柔性的重要性。生产系统柔性不仅是为了适应客户需求的变化，也引申出产品和产量柔性的要求，在产品经历生命周期各阶段的过程中产量会有变化，生产能力的需求也会有变化，所以对于任何类型的生产系统都要考虑到可能的变化和生产能力的扩充或收缩，所选定的生产类型都应具备一定的能力弹性。能力弹性指生产系统具有应付偏离设计要求的能力，如遇到消费需求高峰或意外的需求，生产能力可以迅速扩张，反之可以及时收缩；又如，生产设施运作已临近质量难保的阶段，便能在不影响系统正常运行情况下改进产品质量；再如，系统运行成本一旦过高，能采取措施降低成本等。

2.4.2 生产系统定位

从生产结构发展阶段来看，开始总是单件生产，然后是小批量、大批量生产，最后是大量生产，这也是产品生命周期中的不同阶段。同时，要将产品生命周期和生产过程生命周期联系起来分析，因为两者是相互影响的，生产过程阶段的变化影响产品成本、质量和生产能力，进而影响产品销售量，而产品销售量又影响生产过程结构类型的选择。

1. 产品设计和生产过程

生产系统定位是指产品设计类型、生产过程类型和产成品库存类型的组合选择，包括选定客户产品或标准产品，按产品导向或过程导向组织生产，按存货生产或订单生产等。生产系统一旦定位完毕，就确定了生产系统的基本结构和能力，进而直接影响到核心竞争优势。在产品生命周期引入期，一般按客户需求进行产品设计，产量很低，按工艺原则生产，按订单生产，库存量很小。待到成长期，产品标准化程度提高，生产规模也逐渐增长，从按工艺原则过渡到按对象原则组织生产，订单生产转变为存货生产，库存量逐渐加大。在产品成熟期，产品成为标准化产品，产量很大，按对象原则生产产品。这种产品设计和生产过程类型组合可归纳为两种典型方式，如表2-8所示。

表2-8　产品设计和生产过程组合策略

策略	产品设计类型	生产组织类型	库存类型	生产流程类型
纯组合策略I	客户产品型	工艺原则	订单生产	单件、小批生产
纯组合策略II	标准产品型	对象原则	存货生产	大量大批生产

产品设计有两种基本类型：一是客户产品型，是指按照个性化的客户需求来设计产品。这类设计形成的产品品种多，批量小，对生产柔性及按时发货的要求高。二是标准产品型，其产品品种少，通常采用大批大量生产，要求快速发运和低成本，如电视机生产。

企业可以同时采取以上两种纯组合策略。实际上，还存在混合生产定位策略，例如，按对象原则和订单生产组合的策略。采取这种策略的企业一般有一些少量的标准化程度高的基本零部件，也有不同零部件组合可满足客户个性化需求。这些零部件可以在订单来到之前生产并贮存于成品库，按客户订单需求在发运前装配。有些汽车厂就采用这种生产模式，在一条装配线上装配符合客户个性需求的汽车。零部件和基本产品型号标准化，加上完善的信息和通信系统，使得这种组合策略更加可行。

2. 产品—工艺流程矩阵

海斯(Robert H. Hayes)和惠尔莱特(Steven C. Wheelwright)在1979年提出了产品—工艺流程矩阵(product-process matrix)，简称P-P矩阵，用以对产品和生产工艺结构进行具体分析，后来这种方法得到了广泛应用。这种矩阵由两个维度组成：产品特性和工艺类型。根据P-P矩阵，参照所加工产品的特性，即产量大小和品种多少，沿对角线选择和配置工艺流程最为经济；反之，偏离对角线选择和配置工艺流程，不能获得最佳效益。如图2-9所示，横坐标表示产品生命周期阶段，从引入期到成熟期共分A，B，C，D四级，并注明各级在产量、产品标准化程度等方面的特点。纵坐标表示生产过程生命周期，分为单件、成批、大量和连续生产四级。绩效从成本和柔性两项指标来考察，生产线较之单件和批量生产无疑可以降低成本，但损失了生产系统的柔性。成本和柔性是此消彼长有矛盾的两项指标，需要权衡。

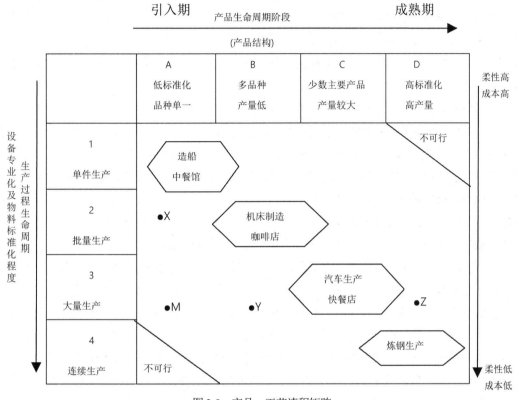

图 2-9　产品—工艺流程矩阵

生产柔性代表快速响应用户需求的能力并与产品和生产过程生命周期阶段的变化相适应。柔性有两种类型：产品柔性和产量柔性。生产过程设计完毕后，两种柔性的程度也就确定下来。产品柔性指生产系统从生产某种产品快速转变到生产另一种产品或品种的能力。如果要求产品符合多种客户需求而每种产品数量又不多，或者要求迅速引入新产品，则需要产品柔性。在这种情况下，生产过程设计要考虑使用较多的通用设备和兼备多种技能的工人。现在的柔性制造系统能在很大程度上符合产品柔性要求。产量柔性指快速增加或减少生产数量的能力。当市场需求达到高峰或低谷时，或者在依靠储备难以满足客户需求的情况下则要求具备产量柔性。这时，生产过程设计要使生产能力可以快速而低成本地扩充或压缩。

利用产品—工艺流程矩阵可形象地进行生产系统定位分析。第一，可从理论上分析某类行业和企业的"理论定位"，如图 2-9 中标明造船、机床制造、汽车生产以及炼钢生产企业理论上的定位。图中标出中餐馆、咖啡店、快餐店，表明此矩阵适用于服务型企业。有了理论定位便可根据企业实际情况，选定本企业在该矩阵中所处位置。企业偏离"理论定位"有多种原因，如沃尔沃公司在瑞典乌得瓦拉的汽车厂就没有装配线而采用移动装配平台，定位在批量生产和大量生产之间。第二，可用来规划整个产品生命周期内生产系统定位的变化轨迹。产品引入阶段总是产品少，低标准化，往往只能采取纯组合策略 I，然而这毕竟是短期过渡性的"定位"，规划过程中要考虑此产品的目标"定位"以及各阶段定位的过渡过程。此矩阵图可用来描述和分析这些转换过程,如设计某种产品生产系统定位可从 X 到 Y,再从 Y 到 Z。第三,可用来分析和发现新的"理论定位"点,图 2-9 中两端角有不可行区,A 级产品传统上不可能采用生产线,然而随着技术的发展有可能开辟新的"理论定位"点,如"大量客户化"生产,既着眼于单件生产的柔性,满足众多客户固有的个性特色的产品规格、品种,又能享有生产线的低成本效应。"大量客户化"生产可定位在 M(A, 3)的位置,当然这只有采用新技术如柔性制造系统等才有可能。

除了成本、柔性等绩效指标,生产系统定位还应考虑以下影响因素。

(1) 企业的竞争优势和弱点。不同的企业在同样的市场环境下应根据自身优势有不同的生产定位,生产定位要结合企业的实际背景,不能说何种类型产品和生产过程绝对好。例如,20 世纪 70 年代的克莱斯勒和通用汽车公司,前者规模较小,资金非常短缺,但它和经纪人及合作工厂之间有良好的沟通渠道和机制,而通用汽车公司规模要大得多,也富裕得多。克莱斯勒采用按订单生产策略,所需库存量较低,资金少,而通用公司采用按存货生产策略。两种策略都取得了成功:通用公司保持了巨大的市场份额,而克莱斯勒克服了财务危机。

(2) 行业性质。行业本身就决定了产品和生产过程的类型,如造船业难以有标准产品和大量生产。小企业、初创企业和高技术企业也不同。小企业和初创企业几乎都面临资金短缺、工人技能低和生产能力不足等缺陷,一般都采用资金需求小、按订单生产的柔性生产系统,待其产品趋于成熟后,则向标准产品、按对象生产发展。小企业面临大企业竞争压力,总要选定有特色适合的市场,强调和客户的密切联系,取得用户群的信任。像沃玛特(Wal-Mart)初建时期以零售商面目出现,价格并非主要竞争重点,而强调向客户提供优质服务以及特定产品。技术含量高的企业生命周期短,资金密集,生产系统必须能迅速形成新产品生产能力,生产柔性要求高,因而这类企业要具备足够的高技能技术人员和充沛的资本。

2.4.3 经济分析

生产定位过程中离不开经济分析。经济分析主要考虑的因素是投资和成本,自动生产线投资要比单件小批生产的投资要大得多,但可以降低产品成本,这就需要权衡利弊,做出选择。

资金来源和数量充足与否是选择生产过程类型的首要因素,资金缺乏,生产定位策略也不得不改变。如资金来源不成问题,紧接着便要考虑年生产成本。每一种生产过程都需要投资,基本投资一般是按月固定摊入产品成本,图 2-10 表示不同过程设计方案的成本函数关系。设备、厂房和其他固定资产的初始投资越大,则固定成本越高,这些成本不随年产量变化而变动,当产品数量为零时,固定成本即等于年成本。这样,自动生产线条件下,机器人、计算机控制系统和材料运送的投入很高,固定成本基点高,而劳动力、材料及管理费相对较低,所以随着产量增加,年生产成本虽然随产量增加而增加,但斜率较小;单件生产条件下,固定成本相对最小,可变成本最高;模块式生产则处于居中情况。图 2-10 说明生产类型选择取决于生产数量,如生产量小于 10 万件,单件生产形式合理;如生产量在 10 万~25 万件之间,模块式生产合理;

如生产量大于 25 万件，则可采用自动生产线。

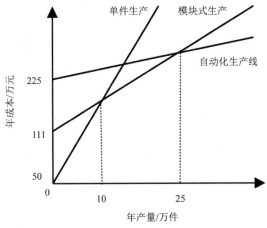

图 2-10 过程方案设计成本分析

运作杠杆是方案成本分析中另一个重要概念，用于度量年生产成本和年销售收入之间的关联：如果企业的年生产成本比例保持很高，则企业的运作杠杆度大，在其他条件不变情况下，杠杆度大意味着销售额变动较小时，运作收益(年销售额和年成本之间的差额)有较大比例变化。

图 2-11 说明运作杠杆的概念，产量为 E_1 时，模块式生产的年生产成本等于年销售总额，阴影部分右边为利润，左边为亏损。运作杠杆作用可从两条线的夹角反映，如运作杠杆作用小，则夹角小，利润增长缓慢；反之，杠杆度大，夹角大，利润或亏损变化迅速。自动线的平衡点在 E_2，其杠杆度大于模块式生产。从图 2-11 可以看出，运作杠杆度大的生产过程在产量到达一定规模后，能实现长期的较高利润，如自动线和模块式生产比较，产量到达平衡点后则自动装配线利润潜力大。然而，产量未达到平衡点的情况下，杠杆度越大的生产过程其亏损额也越大。在销售预测的不确定因素较多的条件下，杠杆度越大的生产过程类型亏损的风险可能性越大。

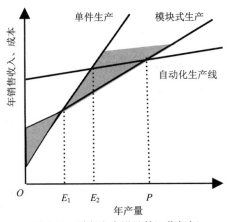

图 2-11 过程方案设计的运作杠杆

上述运作杠杆分析离不开平衡点的概念，图 2-11 中的 E_1 和 E_2 都是平衡点。平衡点分析方法常用来分析和比较不同的生产过程方案，下面通过数字例子说明其在生产类型选样中的应用。

如图 2-12 所示，设有自动生产线(A)、模块式生产(C)和单件生产(J)三个方案，其成本结构如表 2-9 所示。

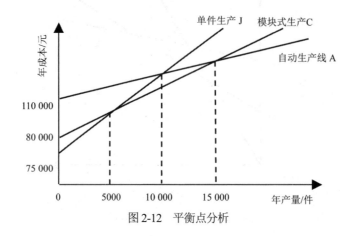

图 2-12　平衡点分析

表 2-9　A、C、J 三个方案成本结构数据表

类型	年固定成本/元	单件可变成本/元
A	110 000	2
C	80 000	4
J	75 000	5

如产量为 10 000 件，则各种类型生产的年总成本

$$TC = FC + VQ$$

式中，TC 是年总成本；FC 是年固定成本；V 单件可变成本；Q 是年产量。故在模块式生产与单件生产的平衡点上

$$TC_A = 110\,000 + 2 \times 10\,000 = 130\,000(元)$$
$$TC_C = 80\,000 + 10\,000 \times 4 = 120\,000(元)$$
$$TC_J = 75\,000 + 10\,000 \times 5 = 125\,000(元)$$

这时，模块式生产的年成本最低，如处于平衡点，意味着 $TC_J = TC_C$，即 $75\,000 + 5Q = 80\,000 + 4Q$，$Q = 5000$ 件。说明 5000 件以下，单件生产方式在经济上更合理，5000 件以上则选用模块式生产。进而分析模块生产自动线的平衡点 $TC_C = TC_A$，即 $80\,000 + 4Q = 110\,000 + 2Q$，$Q = 15\,000$ 件。可见，模块式生产适用于 5000～15 000 件的生产规模，大于 15 000 件则应采用自动生产线。

平衡点分析方法直观易懂，已获得广泛运用，但也有弱点，主要是不能直接分析不确定因素，且分析中所用的成本、产量和其他信息都必须确定。此外，在整个分析范围内，成本数据看成固定不变，贴现因素也未加考虑。

2.5 产品设计开发新趋势

2.5.1 并行的产品设计方法

按过程分析的方法，产品开发由许多过程组成，如需求分析、结构设计、工艺设计等。传统的企业产品开发一直采用串行的方法(见图 2-13)，即从需求分析、产品结构设计、工艺设计一直到加工制造和装配，是一步步在各部门之间按顺序进行的。串行设计的产品开发的工作流程如下：首先由熟悉顾客需求的市场人员提出产品构想，由产品设计人员完成产品的精确定义之后交制造工程师确定工艺工程计划，确定产品总费用和生产周期，最后质量控制人员做出相应的质量保证计划。

图 2-13 产品设计方法——串行

串行的产品开发过程存在着许多弊端，首要的问题是以部门为基础的组织机构严重妨碍了产品开发的速度和质量。产品设计人员在设计过程中难以考虑到顾客需求、制造工程、质量控制等约束因素，易造成设计和制造的脱节，所设计的产品可制造性、可装配性较差，使产品的开发过程变成了设计、加工、试验、修改的多重循环，从而造成设计改动量大，产品开发周期长，产品成本高。归纳起来，串行的产品设计过程存在的问题主要有以下两点。

(1) 各下游开发部门所具有的知识难以加入早期设计，而下游开发部门加入设计的阶段越早，降低费用的机会就越大；发现问题的时间越晚，修改费用就越大，费用随时间成指数增长。

(2) 各部门对其他部门的需求和能力缺乏理解，目标和评价标准的差异和矛盾降低了产品总体开发过程的效率。

要进一步提高产品质量，降低产品成本，缩短产品上市时间，必须采用新的产品开发策略，改进新产品开发过程，消除部门间的隔阂，集中企业的所有资源，在设计产品时同步考虑产品生命周期中所有因素，以保证新产品一次开发成功。

为解决串行的产品设计方法的弊端，减少产品的开发时间和成本，人们提出了并行工程的产品设计方法，它能够并行地集成设计、制造、市场、服务等资源(见图 2-14)。

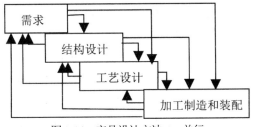

图 2-14 产品设计方法——并行

根据美国国家防御分析研究所(Institute of Defense Analyze，IDA)的 Winner 等人(1988)对并

行工程的定义，并行工程是对产品及其相关过程，包括制造过程和支持过程，进行并行、一体化设计的一种系统化方法。这种方法力图使产品开发者从一开始就考虑到产品全生命周期，从概念形成到产品报废的所有因素，包括质量、成本、进度和用户需求，见表2-10。

表2-10 产品全生命周期下，产品设计时考虑的因素

过程	需求阶段	设计阶段	制造阶段	营销阶段	使用阶段	终止阶段
考虑的因素	顾客需求 产品功能	降低成本 提高效益	易制造 易装配	低成本 标新立异	可靠性 可维修性 操作简便	环境保护

并行工程是一种强调各阶段领域专家共同参加的系统化产品设计方法，其目的在于将产品的设计和产品的可制造性、可维护性、质量控制等问题同时加以考虑，以减少产品早期设计阶段的盲目性，尽早避免因产品设计阶段不合理因素对产品生命周期后续阶段的影响，缩短研制周期。并行设计时考虑的因素如图2-15所示。

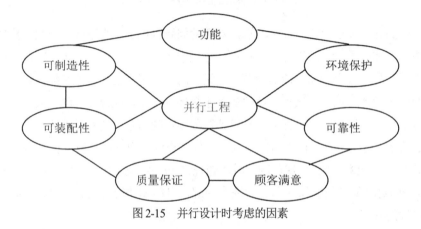

图2-15 并行设计时考虑的因素

并行工程的主要思想有如下几个。

(1) 设计时，考虑产品生命周期的所有因素(用户需求、可靠性、可制造性、成本等)，同时产生产品设计规格和相应的制造工艺及生产准备文件。

(2) 在产品设计过程中各活动并行交叉进行。由于各部门的工作同步进行，各种相关的生产制造问题和用户的不满意问题，在项目研发准备阶段便能得到及时沟通和解决。

(3) 不同领域技术人员需要全面参与和协同工作，实现产品生命周期中所有因素在设计阶段的集成，实现技术、资源、过程在设计中的集成。

(4) 高效率的组织结构。产品的开发过程是涉及所有职能部门的活动，通过建立跨职能产品开发小组，能够打破部门间的壁垒，降低产品开发过程中各职能部门之间的协调难度。

并行的产品开发流程如下：当初步的需求规格确定后，以产品设计人员为主，其他专业领域人员为辅，共同进行产品的概念设计，概念设计方案作为中间结果为所有开发人员共享，开发人员以此作为基础展开对应的概念设计，如结构概念方案、工艺过程概念方案等。每一专业领域输出的中间结果既包括方案，又包括建议的修改意见。所有的中间结果经协商后，达成一

致的认识,并据此进行修改,完善概念设计方案,然后逐步进入初步设计阶段、详细设计阶段(见图 2-16)。

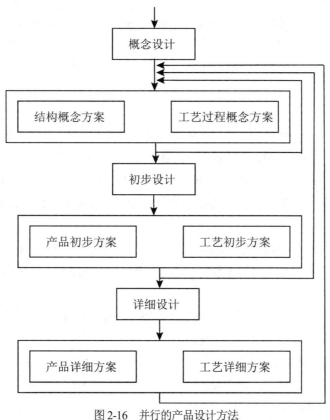

图 2-16 并行的产品设计方法

并行的产品设计流程具有以下几个特点。

(1) 产品设计的各阶段是一个递阶渐进的连续过程,概念设计、初步设计、详细设计等设计阶段的划分只标志着产品和设计的粒度和清晰度。粒度是设计人员在设计过程中所考虑和处理问题要素的大小。清晰度表明设计对象在相应粒度水平上的确定性程度的度量。

(2) 产品设计过程和产品信息模型经历着从定性到定量、从模糊到清晰的渐进演化。设计每前进一步,过程每循环一次,设计的粒度减小,信息的清晰度增加,不确定性减少,并行程度逐渐增加。

(3) 产品设计过程和工艺过程不是顺序进行,而是同时进行的。在设计早期,必须从总体着眼,设计的粒度大。随着设计工作的推进,要处理的问题越来越细,粒度越来越小,清晰度越来越高。当粒度最小时,产品和过程的设计结束,清晰度最高。针对产品设计时不同阶段要考虑的因素,采取相应的措施。

作为新产品开发策略上的创新,并行过程的实际应用已经取得了巨大效益,它已引起了企业经营者、研究机构和政府部门的密切注意,特别在汽车、计算机、航空航天及电子等制造业备受重视。

2.5.2　计算机技术在产品设计中的运用

为了提高技术系统的效率和柔性，目前在企业中，计算机辅助设计(computer aided design, CAD)、计算机辅助工艺过程(computer aided process planning, CAPP)、计算机辅助制造(computer aided maufaceturing, CAM)等技术已得到广泛的运用。目前以计算机网络为基础的各种支撑技术在产品设计中的作用日趋重要。信息化是当今技术发展的显著特征。

1. CAD/CAPP 系统

CAD/CAPP 技术的应用使得产品设计的手段发生了巨大的变化，它们提高了设计效率，缩短了产品设计周期。采用 CAD 便于建立产品数据库，消除重复设计，减少设计工作量，还可将产品设计和产品制造直接连在一起，实现 CAD/CAPP 的集成。借助于计算机辅助设计技术，增大了产品获得最佳性能和设计一次成功的可能性。新一代 CAD/CAPP 系统发展迅速，主要特点有如下几个。

(1) 以微机为平台的 CAD/CAM 系统性能不断提高。微机 CAD/CAM 系统已从简单的绘图工具发展成为更高一级的建模和集成系统，可实现曲面、实体建模、特征建模、参数化设计、约束管理及相关性设计等多种功能。

(2) 参数化、变量化设计技术发展到实用化阶段。参数化 CAD 系统的关键技术，如约束定义与求解等问题的研究取得了很大的进展。

(3) 特征建模技术使 CAD/CAM 集成进一步发展，解决了传统的 CAD 只面向几何形状的问题，已成为实现 CAD/CAM 集成的主要手段之一。有关特征分析、归纳、描述等特征模型方面的研究也取得了长足的进步，特征建模系统达到原型化阶段。

20 世纪 80 年代，人们在 CAPP 的研究开发中开始探索人工智能、专家系统技术。有人将这一进程看成一种新方法的出现，但大多数人将它视为原有两种方法的进一步发展，即向智能化方向发展。集成化、智能化的综合的 CAPP 系统是发展的趋势，概括国内外许多学者的看法，将来的 CAPP 应具有下述特点：兼有创新和继承修改综合功能；具有更大的灵活性和适应性；闭环反馈，动态设计；基于知识的智能系统。

2. 计算机支撑技术

计算机网络是信息集成的基础。网络从局域网发展到 Internet(因特网)/Intranet(企业内部网)/Extranet(外联网)。Internet 是一个开放的网络集合，它为不同种类、不同性质信息的共享提供了有力支持。高性能网络协议现有 XTP、IPV6 和 TCPng、RTSP、DRP 等。安全、高速、易于使用和群体解决方案是网络技术发展的四大方面。

数据库技术是信息集成的工具。数据库技术向面向分析的网络化数据仓库发展，数据库从传统的事务驱动、面向应用的在线事务处理(OLTP)发展到面向主题、集成稳定的面向分析(OLAP)的数据仓库，从而能够有效地支持决策系统。数据挖掘技术为数据仓库提供了提取隐藏的预测性信息的新方法。对象型关系数据库、数据库与 Internet 连接，利用多媒体、网络与通信、分布式处理等技术，为群体工作建立一个多模式协同环境，支持并行工程、群体决策等也是计算机支撑技术在产品设计中应用的一个重要方面。

3. 虚拟产品开发

虚拟产品开发(virtual product development，VPD)是指在不实际生产产品实物的情况下，利用计算机技术在虚拟状态下构思、设计、制造、测试和分析产品，减少了对物理模型的依赖，加速了设计进程，有效解决那些时间、成本、质量等方面存在的问题，这样常常只需制作一次最终的实物原型，使新产品开发一次获得成功。VPD 目前已进入实用阶段，如美国几家大汽车制造商已在新产品开发中使用了这种技术，其汽车工业新车型开发的时间可由 36 个月缩短到 24 个月以内，竞争的优势显然得到加强，其影响不可估量。VPD 技术已在汽车、航天、机车、医疗用品等诸多领域成功地应用，对工业界产生了强大的冲击作用。

案例

嘉华云腿小饼产品开发

嘉华食品是云南最大的烘焙企业，其中嘉华鲜花饼是嘉华食品的明星产品，也是云南具有代表性的旅游伴手礼。嘉华食品最大的优势就是拥有 200 多家线下实体饼屋连锁门店和鲜花饼专卖店。嘉华发展的根本驱动力就是新产品的开发，每年有大量的新产品上市。其中有一款从云腿月饼延伸出来的产品"云腿小饼"，2015 年开始在嘉华饼屋门店以散装、现烤的形式销售。我们发现，这个产品具备成为一个超级爆品的潜质。

嘉华云腿小饼产品开发方法如下所述。

方法一：产品开发的本质是为消费提供一个值得购买的理由

认识论决定方法论。产品研发本质上包括两件事，一个是"研"，一个是"发"。一个是从技术端出发，一个是从消费者端出发。产品的本质是为消费提供一个值得购买的理由，发现一个购买理由就意味着可以创造地开发一个新产品。这就要从消费者端入手，先寻找一个购买理由，再通过命名来传递产品价值，然后用一句话包装这个购买理由，接着设计好产品包装，想好推广创意。也就是说把策略和创意都想好了，预判这个产品一定会热销，才交给客户把这个产品开发出来。

方法二：从行业历史和消费行为中寻找购买理由

产品开发从寻找一个购买理由开始。购买理由从哪里来？购买理由从消费者的消费习惯、购买习惯中来，从行业发展史中来。嘉华鲜花饼最初是嘉华饼屋里的一款普通产品。后来嘉华把鲜花饼定义为"最云南•伴手礼"，对产品进行再包装，并在旅游景区、交通枢纽开设伴手礼专卖店。之后，嘉华鲜花饼很快成为嘉华最畅销的一款明星产品，同时也成为云南最具代表性的旅游伴手礼。云南作为旅游大省，在鲜花饼之前竟然没有一款糕点类的大众旅游伴手礼。嘉华鲜花饼恰恰满足了这一需求，一款大众伴手礼需要具备 4 个要素：地域特色明显；价格适中；便于分享；大众的，人人都需要。云腿小饼的今天与鲜花饼当初的情况何其相似。云腿小饼，源自云南独具特色的云腿月饼，在云南有 300 多年历史，具有鲜明的云南地域特色。云腿小饼非常好吃，很适合日常高频次消费。同时，云腿小饼改为月饼的三分之一大小之后，价格更适中，便于分享，是一个天然的云南旅游伴手礼。借助"云腿小饼"，嘉华有机会再造一个"嘉华鲜花饼"。

方法三： 命名即召唤，用产品命名来召唤购买理由

"把云腿月饼日常化，伴手礼化。"重新认识云腿小饼之后，接下来就要为这个产品命名。命名即召唤：把产品的价值召唤出来，把购买理由召唤出来。"云腿小饼"就是一个最合适的名字，直接拿来用即可。"云腿"本身就是一个"超级词语"，是云南人人都知道的、有专属含义的词语，"云腿"是有文化原力的，因为"云腿月饼"的盛名，在云南已经拥有深厚的文化根基，形成了一定认知。"小饼"是相对大"云腿月饼"的一个独特的产品形态、独特的购买理由，实际大小是月饼的1/3，同时"小饼"是比较可爱的名字。

方法四： 一句话说服消费者，让人看了就想买

这句话就是："300 年云南老味道，一肚子的宣威老火腿，香中带甜不油腻。"首先"300 年云南老味道"把云腿小饼的产品定位拉升到了相当的高度，让消费者第一次看到就觉得这是一个已经卖了很多年的老产品。其次，这句话非常强有力地把"云南特色产品"这一产品属性表达了出来。再次，这句话非常口语化，很有亲切感，也很有故实感，无论店员还是消费者都很容易脱口而出，是一句长了翅膀的超级话语。

方法五： 包装设计——设计符号化，放大购买理由

云腿小饼成功与否，包装设计具有决定性的作用。包装设计要具有符号性，要创造熟悉的陌生感，形成独特标识，获得陈列优势。首先要很独特，容易引起消费者注意，其次要很容易识别，容易被描述，方便被介绍给其他消费者。为此我们创作了一个"汉堡"的造型。第一，非常明确地体现了产品的品类属性；第二，创造了一种"熟悉的陌生感"，非常独特又有熟悉感；第三，形成了非常强的视觉冲击力，降低了被发现的成本，获得了极大的陈列优势。

产品设计的本质是确定购买理由，包装设计要放大购买理由，把云腿小饼的"300 年云南老味道"超级购买理由直接呈现在包装上，从而强化"云南伴手礼"的属性。同时，云腿小饼还以产品故事的形式，在包装背面再次进行强化。

方法六： 上市推广策略，一开始就给消费者传达产品已经成功的形象

目标是把云腿小饼打造成第二个鲜花饼。于是，设计了一个推广活动，让云腿小饼在一开始就给消费者这样的感觉：云腿小饼本来就跟鲜花饼有一拼，它们是旗鼓相当的两个产品。以老带新，让云腿小饼在一开始就要有规模感，看起来就有畅销的样子。新品上市过程中最有效的活动就是试吃，为此我们设计了"谁更好吃，请你来翻牌"的超级推广活动——用"嘉华鲜花饼 VS 嘉华云腿小饼"的形式，通过免费试吃，让消费者比较鲜花饼和云腿小饼的味道，自然而然给消费者一个印象：云腿小饼和鲜花饼是有一拼的。嘉华云腿小饼上市短短 3 个月，部分门店中嘉华云腿小饼的销量已经达到同店鲜花饼销量的三分之一。

资料来源：华与华. 彻底讲透华与华的产品开发创意方法[EB/OL]. (2017-10-27) [2021-03-02]. https://zhuanlan.zhihu.com/p/30499439?utm_source=wechat_session.

思考题

1. 新产品的概念是什么？新产品有哪些种类？
2. 新产品有哪些开发方式？
3. 典型的产品生命周期包括哪些？
4. 阐述产品的设计过程及设计原则。
5. 质量屋由哪六个部分构成？
6. 提高产品价值的途径有哪些？

第 3 章　库存控制

在经济全球化下,竞争更为激烈,效率成本在生产制造领域显得尤为重要。信息化技术在制造业领域广泛深入的应用,为物流、信息流、资金流的全面整合与有效控制,实现供应链全过程的价值和运作的最优化提供了可能。现代物流一方面使得企业的经营活动更为高效,运营的成本更为低廉;另一方面把供应商、制造商、分销商、最终用户紧密结合在一起,推动了全球制造业的发展,加快了经济一体化的步伐。企业管理者特别是物流的管理者越来越重视库存与库存管理,有的学者甚至把物流管理描述为静止或运动库存的管理。库存成本是企业成本的重要组成部分,同时也占用了大量的流动资金。减少库存,降低库存成本,追求零库存是精益生产的精髓,是企业"第 3 个利润源泉"的重点所在,也是库存管理乃至物流管理追寻的永恒目标。

生产预测职能为我们提供了每种产品需求量的估计值;生产计划的职能则将估计值变成有时间优先级的生产计划;库存控制则提出一些措施,不仅要保证材料和产品的供应数量,还要防止过多的库存占用大量的流动资金。所以说,库存控制的目的是要确定适当的存贮策略,计划、组织、协调和控制物料,以适时适量为各部门提供所需物料,使总的运作成本保持最低。

3.1　库存概述

3.1.1　库存的定义

库存,顾名思义,是存放在仓库中的物料,可以是原材料,也可以是半成品,或者是成品。从广义上讲,库存是以支持生产、维护、操作和客户服务为目的而储存的各种物料。从狭义上讲,库存只是与生产直接相关的物料。在制造业,库存一般指对产品有贡献或构成产品一部分的物资,一般分为原材料、产成品、备件、低值易耗品和在制品等。在服务行业,库存一般指用于销售的有形商品和用于管理的低值易耗品。可以毫不夸张地说,任何企业都不可避免地保持有一定的库存(库存管理与仓库管理不同,两者不应混淆)。

库存形成的主要原因在于供需的不确定性以及考虑费用。由于供需双方存在时间、数量、地理位置的差异，以及需用方为防止难以预料的意外，或考虑订货费用、价格折扣等，往往要存储一定的备用物资，这就形成了库存。一定量的库存在预防供应与需求的不确定性、保持生产的连续性与稳定性等方面起着有效作用。但库存不仅占用一定空间与资金，还会带来一些管理问题。因此控制库存，保持适当的库存水平对于企业来说至关重要。库存系统则是指用来控制库存水平、决定补充时间及订购量大小的整套制度和控制手段。

库存管理在企业的生产实际中有着重要的意义。在现代，精益生产一直把"零库存"作为追求的目标。可以说，库存量的大小是反映整个企业管理水平的一个窗口。

3.1.2 库存的类型

1. 根据物质形态划分

(1) 原材料库存(raw materials)。原材料库存是指来自组织外部(通常通过采购获得)，并直接用于生产最终输出的物品、商品和要素。钢板、油漆、化学品等基本材料，以及集成电路板、螺母、螺栓、引擎、车架、汽缸、比萨饼坯、面包(制作汉堡用料)、挡风玻璃等装配件，都属于原材料。

(2) 间接物料库存(maintenance, repair and operations, MRO)。间接物料库存是指非生产原料性质的工业用品，通常指在实际的生产过程不直接构成产品，只用于维护、维修、运行设备的物料和服务，包括备件(spares)、易耗品(supplies)及储备品(stores)。备件有时由组织自己制造而不是采购，间接物料是在生产过程中非常重要的机器零部件或易耗品。易耗品是指在产品和服务的生产中所耗用的库存物品，但不直接构成最终产品。例如复印纸、铅笔、包装材料、订书钉、润滑油、手套、抹布等。储备品通常兼指保存在仓库或货架中的易耗品和原材料。

(3) 在制品库存(work-in-process, WIP)。在制品库存包括运营系统中正在被加工或等待加工的所有材料、零部件、装配件。在制品是指所有那些已经离开原材料库存，但还未被转化或装配为最终产品的制品。

(4) 产成品库存(finished goods)。产成品库存是完工产品的库存。产品一旦完成了生产，就由在制品库存转变为产成品库存。之后，便可将它们运往配送中心，卖给批发商或者直接销售给零售商或最终顾客。

2. 根据库存功能划分

(1) 周转库存(lot size inventory)，有时也称批量库存。为了获得规模效益和享受数量折扣，生产或订货是以每次一定批量进行的，这种由批量周期性而形成的存货就称为周转存货。不管是用 MRP 还是用 JIT 做计划，两种方式的订货都存在一定的批量。按批量订货是从订货的规模经济性来考虑的。如果物料按批量组织订货，由此形成的周期性库存就称为周转库存。如果某种零件的年需求量为 12 000 个，管理者可以下一份 12 000 单位零件的订单而全年保持很大的库存量，也可以下 12 份 1000 单位零件的订单而保持较低的库存水平，但与订货及接收货物相关的成本将增加。周转库存是因以批量方式订购而产生的库存，而非所需的库存。订购批量与两次订货之间的间隔时间成正比。对于一种给定物品来说，两次订货的间隔期越长，其周转库存量就越大。

(2) 安全库存(safety stock，SS)。库存的目的之一在于防止供应、需求与提前期的不确定性。安全库存也称缓冲库存，是指生产者为了应付需求与供货的不确定性，防止缺货造成的损失而设置的一定数量的存货。在平均需求量之上的库存量就是安全库存，可用来满足超过平均水平的需求。安全存货的数量指标主要受需求和供应的不确定性和企业希望达到的顾客服务水平的影响，库存水平越高，客户服务就越好，即缺货和延期交货的情况就越少。如果库存用完而使得顾客的订单得不到满足，就会发生缺货。发生缺货时，公司会做出延期交货的安排。如果经常发生这种情况，顾客会产生不满情绪，严重的话，顾客会转向竞争对手寻求同样的服务。所以，要建立安全库存，企业所下订单的交货日期早于通常需求的时间，重新补充的订货就会提前到达，这样就为应对不稳定性提供了缓冲。例如，假定一家供应商的提前期为 3 周时间，而企业为了保险起见提前 5 周订货，就产生了 2 周的安全库存量。

(3) 运输库存(pipeline inventory)。运输库存主要包含处在运输过程中的库存，以及停放在两地之间的库存。运输库存取决于输送时间和在此期间的需求率。生产过程的各个阶段通常是分开的，在全球化的供应体系过程中更是如此，大的集团公司更加关注核心能力的竞争，因此经常将许多非核心业务外包出去，如汽车行业即是如此。汽车组装需要的众多零部件通常在不同的地点生产，然后运送到总装厂进行组装；成品车生产出来后，也不一定直接送到顾客手中，而是经过销售商送交顾客，零部件或产成品在到达顾客(总装厂也是一种广义的顾客)的过程中存在许多运输。

(4) 预期库存(anticipation inventory)。为应对预期可能发生某些事件导致需求增长而储备的存货，称为预期库存。例如，可在某个时间发生之前先建立库存，以备事件期间或之后所需。制造商、批发商和零售商会在端午节、中秋节、春节等节日之前建立预期库存。预期存货主要受需求的季节性波动和额外存货的存储管理成本等因素的影响。设定预期库存对企业来讲通常存在一些风险，这是因为，一旦没有出现预期的季节性增长，就会造成大量库存积压，造成大量资金积压。

3. 根据需求可控性划分

(1) 独立需求库存(independent demand)。独立需求库存指产品的需求是由市场决定的，与其他产品服务的需求无关。独立需求不能直接从其他产品需求中派生出来，受市场的影响，当库存消耗后应及时补充。如汽车成品即是独立需求产品。

(2) 相关需求库存(dependent demand)。相关需求库存指由对其他产品或服务的需求所导致的对某种产品或服务的需求。一般来说，产品中的多数零部件都具有这种特点。例如，如果要生产 1000 辆轿车(四轮轿车)，则必然需要 4000 个汽车轮子。这种产品的需求没有必要去做预测，只需简单计算即可。

对于企业来说，独立需求库存主要由企业外部的需求情况决定，体现出较大的不确定性，库存也就不易确定。而相关需求库存的需求情况主要由企业内部需求决定，一旦所生产的产品结构和生产计划确定下来，则每种零部件的需求数量、时间、地点、质量等情况就确定了，其库存量也能确定。能够准确地区分以上两种不同性质的库存，是库存管理走上科学管理之路的开始。表3-1 列出了两种不同性质库存的主要特点。

表3-1 独立需求库存与相关需求库存的特点比较

特点	独立需求库存	相关需求库存
目的	满足用户(外部)	本厂生产需要(内部)
需求性质	随机，零散，有限预测	确定，成批，准确计算
决定方式	订货或预测	产品产量决定
库存水平	按市场需要确定安全库存量	与生产周期相关，一般不设安全库存量
服务水平	<100%	100%
控制原则	经济订货批量	控制在制品

有的产品可能既是独立需求件，又是相关需求件，如当某种相关需求产品作为备件生产时，该产品即属于此种类型。进行市场需求预测，其对象是独立需求物料，这种物料通常是最终产品，但如果某些零组件作为备件或在其他不直接组装产品的场合使用，该零组件也是预测的对象。独立需求产品的市场需求要基于预测结果，是存在误差的，而相关需求的产品根据产品的物料清单通过展开计算而得到，其数量和时间是确定的。图 3-1 为产品 A 的结构树，该产品结构树的最顶层产品 A 就是独立需求的产品，而对于相关需求产品，如物料 B、C、D、E、F 则用物料需求计划来分析，在物料需求计划发展的前一个阶段，普遍采用订货点法，即不将产品区分为独立需求件和相关需求件，将全部物料均作为独立需求件来处理。

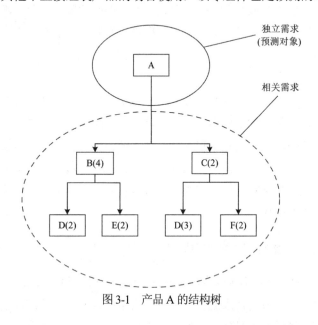

图 3-1 产品 A 的结构树

4. 根据需求重复性划分

(1) 单周期库存(single-period inventory)。单周期库存是指在一段特定时间内对物品的需求，过了这段时间，该物品就没有原有的使用价值了。报纸、新年贺卡、圣诞树等就属于这类物品；易腐食品(如海鲜、活鱼、新鲜水果)也属于这类物品；机器设备的备件也属于这类物品。单周期物品的库存控制问题,又称为一次性订货问题,即某物品在一定时间内只订货一次,消耗完也不再补充。

(2) 多周期库存(multi-periods inventory)。多周期库存是指在足够长的时间里对某种物品重复的、连续的需求,其库存需要不断补充。例如,机械厂所需的钢材,用完了还需要补充;家庭所需的粮食,吃完了还得再买。与单周期库存相比,多周期库存问题较为普遍。对多周期物品的库存控制问题,又称为多周期库存问题。

5. 根据需求确定性划分

(1) 确定性库存(determinate inventory)。确定性库存是指物品的供应过程和需求过程都是确定性的,即在确定需求的情况下,该库存的需求率是恒定的和确定的,并且从订单发出至货到补充库存的提前期是已知的和固定的。

(2) 随机性库存(stochastic inventory)。随机性库存是指物品的供应过程的交货提前期或者需求过程的需求不确定性,服从于一定的概率分布。随机性库存系统通常表现为两个方面的随机性:一是输出随机,即需求量或销售量可变,是非均匀出库;二是输入随机,即订货不能按时送达,或生产处于非正常状态,常发生随机性的延迟。为了保证库存量基本按规定日期得到补充和消除或减少缺货现象的发生,随机性库存模型必须考虑缺货现象,考虑订货点的提前期的问题,确保安全库存量。

3.1.3 库存的作用

库存既然是资源的闲置,就一定会造成浪费,增加企业的开支。那么,为什么还要维持一定量的库存?这是因为库存有其特定的作用。归纳起来,库存有以下几方面的作用。

1. 缩短订货提前期

当制造厂维持一定量的成品库存时,顾客就可以很快地采购到他们所需的物品,这样就缩短了顾客的订货提前期,加快了企业生产的速度,也使供应厂商更易争取到顾客。

2. 稳定作用

在当代激烈的竞争中,外部需求的波动性是正常现象,当发生需求波动或季节性变动时,维持一定量的成品库存,便于生产均衡化。生产的均衡性是企业内部组织生产的客观要求。外部需求的波动性与内部生产的均衡性是矛盾的,这是因为,要满足需方的要求,又要使供方的生产均衡,就需要维持一定量的成品库存。而成品库存将外部需求和内部生产分隔开来,像水库一样起着稳定作用。

3. 改善服务质量

持有一定数量的库存有利于调节供需之间的不平衡,保证企业按时交货、快速交货,能够避免或减少由于缺货或供货延迟带来的损失，这些对于企业提高服务质量有着重要作用。

4. 分摊订货费用

订货费用是指订货过程为处理每份订单和发运每批订货而产生的费用。这种费用与订货批量的大小无关，而与订货次数有关。如果增大订货批量，就可以减少订货次数，从而减少订货费用。

5. 防止短缺

维持一定量的库存，可以防止短缺。商店没有一定量的货物库存，顾客就很可能买不到东西；医院没有一定的床位库存，病人就无法住院治疗；银行没有现金库存，存户就取不到钱；为了应对自然灾害和战争，一个国家也必须要有各种物资储备。

6. 节省作业交换费用

作业交换费用是指生产过程中更换产品批量时调整设备、进行作业准备所产生的费用。作业的频繁更换会耗费设备和工人的大量时间，新作业刚开始时也容易出现较多的产品质量问题，这些都会导致成本增加，而通过保持一定量的在制品库存，可以加大生产批量，从而减少作业交换次数，节省作业交换费用。

7. 防止生产中断

企业在生产过程中维持一定量的在制品库存，可以防止生产中断。显然，当某道工序的加工设备发生故障时，如果工序间有在制品库存，其后续工序就不会中断。同样，在运输途中维持一定量的库存，保证供应，就能使生产正常进行。例如，某工厂每天需要 1000 个零件，供方到需方的运输时间为 2 天，则在途库存为 2000 个零件，才能保证生产不中断。

尽管库存有如此重要的作用，但库存也有其不利影响：一是发生库存成本；二是掩盖企业生产经营中存在的问题。例如，掩盖经常性的产品或零部件的制造质量问题。当废品率和返修率很高时，一种很自然的做法就是加大生产批量和在制品、完成品库存；掩盖工人的缺勤问题、技能训练差问题、劳动纪律松懈问题和现场管理混乱问题；掩盖供应商的供应质量问题、交货不及时问题；掩盖企业计划安排不当问题、生产控制不健全问题等。总之，生产经营中的诸多问题，都可能用高库存来掩盖，管理层就不会有压力和动力去致力改进生产。反过来，如果库存水平很低，所有这些问题就会立刻暴露出来，迫使企业去改进生产。所以，在精益生产方式中，把库存当作"万恶之源"。

可见，在企业运营管理中，如何对库存加以控制，使其既能为企业经营有效利用，又不会给企业带来太多的负面影响，就必须制定出正确的库存管理策略。

3.1.4 库存成本

对库存进行分析通常建立在对成本分析的基础上,通过建立库存的模型,寻求使总成本最小来确定库存的订购策略。常用的库存成本有持有成本、订货成本、短缺成本、存储成本和能力关联成本。

1. 持有成本(holding /carrying costs)

持有成本是指和库存数量相关的成本。它由许多不同的部分组成,通常是物流成本中较大的一部分,主要由库存控制、包装、废弃物处理等物流活动引起。它是与库存水平有关的那部分成本,包括库存投资资金成本、库存服务成本(相关保险和税收)、仓储空间成本以及库存风险成本。

在年销量一定的条件下,库存周转率越高,单位商品在仓库停留的时间越短,两者成反比,相应的资金成本、保险以及库存风险成本也与库存周转率成反比。库存周转率越低,持有成本就越高,两者在坐标中呈双曲线状。

(1) 库存投资资金成本。库存投资的资金成本是指库存商品占用了可以用于其他投资的资金。不管这种资金是从企业内部筹集还是从外部筹集(比如销售股票或从银行贷款等),对于企业而言,保持该产品库存都会丧失其他投资机会,因此,应以使用资金的机会成本(opportunity cost of capital)来计算库存持有成本中的资金成本。事实上,资金成本往往占持有成本的大部分。

(2) 库存服务成本。库存服务成本由按货物金额计算的税金和为维持库存而产生的火灾和盗窃保险组成。一般情况下,税金随库存水平的不同而不同,但库存水平对保险费率没有什么影响。

(3) 仓储空间成本。不同于仓储成本,仓储空间成本只包括那些随库存数量变动的成本。仓储空间成本通常与4种常见设施有关:工厂仓库、公共仓库、租用仓库、公司自营或私人仓库。在这4种仓储条件下,仓储空间成本是不同的。在工厂仓库条件下,仓储空间成本可以忽略不计;公共仓库的费用通常是基于移入和移出仓库的产品数量(搬运费用)以及储存的库存数量(储存费用)来计算的;租用仓库是指通过签约占用别人仓库的一段规定的使用时间的情况;在公司自营或私人仓库条件下,一般直接计算库存物资的库存持有成本。

(4) 库存风险成本。库存风险成本一般包括废弃成本、损坏成本、损耗成本、移仓成本。废弃成本是指由于再也不能以正常的价格出售而必须处理掉的成本;损坏成本是指仓库营运过程中发生的产品损毁而丧失使用价值的那一部分产品成本;损耗成本多是指因盗窃造成的产品缺失而损失的那一部分产品成本;移仓成本是指为避免废弃而将库存从一个仓库所在地运至另一个仓库所在地时产生的成本。

2. 订货成本(ordering costs)

订货成本是指从发出订单到收到存货的整个过程中所付出的成本。订货成本有一部分与订货次数无关,称为订货的固定成本(包括通信、差旅、招待、谈判和必要的产品技术资料等费用);

另一部分与订货次数有关，称为订货的变动成本，指由于向供应商发出采购订单去购买物料或向工厂(车间)发出(计划)订单而发生的成本。企业采购物料时，必须填写物料申请单与采购订单，必须检查收进的货物并送交储存室或加工地；向工厂定制一批物料时，要发生管理费用、机器调整费用、新调整后首次生产带来的开工报废品以及其他取决于订货或生产的批数的一次性费用，所有这些费用之和就是该批货物的订货成本。

3. 短缺成本(shortage costs)

短缺成本也称为缺货成本，指由于无法满足用户需求而产生的损失，反映了因缺货所造成的经济后果。缺货成本由两部分组成：一是生产与运作系统为处理误期任务而付出的额外费用，如赶工的加班费、从海运改为空运产生的额外运费等；二是误期交货对企业收入的影响，如延误交货罚款等。上述损失是可以用金钱来衡量的，但由于企业缺货而失去顾客，无法满足用户需求所导致的丧失市场份额等后果，是无法用金钱衡量的，这部分损失更为巨大，影响也更为久远。

4. 存储成本(storing costs)

存储成本也称为保管成本，储存成本是指存货在储存期间发生的有关成本。存储成本包括变动性储存成本和固定性储存成本两部分。固定性储存成本是指不因存量高低和储存时间长短变动而变动的成本，如仓库建筑物及机械设备租金、折旧费、固定资产税、通风照明费、存货过时损失等；变动性储存成本是指随存量高低和储存时间长短变动而变动的成本，如仓储费、搬运费、保险费、存储占用资金支付的利息等。在做出存货决策时，一般只考虑变动性储存成本，不考虑固定性储存成本。

5. 能力关联成本(capacity-related costs)

能力关联成本是指与生产与运作能力相关的库存成本，如发生转包、雇佣、培训、解雇和停工等情况时所发生的费用。当需要增加(减少)能力或能力暂时过多(过少)时，一般就会发生这种费用。有时，它与短缺成本的第一个组成很相似。在多数情况下，根据此项成本做出库存决策时会遇到许多困难，故一般很少应用。

上述库存成本中，在需求确定的前提下，增大每次的订货批量有利于降低订货成本和缺货成本，但是，订货批量的增加通常会导致库存量的增加，引起保管成本的上升。因此，如何合理控制库存，使库存总成本最低，是库存控制决策的主要目标。

3.1.5 库存控制常用术语

(1) 订货点。随着库存物品的消耗，库存会下降到某一个水平，这时补充活动必须着手进行，否则就要脱货，这个点称为订货点。

(2) 订货提前期。从安排订货到物品到货的时间间隔，称为订货提前期，也称为提前期或交货期。提前期对库存管理有重要的意义,是下达订单的重要依据。

(3) 存货单元。存货单元是库存进出计量的基本单元,可通过用途或款式、大小、颜色等多种指标来分类获得。

(4) 现有存货。现有存货指当前存在仓库中的存货。

(5) 净库存。净库存指在某一时间点上,存在企业产成品仓库中暂未售出的产品实物数量。净库存等于现有存货减去积压订单。

(6) 安全存货。安全存货也称为缓冲库存,是为防止未来物资供应或需求的不确定性因素(如大量突发性订货、交货意外中断或突然延期等)而准备的缓冲库存。

(7) 库存水平。库存水平可以分为狭义与广义两种。狭义库存水平主要是指企业的现有存货。广义库存水平包含各种存货,计算公式为

$$库存水平 = 现有存货 + 在途订货 - 积压订单 - 已承诺存货$$

(8) 出库。出库是商品离开仓库时所进行的验证、配货、点交、复核、登账等工作的总称。

(9) 入库。入库业务分为到达货物接收和货物的验收入库两个主要环节。货物入库管理按货物的交接方式分为提货入库(到车站、码头、民航、邮局或者生产厂、流通企业提取货物并运输入库)和货主自己送货入库;按运输工具分为铁路专线到货和汽车运输到货;按货物交接人分为承运单位和供货单位。入库按照性质可分为正常入库、退货入库(冲货)、调拨入库等。

(10) 盘点。盘点是指定期或临时对库存商品实际数量进行清查、清点的一种作业。

3.2 库存控制方法

库存控制(inventory control),是对制造业或服务业生产、经营全过程的各种物品、产成品以及其他资源进行管理和控制,使其储备保持在合理的水平上。库存控制是使用控制库存的方法获得更多利润的商业手段,是在满足顾客服务要求的前提下通过对企业的库存水平进行控制,力求尽可能降低库存水平、提高物流系统的效率,以提高企业的市场竞争力。下面简单介绍几种库存控制的基本方法。

1. 一般预测法

一般预测法的基本观点是"预测是基于底层经验的逐步累加"。一般预测法的基础假设是"处于最低层次的、最了解产品最终用途的销售人员,最清楚产品未来的需求情况"。尽管这一假设并不总是正确,但在很多情况下仍不失为一个有效假设。具体的做法如下:将最低一级预测结果汇总后送至上一级,这个上一级通常为一个地区仓库;地区仓库在权衡安全库存量等因素后,再将这些数据信息传至更上一级仓库;以此类推,直至这些信息最后成为顶层的输入。

2. 历史类比法

用现有的同类型产品作为类比模型来预测某些新产品的需求，即为历史类比法。历史类比法可用于很多产品类型，如互补产品、替代产品等竞争性产品，或随收入而变的产品等。

3. 选择性补给系统

该库存管理方法也称为固定周期时间模式(P model)。该方法是在固定周期内，对库存进行盘点，如果发现存货量降至安全存量，即进行采购，而每次订购量依照存货使用率来决定。该方法特点是在预定时间结束时，盘点库存后才决定是否发出订购单，在预定时间内不进行库存的盘点。

4. 单箱控制系统

在单箱控制系统下，每种存货单元采用单一的容器或货架空间盛放，定期检查补充，每次补充到容器或货架空间所能盛放的最大容量。这个方法与选择性补给的最大区别在于，在单箱控制系统中，每箱容量是固定的，即每种存货单元货架空间的大小是确定的，每次只要补满即可；而在选择性补给系统中，箱子的容量是不固定的，根据存货的使用率来决定。

5. 两箱系统

两箱系统也称双堆法，即在每次进货时，均将物资分成两部分，一部分作为订货点的库存储备，另一部分作为日常性储备，待第一货仓(供应物品的货仓)用完后，发出补货订单，在补货提前期使用第二货仓(存储量为提前期内需求量加上安全库存)的物品；当收到订货时，将第二货仓重新装满，余下物料放入第一货仓。这种方法广泛用于标准件和某些低值易耗品的库存控制。此外，在拉动生产系统中的在制品库存也可采用这种方法。

6. 挂签制度

挂签制度是一种传统的库存控制方法，其基本要领是针对库存的商品材料物资的每个项目，均挂上一张带有编号的标签。当存货售出或发给生产使用时，即将标签取下，记入"永续盘存记录"上，以便对库存变动进行跟踪监控。在这种情况下，为了保证不致发生停工待料或临时无货供应，必须在"永续盘存记录"上注明最低储存量(即安全库存量)，一旦实际结存余额达到最低水平，应立即提出订货申请。如果企业没有使用"永续盘存记录"，则应将每次取下的存货标签集中存放，到规定的订货日期，再将汇集存放的标签分类统计其发出的数量，并以此作为订货的依据。需要指出的是，挂签制度虽然简便易行，但在一定期间内，如商品销售量或材料物资发出量起伏不定、波动很大，往往需要有较高的安全库存。这种存货控制制度在西方国家的服装和家庭用具等企业中盛行。

7. ABC 库存系统

ABC 库存系统主要依据的是意大利经济学家维尔弗雷多·帕累托提出的 ABC 原理，即帕累托原理。帕累托原理又称重点管理法、二八法则，即 80%的财富控制在 20%的人手里(大多数资金用于少数的产品上)。1951 年，管理学家戴克首先将 ABC 原理用于库存管理。随后，美国的通用汽车公司将此概念应用于库存管理，创立了库存的 ABC 分析法，按占用的空间比例或数量比例，以及占用的成本比例之间的关系将库存分成三类：将存货单元累计 20%，但是成本却占总成本的 80%的物料划分为 A 类库存；将存货单元在 20%~50%，成本占总成本 15%的物料划分为 B 类库存；将存货单元在 50%~100%，成本占总成本 5%的物料划分为 C 类库存。

A、B 和 C 代表不同的分类且其重要性递减，选用这 3 个字母并没有特别的意义，将物料分为 3 级也不是绝对的。对库存物资进行 ABC 分类后，企业可以视情况针对不同类别的物资采取不同的控制策略。ABC 分析法的目的是确认 A 类物品的库存水平，从而能让管理层运用前面论述的措施对其进行严格控制。首先，管理者用一种物品的年度需求率乘该物品的单位资金价值(成本)，以确定其库存占用资金。然后，以库存占用资金为依据，把物品进行分类，并生成排列图，再用斜线连接形成"光滑的"变动趋势。在 ABC 分析法中，物品类别之间的分隔线并不是很精确。在某些情况下，A 类物品可以高于或低于物品总量的 20%，但一般根据占有库存资金的量来考虑。ABC 分析法如图 3-2 所示。

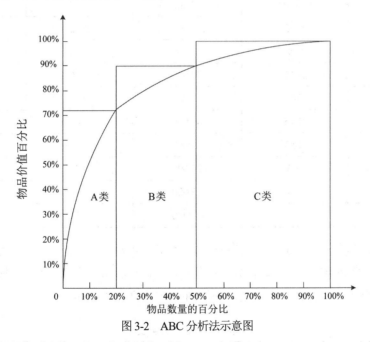

图 3-2　ABC 分析法示意图

在 ABC 分析法中，A 类库存是工作重点，企业应尽可能对其进行严密控制，包括最精确、完整的作业记录，最高的作业优先权，高层次管理人员经常检查，工作人员精确计算订货量和订货时间，严格控制其库存储备量，将安全库存量控制到最小，实行严密的用户跟踪措施，并采取一定的技术性措施进行保管，尽可能地减少库存，节约流动资金等。例如，库存记录显示现有库存结余为 100 单位，而实际结余却为 200 单位，这就使企业毫无必要地承担了代价高昂的库存费用。如果 A 类库存购自企业外部，那么采购部门可以通过集中采购、更换供应商或更有效的合同谈判等途径减少其成本。

在 ABC 分析法中，对 B 类库存可正常控制，即按正常的企业经营方式来调节库存数量，包括作业记录、按固定时间检查以及按经济批量订货等。在保管上，可按购销情况、出入库频度，适当堆码摆放，在力所能及的范围内，适度地减少 B 类库存。

在 ABC 分析法中，对 C 类库存可放宽控制，尽可能简单控制，减少管理工作量。如进行简单的作业记录，检查次数减少，降低优先作业次序，保持较大的安全库存量，加长订货的时间间隔，以及进行集中大量订货(如通过半年一次的盘存来补充库存)等，这样不仅能大大减少占用资金，还能使存货结构合理化。虽然 C 类物品的缺货可能造成与 A 类物品缺货同样严重的后果，但是 C 类物品的库存占用成本很低。这些特征表明 C 类物品可以持有更高的库存水平、更多的安全库存、更大的批量。

例 3-1 某仓库物品共有 10 个类别，为了便于更好地控制，已知各类物品的需求预测数量和单价情况(见表 3-2)，试应用 ABC 分析法对产品进行分类。

表 3-2 某仓库库存情况

序号	产品代码	年需求/件	单价/元	年费用/元
5	X-30	50 000	0.08	4000
2	X-23	200 000	0.12	24 000
9	K-9	6000	0.10	600
3	G-11	120 000	0.06	7200
8	H-40	7000	0.12	840
1	N-15	280 000	0.09	25 200
7	Z-83	15 000	0.07	1050
4	U-6	70 000	0.08	5600
6	V-90	15 000	0.09	1350
10	W-2	2000	0.11	220

解： 首先，根据已知存货数据，计算出各类物品的年费用，然后按照大小排序。其次，按照年费用大小顺序将库存物品重新排列，计算费用累计总额和累计百分比，并根据分类标准，划分确定各种物品的 A、B、C 类别。最终的 ABC 分类表如表 3-3 所示。

表 3-3 ABC 分类表

产品代码	年费用/元	年费用累计/元	累计百分比/%	分类
N-15	25 200	25 200	36	A
X-23	24 000	49 200	70	A
G-11	7200	56 400	81	B
U-6	5600	62 000	88	B
X-30	4000	66 000	94	B
V-90	1350	67 350	96	C

(续表)

产品代码	年费用/元	年费用累计/元	累计百分比/%	分类
Z-83	1050	68 400	98	C
H-40	840	69 240	99	C
K-9	600	69 840	99	C
W-2	220	70 060	100	C

最后，得出 ABC 分类汇总表(见表 3-4)，供管理控制使用。

表 3-4 ABC 分类汇总表

类别	产品代码	种类百分比/%	每类费用/元	费用百分比/%
A	N-15，X-23	20	49 200	70
B	G-11，U-6，X-30	30	16 800	24
C	V-90，Z-83，H-40，K-9，W-2	50	4060	6

3.3 独立需求下的库存控制

从总体上，独立需求的库存控制系统可分为两类：一类是定量控制系统，通过连续观察库存数量是否达到订货点来实现；另一类是定期控制系统，通过周期性地检查库存水平来实现对库存的补充。

3.3.1 定量控制系统

定量控制系统(quantitative order system)也称为连续观测库存控制系统、再订货点系统(reorder point system，ROP)、固定订货量系统、Q 系统。在该系统中，每当出库一批库存物品时，都要对库存余量进行连续不断的监测，以确定库存水平是否降到再订货点。实际上，这种观测是经常进行的(如每天一次)，且常常连续进行(每次出库后)。与库存记录相连接的计算机和电子收银机的发明，使得这种连续观测变得更加容易。每进行一次观测，都要进行一次某种物品的库存状况决策。如果库存量过低，系统就会发出一份新订单。

库存状况(inventory position，IP)衡量该物品满足未来需求的能力。库存状况等于预计到货量(scheduled receipts，SR)加上现有库存量(on-hand inventory，OH)，再减去延迟交货量(backlogged order，BO)，即

$$IP = OH + SR - BO \tag{3-1}$$

式中，IP——库存状况(水平)；

OH——现有库存量；

SR——预计到货量(指已经订购但还没有收到的订货数量,有时称为未结订单量);

BO——延迟交货量或已分配库存量(已确定要交货,尚未实施的量)或积压订单。

延迟交货量是指确定了要交货,但因库存缺货(等待 SR)尚未交货的量。延迟交货量只有在顾客同意等待,而不是取消订单的情况下才会存在;已分配库存量是指用途已指定的现有库存量。

定量控制系统需要确定订货点和订货批量。一个企业采用连续检查控制方式后,其库存控制存在如下特点:一是每次的订货批量通常是固定的;二是相邻两次订货的间隔时间通常是变化的,其长短主要取决于需求量的变化情况,需求大,则时间间隔短,而需求小,时间间隔长。尽管每次发出订货指令时库存量基本相等,但由于需求可能随时变化,造成库存量的极大极小值时高时低,并不稳定。基于上述特点,定量控制系统的库存控制要点是订货批量的确定与再订货点的确定,前者影响整个库存的平均水平,后者影响服务水平。再订货点的确定要保证发出订单时的剩余库存足以满足提前期(从发出订单到收到货物的时间)的需求。当库存降到再订货点(ROP)时,就按预先规定的订货批量 Q 进行订货。经过一段时间(提前期 L),该订货到达,使库存得到补充。其中,再订货点(ROP)的计算公式为

$$再订货点 = 平均每日需求量 \times 订货提前期 + 保险库存量 \tag{3-2}$$

订货批量可以根据经济订货批量(EOQ)模型、经济生产批量模型(EPQ)、价格折扣数量(符合价格折扣的最小批量)、装箱量(如卡车最低起运量)等来确定的。

图 3-3 描述了定量控制系统是如何运行的。向下的斜浪线表示现有库存量,它以相对稳定的速度被消耗,当到达再订货点(即横线)时,发出一个新订单。订单发出后,现有库存量继续被消耗,直至新订购的货物到达(该期间称为订购周期或订购提前期 L)。在新订货到达时,现有库存量直线增加 Q 个单位。库存状况(IP)也表示在图中,除了订购周期 L 以内,它与现有库存量是相同的,而在订购周期的起点(即订单发出的时刻),它就马上增加 Q 个单位(预计到货量),所以在订购周期 L 内,IP 大于现有库存量。从这里可以得出要注意的一个问题,即决定是否该再订货时,应该看 IP,而不是现有库存量。一个常见的错误就是忽略预计到货量或延迟交货量,从而引起库存系统的不正常变化。

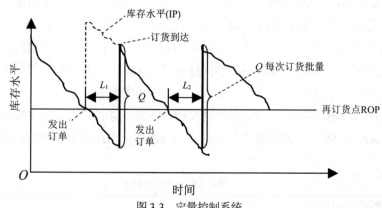

图 3-3 定量控制系统

要发现现有库存量是否达到再订货点 ROP，必须随时检查库存量。为减少工作量，实际运用中常采用"双堆法"或"三堆法"。"三堆法"与"双堆法"类似，不同之处是将订货提前期使用量与保险储备量分放三堆。

例 3-2 某企业某种材料的日耗用量为 15 千克，根据经验，其订货提前期为 7 天，其保险库存量为 45 千克，目前只剩下 10 千克。无积压订单，但有一批 200 千克未结订单。该材料库存状况如何？是否应该发出新订单？

解： IP=OH+SR-BO=10+200-0=210(千克)

ROP=7×15 + 45=150(千克)

当该材料还有 150 千克时，便应提出订货。这样，7 天后货物到达时，正常储存量正好用完，或者说存货正好降至保险库存量。如果企业存货的供求耗用均基本稳定，也可不需要保险库存。此时，再订货点仅是订货提前期乘以日平均需求量。

由于 IP 大于 ROP，所以不需要再订货。虽然库存几乎被耗尽，但没有必要发出新订单，因为计划到货正在途中。

3.3.2 定期订货系统

定期订货系统(periodic order system)也称为定期观测库存控制系统、固定间隔期订货系统、P 系统，是一种以固定订货周期为基础的库存控制系统。在该系统中，需要对物品的库存状况进行定期观测，而不是连续观测。因为订货有一定的规律性，这样的系统可以简化交货的计划安排。它是每经过一个相同的时间间隔，发出一次订货，且两次订货的间隔时间固定为 T。因为需求量为随机变量，所以两次观测之间的总需求量会发生变化，从一次订货到下一次订货的批量 Q 可能会有所不同，但两次订货之间的时间间隔是固定不变的。订货到后，使库存水平达到一个目标库存水平 Q_{max}，如图 3-4 所示。

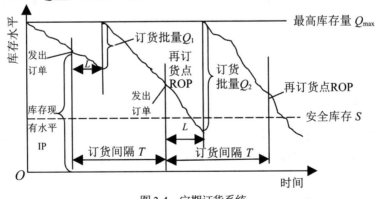

图 3-4 定期订货系统

由于订货间隔期是固定的，通常可按季、月或周来划分，故这种控制方式的关键是确定订货间隔期。例如，采用周期检查控制方式的生产企业从客观上比较容易制订出统一的采购计划，将一段时间企业需要采购的各种物资汇总采购，更容易获得价格优惠。这种系统尤其适用于零售商订购众多种类的货物。如软饮料供应商对自动售货机每周一次的周期性巡视,该供应商每周要观测自动售货机软饮料的储备量,并为该售货机再次储备足够的产品,以满足直到下周为止的顾客需求及安全库存需要。

3.3.3 定量控制系统与定期订货系统的比较

无论是定量控制系统还是定期订货系统,都不可能是应对各种问题的最好解决方案。每种系统都有各自的优势,具体见表 3-5。

表 3-5 两种库存订货管理方式比较

项目	定量控制系统	定期控制系统
订货数量	每次订货数量保持不变	每次订货数量变化
订货时间	订货间隔期变化	订货间隔期不变
库存检查	随时进行货物库存状况检查和记录	在订货周期到来时检查库存
订货成本	较高	较低
订货种类	每个货物品种单独进行订货作业	多品种统一进行订货
缺货情况	缺货情况只发生在已经订货但货物还未收到的提前期内	在整个订货间隔内和提前期内均可能发生缺货

1. 定量控制系统的优势

(1) 每种物品的观测频率可能各不相同,这样有可能节省总的订货成本及库存持有成本。

(2) 固定批量在有些情况下是理想的或者是必需的,如有批量折扣的情况下。有时因物理限制也要求物品固定批量,如卡车装载的限制、物料搬运方式的限制、货架空间以及容器的限制等。

(3) 较少的安全库存。定量系统的安全库存只需能够应付订货提前期 L 内需求的不确定性即可,而定期系统的安全库存需要应对 $P+L$ 内需求的不确定性。

2. 定期订货系统的优势

(1) 由于库存量补充是定期进行的,定期订货系统管理简便。员工们可以留出一天或一天中的部分时间,集中精力完成这项特定任务。固定的补货间隔还可以进行标准化的拣货及发运。

(2) 从同一供应商订购多种物品,可以把订单综合为一份采购单。这种方式不仅可以减少订购及运输成本,还可使物品的价格大幅下降,对于供应商来说也更为方便。

(3) 只在观测时刻知道库存水平 IP 即可。在定量系统中,必须随时知道库存水平,以便判断是否到了再订货点,为此需要频繁地更新库存记录。而在定期订货系统中没有这种必要,这对于中小企业以及手工控制库存的企业来说非常合适。但是,当一个库存系统被计算机程序化,每一项进货出货的记录都十分迅速和方便时,定期控制系统的这一优势就不复存在了。

总而言之，选择定量控制系统还是定期订货系统，没有一个明确的答案，哪一个更有利取决于其优点的相对重要性。在进行决策时，管理层应该对每个备选方案进行仔细权衡，甚至可以考虑混合使用两种系统。

3.4 独立需求下的库存控制模型

独立需求库存控制需要回答两个基本问题：什么时候补充订货？每次订货数量是多少？什么时候补充订货就是要决定什么时候以经济批量来补充库存，通常通过设置再订货点来解决；而每次补充库存需要的订货数量常常由经济订货批量模型解决。

3.4.1 经济订货批量模型

经济订货批量(economic order quantity，EOQ)模型最早是由美国学者 F. W. Harris 于 1915 年提出的。该模型通过平衡采购进货成本和保管仓储成本核算，以实现总库存成本最低的最佳订货量。经济订货批量是固定订货批量模型的一种，可以用来确定企业一次订货(外购或自制)的数量。当企业按照经济订货批量来订货时，可实现订货成本和储存成本之和最小化。经济订货批量模型具有简单的形式、最优的性质，被广泛应用于库存控制中。

该模型有如下假设条件：①库存系统的需求率是已知的，且需求率均匀，为常量。如年需求以 D 表示，单位时间需求率以 d 表示。②一次订货量无最大最小限制，全部订货一次交付。③订货成本固定不变，与订货量无关，采购、运输均无价格折扣。④订货提前期是已知的，且为常量。⑤产品项目为单一品种，暂不考虑多品种情况。⑥维持库存费是库存量的线性函数。⑦不允许缺货。由于需求和提前期是常数，可以准确地确定什么时候应发出订单及时补充存货。⑧采用定量方式进货。

在以上假设条件下，库存量的变化如图 3-5 所示。

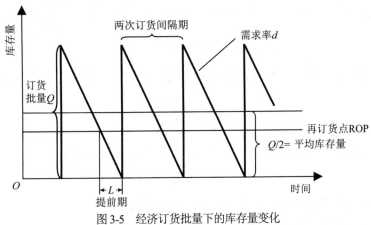

图 3-5 经济订货批量下的库存量变化

由于假设需求率是恒定的,每次订货量相同,库存水平呈直线下降状态,这样平均库存量等于批量 Q 的 1/2。因此,每次订购 Q 个单位物资的总成本的计算公式为

$$C_T = C_P + C_R + C_H = DC + \frac{D}{Q}S + \frac{Q}{2}H \tag{3-3}$$

式中,C_T——年总成本;

C_P——年采购成本;

C_R——年订货成本;

C_H——年持有成本;

C——单件成本;

D——年需求量;

H——单件年持有成本或单位维持库存费;$H=Ch$(C 为单价,h 为年资金费用率);

S——每次订购费或调整准备费;

Q——订货批量。

通过式(3-3)可知,存在一个 Q 使 C_T 最低。年持有成本 C_H 随订货批量 Q 的增加而增加,是 Q 的线性函数;年订货成本 C_R 与 Q 的变化成反比,随 Q 增加而下降。不计年采购成本 C_P,年总成本 C_T 曲线为 C_H 曲线与 C_R 曲线的叠加。C_H 曲线与 C_R 曲线有一个交点,其对应的订货批量就是最佳订货批量,如图 3-6 所示。

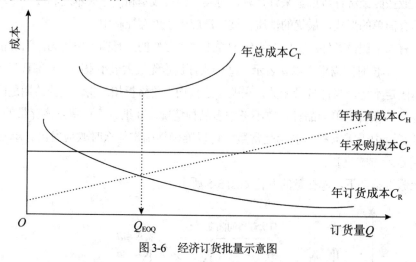

图 3-6 经济订货批量示意图

为了求出经济订货批量,利用式(3-3)对 Q 求导,并令一阶导数为 0,则可得

$$Q_{EOQ} = \sqrt{\frac{2DS}{H}} \tag{3-4}$$

订货时,还需要确定再订货点库存水平,再订货点的计算公式为

$$R = dL \tag{3-5}$$

式中,d——需求率(每天或每周的平均或期望需求量);

L——生产提前期天数或周数。

从式(3-4)可以看出，经济订货批量随单位订货费 S 的增加而增加，随单位维持库存费 H 的增加而减少。因此，对于价格昂贵的物品，订货批量小，对于难采购的物品，一次订货批量要大一些。这些都与人们的常识一致。

经济订货批量模型是一个十分理想化的模型。实际中，需求率不均衡、价格折扣以及存储空间限制等因素往往影响订货批量。

例 3-3 W 公司每年以单价 10 元购入某种产品 8000 件。每次订货费用为 30 元，资金年利息率为 12%，单位维持库存费按所库存货物价值的 18% 计算。若每次订货的提前期为 2 周，试求经济订货批量、最低年总成本、年订购次数和订货点。

解： 本题可直接利用 EOQ 公式。显然，C=10 元/件，D=8000 件/年，S=30 元，L=2 周。H 则由资金利息和仓储费用两部分组成，即 H=10×(12%+18%)=3 元。

因此，经济订货批量为

$$Q_{EOQ} = \sqrt{\frac{2DS}{H}} = \sqrt{\frac{2 \times 8000 \times 30}{3}} = 400 (件)$$

最低年总成本为

$$\begin{aligned} C_T &= C_P + C_R + C_H \\ &= DC + \frac{D}{Q}S + \frac{Q}{2}H \\ &= 8000 \times 10 + 8000 \div 400 \times 30 + 400 \div 2 \times 3 \\ &= 81\,200 (元) \end{aligned}$$

年订货次数为

$$n = \frac{D}{Q_{EOQ}} = 8000 \div 400 = 20 (次)$$

订货点为

$$\text{ROP} = dL = \frac{D}{52}L = 8000 \div 52 \times 2 = 307.7 (件)$$

例 3-4 华海羽毛球俱乐部每周大约丢失、损坏 20 打羽毛球，羽毛球市场价格是 20 元一打；俱乐部保存羽毛球的费用是采购费用的 1.5%，每次订货需要 7 元的订货费；由于业务需要，俱乐部要保持 200 打的最低库存。另外，羽毛球的订货提前期是 3 周。那么：

(1) 经济订货批量是多少？
(2) 订货点是多少？
(3) 已知每次对所剩的羽毛球进行清点，需要花费 12 元的人工费用，试提供一种方法来解决这个问题。

解： (1) 年需求量为

$$D = 20 \times 52 = 1040 (打)$$

单件年持有成本为

$$H = 20 \times 12 \times 1.5\% = 3.6(元)$$

经济订货批量为

$$Q_{EOQ} = \sqrt{\frac{2DS}{H}} = \sqrt{\frac{2 \times 1040 \times 7}{3.6}} \approx 64(打)$$

(2) 订货点为

$$ROP = 200 + 20 \times 3 = 260(打)$$

(3) 每次对所剩的羽毛球进行清点，需要花费 12 元，比订货费多 7 元，故可以采用固定间隔期订货点方法，间隔期为 64/20=3.2 周，所以可以每隔 3 周订一次货，每次订货 20×3=60(打)。

3.4.2 经济生产批量模型

在经济订货批量模型下，整批订货在一定时刻同时到达，补充率为无限大。这种假设不符合企业生产的实际过程。一般来说，在进行某种产品生产时，成品是逐渐生产出来的。也就是说，当生产率大于需求率时，库存是逐渐增加的，不是一瞬间上去的。要使库存不致无限增加，当库存达到一定量时，应该停止生产一段时间。由于生产运作系统调整准备时间的存在，在补充成品库存的生产中，也有一个一次生产多少最经济的问题，这就是经济生产批量问题。经济生产批量(economic production lot，EPL，或称 economic production quantity，EPQ)模型，其假设条件除与经济订货批量模型第②条假设不一样之外，其余都相同。

图 3-7 描述了在经济生产批量模型下库存量随时间变化的过程。生产在库存为 0 时开始进行，经过生产时间 t_p 结束，由于生产率 P 大于需求率 d，库存将以 $(P-d)$ 的速率上升。经过时间 t_p 库存达到 I_{max}。生产停止后，库存按需求率 d 下降。当库存减少到 0 时，又开始了新一轮生产。Q 是在 t_p 时间内的生产量，Q 又是一个补充周期 T 内消耗的量。在图 3-7 的 EPQ 模型中，最大库存水平 I_{max} 小于生产批量 EPQ，因为产品一边在生产一边用于满足需求。在基本的 EOQ 模型中，I_{max} 等于 EPQ，因为正当库存水平降至 0 时，所订货物全部瞬时到货。

在 EPQ 模型的假设条件下，式(3-3)中的 C_P 与订货批量大小无关，为常量。与 EOQ 模型不同的是，由于补充率不是无限大，这里平均库存量不是 $\frac{Q}{2}$，而是 $\frac{I_{max}}{2}$。于是，

$$C_T = C_H + C_R + C_P = \frac{I_{max}}{2}H + \frac{D}{Q}S + DC$$

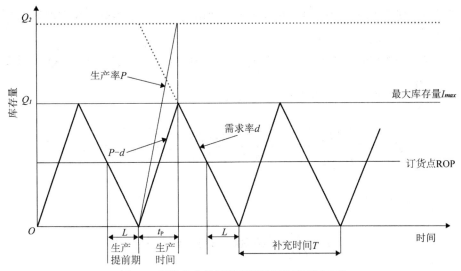

图 3-7 经济生产批量模型假设下的库存量变化

问题现在归结为求 I_{max}。由图 3-7 可以看出

$$I_{max} = t_p(P-d)$$

由 $Q = Pt_p$，可以得出 $t_p = Q/P$。

所以

$$C_T = \frac{\left(1-\frac{d}{P}\right)QH}{2} + \frac{D}{Q}S + DC \tag{3-6}$$

式中，C_T——年总成本；

C——单件成本；

P——生产率(单位时间产量)；

d——需求率(单位时间出库量)；

D——年需求量；

H——单件年持有成本或单位维持库存费；$H=Ch$（C 为单价，h 为资金费用率）；

S——每次订购费或调整准备费；

Q——生产批量。

将式(3-6)与式(3-3)比较，可以得出

$$Q_{EPQ} = \sqrt{\frac{2DS}{H\left(1-\frac{d}{P}\right)}} \tag{3-7}$$

例 3-5 根据预测，市场每年对 M 公司生产的产品的需求量为 20 000 台，一年按 250 个工作日计算。生产率为每天 100 台，生产提前期为 4 天。单位产品的生产成本为 50 元，单位产

品的年维持库存费为 10 元，每次生产的生产准备费用为 20 元。试求经济生产批量 EPQ、年生产次数、订货点和最低年总费用。

解：这是一个典型的 EPQ 问题，将各变量取相应的单位，代入相应的公式即可求解。

(1) $d = \dfrac{D}{N} = 20\,000 \div 250 = 80(台/日)$

$$Q_{\text{EPQ}} = \sqrt{\dfrac{2DS}{H\left(1-\dfrac{d}{P}\right)}} = \sqrt{\dfrac{2\times 20\,000 \times 20}{10\times(1-80/100)}} = \sqrt{\dfrac{800\,000}{2}} = 632(台)$$

(2) 年生产次数为

$$n = \dfrac{D}{Q_{\text{EPQ}}} = 20\,000 \div 632 \approx 31.6(次)$$

(3) 订货点为

$$\text{ROP} = dL = 80 \times 4 = 320(台)$$

(4) 最低年库存费用为

$$C_{\text{T}} = \dfrac{\left(1-\dfrac{d}{P}\right)QH}{2} + \dfrac{D}{Q}S + DC$$
$$= (1-80\div 100)\times(632\div 2)\times 10 + (20\,000 \div 632)\times 20 + 20\,000 \times 50$$
$$= 1\,001\,265(元)$$

EPQ 模型比 EOQ 模型更具一般性，EOQ 模型可以看成 EPQ 模型的一个特例。当生产率 P 趋于无限大时，EPQ 公式就同 EOQ 公式一样。EPQ 模型对分析问题来说十分有用。由 EPQ 公式可知，一次生产准备费 S 越大，则经济生产批量越大；单位维持库存费 H 越大，则经济生产批量越小。在机械行业中，毛坯的生产批量通常大于零件的加工批量，这是因为毛坯生产的准备工作比零件加工的准备工作复杂，而零件本身的价值又比毛坯高，从而单位维持库存费较高。

3.4.3　价格折扣模型

为了刺激需求，诱发更大的购买行为，供应商往往在顾客的采购批量大于某一值时提供优惠的价格，这就是价格折扣。图 3-8 表示有两种数量折扣的情况。当采购批量小于 Q_1 时，单价为 p_1；当采购批量大于或等于 Q_1 而小于 Q_2 时，单价为 p_2；当采购批量大于或等于 Q_2 时，单价为 p_3，$p_3 < p_2 < p_1$。

价格折扣对于供应厂家是有利的。因为生产批量大，则生产成本低，又因为销售量扩大，可占领市场，获取更大利润。

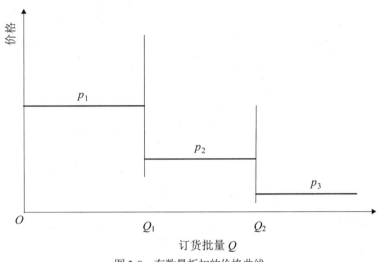

图 3-8 有数量折扣的价格曲线

价格折扣对顾客是否有利,要进行具体分析。这是因为,在有价格折扣的情况下,每次订购量大,订货次数减少,年订货费用就会降低;单价较低,年订购成本较低,较少发生缺货,装运成本较低,而且能比较有效地应对价格上涨。但订购量大,将增加库存,从而使维持库存费增加,储存费用增加,存货周转较慢,且货品容易陈旧。接不接受价格折扣,需要通过价格折扣模型计算才能决定。

价格折扣模型的假设条件仅有一条(第③条)与 EOQ 模型的假设条件不一样,即允许有价格折扣。由于有价格折扣时,单价不再固定了,因而不能简单地套用传统的 EOQ 公式。如图 3-9 所示,有两个折扣点的价格折扣模型的费用。年订货费 C_R 与价格折扣无关,曲线与 EOQ 模型的一样。年维持库存费 C_H 和年购买费 C_P 都与物资的单价有关,因此,费用曲线是一条不连续的折线。3 条曲线的叠加,构成的总费用曲线也是一条不连续的曲线。但是,不论如何变化,经济订货批量仍是总费用曲线 C_T 上最低点所对应的数量。因为价格折扣模型的总费用曲线不连续,所以成本最低点或者是曲线斜率(一阶导数)为零的点,或者是曲线的中断点。求有价格折扣的最优订货批量可按下面步骤进行。

步骤一:取最低价格代入基本 EOQ 公式求出最佳订货批量 Q_{EOQ},若 Q_{EOQ} 可行(所求的点在曲线 C_T),Q_{EOQ} 即为最佳订货批量,停止计算。否则转步骤二。

步骤二:取次低价格代入基本 EOQ 公式求出 Q_{EOQ}。如果 Q_{EOQ} 可行,计算订货量为 Q_{EOQ} 时的总费用和所有大于 Q_{EOQ} 的数量折扣点(曲线中断点)所对应的总费用,取其中最小总费用所对应的数量即为最佳订货批量,停止计算。如果 Q_{EOQ} 不可行,重复步骤二,直到找到一个可行的 EOQ 为止。

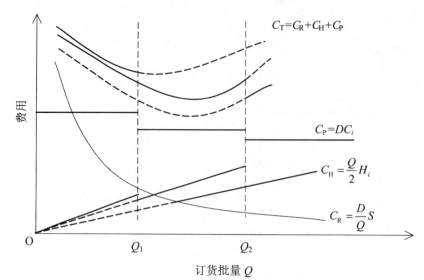

图 3-9　有两个折扣点的价格折扣模型的费用

例 3-6　G 公司每年要购入 1200 台压缩机。供应商的条件：①订货量大于等于 75 台时，单价 C_1 为 32.50 元；②订货量小于 75 台时，单价 C_2 为 35.00 元。每次订货的费用为 8.00 元，单位产品的年库存维持费用为单价的 12%。试求最优订货量。

解：这是一个典型的数量折扣问题，可按这类问题的一般求解步骤求解。

第一步，当 C_1=32.50 元时，H=32.50×12%=3.90 元，S=8.00 元，D=1200 件/年，则

$$Q_{EOQ(32.50)} = \sqrt{\frac{2 \times 1200 \times 8}{3.90}} \approx 70.16(台)$$

因为只有当订货量大于等于 75 台时，才可能享受单价为 32.50 元的优惠价格，也就是说 70.16 台是不可行的(70.16 所对应的点不在曲线 C_T 的实线上)。

第二步，求次低的单价 C_2 = 35.00 元时的情况。此时，H= 35.00 ×12%=4.20 元，S=8.00 元，D=1200 件/年，则

$$Q_{EOQ(35.0)} = \sqrt{\frac{2 \times 1200 \times 8}{4.20}} \approx 67.61(台)$$

当单价为 35.00 元时，经济订货批量取 68 台，这与供应商的条件是不矛盾的，因而 68 台为可行的订货量。在这里，订货量大于 68 台的数量折扣点只有一个，即 75 台。因此应该分别计算订货量为 68 台和 75 台时的总成本 $C_{T(68)}$ 和 $C_{T(75)}$。

$$C_{T(68)} = \frac{68}{2} \times 4.20 + \frac{1200}{68} \times 8 + 1200 \times 35.00 \approx 42\ 283.98(元)$$

$$C_{T(75)} = \frac{75}{2} \times 3.90 + \frac{1200}{75} \times 8 + 1200 \times 32.50 = 39\ 274.25(元)$$

由于 $C_{T(75)} < C_{T(68)}$，因此最佳订货批量应为 75 台。

例 3-7　F 公司使用批量折扣模型，订购大批量的订单，减少订货成本。该公司通过电子

邮件订货成本为 4 元，持有成本为采购成本的 2%(单件产品的持有成本通常以产品采购成本的百分比表示)，年需求量为 10 000 件。不同订货数量及单价如表 3-6 所示。计算最优订货量。

表 3-6 订货数量及单价

订货数量/件	单价/元/件
0～2499	1.20
2500～3999	1.00
4000 以上	0.98

解：根据题意，计算每一价格水平的订货批量范围的经济订货量，看是否可行。

(1) $Q_{EOQ} = \sqrt{\dfrac{2DS}{Ch}} = \sqrt{\dfrac{2 \times 10\,000 \times 4}{0.02 \times 1.20}} \approx 1826(件)$

在区间 0～2499，Q_{EOQ} 值仍在区间内，可行。

(2) $Q_{EOQ} = \sqrt{\dfrac{2DS}{Ch}} = \sqrt{\dfrac{2 \times 10\,000 \times 4}{0.02 \times 1.00}} \approx 2000(件)$

批量区间 2500～3999，Q_{EOQ} 值不在区间内，不可行。

(3) $Q_{EOQ} = \sqrt{\dfrac{2DS}{Ch}} = \sqrt{\dfrac{2 \times 10\,000 \times 4}{0.02 \times 0.98}} \approx 2020(件)$

批量区间 4000 以上，Q_{EOQ} 值也不在区间内，不可行。

可行解发生在第一个价格水平上，意味着其他价格水平上的 Q_{EOQ} 值在对应批量区间的开始(如图 3-10 所示)。所以每一价格水平的最优订货量分别为 1826 件、2500 件、4000 件。

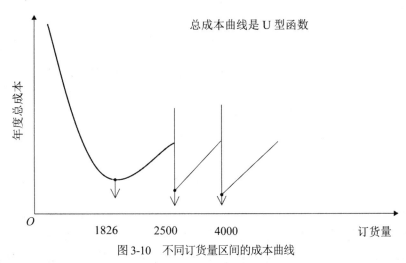

图 3-10 不同订货量区间的成本曲线

将每一价格水平的 Q_{EOQ} 值插入总成本公式，计算每一价格水平下的总成本。根据式(3-3)可知，

$$C_T = DC + \dfrac{D}{Q}S + \dfrac{Q}{2}H$$

$C_{T(0\sim2499)} = (10\,000 \times 1.20) + (10\,000 \div 1826) \times 4 + (1826 \div 2) \times (0.02 \times 1.20) \approx 12\,043.82(元)$

$C_{T(2500\sim3999)} = 10\,041(元)$

$C_{T(4000以上)} = 9849.20(元)$

最终我们选择总成本最小的 Q_{EOQ}，批量范围在 4000 以上的经济订货量，即 4000 件。

3.4.4 再订货点模型

经济订货批量模型和经济生产批量模型回答了订多少货的问题，但还没有回答什么时候订货的问题。现在，通过介绍再订货点(ROP)模型，来回答在多个期间上具有不确定需求的情况下什么时候订货的问题。

再订货点模型的基本含义：一旦库存持有量降至某一事先确定的数量，就会发生再订货。这个数量一般包括生产或订货提前期内以及额外可能库存的期望需求，额外库存用于减少生产或订货提前期内的缺货可能。再订货数量取决于 4 个因素：需求率(通常基于预测)、生产或订货提前期、需求与生产提前期的变化、管理者可以接受的缺货风险。

再订货点模型如图 3-11 所示。

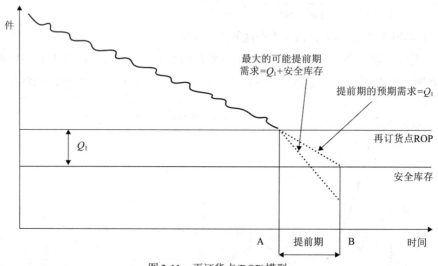

图 3-11 再订货点(ROP)模型

提前期的预期需求是 Q_1 个单位。在时刻 A，当前库存等于 Q_1 再加上安全库存。持有安全库存只是一种保险措施，以防提前期中发生意外的高需求或提前期的意外延宕。因此，一般情况下不会使用安全库存。时刻 A 代表再订货点，表明当前库存的数量等于预期的提前期需求。换句话说，当现有库存达到 Q_1 加安全库存时发出补货订单，则所购货物应当在恰好用完 Q_1 个单位的产品，只剩下安全库存时到货。在图 3-11 中，补货订单在时刻 B 到货。预期提前期是 A~B 点的时间段。再订货点模型可以区分为 4 种情形。

1. 需求确定和提前期确定时，再订货点的选择

在库存持有量能够满足等待订货期间(即提前期)的需求时下订单。如果生产提前期内的需求是常数，再订货点计算公式为式(3-5)，即 ROP = dL。

2. 需求不确定与提前期确定时，再订货点的选择

如果生产提前期内的平均(期望)需求发生变化，实际需求就有可能超过期望需求。因此，为减少生产提前期内耗尽库存(缺货)的风险，而持有额外库存即安全库存就十分必要。于是，再订货点应该再增加一个安全库存量，见式(3-2)，即再订货点=生产或订货提前期内的平均(期望)需求量+安全库存量。

由于在订货提前期内的平均需求可变且不确定，因此选择再订货点时做出的实际决策与安全库存量密切相关。安全库存的大小关系到顾客服务水平和库存持有成本两者之间的权衡。确定再订货点的常用方法是由管理层→以主观判断为基础→选定合理的服务水平→确定可以满足这种服务水平的安全库存水平。

(1) 服务水平选择。确定安全库存量的一种方法是设定服务水平或周期服务水平，就是任一订货周期内不耗尽库存的期望概率。订货周期从发出订单开始，一直到这批订货入库时结束。例如，某商店经营者设定某商品的服务水平为90%，就意味着在提前期内需求量不超过供应量的概率为90%。为了将这种服务水平转化为具体的安全库存水平，需要知道提前期内需求量的分布形式。如果需求量围绕其平均值的变化幅度很小，安全库存就可以很小；反之，如果从一个订货周期到下一个订货周期，提前期内的需求量大幅度变化，安全库存就必须很大。

(2) 计算安全库存量。在确定安全库存时，通常假定提前期内的需求量为正态分布，如图3-12所示。提前期内的平均需求为图3-12中的中线，曲线下方左右两边的面积各占总面积的50%。因此，如果选择50%的周期服务水平，再订货点 ROP 就是这条中线所表示的数量。由于 ROP 等于提前期内的平均需求量加上安全库存量，当 ROP 等于该平均需求量时，安全库存量为0。在50%的时间里需求量小于平均数，因此在没有安全库存时只有50%的时间里可以满足顾客需求。要提供高于50%的服务水平，再订货点就应该大于提前期内的平均需求量。在图3-12中，需要把再订货点向右边移动，这样曲线下方多于50%的面积将位于 ROP 的左边。在图3-12中，用 ROP 左边曲线下方85%的面积可以达到85%的服务水平，而 ROP 的右边仅有15%的面积。用实现服务水平所需的偏离均值的标准离差的个数 z 乘提前期内需求量概率分布的标准离差值 σ_L，可计算安全库存量为

$$\text{安全库存量} = z\sigma_L \tag{3-8}$$

式中，z——服务水平下的标准差个数；

σ_L——提前期内需求量的标准离差。

z 值越大，安全库存量和服务水平就应该越高。如果 $z=0$，就没有安全库存，而订货周期内将有50%的时间会发生缺货现象。

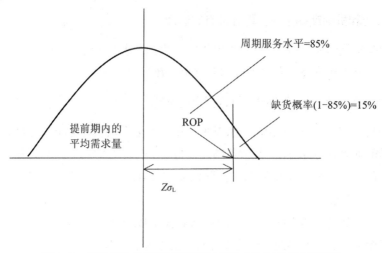

图 3-12 用正态分布求解周期服务水平为 85% 时的安全库存量

例 3-8 记录显示洗涤剂在订货提前期内的需求量呈正态分布,其平均需求量为 250 箱,且 σ_L=22,那么,在服务水平为 99% 的条件下,应该持有多少安全库存量?再订货点是多少?

解: 首先要求出 z 值,即订货提前期内的平均需求右边的标准离差个数,该点左边曲线下方的面积占总面积的 99%(在正态分布表中查 0.9900)。正态分布表中最接近的数值为 0.9901,该值行对应值为 2.3,列对应值为 0.03,将两者相加得出 z 值为 2.33,利用该数据可以计算安全库存量和再订货点。根据式(3-8)和(3-2)可得

$$安全库存量 = z\sigma_L = 2.33 \times 22 \approx 51(箱)$$

再订货点 = 提前期内的平均需求量 + 安全库存量 = 250+51=301(箱)

在例 3-8 中,理论上的服务水平将小于 99%。如果将安全库存量提高到 52 箱,则服务水平会大于 99%。管理层可以通过选择服务水平来控制安全库存量。另一种减少安全库存量的方法是缩小提前期内需求的标准离差,这要借助于信息技术,通过与主要顾客进行密切协调来实现。

一旦确定了期望的服务水平,从正态分布表上便可以查得一个适当的 z 值。例如,当管理者期望一个 97% 的服务水平。从正态分布表中,可以找出一个离 0.97 尽可能近的值,然后确定其 z 值。离 0.97 最近的数值是 0.9699,其对应的 z 值是 1.88,1.88 的 z 值意味着 97% 的服务水平,必须持有超过需求 1.88 个标准差的安全库存。根据以上分析,在需求不确定而提前期确定的情形下的再订货点便可计算为

$$\text{ROP} = \bar{d} \cdot L + z\sigma_L \cdot \sqrt{L} \tag{3-9}$$

式中,$\bar{d}$——需求可变时的平均需求率;
σ_L——需求可变时的需求标准离差;
L——提前期。

例 3-9 某商店销售的一种豆浆机,长期以来很受消费者的青睐。假定这种商品的平均需求量为 18 台/周,其标准离差为 5 单位,提前期为 2 周。如果管理层希望达到 90% 的服务水平,试确定再订货点。

解：在正态分布表中查找 0.9000，该值对应 90%的服务水平。正态分布表中最接近的数值为 0.8997，相对应的 z 值为 1.28，利用该数据可以计算再订货点为

$$\text{ROP} = \bar{d} \cdot L + z\sigma_L \cdot \sqrt{L} = 18 \times 2 + 1.28 \times 5 \times \sqrt{2} \approx 45(台)$$

3. 需求量确定与提前期不确定时，再订货点的选择

在这种情形下，可以通过持有安全库存来防备拖长的提前期，或者说补充订货到达的意外延期。再订货点的计算公式为

$$\text{ROP} = d \cdot \bar{L} + zd\sigma_L \tag{3-10}$$

式中，$\bar{L}$ ——提前期可变时的平均提前期；

σ_L ——提前期可变时的提前期标准离差。

4. 需求不确定与提前期不确定

需求与提前期均可变也许才是最现实的情形。在这种情形下，两种变异源必须"合"在一起以得到一个衡量提前期需求(DL)总变异的指标。这里不做详细推导，只是指出在这种情形下计算提前期需求总变异的公式是基于两个独立变量(需求和提前期)的积。提前期需求的总标准差为

$$\sigma_{\text{DL}} = \sqrt{\bar{L}\sigma_t^2 + d^2\sigma_L^2} \tag{3-11}$$

在此基础上，需求与提前期均可变的情形下的 ROP 为

$$\text{ROP} = \bar{d} \cdot \bar{L} + z\sigma_{\text{DL}} \tag{3-12}$$

案例

安科公司 ABC 分类法的应用

1. 公司概况

安科公司是一家专门经营进口医疗用品的公司，2021 年该公司经营的产品有 26 个品种，共有 69 个客户购买其产品，年营业额为 5800 万元人民币。对于安科公司这样的贸易公司而言，因其进口产品交货期较长、库存占用资金大，库存管理显得尤为重要。

2. ABC 分类的理论依据

ABC 分类法是意大利经济学家帕累托首创的，1879 年，帕累托在研究个人收入的分布状态时，发现少数人的收入占全部人口收入的大部分，而多数人的收入只占一小部分。该方法的核心思想是在决定一个事物的众多因素中分清主次，识别出少数的但对事物起决定作用的关键因素和多数的但对事物影响较小的次要因素；二八原则是 ABC 分类法的指导思想，所谓二八原则，简单地说就是 20%的因素带来 80%的结果。但是二八原则也不是绝对的，可能是 25%~75%

或者16%和84%等。总之，二八原则作为一个统计规律，是指少数的因素起着关键作用。ABC分类法正是在这个原则的指导下，试图对物料进行分类，以找出占用大量资金的少量物料，并加强对它们的控制与管理，对那些占用少量资金的大多数物料，则施以较宽松的控制和管理。一般地，人们将占用了65%~80%的价值的15%~20%的物品划分为A类，占用15%~20%的价值的30%~40%的物品划分为B类，将占用5%到15%的价值的40%~55%的物品划分为C类。不过这种划分也不是绝对的，要根据实际情况加以划分。ABC分类法不仅应用了上述理论，它还应用了数理统计、运筹学、系统工程的方面的知识，并结合库存的实际情况采用定性和定量相结合的分析方法进行库存管理。

3. ABC分类法在安科公司的应用

安科公司按销售额的大小，将其经营的26种产品排序，划分为A，B，C三类。排序在前3位的产品占到总销售额的97%，因此，把它们归为A类产品；第4、5、6、7种产品每种产品的销售额在0.1%~0.5%之间，把它们归为B类；其余的21种产品(共占销售额的1%)，将其归为C类。安科公司库存物品统计如表3-7所示。

表3-7 安科公司医疗用品库存物品的ABC分类

类别	库存物品/种	销售价值/万元	销售价值占比/%	占总库存比例/%
A	3种	5625	97	11.5
B	4种	116	2	15.4
C	19种	58	1	73.1

从安科公司的ABC分类可以看出，A类产品只占总库存的11.5%，而其A类产品的销售价值占总销售价值的97%；B类产品占总库存的15.4%，其销售价值占总销售价值的2%左右；C类产品占总库存的73.1%，销售价值占总销售价值的1%。

在此基础上，安科公司对A类的3种产品实行连续性检查策略，即每天检查其库存情况。但由于该公司每月的销售量不稳定，每次订货的数量不相同。另外，为了防止预测的不准确及工厂交货的不准确，该公司还设定了一个安全库存量，根据案例资料显示，该类产品的订货提前期为2个月，即如果预测在6月份销售的产品，应该在4月1日下订单给供应商，才能保证产品在6月1日出库。该公司对A类产品的安全库存的计算公式为

$$安全库存 = 下一个月预测销量 \times 1/3$$

当实际的存货数量与在途产品数量之和等于下两个月的销售预测数量与安全库存之和时，就下订单。订货数量为第三个月的预测数量。

安科公司对B类产品采用周期性检查策略。每个月检查库存并订货一次，目标是每月检查时仓库应备有以后两个月的销售量(其中一个月的用量视为安全库存)，另外在途还有一个月的预测量。每月订货时，再根据当时剩余的实际对于库存数量，决定需订货的数量，这样就会使B类产品的库存周转率低于A类。

对于C类产品，该公司则采用了定量订货的方法。根据历史销售数据，得到产品的半年销

售量,为该种产品的最高库存量,并将其两个月的销售量作为最低库存。一旦库存达到最低库存时,就订货,将其补充到最低库存量。这种方法比前两种更省时间,但是库存周转率更低。

安科公司在对产品进行 ABC 分类以后,该公司又对其客户按照购买量进行了分类。发现在 69 个客户中,前 5 位的客户购买量占全部购买量的 75%,将这 5 个客户定为 A 类客户;到第 25 位客户时,其购买量已达到 95%。因此,把第 6 到第 25 的客户归为 B 类,其他的第 26～69 位客户归为 C 类。对于 A 类客户,实行供应商管理库存,一直保持与他们密切的联系,随时掌握他们的库存状况;对于 B 类客户,基本上可以用历史购买纪录,以需求预测作为订货的依据;而 C 类客户有的是新客户,有的一年也只购买一次,因此,公司只在每次订货数量上多订一些,或者用安全库存进行调节。

4. 安科公司库存管理的效果

对于安科公司这种经营进口产品且产品种类繁多、各产品的需求量变化幅度较大的公司来说,库存管理显得尤为重要,甚至关系到企业的生死存亡,所以,必须采取适当的措施对库存实施控制与管理。而安科公司是对库存进行 ABC 分类控制与管理,这是符合该公司的特点的。首先,该公司经营的产品种类繁多且各产品的需求量变化幅度较大,对其产品进行 ABC 分类,有利于库存管理、销售量的统计、需求预测、订货计划的编制、成本控制及其会计核算等环节的实施,这样大大降低了由于上述原因而造成的库存管理成本,提高了此类产品的库存周转率。其次,在 ABC 分类的前提下,该公司对 A 类产品进行连续性检查策略,这样防止了由于 A 类产品缺货而造成的缺货损失,同时也避免了由于盲目进货而带来的不必要的存储成本。由于 A 类产品的订货周期为 2 个月且销售价值占总销售价值的 97%,对 A 类产品实施重点控制和管理是有必要的,也可以尽可能地把库存成本降至最低。再次,该公司对客户也进行了 ABC 分类管理,不但有利于掌握重要客户的市场信息,还可以增强这类客户对公司的满意程度,更有利于公司对未来市场的需求预测,避免了公司蒙受损失。最后,有什么样的企业管理体制就有什么样的企业形象,安科公司对其产品和客户 ABC 分类后,该公司的内外经营环境得到很大的改善,树立了一个良好的企业形象,提升了企业的市场竞争力。综上所述,ABC 分类以后,安科公司的库存管理效果主要体现在以下几个方面。

(1) 降低了库存管理成本,减少了库存占用资金,提高了主要产品的库存周转率。
(2) 避免了缺货损失、过度超储等情况。
(3) 提高了服务水平,增强了客户对公司的满意程度。
(4) 树立了良好的形象,增强了公司的竞争力。

5. 小结

现今的企业环境,零库存只不过是一种理想状态,对于大量、大批生产型的企业来说,这是不可能做到的。所以,必须对库存实施控制与管理,应用定量和定性相结合的分析方法对企业进行全面的分析,采用适当的库存管理方法,使库存管理成本降至最低。这样做的目的只有一个,那就是长期使企业的利益最大化。

提高物流管理水平,是企业增加竞争力的重要手段,库存管理在企业的物流管理中起着至关重要的作用。现代库存管理的理论和方法很多,ABC 分析法就是其中的一个,并且在实际中被广泛地应用。

资料来源:道客巴巴.安科公司 ABC 存货案例[EB/OL]. (2012-05-14)[2021-04-21]. https://www.doc88.com/p-396369590263.html.

思考题

1. 库存控制方法都有哪些?
2. 库存的作用都有什么?
3. 某企业每年需要耗用物资 1000 件,现已知该物资的单价为 40 元,同时已知每次的订货成本为 20 元,每件物资的年存储费率为 25%,一年工作时间按 350 天计算,订货提前期为 27 天。请计算:(1)经济订货批量是多少? (2)一年订几次货? (3)订货点的库存储备量为多少?
4. 某饭店的啤酒平均日需求量为 10 加仑,并且啤酒需求情况服从标准方差是 2 加仑/天的正态分布,如果提前期是固定的常数 6 天,试问满足 95%的顾客满意的安全库存存量的大小?

第4章 生产预测

进入21世纪以来,随着市场经济的发展和经济的全球化,世界的经济形势以及企业的生存环境发生了巨大的变化,经济活动全球化的趋势加速,顾客的需求日益多样化、个性化,企业面临着越来越残酷的市场竞争。要想赢得竞争、赢得客户,从事商品生产和销售的单位或个人就必须在最短的时间内,以最低的成本将产品提供给客户,这使得对市场的变化和本身业务的发展前景进行估计、进行正确及时的产品销售预测及由此产生可靠的决策,成为现代企业成功的关键要素。因为管理的关键是决策,而决策的前提是预测,在决策实施过程中,为使决策目标能顺利实现,就必须通过预测来减少不确定性,增强对未来的预见性。也就是说,企业管理决策的正确性,关键在于预测的可靠性和科学性。生产预测是企业供应链的关键环节,根据生产预测的结果,企业才可以制订合理的原材料采购计划、生产计划、人员配备计划以及库存计划。生产预测是在对影响生产需求的诸因素进行系统调查和研究的基础上,运用科学的方法,对未来产品的需求发展趋势以及有关的各种因素的变化,进行分析、预见、估计和判断,是制订生产计划的前提条件。没有准确的生产需求预测,就不可能有正确的经营决策和科学的计划。

4.1 生产预测概述

4.1.1 预测的概念和分类

预测是对未来发生的情况的预计和推测,是研究未来不确定事件的理性表述,是对事物未来发展变化的趋向,以及对人们从事活动所产生后果而做的估计和测定。凡事预则立,不预则废,预测为人们提供了即将发生情况的信息,增加了成功的机会。按不同的目标和特征,可将预测分为不同的类型。

1. 按预测的性质分类

按预测的性质,可将预测分为技术预测、社会预测、经济预测和需求预测。

(1) 技术预测,是预测研究中最为活跃的活动。它研究与技术发明、技术应用有关的一系列问题。技术预测的发展在很大程度上受到实际需要的制约和影响。

(2) 社会预测，主要研究与社会发展有关的未来问题，具体包括由于科学技术的发展而产生的种种社会问题。进行社会预测的目的是协助政府机构制定政策，选择最佳方案，提出改进措施。同时，社会预测还要及时预测各种社会现象和发展趋势，以便促进对社会有益的发展趋势，阻止对社会不利的发展趋势。

(3) 经济预测。从大的方面来说，经济预测是为制定国民经济规划、经济计划和经济政策服务的。

(4) 需求预测，是预测未来一定时期某产品的需求量、发展趋势以及市场占有率等内容的活动。需求预测是企业生产经营活动的起始点，是生产计划工作的重要组成部分，不仅给出了该产品在未来的一段时间里的需求期望水平，还为企业的计划和控制决策提供了依据。需求预测之所以可行，是因为产品的市场需求有一定的规律，而这种规律易于被人们认识和掌握。同时，产品的未来需求状况是过去和现在需求状况的延伸和发展。需求预测可以帮助人们认识产品市场需求发展的趋势和规律，是企业经营决策的前提。企业要进行生产经营决策、安排生产计划，就要对产品的需求做出科学的预测；否则，做出的决策和生产计划是不可靠的。

2. 按预测时间的长短分类

按照时间的长短，可将预测分为长期预测、中期预测和短期预测。

(1) 长期预测，是指对 5 年或 5 年以上的需求前景进行预测。它是企业长期发展规划、产品开发研究计划、投资计划、生产能力扩充计划等的依据。长期预测一般通过市场调研、技术预测、经济预测、人口统计等方法，并综合判断来做出，其结果大多是定性的描述。

(2) 中期预测，是指对一个季度以上至两年以下的需求前景进行预测。它是制订年度生产计划、季度生产计划、销售计划、生产与库存预算、投资和现金预算的依据。中期预测可以通过集体讨论、时间序列法、回归法、经济指数次相关法或组合等方法，并结合人的判断而做出。

(3) 短期预测，是指以日、周、旬、月为单位，对一个季度以下的需求前景进行预测。它是调整生产能力、采购、安排生产作业计划等具体生产经营活动的依据。短期预测可以利用趋势外推、指数平滑等方法，并结合人的判断来进行。

3. 按主客观因素所起的作用分类

按主客观因素所起的作用，可将预测分为定性预测法和定量预测法。

(1) 定性预测法，是主要靠专家的知识经验和综合分析判断能力，来预测其发展变化趋势和水平的非数量化方法。定性预测法具有速度快、费用低的特点，在信息资料数据缺少或较少的情况下通常采用此类方法，如技术预测和新市场产品需求预测等。

(2) 定量预测法，是利用数学手段以数量的形式准确地揭示事物发展变化趋势或水平的预测方法。定量预测法通常利用数学模型、计算机模拟、曲线图等基本数学手段完成。在应用定量预测方法进行预测时，要将统计数据资料准备齐全。在预测对象的发展变化比较稳定时，选用适当的数学方法进行定量预测，可得到比较准确的预测结果。但是，实际上影响预测对象的因素有很多，所选择和建立的数学模型不可能把所有因素都考虑进去，大多数情况下只考虑某些主要的影响因素，因此，定量预测的结果也可能会出现误差。

4.1.2 需求预测的作用和步骤

1. 需求预测的作用

需求预测对于工业企业来说，其在于提出可靠的预估资料，以供决策人员参考。企业各项职能活动，如采购原材料、扩充机器设备、补充人员等均依据市场对产品的需求进行调整。需求预测是整个生产计划系统的重要输入和依据，具体作用可归结为如下几点。

(1) 对于战略决策部门而言，需求预测可以提供决策的依据。

(2) 对于生产计划和控制部门而言，需求预测是企业编制生产计划(综合计划和主生产计划)的基础，是生产计划编制的主要输入。

(3) 对于销售部门而言，需求预测可以为补充销售人员提供依据。

(4) 对于成本会计而言，需求预测可以为预算和成本控制提供依据。

(5) 对于采购部门而言，需求预测便于采购部门制订准确的采购计划，以降低生产成本。

(6) 对于研发部门而言，新产品的预测可以为设计提供参考，根据对市场的预测进行产品的开发，这样的产品才会有市场，才会有竞争力。

需求预测的核心作用是编制生产计划，预测在生产计划与控制系统中的作用如图 4-1 所示。长期预测是对企业长期投资战略计划的预测，预测对象是投资对象品种的平均及最大需求量，中期预测是对现有产品年度总需求量的预测，而短期预测是对每种产品的需求量的预测。

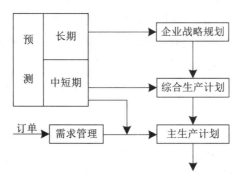

图 4-1 预测在生产计划和控制系统中的作用

2. 需求预测的步骤

需求预测建立在对数据分析的基础上，一般要依赖产品的历史数据。为此，企业首先要调查研究，收集市场的有关信息，即收集真实的销售数据，并做出一定的假设，对过去的数据和现有的数据进行统计分析，掌握影响市场的因素及其变化规律，进而根据预测对象的特点及掌握的数据的情况，选择预测方法，建立预测模型，对特定时期某一种产品的市场需求进行预测。当然，预测方法的选择取决于企业的实际情况和产品的市场特性，以及对精度的要求，要根据具体情况进行具体分析。其次，根据本企业的资源条件、技术条件、竞争能力及产品特色，参考专家的知识、经验、直觉以及有关因素的变化情况对预测结果进行适当监控、评价及修正。最后，在上述基础上，确定本企业的生产计划以及生产资源需求。为了保证预测结果的准确性，必须运用科学的预测方法，遵循正确的工作程序，按照一定的步骤进行预测。

(1) 明确预测的对象与有关的预测要求。首先要确定预测什么，才能明确需要什么资料、采用什么方法进行预测。例如，一个生产多种产品的企业，就要考虑是分产品品种预测，还是按总产量预测；是分行业预测、分地区预测，还是按全国的需求预测。一般来说，由于随机因素之间的干扰和作用，按总需求量做的预测比分产品项目做的预测要精确一些。但又取决于预测期的长短和预测的目的。长期预测主要预测总需求量；中短期预测则要预测具体产品的需求量。扩建或新建工厂设施时，要根据总需求量的预测确定扩充的生产能力；而设计某些产品的专用生产线时，要预测这一具体产品的需求量。其次，要明确哪些因素与预测的对象有关。某部门对普通车床的更新需求所做的预测很好地说明了这个问题。他们没有简单地从历年的车床销售量或企业现有的车床拥有量来预测，而是首先从更新车床的实际出发，选择役龄期作为影响需求的主要因素；然后利用调查表按役龄统计各行业车床的现拥有量，以及企业在近期对更新车床的需求量。调查结果表明，役龄在 10~20 年和 20 年以上的拥有量与近期需求量之间存在某种规律性关系。据此，该部门建立了车床更新需求与这两个役龄区的现拥有量相关的预测模式，使预测工作较好地反映了实际。

(2) 确定预测期的长短。预测期的长短一般由计划的时间期决定，但仍然有一定的选择余地。若预测期长，则信息不确定性大，信息不易获得，预测的成本高，预测结果的准确性也差。就这点而言，预测期短些为好。但许多生产决策需要涉及相当长的时间，如扩建或新建工厂、引进成套设备、进行大型技术改造等工程都需要几年的时间，必须对几年后的市场需求进行预测。为此，预测的时间期应与生产决策的提前期相对应，使它至少与决策的提前期一样长，最好能更长一些，根据不同的决策需要来选择预测期的长短。对于要求预测得较细的决策，应尽量推迟其开始时间，以便尽可能地使预测正确、可靠。

(3) 选择预测方法。明确了预测的对象、目的和时间期以后，就可以选择预测的方法，具体方法如图 4-2 所示。

(4) 收集和分析数据资料。选定了预测方法之后，就要按照预测方法的要求来收集数据资料。数据资料的来源主要有以下几种：国家政府部门的计划和统计资料，本行业和有关行业的计划和统计资料，商业部门的市场统计和分析资料，情报部门整理的有关技术经济情报和国内外市场动态资料，政府出版物、期刊和书籍上的有关数据和资料，企业有关部门(如生产部门和销售部门)的有关实际活动统计资料(产品展销会、订货会等)。对收集来的数据资料要分析其准确性、可靠性和可比性，去粗取精，去伪存真。收集和分析数据问题时，应注意如下问题。

① 以往资料不可避免地都包含着当时的其他决策或措施。例如，一般企业都按产品或地区的销售量来分配销售费用，销售量多的那些地区有较多的推销经费，销售量少的地区经费较少。但是，如果只收集销售量的资料，可能会忽略推销策略的影响，以后推销策略有了变化，根据这种资料所做的预测就会缺乏准确性。

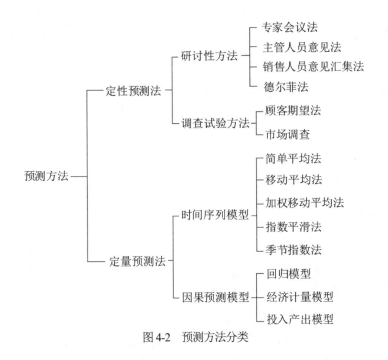

图 4-2 预测方法分类

② 收集的资料数据可能会存在不一致性。例如产品构成发生变化,后期的产品产量中增添了新产品,压缩了老产品;又如前后期的统计方法不一致等,都会引起数据资料的不一致性。所以应分析和校正这些不一致性,以提高资料的可用性。

4.2 定性预测

定性预测是一种主观预测法(subjective opinion forecast,SOF),指凭直观判断或直观推测做出预测的一类方法。它适用于缺乏历史资料或历史资料不足以反映未来情况的场合。如制定长远发展规划、预测新产品的需求。这种预测方法没有复杂的计算公式,可能涉及数字,但使用非数学性的方法,凭个人主观意愿分析,故个人习惯、偏好等对预测结果影响较大。定性预测的方法很多,大体可分为研讨性方法和调查试验方法。下面对其中一些常用方法做简要介绍。

4.2.1 研讨性方法

研讨性预测是将一些有经验的人员组织起来,对预测的问题进行研讨,达到对问题趋于一致的某种判断而做出预测的一种方法。参加研讨性预测的人员可以是企业内部人员,如有经验的产销人员与技术人员、业务主管人员以及企业的领导人员,也可以邀请企业外的专家帮助预测这些重大问题。

1. 专家会议法

专家会议法，是指企业聘请预测对象所属领域的专家，通过座谈讨论，依靠专家的知识和经验进行预测的一种方法。这种方法要求所选专家提出问题，提供信息，进行综合分析和讨论，之后根据专家本人的知识和经验的深度和广度做出个人判断，最后把专家意见归纳整理，得出预测结论。

这种方法的优点：占有信息量大，考虑的因素比较全面具体，专家之间可以互相启发，集思广益，取长补短。缺点：容易受权威人士观点的影响，与会者不能畅所欲言。

2. 主管人员意见法

主管人员意见法，是指由高级决策人员召集销售、生产、采购、财务、研发等各部门主管人员开会讨论进行预测的一种方法。首先，与会人员充分发表意见，对某一问题进行预测，然后由召集人按照一定的方法，如简单平均或加权平均，对所有个人的预测值进行处理，得出预测结果。这种方法常用于长期规划及开发新产品。

这种方法的优点：简单易行，不需要准备和统计历史资料，汇集了各主管的经验与判断。在缺乏足够的历史资料的情况下，此法是一种有效的途径。缺点：①由于是主管人员的主观意见，预测结果缺乏严格的科学性。②与会人员间容易相互影响，个别权威的观点可能左右其他人发表意见。

3. 销售人员意见汇集法

销售人员意见汇集法，是指由各地区的销售人员根据个人的判断或与地区有关部门交换意见并通过判断做出预测的一种方法。销售人员和售后服务人员直接和顾客接触，他们比较了解顾客的需求。企业对各地区销售人员和售后服务人员的预测进行综合处理后，即可得到企业范围内的预测结果。有时企业也将各地区的售后历史资料发给各销售人员作为预测的参考；优势企业的总销售部门还根据自己的经验、历史资料、对经济形势的估计等做出预测，并与各销售人员的综合预测值进行比较，以得到更加准确的预测结果。

这种方法的优点：①很容易按地区、分支机构、销售人员、产品等区分预测。②由于销售人员的意见受到了重视，增加了其销售信心。③由于抽样较多，预测结果较具稳定性。这种方法的缺点：①带有销售人员的主观意识，也难以区分哪些是顾客想要购买的，哪些是顾客实际购买的。②受地区局部性的影响，总的预测结果不够准确。③当预测结果要作为销售人员未来的销售目标时，预测值容易被低估。④当预测涉及紧俏商品时，预测值容易被高估。

4. 德尔菲(Delphi)法

德尔菲法，也称专家调查法，1946 年由美国兰德公司创始实行，其本质上是一种反馈匿名函询法。德尔菲法是在克服开会讨论的缺陷(会议常常受到某些权威人士左右，使与会者不能各抒己见，畅所欲言；或者与会人员为了维护表面上的团结一致，不提出或不坚持与大多数人意见不一致的看法)，吸收其优点，采取背靠背方式征询意见的基础上形成的。德尔菲法有如下几个步骤。

(1) 挑选与预测课题相关的领域专家并与其建立直接联系。专家人数视预测课题的大小而定，一般为 20 人左右。首先，向专家提出预测问题，在征询他们意见的同时，将预测目标、必要的资料与调查提纲一起交给专家组中每一位专家；然后，请他们利用这些资料提出自己的意见和见解。在进行函询的整个过程中，自始至终不让专家之间发生联系，直接由预测单位函询或派人与专家联系。

(2) 第一轮函询在选定专家之后即可开始调查。第一轮调查任凭专家回答，完全没有约束。专家可以以各种形式回答问题，也可向预测单位索取更详细的统计材料。预测单位对专家的各种回答进行综合整理，把相同的结果反馈给各位专家，之后进行第二轮函询。

第二轮函询要求专家对所预测目标的各种有关事件发生的时间、空间、规模等提出具体的预测，并说明理由。预测单位对专家的意见进行整理，统计出每一事件可能发生日期的中位数，再次反馈给有关专家。

第三轮函询是各位专家再次得到函询综合统计报告后，对预测单位提出的综合意见和论据加以评价并重新修正原来的预测值，对预测目标重新进行预测。

(3) 经过三轮至四轮的函询，主持者要求各位专家根据提供的全部预测资料提出最后的预测意见，若这些意见基本一致，即可以此为根据进行预测。

德尔菲法虽有比较明显的优点，但同时也存在着缺点，如专家的选择没有明确的标准，预测结果的可靠性缺乏严格的科学分析。

在使用德尔菲法时必须坚持三条原则：一是匿名性，对被选择的专家要保密，不让他们彼此联系，使他们不受权威、资历等方面的影响；二是反馈性，一般的征询调查要进行三轮至四轮，要给专家提供充分反馈意见的机会；三是收敛性，经过数轮征询后，专家们的意见相对收敛，趋向一致，若个别专家有明显的不同观点，应要求他详细说明理由。

4.2.2 调查试验法

调查试验法通过向公众调查，或在设定的条件下进行小规模试验(如试销)的办法获取资料来做出预测。调查的方法主要是询问法，即使用面谈、函件征询、走访用户等方法。

当对缺乏销售记录的新产品需求进行预测时，常常使用用户调查法。销售人员通过信函、电话或者访问的方法对现有的或潜在的客户进行调查，了解他们对本企业产品及相关产品特性的期望，再考虑本企业未来的市场占有率，然后对各种信息进行综合处理，即可得到所需的预测结果。客户的需求决定企业所要生产的产品和提供的服务，但由于被调查对象太多，同时又很难确定哪些是潜在的客户，所以常常用用户调查法来征询客户意见。

这种方法的优点：①预测直接来源于客户期望，较好地反映了市场需求情况。②可以了解客户对产品优缺点的看法，了解一些客户不购买这种产品的原因。掌握这些信息有利于改善产品，有利于开发新产品和有针对性地开展促销活动。

这种方法的缺点：①很难获得客户的进行通力合作，函询的回收率不确定，被调查对象不认真回应调查问题也司空见惯。②客户期望不等于实际购买，而且其期望容易随着一些新情况的出现而发生变化。③调查时需耗费较多的人力和时间。

4.3 定量预测

定量预测法主要根据对历史资料的分析来推断未来的需求。时间序列预测和因果预测模型是两种主要的定量预测方法。时间序列预测技术是基于这样一种观念：与过去需求相关的历史数据可用于预测未来的需求。从历史数据中可以分析出影响需求的一些因素，如季节、周期、趋势等，这些影响因素对后期市场需求有借鉴作用，可用来对生产及库存管理做出预测。因果预测模型是基于这样一种观念：某些因素间存在着相互影响的关系。

4.3.1 时间序列预测

在连续的若干时间周期内，将所观察的变量在每一周期的数值依时序加以排列，即为时间序列。时间序列反映了预测对象的发展变化情况。分析时间序列，找出它的变化趋势，并据此估计未来可能出现的变量值，就是时间序列预测方法。常用的时间序列预测方法有简单平均法、移动平均法、加权移动平均法、指数平滑法和季节指数法等。

1. 简单平均法

简单平均法也叫算术平均法，是把过去的时间序列数据全部相加，再除以资料的期数，求得平均值，最后以这个平均值作为下一期的预测值。设有 n 期资料，分别为 $x_1, x_2, \ldots, x_n$，则简单平均法的计算公式为

$$\bar{y} = \frac{\sum_{i=1}^{n} x_i}{n} \tag{4-1}$$

式中，$\bar{y}$ ——预测对象 x 的历史平均值，这一平均值就为下一期(第 $n+1$ 期)的预测值。

使用简单平均法进行预测简单方便，但是这种方法实际上没有考虑不规则的、季节性的变化。当产品需求起伏变动较大，有明显的季节性变动或具有长期增减趋势时，如果使用这种方法预测结果的误差较大，就需要采用其他的预测方法。

2. 移动平均法

移动平均法是用分段逐点推移的平均方法对时间序列数据进行处理，找出预测对象的历史变化规律，并据此建立预测模型的一种时间序列预测方法。常用的移动平均法有一次移动平均法和二次移动平均法。

具体做法：把已知数据点划分为若干段，然后按数据点的顺序逐点推移，逐点求其平均值，以得到一组具有较明显趋势的新数据。由于这种方法具有时间上的滞后性，一般不用于直接预测，而是根据一次和二次移动的平均数，建立移动平均预测模型后再进行预测。

(1) 一次移动平均法。一次移动平均法是对产品需求的历史数据逐点分段移动平均的方法。一次移动平均值的计算公式为

$$M_t^{[1]} = \frac{x_t + x_{t-1} + x_{t-2} + \ldots + x_{t-n+1}}{n} \tag{4-2}$$

式中，$M_t^{[1]}$——第 t 期的一次移动平均值；

x_t——第 t 期的实际值；

n——每次移动平均所包含的实际值的个数，也叫移动平均期数。

在使用一次移动平均法进行预测时，本期移动平均值就是下一期的预测值。从一次移动平均值的计算公式可以看出：$M_t^{[1]}$ 是第 t 期前 n 期实际发生值的算术平均值。n 值越小，对近期的变化趋势的反映越明显，当 $n=1$ 时，$M_t^{[1]}$ 就是当期的实际发生值，即对产品需求的历史数据没有进行任何的平均；n 值越大，对产品需求的历史数据的修匀程度也越大，当 n 等于资料期数时，则一次移动平均值就是简单平均值。由此可见，n 的取值是关键，一般要视产品历史数据的多少、历史数据有无比较明显的季节性变化或循环周期性变化而确定。

在一次移动平均的计算中，如果 n 较大，那么在求出第一个移送平均值 $M_t^{[1]}$ 后，可以应用以下式(4-3)进行简化计算。

$$M_t^{[1]} = M_{t-1}^{[1]} + \frac{x_t - x_{t-n}}{n} \tag{4-3}$$

如果在使用一次移动平均法进行预测时，同时想考虑近期的变化趋势，可使用式(4-3)进行一次移动平均预测简化。

$$F_{t+1} = M_t^{[1]} \tag{4-4}$$

(2) 二次移动平均法。在一次移动平均后，当移动平均的数据仍不能明显反映预测对象的变化趋势时，可进行二次移动平均。二次移动平均是在一次平均的基础上，对一次移动平均的结果再进行一次移动平均。计算公式为

$$M_t^{[2]} = \frac{M_t^{[1]} + M_{t-1}^{[1]} + \ldots + M_{t-n+1}^{[1]}}{n} \tag{4-5}$$

式中，$M_t^{[2]}$——第 t 期的二次移动平均值。

二次移动平均值简化公式为

$$M_t^{[2]} = M_{t-1}^{[2]} + \frac{M_t^{[1]} - M_{t-n}^{[1]}}{n} \tag{4-6}$$

移动平均的过程实际上是对历史数据的线性化过程，历史数据经过一次移动平均或二次移动平均后，得到的数据点都会呈现明显的线性趋势，这种线性趋势可用式(4-7)线性方程进行

预测。

$$y_{t+T} = a_t + b_t T \tag{4-7}$$

式中，y_{t+T}——$t+T$ 期的预测值；

T——从目前周期 t 到需要预测的周期个数；

a_t——线性方程所表示直线的截距，即目前数据水平；

b_t——线性方程所表示直线的斜率，即预测对象随 T 变动的趋势。

a_t 和 b_t 的确定：移动平均时，预测值与实际值之间有一定的偏差，当 n 为奇数时，一次移动平均值相对实际发生值从时间上滞后$(n-1)/2$ 期，偏差为$(n-1)b_t/2$；同样，二次移动平均值与同期的一次移动平均值的偏差为$(n-1)b_t/2$。由此可得

$$\begin{cases} y_t - M_t^{[1]} = \dfrac{n-1}{2} b_t \\ M_t^{[1]} - M_t^{[2]} = \dfrac{n-1}{2} b_t \\ y_t = a_t \end{cases} \tag{4-8}$$

解此方程组得

$$\begin{cases} a_t = y_t = 2M_t^{[1]} - M_t^{[2]} \\ b_t = \dfrac{2}{n-1}(M_t^{[1]} - M_t^{[2]}) \end{cases} \tag{4-9}$$

在求得 a_t 和 b_t 的值后就可以用 $y_{t+T}=a_t+b_t T$ 进行预测。在实际应用中，一般二次移动平均法常用于短期预测，而一次移动平均法多用于近期预测和对预测对象原始数据的处理，以消除原始数据因随机性因素引起的异常现象。

例 4-1 某电视机厂 2005—2020 年其型号彩色电视机的销售统计数据如表 4-1 所示。取 $n=5$，用移动平均法建立预测模型，并预测 2021 年、2023 年该企业此型号彩色电视机的销售量。

表 4-1　彩色电视机的销售统计数据

年份	序号 t	实际销售量 y_i
2005	1	1160
2006	2	3490
2007	3	4990
2008	4	3560
2009	5	6460
2010	6	9760
2011	7	15 290
2012	8	23 020
2013	9	21 930

(续表)

年份	序号 t	实际销售量 y_i
2014	10	22 690
2015	11	18 640
2016	12	23 680
2017	13	24 540
2018	14	30 820
2019	15	31 060
2020	16	36 990

解：根据式(4-2)、式(4-5)计算得

$$M_5^{[1]} = \frac{6460+3560+4990+3490+1160}{5} = 3932$$

……

$$M_{16}^{[1]} = \frac{36\,990+31\,060+30\,820+24\,540+23\,680}{5} = 29\,418$$

$$M_9^{[2]} = \frac{15\,292+11\,618+8012+5652+3932}{5} = 8901.2$$

……

$$M_{16}^{[2]} = \frac{29\,418+25\,748+24\,074+22\,296+21\,992}{5} = 24\,705.6$$

所有移动平均结果见表4-2。

表4-2 彩色电视机的销售统计数据及一、二次移动平均值

单位：台

年份	序号 t	实际销售量 y_i	一次移动平均 $M_t^{[1]}$	二次移动平均 $M_t^{[2]}$
2005	1	1160		
2006	2	3490		
2007	3	4990		
2008	4	3560		
2009	5	6460	3932	
2010	6	9760	5652	
2011	7	15 290	8012	
2012	8	23 020	11 618	
2013	9	21 930	15 292	8901.2
2014	10	22 690	18 538	11 822.4

(续表)

年份	序号 t	实际销售量 y_i	一次移动平均 $M_t^{[1]}$	二次移动平均 $M_t^{[2]}$
2015	11	18 640	20 314	14 754.8
2016	12	23 680	21 992	17 550.8
2017	13	24 540	22 296	19 686.4
2018	14	30 820	24 074	21 442.8
2019	15	31 060	25 748	22 884.8
2020	16	36 990	29 418	24 705.6

本例中，$t=16$，由式(4-9)得

$$a_{16} = 2\times 29\,418 - 24\,705.6 = 34\,130.4$$

$$b_{16} = 2\times(29\,418 - 24\,705.6)/(5-1) = 2356.2$$

得预测方程为

$$y_{16+T} = 34\,130.4 + 2356.2T \qquad T=1,2,\ldots$$

预测 2021 年、2023 年销售量分别为

$$y_{2021} = y_{17} = 34\,130.4 + 2356.2\times 1 \approx 36\,487(台)$$

$$y_{2023} = y_{17} = 34\,130.4 + 2356.2\times 3 \approx 41\,199(台)$$

在移动平均法中，各期数据的权重是相同的。如果近期数据对预测结果的影响大，远期数据对预测结果的影响小，这时采用加权移动平均法预测更合适。

3. 加权移动平均法

加权移动平均法是对时间序列中各期数据加权后再进行平均的预测方法。该方法的基本思想是近期数据对预测结果的影响大，远期数据对预测结果的影响小。根据各期数据影响程度不同分别赋予不同的权重(各期的权重之和等于1)，以这个权重进行加权后计算预测对象的加权平均值，本期的加权平均值即为下期的预测值，这样可以比较明显地反映时间序列的近期发展趋势。第 t 期的加权移动平均值的计算公式为

$$M_t = \sum_{i=t-n+1}^{t} w_i x_i \qquad (t \geq n) \tag{4-10}$$

式中，M_t——第 t 期的加权移动平均值；

w_i——第 i 期的权重；

x_i——第 i 期的实际值。

例 4-2 某炼油厂有一个润滑油加工厂。润滑油加工生产所需的投资额较大，但其边际利润也比其他常规直线产品(汽油、柴油)要大。润滑油厂的生产经理需要建立一个简单模型来预

测某一年的润滑油需求量。与其他炼油产品不同的是，润滑油的需求量没有明显的季节性趋势。求：①建立一个 3 个月的简单移动平均预测模型；②建立一个 3 个月的加权移动平均模型，其中最近一个月的权重为 0.6，其他两个月的权重为 0.2；③利用所选择的模型预测下 1 年 1 月份的润滑油需求量；④在图中绘制实际需求数以及两种模型的需求预测数。表 4-3 反映的是某一年中润滑油的实际需求量。

表 4-3　某年润滑油每月的实际需求

月份	实际消耗/kL	月份	实际消耗/kL	月份	实际消耗/kL
1	10	5	19	9	31
2	12	6	17	10	18
3	13	7	11	11	16
4	16	8	22	12	14

解： 首先，用移动平均模型对润滑油需求做出预测，如表 4-4 所示。

表 4-4　用移动平均模型对润滑油需求的预测

月份	实际使用量/kL	简单移动平均预测值/kL	加权移动平均预测值/kL
1	10		
2	12		
3	13		
4	16	(10+12+13)/3=11.667	0.2×10+0.2×12+0.6×13=12.200
5	19	13.667	14.600
6	17	16.000	17.200
7	11	17.333	17.200
8	22	15.667	13.800
9	31	16.667	18.800
10	18	21.333	25.200
11	16	23.667	21.400
12	14	21.667	19.400
1		16.000	15.200

由表 4-3，可得图 4-3。当时间序列中没有明显的趋势变化和季节变动时，采用移动平均法能足够精确地做出预测。但从图 4-3 可以看出，移动平均数反映的需求变化总是滞后于实际值的变化。在移动平均法中，时间周期数 n 对效果有一定的影响。n 值取得较大，能较好地消除波动性，使滞后的效应更强；反之，能较好地反映需求的趋势和季节变动，但会减弱消除随机变动的效果。因此，应根据时间序列的特点来对 n 做出选择。

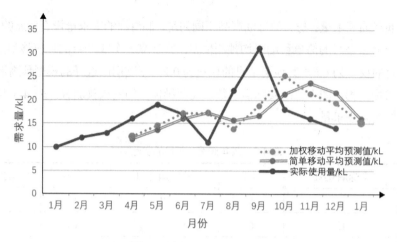

图 4-3　润滑油需求预测量

从图 4-3 可以看出，用加权移动平均法计算的预测值时间序列与用简单移动平均法计算的结果相比，在滞后现象上有了一定的改进。而且，如果改变时间周期数 n 和各期权重的分配，有可能进一步改善预测的效果。使用移动平均法进行预测能平滑掉需求的突然波动对预测结果的影响。但移动平均法运用时也存在着如下问题。

① 加大移动平均法的期数(即加大 n 值)会使平滑波动效果更好，但也会使预测值对数据实际变动更不敏感；若对最近的数据赋予较大的权重，则预测数据与实际数据的差别较简单移动平均法的结果要小。

② 移动平均值并不能总是很好地反映出趋势。由于是平均值，预测值总是停留在过去的水平上，无法预计将来的波动；近期数据的权重越大，则预测的稳定性就越差，响应性就越好。

③ 简单移动平均和加权移动平均需要的数据量大，计算量非常大，当产品很多时，计算工作繁重。为此，人们又进一步开发出了一些新的方法来克服它的缺点，于是就出现了指数平滑法。

由此可见，一次移动平均法各期资料的权数相等都为 $1/n$，而加权移动平均法各期资料的权数不等，由于权重的确定方法不同，因而产生了不同的预测方法，下面介绍一种权数特殊的预测方法。

4. 指数平滑法

指数平滑法是从移动平均演变而来的，是将现在实际值和上一周指数平滑值加权平均的一种方法。指数平滑法实质上是对各期数据按照发生的先后次序不同分别给出具有指数变化规律的权数，求出加权平均值，以此为基础进行预测的方法，是一种权数特殊的加权平均法。常用的指数平滑法有一次指数平滑法、二次指数平滑法等。

(1) 一次指数平滑法。一次指数平滑法是对原时间系列进行一次指数平滑后进行预测的方法，其计算公式为

$$S_t^{[1]} = \alpha x_t + (1-\alpha) S_{t-1}^{[1]} \tag{4-11}$$

式中，$S_t^{[1]}$——第 t 期的一次指数平滑值；

$S_{t-1}^{[1]}$——第 $(t-1)$ 期的一次指数平滑值；

x_t——第 t 期的实际发生值；

α——指数平滑系数，$0 \leq \alpha \leq 1$。

在应用一次指数平滑法进行预测时，是以第 t 期的指数平滑值作为第 $(t+1)$ 期的预测值，即 $x_{t+1} = S_t^{[1]}$。

假定有一组时间序列 x_t，x_{t-1}，x_{t-2}，…，x_1，应用式(4-11)，可得到

$$S_t^{[1]} = \alpha x_t + (1-\alpha) S_{t-1}^{[1]}$$
$$= \alpha x_t + \alpha(1-\alpha) x_{t-1} + \alpha(1-\alpha)^2 x_{t-2} + \ldots + \alpha(1-\alpha)^{t-1} x_1 + (1-\alpha)^t S_0^{[1]}$$

可以看出，第 t 期的一次指数平均值实际上是第 t 期和第 t 期以前各期实际发生值(包括初始值)的加权平均值。在应用指数平滑法进行预测时，应选择不同的 α 值进行试算，然后比较不同的 α 值下的预测误差，选择预测误差相对较小的 α 值来进行预测，在计算指数平滑值时，从上面推出的 $S_t^{[1]}$ 可知，除 α 对指数平滑值有很大影响外，初始值 $S_0^{[1]}$ 对指数平滑值也有些影响，因此，就出现了初始值如何确定的问题。初始值 $S_0^{[1]}$ 对 $S_t^{[1]}$ 大小的影响为 $(1-\alpha)^t S_0^{[1]}$，在 $0 < \alpha < 1$ 的情况下，$(1-\alpha) < 1$。$(1-\alpha)^t$ 值随 t 值的增大而减小，当 $t \to \infty$ 时，$(1-\alpha)^t \to 0$，即在 t 较大时，初始值 $S_0^{[1]}$ 对 $S_t^{[1]}$ 几乎没有影响；在 α 取值较大时，随 t 增大，$(1-\alpha)^t$ 下降速度更快，初始值 $S_0^{[1]}$ 对 $S_t^{[1]}$ 的影响就更小。因此，通常在原始数据较多时，就直接把第一期的实际平均值作为初始值。但在实际中，较多的是以第一期的实际值作为初始值。

一次指数平滑法主要用于短期的预测或用于对原始数据的处理。当一次指数平滑后的时间序列还有较大波动、不够平滑时，用一次指数平滑法预测就会出现较大的误差，这时就需要用二次或三次指数平滑法进行预测。

(2) 二次指数平滑法。二次指数平滑法就是对一次指数平滑后得到的时间序列再进行一次指数平滑。二次指数平滑法的计算公式为

$$S_t^{[2]} = \alpha S_t^{[1]} + (1-\alpha) S_{t-1}^{[2]} \tag{4-12}$$

式中，$S_t^{[2]}$，$S_{t-1}^{[2]}$——第 t 期和第 $(t-1)$ 期的二次指数平滑值。

二次指数平滑法指数平滑系数 α 的确定与一次指数平滑法一样。初始值的确定一般也是取第一期的一次指数平滑值，即 $S_0^{[2]} = S_1^{[1]}$。应用二次指数平滑法预测，不像一次指数平滑法直接用上期的平滑值作为下期的预测值，而是要根据指数平滑值找出时间序列所具有的线性趋势，建立线性趋势方程来进行预测。线性方程形式为

$$y_{t+T} = a_t + b_t T \tag{4-13}$$

式中，y_{t+T}——$(t+T)$ 的预测值；

T——从目前周期 t 到需要预测的周期个数；

a_t——线性方程所表示直线的截距，即目前的数据水平；

b_t——线性方程所表示直线的斜率，即为预测对象随 T 的变动趋势。

对于 a_t, b_t 的确定，与前面二次移动平均法中 a_t, b_t 的确定方法一样，即考虑指数平滑值滞后于当期实际发生值。这样 a_t, b_t 分别为

$$\begin{cases} a_t = 2S_t^{[1]} - S_t^{[2]} \\ b_t = \dfrac{\alpha}{1-\alpha}(S_t^{[1]} - S_t^{[2]}) \end{cases} \tag{4-14}$$

求得 a_t, b_t 的值后，即可应用式(4-13)进行预测，在原时间序列具有线性变化时，可得到比较准确的预测结果并能进行较多期的预测。

例 4-3 某微电动机公司 2001—2020 年各年微电动机的市场需求量如表 4-5 所示，用指数平滑法预测该公司 2021 年和 2025 年微电动机的市场需求量(一次指数平滑系数和二次指数平滑系数均取 0.3)。

表 4-5 2001—2020 年各年微电机的市场需求量

年份	2001	2002	2003	2004	2005	2006	2007	2008	2009	2010
需求量/万件	50	52	47	51	49	48	51	10	48	52
年份	2011	2012	2013	2014	2015	2016	2017	2018	2019	2020
需求量/万件	51	59	47	64	68	67	69	76	75	80

解：由表 4-5 可以看出，微电动机的市场需求量随着时间的推移有上升的趋势，因此选择二次指数平滑法进行预测。

a. 计算各年的一次指数平滑值(见表 4-6)，例如

$$S_{2012}^{[1]} = \alpha x_{2012} + (1-\alpha)S_{2011}^{[1]} = 0.3 \times 52.00 + (1-0.3) \times 50.00 = 50.60$$

b. 计算各年的二次指数平滑值(见表 4-6)，例如

$$S_{2012}^{[2]} = \alpha_{2012}^{[1]} + (1-\alpha)S_{2011}^{[2]} = 0.3 \times 50.60 + (1-0.3) \times 50.00 = 50.18$$

表 4-6 某公司 2001—2020 年各年微电动机的市场需求量及指数平滑值

年份	需求量/万件	一次指数平滑值 $S_t^{[1]}$	二次指数平滑值 $S_t^{[2]}$	年份	需求量/万件	一次指数平滑值 $S_t^{[1]}$	二次指数平滑值 $S_t^{[2]}$
2001	50	50.00	50.00	2011	51	49.33	48.68
2002	52	50.60	50.18	2012	59	52.23	49.75
2003	47	49052	49.98	2013	47	53.66	50.92
2004	51	49.96	49.98	2014	64	53.76	52.67
2005	49	49.67	49.88	2015	68	60.13	54.91
2006	48	49.17	49.67	2016	67	62.19	57.09
2007	51	49.72	49.68	2017	69	64.23	59.23
2008	40	46.8	48.82	2018	76	67.67	61.79
2009	48	47.16	48.32	2019	75	69.93	64.23
2010	52	48.61	48.41	2020	80	72.95	66.85

c. 计算参数值，确定预测模型方程，由式(4-14)得

$$a_t = 79.05，b_t = 2.61$$

预测方程为

$$y_{t+T} = a_t + b_t T = 79.05 + 2.61T$$

d. 进行预测

$$y_{2021} = a_t + b_t T = 79.05 + 2.61 \times 1 = 81.66(万件)$$
$$y_{2025} = a_t + b_t T = 79.05 + 2.61 \times 5 = 92.1(万件)$$

该公司 2021 年和 2025 年微电机的市场需求量分别为 81.66 万件和 92.1 万件。

5. 季节指数法

当产品的市场需求呈现明显的季节性波动时，用上述各种平均法进行销售预测显然不能真实地反应销售量的变化，此时，最好应用季节变动分析法。这种方法是根据季节波动的影响程度，来预测未来时期中不同季节的市场变化的方法。销售量和季节性变化呈规律性，因此，可以根据过去的资料来预测未来年份不同季节的变化趋势。如前所述，任意一个时间期的需求量 Y_t 可分解为

$$Y_t = T_t C_t S_t R_t \tag{4-15}$$

式中，T_t——第 t 期的趋势值；

C_t，S_t，R_t——第 t 期内周期变动、季节变动和随机变动对需求量的影响因子，取值范围是[0，1]。

应用季节指数法有两大步：一是季节因子 S_t 的确定；二是用季节因子调整预测值。

(1) 季节因子 S_t 的确定。

第一步，采用移动平均法来计算季节因子。首先分离出趋势值与周期变动，用移动平均法求出时间序列的移动平均数。这种移动平均数消除了季节变动和随机变动的影响，使原来的时间序列 $Y_t = T_t C_t S_t R_t$ 只剩下趋势值与周期变动，起到分离趋势值与周期变动的结果，得出 $Y_t = T_t C_t$。此式中的 t 代表求移动平均数的时间周期数 n 的中心时间期。

第二步，求季节变动与随机变动的结合值。将时间序列的每一周期的实际值除以以该周期为中心的移动平均数，即消除时间序列中趋势值与周期变动的影响，从而得到季节变动和随机变动的结合值，计算公式为

$$\frac{Y_t}{\overline{Y_t}} = \frac{T_t C_t S_t R_t}{T_t C_t} = S_t R_t \tag{4-16}$$

第三步，求出季节因子。将各季度的 $S_t R_t$ 加以平均，就消除了随机变动的影响，从而得到季节因子 S_t。

(2) 用季节因子调整预测值。计算出季节因子后，用它们去调整只按趋势推断出的预测值，使预测值更能反映实际需求。

例 4-4 某电视机厂 2017—2020 年某型号彩色电视机的销售统计数据如表 4-7 所示。取 $n=4$，求出季节因子并预测 2020 年第 3、4 季度的预测值。

表 4-7 电视机销量时间序列的移动平均数计算

年份	序号 t	销售量/千台	4 个季度移动平均数	中间值移动平均数 $T_t C_t$	季节变动和随机变动 $S_t R_t$
2017	1	14.3			
	2	17.3	15.65		
	3	15.5	17.375	16.5125	0.9387
	4	15.5	19.825	18.6	0.8333
2018	5	21.2	22.425	21.125	1.0036
	6	27.1	24.3	23.3625	1.1600
	7	25.9	27.275	25.7875	1.0044
	8	23.0	33.525	30.4	0.7566
2019	9	33.1	39.5	36.5125	0.9065
	10	52.1	45.2	42.35	1.2302
	11	49.8	49.325	47.2625	1.0537
	12	45.8	54.125	51.725	0.8855
2020	13	49.6			
	14	71.3			

解：这里取 $n=4$，即每 4 个季度取一个平均数来分离趋势值与周期波动，如表 4-7 的第 4 列所示。但是，与该移动平均数对应的时间期是在两个季度之间，例如第一个移动平均数代表第 1 年第 2、3 季度之间的移动平均数。为此，将它们调整到以季度为中心的移动平均数。通过第二次取平均数(每两期平均)得到与各季度对应的移动平均数，并将其列于表 4-7 的第 5 列。再用这个移动平均数去除同一季度的实际销售量，求出 $S_t R_t$，列于表 4-7 的第 6 列。最后，将各年同季度的 $S_t R_t$ 取平均数，消除随机变动的影响，求出每季度的季节因子。具体数值如表 4-8 所示。

表 4-8 季节因子计算

季度	2017 年各季度的 $S_t R_t$	2018 年各季度的 $S_t R_t$	2019 年各季度的 $S_t R_t$	季节移动平均数	季节因子 (平均数×1.0065)
1		1.0035	0.9065		
2		1.1599	1.2302	1.1950	1.2028
3	0.9386	1.0044	1.0537	0.9989	1.0054
4	0.8333	0.7566	0.8855	0.8251	0.8305
总计				3.9740	

需要说明的是，由于计算过程中不可避免的误差，需要对计算出的季节变动平均数加以调整。从本例可以看出，在正常状态下，一年 4 个季度的季节因子总和为 4，但实际得到的 4 个季度的季节变动平均数总和为 3.9740，所以调整系数为

调整系数=4/3.974 = 1.0065

调整后的季节因子列于表 4-8 第 6 列。假设已知上例中需求量的趋势变化的趋势方程(具体求解方法见 4.3.2 节为

$$T_t = 3.64 + 3.91t$$

据此可以算出 2020 年第 3、4 季度的趋势值，即 t =15、16 时的销售量为

$$T_{15} = 3.64+3.91\times15 = 62.29$$
$$T_{16} = 3.64+3.91\times16 = 66.20$$

然后用第 3、4 季度的季节因子进行调整，最后得到预测值为：

$$Y_{15} = 62.29 \times 1.005 = 62.60(千台)$$
$$Y_{16} = 66.20\times0.8305=54.98(千台)$$

以上介绍了时间序列分析法的几种常用方法。可以看出，它们都是以历史资料来估计下一个或下若干个时间期的预测值的。在短期预测或中期预测中，未来情况与历史情况相比没有显著的变化，用这些方法预测是比较精确的。具体选择哪种预测方法要视具体问题而定。

移动平均法适用于存在随机变动的时间序列。该方法取最近若干期数列的平均数作为本期的预测值，而取平均数的作用是消除数列的波动，故当时间序列呈现明显的趋势变动和季节变动时，会使预测误差较大，而不能应用。

加权移动平均法适用于存在多种变动因素的场合。因它按不同时期的不同重要性给予不同的权重，然后计算加权平均数，并将其作为本期的预测值。故可根据时间序列的特点调整权重的分配使它能较适当地反映时间序列的变动。

指数平滑法的作用与加权移动平均法的作用相似，它通过调整平滑系数来起到反映时间序列特点的作用。

季节指数法适用于存在很强的季节变动的时间序列。因它能求出季节因子，并用季节因子对变化的平均趋势进行调整，因而能较精确地预测出产量的季节变化。

各模型的复杂程度是不相同的。企业选用哪一种预测模型取决于下列因素：①预测的时间范围；②能否获得相关数据；③所需的预测精度；④预测预算的规模；⑤合格的预测人员。

当然，选择预测模型时，还需考虑其他问题，如企业的柔性程度和不良预测所带来的后果。

4.3.2 因果预测

时间序列分析法根据以往的时间资料来预测未来需求量，这种做法虽然简单，但是忽略了其他影响因素的影响。实际上，除了时间因素外，还有很多其他因素会影响生产经营活动的结果，如政府部门公布的各种经济指数、地方政府的规划、银行发布的各种金融方面的信息、广

告费用、产品和服务的定价等。因果预测模型克服了上述缺点，将需求作为因变量，将影响因素作为自变量，通过对影响需求的有关因素变化情况的统计、计算与分析，来对需求进行预测。根据反映需求及其影响因素之间因果关系的不同，因果预测模型又分为回归模型、经济计量模型和投入产出模型等。本书只介绍在生产预测中最常用的线性回归分析法。

回归分析法的原理是对趋势型时间数列拟合以时间单位为自变量的数学模型，然后将顺延的时间单位作为已知条件，预测时间数列后续趋势值。预测的准确程度取决于所拟合模型的拟合优度，最小二乘法以其所拟合模型的预测标准误差最小的优势成为较常用的回归分析模型的拟合方法。回归分析的任务就是要确定能最佳地拟合这组数据分布规律的数学方程式，即回归方程式。生产预测中常用的是一元线性回归模型，它将需求作为因变量，将时间作为自变量。

一元线性回归模型的表达式为

$$y_T = a + bx \tag{4-17}$$

式中，y_T——因变量，即一元线性回归预测值；

x——自变量，即需求的影响因素变化量；

a，b——回归系数，a 是回归直线的截距，b 是回归直线的斜率。

根据最小二乘法原理，a，b 的计算公式为

$$a = \frac{\sum y - b \sum x}{n} \tag{4-18}$$

$$b = \frac{n \sum xy - \sum x \sum y}{n \sum x^2 - (\sum x)^2} \tag{4-19}$$

式中，n——变量数；

x——自变量的取值；

y——因变量的取值。

例 4-5 假设某保健公司的销售额与广告费用支出有因果关系，广告费用多则销售额增加。前 9 个月份的广告费用与销售额的统计资料如表 4-9，若 10 月份拟投入广告费 30 万元，试预测 10 月份的销售额。

表 4-9 月销售额与广告费用支出

单位：万元

月份	1	2	3	4	5	6	7	8	9
广告费用	36	12	12	20	16	28	8	24	16
销售额	184	72	80	88	108	136	56	148	120

解：先用坐标图检验两个变量的关系，发现广告费用支出与销售额基本呈线性关系(见图 4-4)，所以用一元回归模型模拟实际情况。

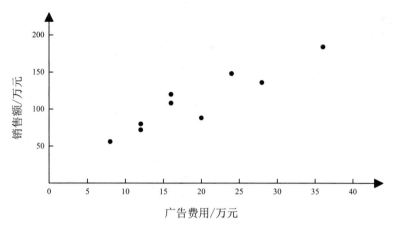

图 4-4　月销售额与广告费用的关系

根据式(4-17)，可得出

$$y_T = a + bx$$

式中，y——月销售额；

x——月广告费用支出。

此模型可以用最小二乘法求解，为此列出计算表如表 4-10 所示。

表 4-10　模型求解计算表

月　份	X	Y	XY	X^2	Y^2
1	36	184	6624	1296	33 856
2	12	72	864	144	5184
3	12	80	960	144	6400
4	20	88	1760	400	7744
5	16	108	1728	256	11 664
6	28	136	3808	784	18 496
7	8	56	448	64	3136
8	24	148	3552	576	21 904
9	16	120	1920	256	14 400
合计	172	992	21 664	3920	122 784

根据式(4-18)、(4-19)可求出模型的待定常数为

$$b = \frac{n\sum xy - \sum x \sum y}{n\sum x^2 - (\sum x)^2} = \frac{9 \times 21664 - 172 \times 992}{9 \times 3920 - 172^2} = 4.275$$

$$a = \frac{\sum y - b\sum x}{n} = \frac{992 - 4.275 \times 172}{9} = 28.522$$

故得模型为

$$y_T = 28.522 + 4.275x$$

若 10 月份广告投入为 30 万元，则预测的销售额为

$$y_T = 28.522 + 4.275 \times 30 = 156.77(万元)$$

最后还应说明，衡量一元线性回归的偏差，可采用两个指标：线性相关系数 r 和标准差 S_{yx}。

$$r = \frac{n\sum xy - \sum xy}{\sqrt{\left[n\sum x^2 (\sum x)^2\right]\left[n\sum y^2 - (\sum y)^2\right]}} \tag{4-20}$$

$$S_{yx} = \sqrt{\frac{\sum (y - y_T)^2}{n-2}} \tag{4-21}$$

当 r 为正，说明 y 与 x 正相关，即 x 增加，y 增加；当 r 为负，说明 y 与 x 负相关，即 x 增加，y 减少；当 $|r|$ 越接近 1，说明 y 与 x 具有越强的线性关系，S_{yx} 越小，表示预测值与直线的距离越接近。

以上介绍的产品市场需求预测方法在实际运用时要注意以下三点：一是尽可能收集充分的信息资料，并对收集的信息资料进行分析，去粗取精，去伪存真，保证信息资料的准确性。二是若资料比较齐全，可采用定量预测法，否则就要采用定性预测法，在选择具体预测方法时，要考虑产品市场需求的变化规律、预测的基本原理、所及的信息资料的情况。三是应对预测结果进行分析，判断其是否符合该产品市场需求的变化规律，同时根据以往预测值与实际值的差异对预测结果进行修正。

案例

某公司研制出一种新兴产品，现在市场上还没有相似产品出现，因此没有历史数据可以获得。公司需要对可能的销售量做出预测，以决定其产量。于是该公司采用德尔菲法，成立专家小组，聘请业务经理、市场专家和销售人员等 8 位专家，预测全年可能的销售量。8 位专家提出个人判断，经过三次反馈得到的结果如表 4-11 所示。

表 4-11 专家意见汇总

专家编号	第一次判断			第二次判断			第三次判断		
	最低销售量/吨	最可能销售量/吨	最高销售量/吨	最低销售量/吨	最可能销售量/吨	最高销售量/吨	最低销售量/吨	最可能销售量/吨	最高销售量/吨
1	150	750	900	600	750	900	550	750	900
2	200	450	600	300	500	650	400	500	650

(续表)

专家编号	第一次判断			第二次判断			第三次判断		
	最低销售量/吨	最可能销售量/吨	最高销售量/吨	最低销售量/吨	最可能销售量/吨	最高销售量/吨	最低销售量/吨	最可能销售量/吨	最高销售量/吨
3	400	600	800	500	700	800	500	700	800
4	750	900	1500	600	750	1500	500	600	1250
5	100	200	350	220	400	500	300	500	600
6	300	500	750	300	500	750	300	600	750
7	250	300	400	250	400	500	400	500	600
8	260	300	500	350	400	600	370	410	610
平均数	345	500	725	390	550	775	415	570	770

平均值预测：

在预测时，最终一次判断是综合前几次的反馈做出的，因此在预测时一般以最后一次判断为主。则按照 8 位专家第三次判断的平均值计算，预测这个新产品的平均销售量=(415+570+770)/3=585。

加权平均预测：

将最可能销售量、最低销售量和最高销售量分别按 0.50、0.20 和 0.30 的概率加权平均，则预测平均销售量=570×0.5+415×0.2+770×0.3=599。

中位数预测：

用中位数计算，可将第三次判断按预测值高低排列。

最低销售量：300，370，400，500，550

最可能销售量：410，500，600，700，750

最高销售量：600，610，650，750，800，900，1250

最高销售量的中位数为第 4 项的数字，即 750。

将最可能销售量、最低销售量和最高销售量分别按 0.50、0.20 和 0.30 的概率加权平均，则预测平均销售量= 600×0.5+400×0.2+750×0.3=695 吨。

思考题

1. 定性预测技术和定量预测技术分别有哪几种方法？
2. 某汽车生产商生产的野马型汽车近期销量见表 4-12。

表 4-12 野马型汽车前 7 个月的销售量

月份	1	2	3	4	5	6	7
销量/辆	300	325	275	290	320	315	350

试用简单平均法、移动平均法预测 8 月份的销售量(取 $n=3$)。

3. 已知某产品前 15 个月的销售量如表 4-13 所示。取平滑指数 $\alpha=3$，试根据表中数据建立二次指数平滑模型，并预测第 16 个月、第 17 个月的产品销售量。

表 4-13 某产品前 5 个月的销售量

月份	1	2	3	4	5	6	7	8	9	10	11	12	13	14	15
销售量/台	10	15	8	20	10	16	18	20	22	24	20	26	27	29	29

4. 某公司在 2016—2020 年完成的竣工面积及相应的产值如表 4-14 所示，用回归预测法求竣工面积与产值之间的最佳方程。

表 4-14 某公司在 2016—2020 年完成的竣工面积及相应产值

年份	竣工面积/万平方米	产值/万元
2016	1.61	838
2017	2.39	1223
2018	3.23	1668
2019	3.98	2108
2020	4.83	2658

第 5 章 综合计划

在现代企业中,生产经营活动是社会化大生产,企业内部分工精细、相互协作,任何一个活动环节都不可能离开其他环节而单独进行。尤其是生产运作活动,需要调配多种资源,在需要的时候,按需要的数量,提供所需要的产品或服务,这样就更离不开周密的计划。所以,计划是生产管理中的一个重要组成部分。无论是制造业还是服务业,均存在生产计划问题。

生产计划是企业生产管理的依据,也是生产管理的核心内容。需求预测提供了对产品需求的估计,生产计划则将预测量变成有时间优先级的生产安排。长期需求预测为制订综合生产计划提供依据,而短期需求预测是编制主生产计划的基础。编制生产计划的一个主要任务就是要使任务和能力协调。

5.1 生产能力概述

生产能力是生产系统在一定时间内可以实现的最大产出量。对制造企业来讲,生产能力是指在一定时期内,在先进合理的技术组织条件下所能生产一定种类产品的最大数量。实际上,生产能力与具体的产出有关。对于流程式生产,生产能力可以是一个准确而清晰的概念,例如某化肥厂年产 48 万吨尿素,这是由设备的能力和实际运行时间决定的;对于加工装配式生产,生产能力则是一个模糊的概念,因为不同的产品组合,表现出的生产能力是不一样的。对于品种单一的大量生产,可用具体产品数表示生产能力;对于大批生产,因品种较少,可用代表产品数表示生产能力;对于多品种、中小批量生产,则只能以假定产品的产量来表示生产能力。

5.1.1 生产能力及其相关概念

1. 生产能力概念

从广义的生产经营角度上来讲,生产能力(production capacity)常被视为设施在一定时间内可以实现的最大产出量。这里的设施可以是一个工序、一台设备，也可以是整个企业组织。但是，"最大"的含义是什么呢？从技术上讲，最大产出能力是指除设备所需的正常维修、保养时间以外，设备连续运转时的产出能力；从经济上讲，最大产出能力是指一个组织在使用合理的人员、合理的时间安排的条件下，设备的最大产出能力。例如，对于某些企业来说，合理的时间安排只表示1班，即一天8小时的设备运转时间，而有些企业是指3班运转，即一天24小时的运转。又如，有的企业年工作总数是260天，而有的企业只有240天。在这两种情况下，最大产出能力的含义是截然不同的，在经济上的这种最大能力称为"正常"能力，而把技术上的最大可能能力称为"最大"能力。

在某些情况下，企业可以超出正常能力而使用最大能力。例如，在需求突然增大时，采取一些临时措施，加班加点或增加倒班，或临时减少正常的保养时间，增加设备的运行时间等。需要注意的是，这样的临时措施不能长时间使用。一方面，职工可能不愿意过多地加班加点，而且企业需要付出比正常工资更高的工资；另一方面，职工长时间劳动引起的疲劳会导致生产率降低和产品质量下降。这两方面因素对企业都是很不利的，在严重的情况下，甚至会得不偿失。通常对生产运作能力所做的计划和考虑均应指正常能力，"最大"能力只是作为一种应急的措施。

工业企业的生产能力是指直接参与产品生产的固定资产的生产能力，在确定生产能力时，不考虑劳动力不足或物资供应中断等不正常现象。企业的生产能力含义可简单概括为以下几点。

(1) 企业的生产能力是按照直接参加生产的固定资产来计算的。影响企业生产能力大小的因素有许多，主要因素有产品的品种、数量构成、产品结构的复杂程度、质量要求、零部件标准化程度、通用化水平、设备的数量、性能及成套性、工艺加工方法、生产面积的大小、工厂的专业化组织水平、生产组织及劳动组织形式、工人的劳动熟练程度及劳动积极性等。这里的生产能力仅仅考虑固定资产的能力，因为相对于其他各种因素，固定资产是一个比较稳定和占据企业生产能力大部分的主要因素。

(2) 企业的生产能力是在一定时间内所能生产的产品数量。企业生产能力是按一定的时间期计算的。年、月、日、班、小时都可以作为计算生产能力的时间期，但通常按年计算，以便与年度生产计划任务相比较。

(3) 企业的生产能力是在一定生产技术组织条件下所能达到的能力。在不同的生产技术组织条件下，所能达到的生产能力水平是不一样的。如在生产同类产品的两个企业中，尽管其固定资产的数量相同，但由于所采用工艺、生产组织和劳动组织不同，以及工人的技术水平和熟练程度不同，其生产能力是不相同的。

(4) 企业的生产能力是企业内部各个生产环节、各种固定资产的综合生产能力。工业企业的生产过程，就是劳动者在分工协作的条件下，运用这些相互联系的固定资产来完成的。为此，企业的生产能力应是企业各个基本生产车间、辅助生产车间能力综合平衡的结果，是各个生产环节、各种固定资产按生产的要求所能达到的综合能力。

2. 生产能力利用率

由于市场需求和管理水平等方面原因的限制，能力利用不一定马上可以达到设计能力水平。

制订生产能力计划时，首先需要对现有的生产运作能力有一个明确的把握：现有的生产能力是否充足，平均利用率有多高等。因此，这里的一个重要概念是生产能力的利用率。许多组织让他们的设备以低于设计生产能力的产量运作。之所以这样做是因为他们发现，当资源没有运作到极限时，运作效率还可以更高。

生产能力的利用率(capacity utilization rate)是指设施、设备、人员等生产运作能力利用的平均程度，其基本表达式为

$$u = \frac{p}{P_c} \tag{5-1}$$

式中，u——生产能力利用率(以百分比表示)；

p——平均生产能力或实际产出；

P_c——设计生产能力。

生产能力利用率是对有效生产能力的衡量。需要注意的是，式(5-1)中平均生产能力和设计能力的衡量必须采用相同的计量单位。例如，一家汽车厂的设计生产能力为年产30万辆，平均生产能力为年平均24万辆，则生产能力的年利用率为80%。

能力的利用率不应该是百分之百，而应有一定的余量，该余量被称为能力的缓冲(capacity cushion)或备用生产能力，其计算公式为

$$能力缓冲 = 1 - 利用率 \tag{5-2}$$

缓冲量的大小随产业和企业的不同而不同。在制造业，需求的波动在某种程度上可以利用库存来调节，也可以通过加班、倒班来调节，因此缓冲的设置量可相对小一些。而在银行、邮局、超级市场(收款台)等类似服务部门，顾客的到达是随机的，从而导致服务台的忙闲不均，如果不设置足够的能力缓冲以应付顾客到达的高峰，就有可能失去顾客。在这种服务性质的行业中，既不能用库存调节对需求的供应，也不能使顾客等待时间太长，因此其能力的缓冲一般要高于制造业。

3. 生产能力使用效率

另一个与生产能力相关的概念是生产能力的使用效率(efficiency)。要达到100%的效率很难，甚至是不可能的，生产能力使用效率取决于设备是如何使用和管理的。一般生产能力使用效率可表示为

$$e = \frac{p}{q} \tag{5-3}$$

式中，e——生产能力使用效率；

p——平均生产能力或实际产出；

q——有效生产能力。

例 5-1 某公司有一条设计能力为每分钟200平方米的镀膜生产线，该生产线每周运转7天，每天运转24小时。通过查看该生产线某一周的生产记录，发现了以下损失的生产时间如

表 5-1 所示。

表 5-1 某生产线的损失时间记录

序号	项目名称	损失时间/时	序号	项目名称	损失时间/时
1	产品更换(准备)	20	6	故障维修	18
2	例行的预防性检修	16	7	质量事故调查	20
3	没有加工任务	8	8	原料缺货	8
4	质量抽样检验	8	9	劳动力短缺	6
5	换班时间	7	10	等待	6

在这一周，该生产线的实际产出仅为 58.2 万平方米。在所有的时间损失中，前 5 项是合理的，属于计划内的，也是不可避免的，合计为 59 小时；而后 5 项损失是计划外的，同时也是可以避免的，合计为 58 小时。

根据以上数据，计算该生产线 1 周的有效生产能力、生产能力利用率和生产能力效率。

解： 周设计生产能力=7×24=168 小时

周有效生产能力=168-59=109 小时

该生产线的周实际产出水平=168-59-58=51 小时

周生产能力利用率=51÷168=0.304

周生产能力使用效率=51÷109=0.468

4. 额定能力

额定能力(rated capacity)是衡量某一设备最大可用生产能力的方法，是指从工程角度进行测算，在扣除了正常维修时间条件下，生产设备连续运转所能达到的最大年产出量。额定能力总是小于或等于设计生产能力。额定生产能力的计算公式为

$$P_{额}=P_c ue \tag{5-4}$$

式中，P_c——设计生产能力；

u——生产能力利用率；

e——生产设备使用效率。

例 5-2 某公司生产一种面点食品供早餐用，其生产设施的使用效率为 90%，生产能力利用率为 80%。该公司有 3 条生产线用于生产此种早餐食品，每条生产线每周工作运转 7 天，每天 3 个班次，每班工作 8 小时。每条生产线的设计生产能力为每小时生产 120 份标准型早餐面点。试计算这 3 条生产线 1 周的额定生产能力。

解： 每条生产线 1 周的工作运转时间=7×3×8=168 小时

3 条生产线 1 周设计生产能力=120×3×168=60 480 份

额定生产能力=$P_c ue$=60 480×0.8×0.9=43 546 份/周

5.1.2 生产能力的分类

生产能力可分为设计能力(design capacity)、查定能力(checked production capacity)和计划能力(plan capacity)。

1. 设计能力

设计能力是企业建厂时在基建任务书和技术文件中所规定的生产能力,是按照工厂设计文件规定的产品方案、技术工艺和设备,通过计算得到的最大年产量。产品投产后往往要经过一段熟悉和掌握生产技术的过程,甚至改进某些设计不合理的地方,才能达到设计生产能力。

2. 查定能力

查定能力是指企业在没有设计生产能力资料或设计生产能力资料可靠性低的情况下,根据企业现有的生产组织条件和技术水平等因素,而重新审查核定的生产能力。查定生产能力时,以企业现有固定资产等条件为依据,并考虑采取各种技术组织措施或进行技术改造后所能取得的效果来计算。它为研究企业当前生产运作问题和今后的发展战略提供了依据。

3. 计划能力

计划能力也称为现实能力,是企业计划期内根据现有的生产组织条件和技术水平等因素所能够实现的生产能力,是编制生产计划的依据。它直接决定了近期所做的生产计划。计划能力包括两大部分:一是企业已有的生产能力,是近期内的查定能力;二是企业在本年度内新形成的能力。后者可以是以前的基建或技改项目在本年度形成的能力,也可以是企业通过管理手段而增加的能力。

以上 3 种生产能力各有不同用途,当企业确定生产规模,编制长远规划和扩建、改建方案,采取重大技术组织措施时,应以设计能力为参考,以查定能力为依据;当企业编制年度生产计划和季度生产计划、确定生产计划指标时,应以计划能力为依据。

国外有人将生产能力分成固定能力(fixed capacity)和可调整能力(adjustable capacity)两种,前者指固定资产所表示的能力,是生产能力的上限;后者是指以劳动力数量与每天工作时间和班次所表示的能力,是可以在一定范围调整的。

5.1.3 生产能力的影响因素

影响企业生产能力的因素很多,从查定生产能力的角度考虑,可归纳为 3 个基本因素。

1. 固定资产的数量

固定资产的数量是指在核定生产能力的时期内,企业所拥有的全部能够用于生产的机器设备数量、厂房和其他生产性建筑物面积。它是根据企业固定资产目录、生产技术说明书或经过实地调查确定的，主要包括以下几项：正在运转的机器设备；正在修理、安装或准备修理、安装的机器设备；因生产任务不足或其他原因暂时停用的设备。对已判定不能修复或决定报废的设备、不配套的设备、封存待调的设备以及留作备用的设备都不应列入企业的生产能力计算范围之内。

在计算企业的生产能力时，辅助车间所拥有的设备不能参与企业基本产品生产能力的计算，而只能用以计算辅助车间的生产能力。但是，当辅助车间的设备数量超过规定，并用来生产基本产品时，则多余设备可计入基本产品生产能力之内。

2. 固定资产的工作时间

固定资产的工作时间是指按照企业现行工作制度计算的机器设备的全部有效工作时间和生产面积的全部有效利用时间。生产面积的全部有效利用时间为制度工作时间。其中，制度工作时间 T_0 的计算公式为

$$T_0 = (全部日历数 - 节假日数) \times 每日制度工作小时数 \tag{5-5}$$

有效工作时间是指在制度工作时间中，扣除设备修理停歇时间后的时间总数。有效工作时间的计算公式为

$$T_e = T_0 - d = T_0(1-\theta) = T_0\eta \tag{5-6}$$

式中，T_e——有效工作时间；

T_0——制度工作时间；

d——设备计划修理停工时间；

θ——设备计划修理停工率；

η——设备制度工作时间计划利用率。

3. 固定资产的生产效率

固定资产的生产效率，也称为固定资产生产率定额，包括机器设备的生产率定额和生产面积的生产率定额。机器设备的生产率定额有两种不同的表达形式：一是指单台设备在单位时间内所能生产的产品产量数，即单位设备 1 小时的产量定额；另一种是指单台设备加工制造单位产品的时间消耗量，即单位产品的时间定额(台时定额)，两者互为倒数。计算设备能力时通常采用台时定额。生产面积的生产率定额取决于单位产品的占用面积和单位产品的生产周期，有两种表示方法：一种是单位产品占用平方米小时定额；另一种是单位平方米小时的产量定额，两者也互为倒数。

5.1.4 生产能力的测定

1. 测定生产能力的程序

(1) 确定企业的专业方向和生产大纲。企业的生产能力是按照一定的产品品种方案来计算

5.1.2 生产能力的分类

生产能力可分为设计能力(design capacity)、查定能力(checked production capacity)和计划能力(plan capacity)。

1. 设计能力

设计能力是企业建厂时在基建任务书和技术文件中所规定的生产能力,是按照工厂设计文件规定的产品方案、技术工艺和设备,通过计算得到的最大年产量。产品投产后往往要经过一段熟悉和掌握生产技术的过程,甚至改进某些设计不合理的地方,才能达到设计生产能力。

2. 查定能力

查定能力是指企业在没有设计生产能力资料或设计生产能力资料可靠性低的情况下,根据企业现有的生产组织条件和技术水平等因素,而重新审查核定的生产能力。查定生产能力时,以企业现有固定资产等条件为依据,并考虑采取各种技术组织措施或进行技术改造后所能取得的效果来计算。它为研究企业当前生产运作问题和今后的发展战略提供了依据。

3. 计划能力

计划能力也称为现实能力,是企业计划期内根据现有的生产组织条件和技术水平等因素所能够实现的生产能力,是编制生产计划的依据。它直接决定了近期所做的生产计划。计划能力包括两大部分:一是企业已有的生产能力,是近期内的查定能力;二是企业在本年度内新形成的能力。后者可以是以前的基建或技改项目在本年度形成的能力,也可以是企业通过管理手段而增加的能力。

以上3种生产能力各有不同用途,当企业确定生产规模,编制长远规划和扩建、改建方案,采取重大技术组织措施时,应以设计能力为参考,以查定能力为依据;当企业编制年度生产计划和季度生产计划、确定生产计划指标时,应以计划能力为依据。

国外有人将生产能力分成固定能力(fixed capacity)和可调整能力(adjustable capacity)两种,前者指固定资产所表示的能力,是生产能力的上限;后者是指以劳动力数量与每天工作时间和班次所表示的能力,是可以在一定范围调整的。

5.1.3 生产能力的影响因素

影响企业生产能力的因素很多,从查定生产能力的角度考虑,可归纳为3个基本因素。

1. 固定资产的数量

固定资产的数量是指在核定生产能力的时期内,企业所拥有的全部能够用于生产的机器设备数量、厂房和其他生产性建筑物面积。它是根据企业固定资产目录、生产技术说明书或经过实地调查确定的，主要包括以下几项：正在运转的机器设备；正在修理、安装或准备修理、安装的机器设备；因生产任务不足或其他原因暂时停用的设备。对已判定不能修复或决定报废的设备、不配套的设备、封存待调的设备以及留作备用的设备都不应列入企业的生产能力计算范围之内。

在计算企业的生产能力时，辅助车间所拥有的设备不能参与企业基本产品生产能力的计算，而只能用以计算辅助车间的生产能力。但是，当辅助车间的设备数量超过规定，并用来生产基本产品时，则多余设备可计入基本产品生产能力之内。

2. 固定资产的工作时间

固定资产的工作时间是指按照企业现行工作制度计算的机器设备的全部有效工作时间和生产面积的全部有效利用时间。生产面积的全部有效利用时间为制度工作时间。其中，制度工作时间 T_0 的计算公式为

$$T_0 = (全部日历数 - 节假日数) \times 每日制度工作小时数 \tag{5-5}$$

有效工作时间是指在制度工作时间中，扣除设备修理停歇时间后的时间总数。有效工作时间的计算公式为

$$T_e = T_0 - d = T_0(1 - \theta) = T_0\eta \tag{5-6}$$

式中，T_e——有效工作时间；

T_0——制度工作时间；

d——设备计划修理停工时间；

θ——设备计划修理停工率；

η——设备制度工作时间计划利用率。

3. 固定资产的生产效率

固定资产的生产效率，也称为固定资产生产率定额，包括机器设备的生产率定额和生产面积的生产率定额。机器设备的生产率定额有两种不同的表达形式：一是指单台设备在单位时间内所能生产的产品产量数，即单位设备1小时的产量定额；另一种是指单台设备加工制造单位产品的时间消耗量，即单位产品的时间定额(台时定额)，两者互为倒数。计算设备能力时通常采用台时定额。生产面积的生产率定额取决于单位产品的占用面积和单位产品的生产周期，有两种表示方法：一种是单位产品占用平方米小时定额；另一种是单位平方米小时的产量定额，两者也互为倒数。

5.1.4 生产能力的测定

1. 测定生产能力的程序

(1) 确定企业的专业方向和生产大纲。企业的生产能力是按照一定的产品品种方案来计算

的，因此在测定生产能力时，首先要确定企业的专业方向、产品品种，以及产品数量方案。

(2) 做好测定生产能力的准备工作。首先，组织准备和资料准备，向企业职工宣传测定生产能力的重要性，动员全体职工积极配合测定工作；其次，组成全厂和车间的测定生产能力小组，配备一定的技术人员和管理人员，具体负责测定生产能力的工作，进一步制订测定生产能力的计划，明确职责；再次，收集和整理测定生产能力所需要的各种数据资料。

(3) 计算。分别计算设备组、工段和车间的生产能力。

(4) 进行全厂生产能力的综合平衡。测定企业的生产能力，应当从基层自下而上地进行，即首先计算和测定各生产线、各设备组的生产能力，在此基础上计算和测定各工段的生产能力，然后计算和测定车间的生产能力，最后在综合平衡各车间生产能力的基础上，测定企业的生产能力。

2. 生产能力的计量单位

生产能力以实物指标作为计量单位。常见的计量实物有具体产品、代表产品及假定产品。由于企业及其生产环节的产品特点、生产类型和技术条件不同，计算生产能力将采用不同的计量单位。

(1) 具体产品。这种方式适用于产品品种单一的大量生产企业。计算生产能力时的生产率定额采用该具体产品的时间定额或生产该产品的产量定额，企业的生产能力以该具体产品的产量表示。如20世纪初，福特汽车公司在长达19年的时间里，只生产一个型号、一种颜色的四缸T型汽车，19年间共生产了1500万辆这种型号的汽车。那么，福特公司的年生产能力可以用年生产多少辆T型汽车来表示。

(2) 代表产品。这种方式适用于多品种中成批生产的企业。从企业生产的产品中选择具有企业专业方向的、产量大的、产品结构与工艺过程稳定的产品，作为企业生产能力的代表，其他产品的产量换算成代表产品的产量。例如，某彩色电视生产厂家生产21英寸、29英寸、34英寸以及54英寸的彩色电视，其中29英寸彩色电视是该公司的主要产品，把其他型号的彩色电视按劳动量折合为相当于生产29英寸彩色电视的生产量，则企业的生产能力可以表示为年生产29英寸彩色电视多少台。

(3) 假定产品。这种方式适用于企业生产的产品品种数繁多，各种产品的结构、工艺和劳动量相差较大，找不出能代表企业主攻方向产品的企业。这时可按各具体产品的劳动量在总劳动量中的比重构造出一种假想的产品，用假想产品来表示企业的生产能力。

5.1.5 生产能力的调节与平衡

1. 生产能力的调节因素

企业可对生产能力进行调节的因素有很多。从计划的观点看，可将用于调节生产能力的因素按取得能力的时间长短，分为长期因素、中期因素、短期因素三类。

(1) 长期因素。取得生产能力的时间在一年以上的,都可归入长期因素,包括建设新厂、扩建旧厂、购买大型设备、进行技术改造等。这些因素都能从根本上改变生产系统的现状,大幅度地提高生产能力,但同时也需要大量的资本投资。

(2) 中期因素。在半年到一年半之内对生产能力发生影响的因素,可归入为中期因素,包括采用新的工具、添置一些可在市面上买到的通用设备,或对设备进行小规模的改造或革新;增加工人;把某些零部件的生产任务委托其他工厂生产;利用库存来调节生产等。企业在年度计划中主要利用此因素来调节生产能力。

(3) 短期因素。在半年内以至于当月就能对生产能力产生影响的,属于短期因素。这类因素很多,如加班加点;临时增加工人,增开班次;降低返修率和废品率;改善原材料质量;改善设备维修制度,以减少设备故障时间,提高设备利用率而提高生产能力;采用适当的工资激励制度,激发工人的劳动积极性,而在短时间内提高生产能力合理选择批量,减少不必要的设备调整时间,从而提高设备利用率。

2. 生产能力的平衡方法

(1) 增大生产瓶颈的生产能力,可采取一些临时措施,如加班工作、租用设备、通过转包合同购买其他厂家的产成品。

(2) 在生产瓶颈之前留些缓冲库存,以保证瓶颈环节持续运转,不停工。

(3) 适当增设关键生产设备,如果某一部门的生产依赖于前一部门的生产,就在本部门重复设置前一部门的生产设备,可以为本部门提供充足的生产所需。

3. 扩大生产能力的频率

在扩大生产能力时,应考虑两种类型的成本问题:生产能力升级过于频繁造成的成本与生产能力升级过于滞缓造成的成本。

生产能力升级过于频繁会带来许多直接成本的投入,如旧设备的拆卸与更换、培训工人、使用新设备等。此外,升级时必须购买新设备,新设备的购置费用往往远大于处理旧设备回收的资金量。在设备更换期间,生产场地或服务场所的限制也会造成机会成本。

生产能力过于滞缓也会有很大的成本支出,由于生产能力升级的间隔期较长,每次升级时,都需要投入大笔资金,大幅度地扩大生产能力。然而,如果一些生产能力被闲置,那么在这些闲置生产能力上的投资将作为管理费用计入成本,这就造成了资金的占用和投资的浪费。

4. 提高生产能力的途径

1) 充分合理地利用设备和生产面积的时间

(1) 加强生产组织工作,合理编制和严格执行生产作业计划,加强生产调度工作,合理组织生产,加强生产准备工作;做好设备的计划检修和维护保养工作,合理安排设备检修计划,加强设备的日常维护和保养工作,采用先进的设备修理制度和方法,防止设备事故的发生;努力提高设备的修理质量,延长设备修理间隔期,缩短修理时间。

(2) 改进作业换班制度，在交接班情况下也不停机，对某些生产能力薄弱的生产环节可增加班次；加强质量管理，提高产品质量，减少不合格损失，使设备和工人的无效工作时间减少到最低限度；提高生产设备的利用率，可组织流水生产，提高各工序设备的负荷系数，减少机器设备等待分配任务和等待零件搬运的时间损失。

2) 提高设备和生产面积的强度利用

(1) 提高设备和生产面积的生产率，改进产品设计，改进设备和工具，提高职工队伍的素质，全面提高生产效率。

(2) 充分发挥设备和生产面积本身的技术条件，尽可能减少非生产面积，扩大生产面积在总面积中所占的比重；采用先进工艺和操作方法，减少零件加工的劳动量；充分利用设备的技术特性，防止出现大型设备加工小零件、精密设备进行粗加工、多工位设备只加工一个工位的零件等现象。

3) 改进生产组织管理

改进生产组织管理是提高生产能力的一个重要途径。具体方法有以下几种。

(1) 改进生产组织和劳动组织，提高各个生产环节的专业化水平。

(2) 合理布置车间内部的设备。

(3) 在企业充分挖掘和利用现有设备，仍不能满足生产需要的情况下，经过技术经济分析、论证，可增加设备或采用外协方式。对能力有余的设备，应承接外协任务，以充分利用这部分富裕的生产能力。

5.1.6 工作中心

工作中心是用于生产产品的生产资源，包括机器、人和设备，是各种生产或者能力加工单元的总称。工作中心属于能力的范畴，即计划的范畴，而不属于固定资产或者设备管理的范畴。一个工作中心可以是一台设备、一组功能相同的设备、一条自制生产线、一个班组、一块装配面积或者是某种生产单一产品的封闭车间。对于外协工序，对应的工作中心是一个协作单位的代号。

1. 工作中心能力

工作中心能力常用一定时间内完成的工作量(即产出率)来表示。工作量可表示为标准工时(以时间表示)、米(以长度表示)、件数(以数量表示)等。工作中心包括如下数据项：每班可用的人员数、机器数、机器的单台定额、每班可排产的小时数、一天开动的班次、工作中心的利用率、工作中心的效率、是否为关键资源、平均排队时间等。由此工作中心能力的计算公式为

$$工作中心能力=每日工作班次×每班工作小时×工作中心效率×工作中心利用率 \qquad (5-7)$$

加入工作中心效率和利用率这两个因素是为了使工作中心的可用能力更符合实际，从而使计划和成本也更符合实际。效率用来说明实际消耗工时或台时与标准工时或台时的区别，它与

工人的技术水平或者机床的使用年限等有关,其计算公式为

$$工作中心效率=完成定额工时数/实际投入工时数 \qquad (5-8)$$

而利用率同设备的完好率、工人的出勤率、任务的饱满程度,以及自然休息时间等有关,是一种统计平均值,通常小于100%,其计算公式为

$$工作中心利用率=实际投入工时数/计划工时数 \qquad (5-9)$$

式(5-8)中的效率与工人技术水平和设备使用年限有关;式(5-9)中的利用率与设备的完好率、工人出勤率、停工率等因素有关,均是统计平均值。

工作中心的能力应是能持续保持的能力,要稳定可靠。工作中心能力计划涉及实际能力(demonstrated capacity)、计划能力(planned capacity)、需用能力(required capacity)、最大能力(maximum capacity)等概念。工作中心的实际能力也称历史能力,是指历史上某个有代表性时期能力的统计平均值。在制订工作中心能力计划过程中,为使工作中心的定额能力可靠有效,需要经常与实际能力比较,及时修正。计划能力是同需用能力进行对比后,对实际能力进行修正(如修订效率或利用率)后获得的能力,即实际能力加计划期内计划增加(或减少)的能力。为了说明工作中心的理想能力,有时也要标明最大能力。所谓最大能力,是指在不增加资本支出的情况下,工作中心可能达到的最大能力,一般是采取临时措施增加的能力,具有短期性质。

2. 工作中心作用

(1) 作为平衡任务负荷与生产能力的基本单元。企业编制能力需求计划(capacity requirements planning,CRP)时以工作中心为计算单元,分析CRP执行情况时也是以工作中心为单元进行投入或产出分析。

(2) 作为车间作业分配任务和编排详细进度的基本单元。派工单就是按每个工作中心来说明任务的优先顺序的。

(3) 作为计算加工成本的基本单元。零件加工成本的计算与工作中心有关,其是工作中心数据记录中的单位时间费率(元/工时或台时)乘工艺路线数据记录中占用该工作中心的时间定额得出的。

3. 定义工作中心

定义工作中心是一项细致的基础工作,定义工作中心的关键是确保工作中心的划分与管理本企业所需的控制程度及计划能力相适应。对那些可能形成瓶颈工序的工作中心必须单独标志。对那种可能有多个工序在一个固定工作地点同时工作的情况,如焊接装配,要慎重研究工作中心的划分。对于新旧程度不同的同一型号的机床,因两者工作效率不同,应有所区别,不要划为一个工作中心。对工艺路线中的外协工序,如前所述,要将相应的外协单位作为一个工作中心来处理,并建立相应的记录。采用成组技术后,若干机床组成一个成组单元,有利于简化工作中心的划分和能力计划。

工作中心的数据通常要尽量减少变更，但有时变更也是必要的。如新的工艺路线、生产过程以及对效率和利用率的调整都是引起工作中心数据调整的因素。

5.2 生产能力的计算分析

一个企业的整体生产能力取决于构成企业系统整体的各个环节的能力，以及各环节之间的联结关系。根据系统分析的方法，企业生产能力的计算应从自下而上地进行：先计算各生产班组或工段的生产能力；然后以对各车间生产起决定性作用的主要生产班组或工段的生产能力为基础，经过综合平衡，确定车间的生产能力；最后以主要车间为基础，同其他生产车间、辅助车间之间进行综合平衡，确定全厂的生产能力。因此，班组或工段生产能力的计算是确定车间及全厂生产能力的基础。

5.2.1 生产能力的计算

由于企业的生产特点、生产类型不同，以及所采取的生产组织形式不同，生产能力的计算方法也不同。下面分别说明不同情况下各生产环节生产能力的计算方法。

1. 流水线生产能力的计算

大量生产企业通常按流水线组织生产，其生产能力按每条流水线计算，计算公式为

$$M_{流} = \frac{T_e}{r} \tag{5-10}$$

式中，$M_{流}$——流水线的生产能力；

T_e——计划期有效工作时间；

r——流水线节拍。

例 5-3 某流水生产线有 4 道工序，各工序的单件定额工时(min)分别为 T_1=2.20min，T_2=2.54min，T_3=3.54min，T_4=3.41min。求流水线的生产能力。(每年工作日为 300 天，每天工作 8 小时，设备利用率为 90%)

解：以关键设备(能力最小)的能力为标准计算流水线的生产能力，即确定关键工序。制约流水线的生产瓶颈为 T_3，其加工时间最长，生产能力最小，即为关键工序。T_3 决定了流水线的生产能力，T_3 的定额工时即为流水线节拍。该流水线的生产能力为

$$M_{流} = \frac{T_e}{r} = \frac{300 \times 8 \times 60 \times 90\%}{3.54} = 36\,610 (件)$$

2. 连续开动设备生产能力的计算

这类设备如高炉、化工装置、增压锅等，其生产能力的计算公式为

$$M_{连}=W(1-\alpha)\frac{T_e}{t_周} \tag{5-11}$$

式中，$M_{连}$——连续开动设备的生产能力；

W——设备一次加工原料的质量，即设备的容量；

α——原料加工损失系数；

T_e——计划期设备有效工作时间；

$t_周$——熔炼周期。

3. 设备组生产能力的计算

在单件小批和成批生产条件下，班组或工段生产能力的计算是按设备组进行的。设备组中的各个设备具有以下特点：在生产上具有互换性，即设备组中的各个设备都可以完成分配给该设备组的任务，并能达到规定的质量标准。

这里又分两种情况：一是设备组只生产某一种产品时，生产能力的计算；二是设备组生产多种产品时，生产能力的计算。

1) 在单一品种生产情况下

在单一品种生产情况下，设备组生产能力计算公式为

$$M = T_e GS = \frac{T_e S}{t} \tag{5-12}$$

式中，M——设备组的生产能力；

G——单位时间产量定额；

S——设备组内的设备数；

T_e——单台设备有效工作时间；

t——单位产品所需该种设备台时定额。

例 5-4 某工作地有相同设备 10 台，A 产品的单件加工时间为 120 分钟。求该工作地生产能力。(年工作日为 250 天，每天工作时间为 8 小时，设备利用率为 80%)

解：$M = \frac{T_e S}{t} = \frac{250 \times 8 \times 60 \times 80\% \times 10}{120} = 8000(件)$

2) 在多品种生产情况下，设备组的加工对象结构工艺相似

在多品种生产情况下，当设备组的加工对象结构工艺相似时，采用代表产品计量单位来计算设备组的生产能力，计算过程如下所述。

(1) 选定代表产品。确定代表产品的原则是，该产品反映企业专业方向，产量较大，占用劳动量较多，在结构和工艺上具有代表性，且产量与劳动量乘积最大。

(2) 计算代表产品的生产能力 M_0，其计算公式为

$$M_0 = \frac{T_e \times S}{t_0} \tag{5-13}$$

式中，t_0——代表产品台时定额。

(3) 计算产品换算系数，其计算公式为

$$K_i = t_i / t_0 \ (i=1, 2, \ldots, n) \tag{5-14}$$

式中，K_i——换算系数；

t_i——具体产品台时定额。

(4) 计算具体产品的生产能力。

① 将具体产品计划产量换算为代表产品产量，其计算公式为

$$Q_{0i} = K_i Q_i \tag{5-15}$$

式中，Q_{0i}——换算后代表产品的产量；

Q_i——具体产品产量。

② 计算各产品占全部产品产量的比重，其计算公式为

$$d_i = \frac{K_i Q_i}{\sum K_i Q_i} \tag{5-16}$$

式中，d_i——第 i 种产品占产品总产量的比重(%)。

③ 计算设备负荷系数，其计算公式为

$$\alpha = \frac{M_0}{\sum K_i Q_i} \ (\alpha>1, \text{说明代表生产能力大于计划产量}) \tag{5-17}$$

④ 计算各具体产品的生产能力，计算公式为

$$M_i = \frac{d_i M_0}{K_i} \tag{5-18}$$

式中，M_i——第 i 种产品的生产能力。

例 5-5 某厂生产 A、B、C、D 四种产品，其计划产量分别为 250，100，230 和 50 件，各种产品在机械加工车间车床组的计划台时定额分别为 50，70，100 和 150 台时，车床组共有车床 12 台，两班制，每班 8 小时，设备停修率为 10%。试求车床组的生产能力。(每周按 6 天工作计算)

解： 首先，确定代表产品，经计算 C 产品产量=230×100=23 000(件)，为最大，因此选取 C 为代表产品。

计算以 C 为代表产品表示的生产能力。

$$M_c = (365-52)\times2\times8\times(1-0.1)\times12/100=541(件)$$

表 5-2 为计算各具体产品的生产能力的过程。

表 5-2 代表产品表示生产能力的计算过程

产品名称	计划产量 Q_i ①	单位产品台时定额 t_i ②	换算系数 K_i ③	换算为代表产品数量 Q_{0i} ④=①×③	各种产品占全部产品比重 d_i/% ⑤	代表产品的代表生产能力 M_0/件 ⑥	各具体产品的生产能力 M_i/件 ⑦=⑤×⑥÷③
A	250	50	0.5	125	25		271
B	100	70	0.7	70	14		109
C	230	100	1.0	230	46	541	249
D	50	150	1.5	75	15		55
合计				500	100		684

注：α=541/684=0.79，α<1 说明生产能力小于计划产量。

3) 在多品种生产情况下，设备组的加工对象结构工艺不相似

在多品种生产情况下，当设备组的加工对象结构工艺不相似，劳动量方面差别较大时，应采用假定产品计量单位来计算设备组的生产能力。具体计算过程如下所述。

(1) 计算假定产品台时定额(t_m)，计算公式为

$$t_m = \sum t_i d_i (i = 1, 2, 3, \ldots, n) \quad (5\text{-}19)$$

式中，t_i——第 i 种产品单位台时定额；

d_i——第 i 种产品占产品总产量的百分比。

(2) 计算假定产品单位生产能力，计算公式为

$$M_m = \frac{T_e S}{t_m} \quad (5\text{-}20)$$

(3) 计算各具体产品折算为假定产品的生产能力

$$M_i = M_m \times d_i (i = 1, 2, \ldots, n) \quad (5\text{-}21)$$

例 5-6 某厂生产 A、B、C、D 四种产品，其计划产量分别为 100，80，150 和 170 件，各种产品在机械加工车间车床组的计划台时定额分别为 200，250，100 和 50 台，车床组共有车床 15 台，两班制，每班 8 小时，设备停修率为 10%。用假定法求车床组的生产能力。(每周按 6 天工作日计算)

解：首先，计算各产品的产量比重(见表 5-3 的③)；其次，计算单位假定产品的台时定额(见表 5-3 的④)；然后，计算以假定产品为单位表示的设备组生产能力[(365-52)×2×8×(1-0.1)×15÷127≈533，见表 5-3 的⑤]；最后，换算为以具体产品为单位的生产能力(见表 5-3 的⑥)。

表 5-3 假定产品换算为具体产品的计算过程

产品名称	计划产量 Q_i ①	单位产品台时定额 t_i ②	各产品占产量总数比重 d_i/% ③=①/∑①	单位假定产品台时定额 t_m ④=∑②×③	假定产品的生产能力 M_m ⑤=$T_e·S$/④	具体产品的生产能力 M_i ⑥=⑤×③
A	100	200	20	40		107
B	80	250	16	40	533	86
C	150	100	30	30		160
D	170	50	34	17		182
合计	500	600	100%	127		535

注：α=533/535=0.996，α<1 说明生产能力小于计划产量。

在大量生产条件下，流水线的生产能力往往是根据生产大纲的需要预先规定的，首先根据生产大纲计算流水线的节拍，然后根据节拍计算设备需要量和负荷，这就决定了按流水线组织大量生产的企业，其生产能力的核算要按每条流水线进行。流水线的生产能力取决于每道工序设备的生产能力，特别是取决于关键工序(加工工时最长的工序)设备的生产能力。关键工序设备生产能力的计算与前面设备组生产能力的计算方法基本一致，只不过产品品种比较单一。

还需要说明的是，各种企业的生产方式和生产技术条件差别很大，有的主要利用机器设备生产，其产量基本上取决于各种机器设备、流水线、自动线的生产率；有的以手工操作为主，很少使用或基本不用机器设备进行生产，如铸件造型、手工焊接、设备维修、果品分级等，其产量基本上取决于劳动力和作业面积的数量及利用率。因此计算生产能力时，有设备生产能力、企业场地的生产能力和劳动能力之分。前文主要介绍的是设备生产能力的计算。

4. 生产面积的生产能力

机械制造企业的铸造车间、装配车间等通常要计算生产面积的生产能力，其计算公式为

$$M_b = Bg = \frac{T_0 Bh}{bt} \tag{5-22}$$

式中，M_b——生产面积的生产能力；

B——生产面积；

g——单位生产面积的平均产量；

b——单位产品占用的生产面积；

T_0——制度工作时间；

h——每天工作小时数；

t——单位产品在该生产面积上停留制造的小时数。

5. 劳动者的生产能力

对于以手工操作为主的人力生产能力的计算，可按以下公式计算

$$M_p = \sigma(1+\beta)PT_0 = \frac{FD}{f} \tag{5-23}$$

式中，M_p——表示劳动者的生产能力；

σ——表示出勤率；

β——间接作业率(非生产时间与 T_0 的比值)；

P——换算人数(将不同技术等级的工人换算为以标准技术等级表示的人数)；

T_0——计划期制度工作时间；

F——计划期内每个工人的有效工作时间；

D——作业组的工人数；

f——工人的平均工时定额。

6. 车间生产能力的计算

对于生产能力取决于设备的车间，可在计算设备组生产能力的基础上确定车间的生产能力。一般情况下，各设备组的生产能力是不等的。因此，在确定车间生产能力时，要进行综合平衡。在确定车间生产能力时，首先要抓住主要设备组的生产能力，然后是其他设备组的生产能力与之相适应。

在有多台同类设备时，同类设备的生产能力应为单台设备生产能力之和。车间通常由若干不同功能的设备或多条生产线组成，而不同功能设备或不同生产线的生产能力常常是不平衡的。此时，车间综合生产能力有两种计算方法：一种以瓶颈设备、瓶颈生产线能力为车间生产能力，因为它是车间生产能力的限制性环节；另一种以关键设备或关键装配线为准计算车间生产能力，理由是关键设备代表车间主导生产环节，低于此能力的设备或生产线则通过内部或外部的组织技术措施加以提高，如挖掘生产潜力、组织外部协作等。究竟采用何种方法视具体情况而定。

7. 企业生产能力的计算

企业生产能力要在各车间生产能力综合平衡的基础上进行确定。企业生产能力综合平衡的主要内容包括以下两方面：一是各基本生产车间之间生产能力的平衡，确定主要车间的生产能力，再以此为依据，让其他车间的生产能力与其进行平衡；二是基本生产车间与辅助车间及生产服务部门之间能力的平衡，一般以基本车间的生产能力为基准，然后根据辅助车间生产能力协调情况来确定生产能力。

同样，企业生产能力也有两种方法计算：一种以瓶颈车间生产能力为企业生产能力；另一种以基本生产车间或关键车间生产能力定为企业生产能力，低于此能力的车间则通过内部或外部的组织技术措施提高，以达到综合平衡。

可见，企业生产能力的大小，首先取决于生产运作系统建立时资源的配置与设计，如设备的规模与数量、厂区的布置、人员的配备等。已经建立的生产运作系统的生产能力主要受以下因素的影响：产品与服务项目的结构与组合；工艺因素，如技术水平、设备改造等；人力资源，如职工的工作态度与技能、熟练程度、激励机制等；管理因素，如生产顺序与进度的安排、原材料采购质量、设备维修策略、质量保证体系等；外部因素，如市场对产品质量的要求、环境污染控制等。

5.2.2 生产能力的需求分析

能力需求分析是根据生产计划(根据需求预测制订的初步计划)要求，确定生产设备的数量、场地与人力等资源的需求，即确定生产负荷。生产能力需求分析如表5-4所示。

表5-4　生产能力需求分析

月份	1	2	3	4	5	6	7	8	9	10	11	12
生产计划产量												
其中												
产品1/件												
……												
产品n/件												
能力需求量												
其中												
机器需求量/台/时												
人力需求/人												

例 5-7　某公司的生产工艺流程有4个工序，某月有4个产品的生产任务，产量计划、每种产品在各个工序的单件工时如表5-5所示。请用直方图描述生产负荷并进行问题分析。

表5-5　能力需求分析表(xx 月)

产品	计划产量/件	工序(设备)单件工时/时			
		A_1	B_2	C_3	D_4
甲	100	10	20	15	20
乙	200	15	10	30	10
丙	300	18	20	25	15
丁	150	15	20	10	20
生产负荷		11 650	13 000	16 500	11 500

解：根据表5-5中最后一行的各工序生产负荷，画出直方图5-1。根据图5-1做出如下分析。

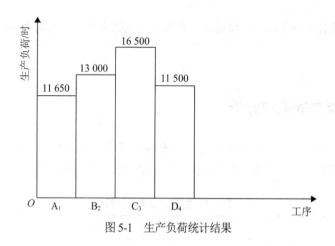

图 5-1　生产负荷统计结果

1. 瓶颈资源分析

通过生产能力需求分析进行资源配置的时候,一定要清楚哪些是瓶颈资源,因为瓶颈资源会限制生产,它是制订生产计划的依据,其他生产资源的需求量以瓶颈资源为基准。在例 5-7 中,D_4 是瓶颈工序。这里只分析设备一种资源,如果需要考虑人力资源的话,瓶颈可能会发生变化。

2. 能力利用率分析

除了瓶颈资源分析外,能力需求分析还需要分析生产能力的利用率。分析不同设备的能力利用率,可以为合理搭配各种产品的生产、充分利用设备等生产资源、提高生产的均衡性提供依据。

从生产能力需求分析发现,生产计划能否有效取决于生产能力与计划的平衡,超出生产能力的计划是不可行的,应该进行调整,因此生产能力规划的下一步工作就是如何进行生产计划与能力的平衡,寻找满足生产计划所需要的生产能力调整方案。

生产能力与生产计划的不平衡存在两种情况:①生产能力大于生产任务;②生产能力小于生产任务。当生产能力大于生产任务,产生能力过剩时,企业应设法提高能力利用率,减少能力浪费;当生产能力不足时,应设法进行能力扩充,以满足计划的实施。只有当改变生产能力的途径都无法满足生产任务的要求时,才采取减少任务,即调整生产计划的办法。

5.3　生产能力的动态分析

在实际工作中,企业的生产能力是不断变动的,一是因为增加设备和人员后会产生新的生产能力;二是即使不增加设备和人员,当人们熟练程度提高后,也可以提高生产能力。比较常见的动态分析方法有规模经济和学习曲线。

5.3.1 规模经济

规模经济是指随着设备、工厂或公司生产规模的扩大,其单位产品成本(长期平均成本)存在下降的趋势。这是因为,随着生产规模的扩大,企业可以采用更加先进的设备和工艺,在更大范围内实现产品的标准化和通用化,大量采购原材料和销售产品,从而可以将固定成本、期初投资费用以及各种管理费用分摊到更多的产品中去,降低单位产品成本,如图5-2所示。

从图 5-2 可以看出,当生产规模达到一定程度后,平均成本反而有增加的趋势。因此,规模经济实际意味着存在一个最佳的产量点或产量区间。这是在制定生产与运作能力计划时应该考虑的问题。

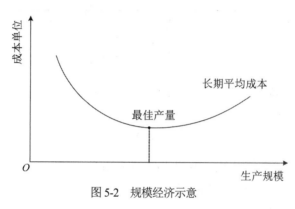

图 5-2 规模经济示意

5.3.2 学习曲线

工厂生产能力的提高,存在着某种规律性。在积累了一定的资料后,可相当精确地对以后的生产改进程度做出估计。这种规律称为学习曲线(learning curve),又称熟练曲线或经验曲线。

学习曲线最早是20世纪20年代在美国一家飞机装配工厂被认识到的。该厂的研究表明,生产第4架飞机的人工工时数比第2架所花的时间减少了80%左右,第8架只花费了第4架工时的80%,第16架是第8架的80%等。人们把这种现象称为80%学习曲线。1936年,美国康奈尔大学莱特博士在航空工业预测制造费用方面提出了学习曲线的理论。此后,人们在其他产业,如汽车、石油化工、半导体、合成橡胶、人造纤维织物等产业,也都发现了类似的现象。虽然不同产品的工时或成本的下降速率不同,但每当累计产量增加1倍时,产品工时或成本按同样的百分比有规律递减的现象却是相似的。将累计产量与单位产品成本(累计平均工时)的关系做成点图后,得到图 5-3 的学习曲线。

莱特用一个对数线性方程描述了学习曲线,公式为

$$Y_x = KX^{-\alpha} \tag{5-24}$$

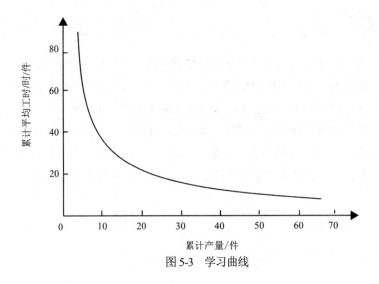

图 5-3　学习曲线

学习速率 S 与学习系数 α 存在以下关系

$$\alpha = -\frac{\lg S}{\lg 2} \tag{5-25}$$

式中，Y_x——学习效果，以第 X 件产品(周期)的制造工时表示；

　　　K——生产第一件产品(周期)的制造工时；

　　　X——产品的累计产量(周期数)；

　　　α——学习系数；

　　　S——工时递减率或学习速率。

对式(5-24)两端取对数，有

$$\lg Y = \lg K - \alpha \lg X \tag{5-26}$$

将坐标改成对数坐标，这条曲线就变成一条直线，它的斜率即为学习系数。画在对数纸上，成截距为 K、斜率为 α 的直线(见图 5-4)。

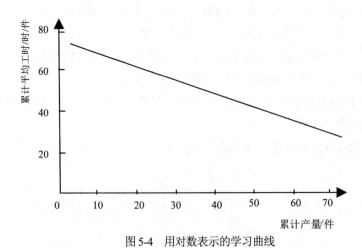

图 5-4　用对数表示的学习曲线

学习曲线的特点是累计产量每增加一倍,累计平均工时便降低一个固定的百分数,这个百分数通常称为学习速率。例如,对一条学习速率为 95%的学习曲线,生产第一件产品若需 10 小时,生产第 2 件产品便降到 9.5 小时,生产第 3 件产品只需 9.025 小时,生产 4 件产品平均只需 9.27 小时,生产第 128 件产品则平均只需 7 个小时。可以推算,从生产第 n_1 件产品到生产第 n_2 件产品,平均生产时间为

$$\overline{Y} = K\frac{\left[\left(n_2+\frac{1}{2}\right)^{1-\alpha} - \left(n_1-\frac{1}{2}\right)^{1-\alpha}\right]}{(1-\alpha)(n_2-n_1+1)} \tag{5-27}$$

学习曲线现象是改进生产与运作方法所导致的综合结果,它不仅是工人个人改进生产的结果,还是整个企业自觉努力的结果。例如,提高劳动熟练程度,工具、物料的高效率利用,设计标准化,流程的改进,库存的减少等。其中,最主要的因素是劳动熟练程度的提高。因此,学习曲线的变化率取决于机器工作与人工工作的比例。

一般在应用中,我们并不知道学习系数 α,但学习速率 S 则可通过各种方法测定,如根据历史资料的积累和经验估计。实践表明,当工人的工作时间与机器工作时间的比例为 3∶1 (即人工占总生产工时的 3/4)时,学习曲线的(工时改善)变化率(简称学习速率)估计为 80%比较适当;当该比值为 1∶3 时,学习率常设为 90%;当两者基本接近时,则取 85%为宜。

只要测定了学习速率 S,很容易运用式(5-25)找到学习系数。当然,学习系数也可根据莱特公式用统计方法直接测定。常见的学习速率和学习系数 α 之间的关系见表 5-6。

表 5-6 常见的学习速率 S 和学习系数 α

学习速率 S/%	50	60	70	80	90
学习系数 α	1.0	0.737	0.515	0.322	0.152

例 5-8 若生产第一件产品的工时为 10 小时,学习曲线的学习速率为 95%。求生产前 100 件产品的平均工时。

解: 先求 α,因为 $Y = KX^{-\alpha}$

当 $X=2$,$Y=9.5$,则

$$9.5 = (10) \times (2)^{-\alpha}$$

$$\lg 9.5 = \lg 10 - \alpha \lg 2$$

$$\alpha = \frac{\lg 10 - \lg 9.5}{\lg 2} = 0.074$$

前 100 件产品的平均生产时间为

$$\overline{Y} = \frac{10 \times \left[\left(100+\frac{1}{2}\right)^{0.926} - \left(1-\frac{1}{2}\right)^{0.926}\right]}{0.926 \times 100} = 7.66(小时)$$

例 5-9 已知某产品第 1 台的工时为 100 000 小时，学习速率为 80%。求到第 64 台产品时的直接人工工时。

解：从表 5-2 中查得学习速率 80%对应的 α 为 0.322，

$$Y_{64}= 100\,000 \times 64^{-0.322} = 26\,207(\text{小时})$$

即生产第 64 台产品的工时为 26207 小时。

学习曲线的学习速率可利用相同或相似产品的历史资料来估计。一般在生产某种产品的开始阶段，由于有许多其他因素的干扰，大多数企业取不到确切反映学习曲线效应的数据。经过一段时间的生产，生产状况渐趋稳定，开始收集资料。这时需要利用这些资料估计学习率，可利用式(5-24)来进行。

设收集到 X_1 和 X_2 两种产量的人工工时，代入式(5-24)后可得

$$Y_{X1} = K(X_1)^{-\alpha}, \quad Y_{X2}= K(X_2)^{-\alpha}$$

两式相除得

$$\frac{Y_{X1}}{Y_{X2}} = \left(\frac{X_1}{X_2}\right)^{-\alpha}$$

可求得

$$\alpha = -\frac{\lg\left(\dfrac{Y_{X2}}{Y_{X1}}\right)}{\lg\left(\dfrac{X_2}{X_1}\right)}$$

再由式(5-25)，可求得

$$S=2^{-\alpha} \tag{5-28}$$

即学习速率的估计为式(5-28)所示。

对于一个集体来说，学习曲线除反映操作者技术熟练程度的提高外，还包含了产品设计的改进、设备的改良、技术的完善、集体协作的加强等，这就是广义的学习曲线，又称制造进步函数。在下列场合下，应用学习曲线考察生产能力尤为重要：新产品开发频繁、产品生命周期较短的场合；手工作业时间比重长、因而学习作用大的场合；产品重复性大的场合；生产难度大的场合；具有很大改进潜力的生产过程。

一般情况下，最大限度地利用已有的生产能力，可以为企业获得最佳经济效益，但也并不总是这样。因为当生产产出率增加时，一开始产品的单位成本呈下降趋势，这是由于单位产品分摊的固定费用减少，显现出生产的规模效益；但当超过一定极限值时，产出率的增加反而引起单位产品成本的增加，这可能是由设备故障增加、生产协调困难、工人过度疲劳等原因引起的，如图 5-5 所示。

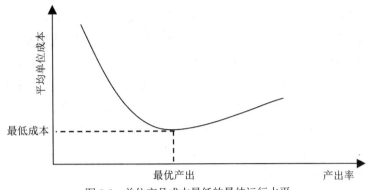

图 5-5　单位产品成本最低的最佳运行水平

例如，道格拉斯飞机制造公司在制造某种新型喷气式客机时，根据学习曲线估计其成本能够降低，于是对顾客许诺了价格和交货日期。但由于在飞机制造过程中不断修改工艺，学习曲线遭到破坏，未能降低成本，使公司遭遇严重财务危机，被其他公司兼并。这表明在一定条件下，每个生产单位通常都有一个单位产品成本最低、效益最佳的理想运行水平，找到最佳运行水平对合理利用生产能力有重要的作用。

因此，只有当产品定型、需求稳定增长时，利用学习曲线来促进各部门不断提高生产效率，才能取得较好的预期效果。

5.4　综合计划概述

5.4.1　综合计划的概念及地位

综合计划又称为生产大纲，是根据市场需求预测和企业所拥有的生产资源，对企业计划期内的出产的内容、出产数量以及为保证产品的出产所需劳动力水平、库存等措施所做的决策性描述。综合计划是企业的整体计划，典型的综合计划会跨越 6～18 个月的一段时期(通常为一年，有些生产周期较长的产品如大型机床等，可能是 2～5 年)，因此，有些企业也把综合计划称为年度生产计划或年度生产大纲。在该计划期内，使用的计划时间单位是月、双月或季。采用滚动计划方式的企业还有可能未来 3 个月的计划时间单位是月，其余 9 个月的计划时间单位是季度等。

企业综合计划需要规定，企业在计划期内各项生产指标(品种、质量、数量、产值、进度等)应达到的水平和应增长的幅度，以及为保证达到这些指标的措施。综合计划是编制企业计划中其他各专项的重要依据，正确制定综合生产计划指标，既可以使企业生产的产品在品种、质量、数量和出产时间上满足社会和用户的需要，又能充分利用企业的人力、物力和财力，在提高劳动生产率、降低产品成本的基础上增加利润。因此，综合计划是企业各项生产计划的主体，是未来的产量和生产安排的中期计划。企业综合计划工作的内容包括确定各项生产指标、粗能力平衡、制定综合计划方案、组织实施综合计划、检查考核综合计划的完成情况。

编制综合计划的目标是确定生产率(单位时间完成的数量)、劳动力水平(工人数量)与当前存货(上期期末库存)的最优组合。具体来说，就是要把短期的日常作业进度安排中波动的负面影响减小到最小。这种短期的作业进度安排可能会在某一周只向供应商订购少量物料并解雇部分员工，而在下一周订购大量的物料并增加雇佣工人。从长远的角度考虑资源的使用，短期的需求变化可以达到最小并同时实现显著的成本节约。为了使短期的波动影响最小化，综合计划的基本做法是只考虑投入或者产出的总计单位(即组合或集合在一起的单位)。对于资源，采用总计单位来表示，如员工总数、机器时数、原材料吨数等；对于输出，也采用总计单位，如产品的立方米数、台(件或辆)数、吨数、所提供服务的时数等。例如，一家生产24种不同型号电视机的制造商，为了制订综合计划，他们不会去关心21寸电视机、25寸或29寸电视机的问题，而是可能把产品分为四大类，如平板电视机、液晶电视机、背投电视机和等离子电视机。大型百货公司的空间分配也是一种典型的综合计划，管理者也许会把服装部20%的空间分配给女子运动服装，30%分配给青少年服装，而并不考虑不同款式、品牌服装对空间的需求。计划的单位仅限于空间的平方米(或平方英尺)数或放置衣物的货架数。总计在一起的各种物品之间可能存在的差别被完全忽略掉了。换句话说，无论是资源还是输出，都不区分具体的类别，而这种区分在短期计划中体现。

由综合计划在生产计划体系中的地位不难看出，它的重要任务是对企业在计划期(通常是一年)资源和需求平衡的基础上做出总体生产安排。具体描述为以下3点。

(1) 落实生产战略规定的长期目标，规定在计划年度内的实施要点。

(2) 根据计划年度市场需求和企业自身能力，合理安排、优化配置各种资源，最大限度地满足市场需求并取得良好的收益。

(3) 确定企业年度生产总任务，并与相关职能领域如营销、采购、技术、成本、财务等部门进行协调，取得一致。

5.4.2　综合计划的编制策略

综合计划通常按产品大类编制，不区分产品品种、规格等细节，目的是计划人员可以忽略不同品种规格引起的复杂因素，专注于运用现有资源做出总体决策。此外，由于未来市场具有不确定性，过早地锁定具体品种与规格既不科学，又会失去响应市场的柔性。

编制综合计划，总的原则是在灵活满足市场需求的同时谋求企业的生产成本低，利润多。

综合计划与预期需求的数量和时间有关。一方面，如果计划期间的预期需求总量和同一期间的可利用生产能力差别很大，计划者的主要工作内容就将是改变生产能力或需求，或同时改变两者，尽力达到平衡。另一方面，即使生产能力和需求基本等于总体上的计划水平，计划者仍然可能面临对付计划期间非均匀需求的问题。预期需求有时会超过有时会达不到计划生产能力，还有一些时期两者基本相等。计划者的目的就是通过策略的调整实现整个计划期间的需求和生产能力的大致平衡，同时使生产计划的成本最小。

1. 投入方面

在制订综合计划时,运营部门的管理者必须回答以下 5 个问题。

(1) 库存能否用于吸纳计划期内需求的变化?
(2) 需求的变化能否通过劳动力数量的变动来平衡?
(3) 需求的变化能否通过聘用非全日制员工或采取加班或缩短工时来平衡?
(4) 能否通过转包合同来维持需求超过生产能力时的劳动力数量的稳定?
(5) 能否通过改变价格或其他因素来影响需求?

思考上述问题,有利于计划者选择适合于企业的综合计划。另外,要制定一个有效的综合计划方案,计划者还必须拥有许多重要的信息。首先,计划者必须弄清楚计划期间可利用的资源;其次,必须要对预期需求进行预测;最后,计划者必须重视聘用或解聘以及使用劳动力的相关法律规定,如我国法律规定延长工作时间必须支付更高的工资,解聘员工必须支付补偿金等,类似法律规定在国外也是非常普遍的。表 5-7 归纳了综合计划的主要投入及成本。

表5-7 综合计划投入及成本

投入	成本
资源	正常生产成本
劳动力/生产率	与产出率变化有关的成本
设备设施	聘用/解聘
需求预测	加班
劳动力变化的政策状况报告	存货成本
转包合同	转包成本
加班	缺货或延期交货成本
存货水平/变化	
延迟交货	

计划者由于采用不同的策略,其涉及的相关成本也会有很大的不同。具体来说,制订综合计划必须充分了解下述相关成本。

(1) 正常生产成本。它们是计划期内员工在正常的 8 个小时内生产某种产品的固定成本和变动成本,包括直接和间接人工成本(正常工资)。

(2) 与生产率变动有关的成本。这类成本里主要有由于人力不足所进行的新员工或临时工雇佣过程中所耗费的各种费用、上岗前的培训费用以及由于人力太多所发生的解聘员工或临时工所形成的工资补偿费等,或者在不增加人员数量的条件下,为了增加产出率而组织员工加班所支付的加班工资。

(3) 存货成本。存货占用资金的机会成本是存货成本的主要部分,其他部分还有存货的存储过程中发生的实际费用、保险费、税收、物料损坏和变质费用、过时风险费用,以及折旧造成的费用等。在精益生产方式中,制造过剩被认为是最大的浪费,而制造过剩意味着一定会产生大量额外的库存成本，所以应该尽量避免存在库存。库存不仅占用无用的空间，还会掩盖企业中存在的许多问题和造成产品生产成本的增加。

(4) 转包成本。转包成本是指付给次承包商的生产产品的费用。转包成本可高于或低于自制的成本。但通常情况下，当企业生产能力不足并且没有条件加班生产或增加劳动力提高产出率时，企业将部分业务转包给外部的相关厂家去承担所必须支付的费用，这部分成本往往比自己完成的成本水平高。

(5) 缺货或延期交货成本。这一类成本从会计上是很难核算的，因为它不仅包括由于延期交货所必须支付给对方的违约金，还包括由于延期交货所失去的销售机会损失和信誉下降所带来的损失。

2. 需求和能力选择方面

在处理综合计划时，管理者有很多选择，包括改变价格、促销、延迟交货、加班、雇用兼职人员、转包合同、聘用或解聘、改变存货水平等。其中有一些选择，如改变价格、促销等改变需求的选择是由企业营销部门来具体操作；而雇用兼职工人、加班和转包合同等表示试图改变生产能力或供给的选择，一般是我们讨论的重点。

1) 需求选择

基本的需求选择方式有以下 3 种。

(1) 影响需求。当需求不景气时，企业可以通过广告、促销、个人推销及削价的方式来刺激需求。如电信公司在夜间提供低价服务，空调、啤酒生产企业在冬季进行促销等。当然，通过广告、促销、价格等手段并不总是能保持产品的供求平衡。

(2) 高峰需求时期的延迟交货。所谓延迟交货是指顾客向企业(厂家)订购商品或某项服务而厂家当时不能实现(有意或偶然)，等待未来某时间兑现的买卖方式。延迟交货仅当顾客愿意等待且不减少其效用或不取消其订货的条件下才能成立。例如，前几年国内的某些汽车供应商经常采用延迟交货的销售方式，但这种交易方式在日常消费品及大部分商品销售上是行不通的。

(3) 不同季节产品或服务混合。许多企业设法制造几种不同季节销售的产品。如一些企业在春夏生产除草机而在秋冬生产扫雪机；服装厂在春夏生产衬衫和 T 恤，而在秋冬生产西装和夹克；商店在夏秋两季销售冷饮，而在冬春销售关东煮。

2) 能力选择

企业可以利用的生产能力(供给)选择有以下 5 种。

(1) 改变库存水平。企业管理者可在低需求时期增加库存水平，以满足将来某时期的高峰需求。使用这种策略增加了有关库存、保险、管理、过期、丢失及资金占用等费用(每年这些成本可能占到一件产品价值的15%～50%)。然而，当企业的产品进入需求上升期，库存水平下降使产品短缺加上产品生产周期可能较长及可能较差的服务水平会导致销售额的锐减。

(2) 通过聘用或暂时解聘来改变劳动力的数量。满足需求的一种方式是新聘或解聘一批工人以使生产率与之保持平衡。但新聘的员工需要培训，当他们进入企业时，平均产出率在一段时间内会下降。当然，临时解聘员工会有损工人的士气，因而也会导致生产率的下降。

(3) 通过延长或缩短工作时间来改变生产率。管理者可以通过改变工作时间来适应需求的变动。当需求有较大的上升时，延长工人的工作时间可以增加产出。同时，延长工作时间会增加工资支出，而且如果工作时间增加很多会降低包括正常工作时间在内所有工作的平均产出率。延长工作时间也意味着机器运转时间延长，这会加速机器的损耗。相反，当需求呈下降趋势时，企业要缩短工人的劳动时间，这可能会引起工人的不满(由于收入下降)。

(4) 转包。企业可以通过转包一部分业务以应付高峰期需求。转包有几条局限性：第一，需花费一定的成本；第二，有失去客户的风险；第三，很难找到理想的承包者，有的承包商不能保证按时按质地提供产品。

(5) 使用非全日制员工。非全日制员工可以满足对非技术员工的需求(特别在服务业)。聘用非全日制员工在超级市场、零售商店及餐馆里是很常见的。

以上 8 种选择策略的利弊如表 5-8 所示。

表 5-8 综合计划各种选择的利弊

选择	有利	不利	评价
影响需求	设法利用过剩的生产能力，折价可以吸引更多的顾客	需求存在不确定性，很难精确保持供求平衡	创新营销概念，在某些业务中采用超额预定
高峰需求时期延迟交货	避免超时工作，使产量稳定	顾客必须愿意等待，但企业信誉受损	许多企业积压订单，等待发货
不同季节产品或服务混合	可充分利用资源，保有稳定的劳动力	需要企业专业生产之外的技术和装备	承担提供的产品或服务与需求不一致的风险
改变库存水平	人力资源变化较小或不变，没有突然的生产变动	存在库存持有成本，需求上升时，产品短缺会导致销售受损	主要适用于生产企业而不是服务企业
通过聘用或暂时解雇来改变劳动力数量	避免了其他选择的成本	聘用或暂时解雇及培训成本相当可观	用于那些非技术人员可寻找额外收入的单位
通过延长或缩短工作时间来改变生产率	同季节变动保持一致，无须雇佣及培训成本	需支付加班工资	在综合计划内有一定的弹性
转包	有一定的弹性并使企业产出平衡	失去质量控制，利润减少；未来市场受损	主要适用于生产部门
使用非全日制雇员	较使用全日制工人节省成本，且更有弹性	更换率及培训成本高，产品质量下降，较难计划	有利于劳动力丰富地区的非技术工作

尽管上述 3 种需求选择和 5 种生产能力选择的任何一种都可提供一个有效而便捷的综合计划，但它们的组合形式或称混合策略却更为有效，即采用两个或两个以上的策略组合来制订一个可行的生产计划。例如，美的公司在空调销售旺季就利用加班、影响需求以及调整库存水平这三种策略的组合。由于组合形式多种多样，找出一个最佳的综合计划是很难的，必须根据企业实际条件因地制宜地加以实施。

混合策略的选择在服务系统不同于生产系统。例如，服务系统没有库存，改变库存水平不能作为一种策略选择；另外，转包合同可能带来竞争等。因此，服务系统通常由员工数量的变化来解决综合计划问题，其通常采用以下4种方式，即改变劳动力需求、交叉培训、工作轮换以及使用非全日制雇员等。

5.4.3 综合平衡

生产计划是建立在综合平衡基础上的，如市场需求与企业生产能力间的平衡，企业内部各种资源的平衡。尽管平衡只是暂时的、相对的，不平衡是经常的、绝对的，但企业计划总是力求计划期内市场需求与生产能力以及企业内部生产要素达到大致的平衡。如果存在差距与瓶颈，则生产计划将受制于瓶颈的约束，影响企业的效益。生产计划综合平衡就是保证在企业现有的生产技术条件和资源约束的条件下，正确处理经营过程中的各种比例关系，做到合理利用企业的人、财、物，克服薄弱环节，挖掘生产与服务潜力，取得最大的经济效果。

生产计划的综合平衡包括如下几个方面。

1. 市场需求与生产能力的平衡

如果市场需求与企业的生产能力一致，企业便可充分开动生产能力去满足市场需求，从中获得理想的收益。可惜实际情况常常并非如此，尤其是市场需求的波动经常造成需求与能力的差别。计划工作的目标之一，就是力求两者达到大致平衡，努力降低生产成本，增加收益。

市场需求与生产能力的平衡，可以从调节需求与调节能力两方面入手。

(1) 调节需求的方法主要有以下几种。

① 定价。当需求不足时，降低价格常常能促进需求，特别是对价格弹性大的产品与服务，定价策略对需求的影响更加有效。

② 促销。通过广告等促销手段促进用户的购买行为，从而调节需求总量。

③ 延迟交货。将一部分需求转移到淡季交货，使企业可以平稳地利用其现有生产能力，其前提条件是用户同意这样做。

(2) 调节生产能力的方法主要有以下几种。

① 追加资源的投入或撤出部分资源。例如企业可以根据需求的波动聘用或解聘职工，或者临时聘用兼职人员，租赁或处理某些机械设备。

② 调整生产。例如需求高峰时加班加点，需求低谷时减少开工时间，职工转入培训等。

③ 利用存货平滑产出量。当需求低于生产能力时增加存货，需求高于生产能力时动用存货交付订单。这种方法主要适用于制造业。

④ 外协转包。在生产能力不能满足需求时将部分加工任务外包，待需求减少时再恢复自行加工。

应用以上调节市场需求与生产能力的方法都要付出额外的成本，如促销降价会减少边际利润，延迟交货可能带来销售损失，聘用/解聘职工以及设备租赁要付出代价，加班加点增加工资支出，存货增加了仓储费用和资金占用成本，临时外协引发高昂成本与质量风险等。因此，在选用这些方法时，要权衡由此引发的收益与成本，择优决策。

由于调节市场需求的方法大多属于营销领域的措施，从编制生产计划的角度来说，则更关注调节生产能力的策略。

2. 企业内部生产要素的平衡

企业内部生产要素资源平衡，才能使每种资源都充分发挥其在生产运作过程中的作用，不受瓶颈的制约，也没有闲置资源的浪费。由于不同产品消耗的资源存在差别，企业拥有的许多资源常常随时间而变化，不平衡的情况经常会出现。

企业内部生产要素的平衡包括以下几种。

(1) 建立在设备配置与人员配备基础上的各生产环节间生产能力的平衡。
(2) 从原材料投入到成品产出全过程的物流平衡。
(3) 支撑生产运作循环的资金平衡。

资源平衡过程是核定计划期企业实际可以利用生产能力的过程，也是发现瓶颈环节、制定相应对策、挖掘企业生产潜力的过程。计划生产能力是在计划期根据市场需求的产品结构，经过企业内部生产要素资源平衡后的综合生产能力。

3. 考虑计划值

核算计划生产能力、编制生产计划都要用到有关企业生产活动的许多基础数据与指标，如设备的生产率与作业率、主要原材料的单耗、产品的收得率与副产品的发生量等。企业应当在内部取得共同认识的基础上，统一制定这些适用于计划期内有关生产、技术、预算等共用的、重要的基本指标，这就是计划值。

计划值与通常所说的技术经济定额形式上类似，但有明显的区别，表现为以下几个方面。

(1) 在管理体制上，计划值是企业统一管理的指标，由企业统一制定，统一修订，企业内部各级、各部门都要使用，不像技术经济定额在一定程度上存在专业分散管理的特点，由各部门根据自己的需要制定、在本部门内部使用。

(2) 在制定标准上，计划值必须先进合理、准确可靠，以完成100%为目标，不允许留有余地，实际完成值超过或低于计划值都会打乱生产计划；而技术经济定额的制定允许留有余地，鼓励实际完成值大于定额值。

(3) 在管理方式上，计划值采用动态管理方式，要求计划值在对象期内与实际值保持一致。若有重大差异，说明计划值的制定不够准确，或原来制定时的条件有了重大变化，要及时修正；而技术经济定额一经制定，在对象期内保持相对稳定，一般不予变更。

(4) 在管理作用上，计划值不仅是计划和管理的基础数据，还作为一种管理目标和管理基准，把生产管理和成本管理联系在一起，是企业加强管理和提高经济效益的重要手段；而技术经济定额通常不作为管理的目标和基准要求。

因此，在制定计划值时，必须根据上期实际值，考虑到使用期生产环境和内部条件变化(原材料供应、设备状况、操作因素等)给计划值水平带来的影响,充分发挥人的能动作用,研究改善计划值水平的技术组织措施。在此基础上,用科学的方法提出一个在使用期内经过努力可以百分之百完成的计划值水平,不留余地,也不高估,按严格的管理程序加以确定。

5.5 编制综合计划的技术

许多企业没有规范的综合计划工作程序,而是年复一年地在原有计划的基础上,根据需求的变动进行一些调整。这种做法使企业的计划缺乏灵活性,使整个生产过程只能被固定在一个较次的水平上。这里介绍有助于企业编制合适的综合计划的方法。

5.5.1 编制综合计划的步骤

编制综合计划通常包括以下几个步骤,如图5-6所示。

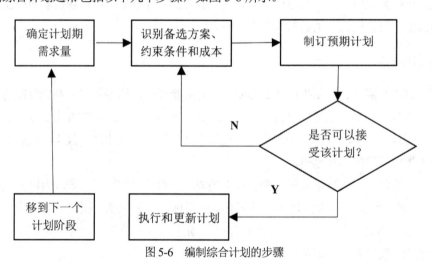

图5-6 编制综合计划的步骤

1. 确定计划期需求量

编制计划的第一步,就是确定满足计划期中每一时段顾客的需求量。对员工计划来说,计划人员应根据历史需求量、管理人员判断以及现有的人员储备等,对每个劳动力类别所需人员进行预测。例如,一家医院的护士长可以为护理人员制定一个直接看护指标,并把按月预测的病人总数转换为相应的看护时间总量,据此就可以得到这一年每个月所需要的护士数量。对生产计划来说,所需计划量代表对产成品和外协件的需求量。计划人员可以根据备货量(针对订单生产的企业)或产品族的预测值(针对库存生产的企业),推导出未来生产产成品所需的计划量。有的时候,在实际订货以前,分销商或经销商就给出了他们对产成品的需要量,这就为所需计划量的预测提供了可靠的数据来源。

2. 识别备选方案、约束条件和成本

编制计划的第二步，就是要识别出计划的备选方案、约束条件和成本。一般来说，生产运营经理要根据需求量的预测值而采取不同的行动方案，也就是将预测的需求量作为一个给定值，对劳动力数量、加班、库存量、加工转包以及计划中的积压订单等做出相应的调整，以满足需求。约束条件表示与综合计划有关的物质约束条件或管理政策。物质约束条件可能包括一次只能容纳这么多新员工的培训设施能力、库存空间不足以及使最大产出量受到限制的设备能力等。政策约束可能包括最小库存规模政策、临时工雇佣政策、加班政策等。在编制综合计划时，计划人员通常要考虑以下六类成本：正常生产成本、与产出率变化有关的成本、存货成本、转包成本、缺货或延期交货成本。

3. 制订令人满意的计划

制订令人满意计划的过程是一个重复迭代过程，也就是说，计划可能需要经过多次修改和调整。首先要制订一个预期计划，或者是尝试性计划，以此作为综合计划的初始方案。例如，以月为计划时段的生产计划必须具体规定每月的产出率、库存量以及延迟交货的数量、转包合同量，以及每月劳动力数量(包括招聘、解聘和加班)。然后，必须根据约束条件对该计划进行审查，并参照战略目标对计划进行评价。如果由于以上任何原因而使该预期计划不可接受，那么就应该再制订一个新的预期计划。

4. 执行和更新计划

编制计划的最后一步是综合计划的执行和更新。计划的执行要求各职能部门的管理者承担责任。一般来说，企业从产品或服务、劳动力和时间三个方面来执行综合计划。产品或服务指的是一组具有相似需求特性和相同的工艺流程、劳动力以及材料方面需求的产品、顾客及服务。企业可以将其产品或服务归并成一系列范围较广的产品组，选择一些通用且适当的计量单位，如顾客数、货币单位、标准小时数、台(件)数或吨数等。在劳动力方面，企业可以根据劳动力的柔性以各种方式对劳动力进行归类。企业可以将劳动力看成一个单一的集合体，也可以按产品组系列将员工分成小组，为每个产品系列配置不同的小组。例如，公共管理部门将其工作人员划分为消防人员、警察、环卫工人以及行政管理人员等。在时间方面，综合计划所覆盖的计划期限通常为1年，并且计划的调整一般按月或季度进行。也就是说，企业按1个月、1个季度或1个生产季节来组织计划，而不是按天数或小时数。有些企业对计划期的近期部分以月为单位，对较远的部分则以季度为单位。在计划的执行过程中，管理者可能对计划提出修改意见，或者建议对计划进行更新，以使某些相互冲突的目标达到更好的平衡。接受这项计划并不意味着每个人的意见完全一致，但确实意味着每个人都会努力地去完成这项计划。

5.5.2 综合计划编制方法

1. 直观试算法

直观试算法，顾名思义是一种试算的方法，有时又叫做图表法，是为适应计划期内市场需求波动先拟订若干调节生产的方案(包括均匀排产、跟踪排产与混合排产的方案)，之后计算并比较各种方案的生产成本，直至选出一个满意的方案编制综合计划的方法。这种方法优点是直观，缺点是往往只能获得局部最优解，而不能得到全局最优解，而且计算结果只能采取一种单一的策略，实际情况是有可能采取融合多种策略的综合策略。直观试算法的基本步骤如下所述。

(1) 确定每一时段的需求量、安全库存量及期初的库存水平。

(2) 确定每一时段的正常生产能力。

(3) 确定加班、转包等生产能力，列出调节生产的各种可供选择方法，如加班加点、外协转包、临时增减生产资源(设备、工具、劳动力)、持有存货、延迟交货等，确定其可供调节的数量及单位相关成本。

(4) 确定库存策略。

(5) 拟订若干计划方案，并计算其各自的成本，如劳动成本、库存成本、缺货成本、招聘和解聘成本、加班成本、外包成本等相关成本。

(6) 通过分析比较，选出满意的计划方案。

通常这种方案可以获得比较满意的结果，但并不是最佳的方案，因为它只是计算其中有限的几种方案。企业在编制综合生产计划时一般利用简单的试算法。这种方法有两个计算过程，一个就是手算，另一个就是借助电子表格软件(Excel)实现这一计算过程。

例 5-10 设已知计划年度各季对某产品的需求量为 200、300、400、300 件，总需求量为 1200 件，可供选择的调节生产能力的因素有加班加点、存货、延迟交货。正常生产的每件产品成本 10 元，加班生产为 12 元，每季最多 100 件，存货费用为每件 1 元，延迟交货每件损失为 5 元，年初库存为 0。现提出 3 种计划方案：方案 1，采用均匀生产方式，每季正常生产 300 件，总量 1200 件；方案 2，采用跟踪生产方式，每季正常生产 250 件，不足部分在 3、4 季度加班加点生产；方案 3，采用混合生产方式，1、2 季度正常生产 250 件，3、4 季各 300 件，不足部分在 3、4 季加班加点生产补足。分别计算各方案的总成本，并确定最后执行方案。

解： 例如，对方案 3 的计算见表 5-9。

表 5-9 对方案 3 的生产成本计算

季度		1	2	3	4	合计
市场需求/件		200	300	400	300	1200
产量/件	正常生产	250	250	300	300	1100
	加班生产	0	0	100	0	100
	余缺	50	−50	0	0	0

(续表)

季度		1	2	3	4	合计
存货/件	期初	0	50	0	0	50
	期末	50	0	0	0	50
	平均	25	25	0	0	50
	延迟交货	0	0	0	0	0
成本/元	正常生产	2500	2500	3000	3000	11 000
	加班生产	0	0	1200	0	1200
	存货费用	25	25	0	0	50
	延迟损失	0	0	0	0	0
总计						12 250

其他方案总成本的计算方法同上，得方案 1 总成本为 12 200 元，方案 2 总成本为 12 700 元，方案 3 总成本为 12 250 元，从成本低的视角可取方案 1 编制综合计划。

用直观试算法编制综合计划，优点是简便易行，缺点是很难找到最佳计划方案，只能通过多种方案进行试算得到满意计划方案。

2. 运输模型法

鲍曼(E. H. Bowman)建议用运输模型法编制综合计划。运输模型法又可称为图表作业法，实际上是一种表格化的线性规划方法。用运输模型法编制综合生产计划必须做一定的假设：第一，在每一计划期内的正常生产能力、加班生产能力和外包都有一定的限制；第二，每一期间的需求预测量均为已知；第三，成本和产量为线性关系。

应用运输模型法，必须正确建立运输表格，如表 5-10 所示。在表 5-10 中，第一行分别为每期计划方案、计划期、未用生产能力和可用生产能力。接下来是每期的正常产量、加班产量和外包产量。最下面一行表示每期总的需求量。表 5-10 中每一格的右上角表示单位产品的相应成本，包括了生产成本和库存成本。设单位产品在每期的库存成本为 C_I，单位产品的正常生产成本为 C_p，单位产品的加班生产成本为 C_o，单位产品的外包成本为 C_w，则如果第 1 期生产出来的产品准备在第 2 期销售，其成本就变为 C_p+C_I，若在第 3 期销售，成本就为 C_p+2C_I。依次类推，可得加班生产成本和外包成本。第 t 期的正常可用生产能力为 PN_t，第 t 期的加班可用生产能力为 PO_t，第 t 期的正常可用生产能力为 PW_t。

表5-10 运输模型表

季度	计划方案	计划期			未用生产能力	可用生产能力
		第1期	第2期	第3期		
1	正常	C_P	C_P+C_I	C_P+2C_I		PN_1
1	加班	C_O	C_O+C_I	C_O+2C_I		PO_1
1	外包	C_W	C_W+C_I	C_W+2C_I		PW_1
2	正常		C_P	C_P+C_I		PN_2
2	加班		C_O	C_O+C_I		PO_2
2	外包		C_W	C_W+C_I		PW_2
3	正常			C_P		PN_3
3	加班			C_O		PO_3
3	外包			C_W		PW_3
需求		D_1	D_2	D_3		

应用运输模型法编制综合生产计划时遵循如下步骤：①在可用生产能力一列填上正常、加班和外包的最大生产能力。②在每一单元格中填上各自的成本。③在第1列寻找成本最低的单元格，尽可能将生产任务分配至该单元格，但必须满足生产能力的限制。④在该行的未用生产能力中减去所占用的部分，但必须注意剩余的未用生产能力不能为负数，如果该列仍有需求尚未满足，则重复步骤②~④，直至需求全部满足为止，并且按照②~④的步骤分配全部期间的单元格。使用运输模型时还应注意，每一列的分配总和必须等于该期的总需求，每一行生产能力和也应等于可用的总的生产能力。

设在例5-10需求情况下，采用三种调节生产能力的因素：正常生产时，其可用能力为每季250件，每件成本10元；加班生产时，可用生产能力为每季100件，每件成本12元；转包生产时，可用生产能力为每季50件，每件成本15元，储存成本与延迟损失仍为每季每件1元与5元。用运输模型法可得综合计划见表5-11，表中右上角数字为单位产品成本(含生产、存货与延迟交货损失费用)。

表 5-11 用运输模型编制综合计划

季度	计划方案	第1季度	第2季度	第3季度	第4季度	可用生产能力总量
	期初存货	0 (0)	(0)	(1)	(2)	(3)
1	正常生产	200 (10)	50 (11)	(12)	(13)	250
1	加班生产	(12)	(13)	(14)	(15)	100
1	转包生产	(15)	(16)	(17)	(18)	50
2	正常生产		250 (10)	(11)	(12)	250
2	加班生产		(12)	50 (13)	(14)	100
2	转包生产		(15)	(16)	(17)	50
3	正常生产			250 (10)	(11)	250
3	加班生产			100 (12)	(13)	100
3	转包生产			(15)	(16)	50
4	正常生产				250 (10)	250
4	加班生产				50 (12)	100
4	转包生产				(15)	50
	需求	200	300	400	300	1200

运输模型法的优点是可以获得最优解,计算也不复杂,缺点是假定了变量之间的线性关系,不一定符合实际情况,且要求目标只有一个(本例为成本最低),约束也少(本例只有各种方式的可用生产能力),不适合追求多目标和存在多约束的场合。

3. 线性规划法

线性规划法按计划方案取舍的准则建立目标函数,考虑多种约束条件建立数学模型求解,可获得最优的计划方案,而且其复杂的计算工作可用专门的软件在计算机上求解,因而受到了人们的欢迎。

设调节产量以适应需求波动有加班加点、持有库存、外协转包、增减职工等方法，并以成本最低为计划决策的准则，则可建立目标函数为

$$Z = C_p P_t + C_q Q_t + C_i I_t + C_s S_t + C_h H_t + C_d D_t \to \min \tag{5-29}$$

式中，P_t——t 期正常产量；
　　　Q_t——t 期加班产量；
　　　I_t——t 期期末库存；
　　　S_t——t 期外包产量；
　　　H_t——从 $t-1$ 期到 t 期增加职工而影响的产量；
　　　D_t——同期减少职工而影响的产量；
　　　C_p、C_q、C_i、C_s、C_h、C_d——相应的单位产量成本；
　　　t——计划期内各时段，$t=1, 2, \ldots, m$。

约束条件如下所示。

(1) 供需平衡约束，计算公式为

$$I_{t-1} + P_t + Q_t + S_t - I_t = R_t \tag{5-30}$$

式中，P_t——t 期需求量。

(2) 改变产量水平的约束，计算公式为

$$H_t - D_t = P_t - P_{t-1} \tag{5-31}$$

(3) 各生产因素生产能力的约束。
t 期正常产量的约束公式为

$$P_t \leqslant F_t W_p \tag{5-32}$$

式中，F_t——t 期制度工作日；
　　　W_p——正常日产量。

t 期加班产量的约束公式为

$$Q_t \leqslant F_t W_q \tag{5-33}$$

式中，W_q——t 期加班最大日产量。

t 期外包产量的约束公式为

$$S_t \leqslant A_t \tag{5-34}$$

式中，A_t——t 期外包最大量。

t 期期末库存的约束公式为

$$I_t \geqslant B_t \tag{5-35}$$

式中，B_t——t 期末保险储备量。

线性规划法也有缺点，因为它假定了变量之间必须呈线性关系，各种方式产出的单位成本

是常数，有些约束条件很难用简单的方程表达，不得不对客观情况做过多的简化。一般在原料少、生产过程稳定、产品结构简单的流程型企业中，线性规划法应用效果较好。

4. 目标规划法

在编制综合计划时通常有以下目标：制订的计划应在生产能力之内；生产必须满足需求；生产与库存成本应最小化；库存投资不应超出一定的限制；加班成本应控制在一定的范围之内；员工人数不能超出一定的数目。在建立线性规划的数学模型时，这些目标一般是单目标问题，但是这些目标的优先顺序难以确定。利用目标规划就可以克服这个缺点，它可以提供这些目标优先次序的解决方案，但是如果目标是相互抵触的，则难以同时满足这些目标。

5. 计算机仿真

无论是线性规划法，还是线性决策规划方法，或是目标规划法，均要求给出实际的解析表达式，而求得准确的解析表达式往往比较困难，于是人们就以计算机作为工具，通过开发一定的仿真软件进行综合生产计划的编制。利用解析方法编制综合生产计划，要求严格地假定决策变量间的关系。例如，有的假设成本与生产量之间为线性关系，有的则假定成本与生产量之间是一个二次函数。利用解析方法求解，这种决策变量间的关系应是固定的，而实际情况往往是，有的期间成本与生产量之间为线性关系，而有的期间则为二次函数关系。计算机仿真方法可以很容易地克服这个难题。解析方法可以得到最佳解，而系统的仿真方法则不一定能求到最佳解。

5.5.3 服务企业的综合计划

服务企业编制综合计划的原理、方法与制造业相似，但有如下特点。
(1) 服务业的需求变动更频繁，且准确预测的难度大。
(2) 服务与消费同时进行，无法用库存调节生产能力，因而不得不更多地依靠短期调节措施，如雇用临时工、季节工、调整班次、加班加点。
(3) 某些服务内容个性化强、差别大，使服务能力计量具有较大的不确定性。
(4) 从事服务业的职工适应不同工作的能力较强，可以通过培养多面手等方式灵活调配人力资源，以调节各环节服务能力的余缺。

例如，娱乐业、金融业、运输业的综合计划，主要是平衡需求高峰和需求低谷时期的劳动力资源；餐饮业是一种高产出服务，对综合计划的要求是生产运营能力平稳，保证设备及员工持续正常工作，需求低时有库存，需求高时用尽库存；连锁经营企业的综合计划具有集中购买、集中产出的特点；航空业的综合计划根据进出航空中心的航班次数、所有航线的航班次数、各航班服务的乘客数、各中心与机场需要的空中及地面服务人员数来编制；医院编制综合计划时面临的问题是如何分配资金、管理人员和提供服务，可根据病人平均流量预测医院负荷，从而确定病床数量、门诊人员及全体服务人员数。

案例

乐家洁具公司苏州水龙头工厂(以下简称"乐家工厂")是一家中小规模的制造型企业。该工厂现有员工约 400 人,生产部门正式员工约有 300 人,技术、设备维护员工约 30 人,品质部门员工约 20 人,仓库管理人员 7 人,EHS 部门 7 人,其余为办公室人员(采购、人事、财务是几个工厂共有)和各部门经理,约有 40 人。该工厂主要设备包括制芯机、重力浇铸机各 12 台,振动落砂机 4 台,切割锯床 4 台,CNC 加工中心 30 台(有 2 台用于模具制造,2 台用于辅助加工),清洗、气密测试设备 14 套,4 套工业机器人打磨系统,48 组共 96 台砂带打磨机,7 台半自动磨光机,12 台抛光机,一条电镀线,另有 12 条组装线,2 条电子龙头组装线,一条恒温水龙头组装线。另有配套的水密测试设备和其他测试、维修设备数十台。工厂自投产以来,由于集团内订单分配的原因,设计产能并未充分发挥。

在乐家工厂的生产过程中,每月所要制造的种类多达 100 种以上,成套组装工序还有很多变型产品,品种总数超过 400 种,加上产品分属不同的品牌,如劳芬、乐家等,产品质量要求高,制造难易程度差异很大。这给生产计划工作带来了很大的挑战。乐家工厂试图通过生产计划的优化和控制来解决这些问题,并且降低生产成本。

乐家工厂是根据需求预测制订生产计划的,乐家工厂的需求来自两方面:一方面来自中国区的销售部门的订单。这又分为面向零售市场的需求和面向楼盘、工程市场的需求。面向零售市场的年总需求量基本可以预测,但是具体型号的需求会有一定变化;面向楼盘、工程市场的年需求量比较难预测,如果签下了国内的一些地产巨头的订单,那么需求可能增加很多。另一方面来自西班牙总部和集团内瑞士高端品牌的客户的订单。西班牙总部会将手中掌握的全球市场的订单在集团内分配。而瑞士订单变化大,且对交货要求苛刻,必须尽力满足。销售需求的不确定因素比较多,不过由于各因素的此消彼长,每月需求基本稳定在一定范围之内。

乐家工厂主要生产 A、B 两种产品,其工时定额如表 5-12 所示。

表 5-12 工时定额

A 产品生产		B 产品生产	
加工中心/号	工时定额/小时	加工中心/号	工时定额/小时
16	2.1	10	2.8
19	6.8	18	1.3
25	4.1	19	3.6
41	7.2	35	2.1
52	3.9	52	1.7

根据需求预测,得出 6 个月的产品出产预计划,如表 5-13。

表 5-13 产品出产预计划

产品	月份					
	1	2	3	4	5	6
A/台	400	200	259	350	200	100
B/台		300	350	200	300	300

(1) 计算 19 号和 52 号加工中心的工作负荷;

(2) 调整产品出产预计划,使生产量更加均衡,并满足如下条件:1 月结束前至少完成 400 台 A 产品,5 月结束再完成 750 台 A 产品并完成 1100 台 B 产品。

解: 1 月份生产 400 台 A 产品×每台 A 产品需 19 号加工中心加工 6.8 小时=2720 小时;
2 月份生产 200 台 A 产品×每台 A 产品需 19 号加工中心加工 6.8 小时=1360 小时;
2 月份生产 300 台 B 产品×每台 B 产品需 19 号加工中心加工 3.6 小时=1080 小时;
按照同样的方法可以计算 19 号加工中心 1—6 月生产负荷,将各月 19 号加工中心加工 A、B 两种产品的负荷相加,如表 5-14 所示。

表 5-14 19 号加工中心的负荷

产品工时	月份					
	1	2	3	4	5	6
A 产品的工时	2720	1360	1700	2380	1360	680
B 产品的工时	0	1080	1260	720	1080	1080
总计	2720	2440	2960	3100	2440	1760

19 号加工中心的最高负荷在 4 月,达到 3100 工时;最低负荷在 6 月,负荷为 1760 工时。用同样方法可计算 52 号加工中心的负荷(见表 5-15)及其他各加工中心的工作负荷。

表 5-15 52 号加工中心的负荷

产品工时	月份					
	1	2	3	4	5	6
A 产品的工时	1560	780	975	1365	780	390
B 产品的工时	0	510	595	340	510	510
总计	1560	1290	1570	1705	1290	900

52 号加工中心的负荷不均衡,也有类似于 19 号加工中心的负荷情况。

(3) 按照要求调整产品出产预计划(见表 5-16),使负荷尽可能均衡。各生产中心的负荷结果分别如表 5-17、表 5-18 所示。

表5-16 调整后的产品出产计划

产品	月份					
	1	2	3	4	5	6
A/台	400	210	250	290	200	150
B/台		300	300	200	300	350

表5-17 调整后的19号生产中心的负荷

产品工时	月份					
	1	2	3	4	5	6
A产品的工时	2720	1428	1700	1972	1360	1020
B产品的工时	0	510	1080	720	1080	1280
总计	2720	2508	2780	2692	2440	2280

表5-18 调整后的52号生产中心的负荷

产品工时	月份					
	1	2	3	4	5	6
A产品的工时	1560	819	975	1131	780	585
B产品的工时	0	510	510	340	510	595
总计	1560	1329	1485	1471	1290	1180

产品出产预计划调整后,负荷比较均衡。若负荷不超过生产能力,不采取措施就能完成任务。若生产负荷大大超过生产能力,且运用加班加点或转包的办法都不能解决问题,需扩大生产能力。扩大生产能力可以采取新建、扩建新设施的办法。要进行扩大生产能力的决策,可以以决策树为工具,评价不同的扩大生产能力方案。

在乐家工厂的现有工序中,机加工区域全部使用了加工中心,产品加工的一致性非常好。在程序编制、调试完成以后,每一件产品的加工时间可以精确到秒;而工件的取放时间也是设定好的,因此当主生产计划出来以后,可以很快地计算出所需的工时。

资料来源:汪维江. 乐家(苏州)工厂生产计划编制方法研究[D]. 上海:上海交通大学,2015.

思考题

1. 测定生产能力的程序分哪几步?
2. 提高生产能力的途径都有哪些?
3. 编制生产能力计划分哪几个步骤?
4. 设某机床配套加工零件 A、B、C、D 4 种,三班制工作,计划年度制度工作时间为 250

天，计划修理停工率为10%，加工各种零件的台时定额与产量比重见表5-19。求每套零件综合台时消耗为多少？配套生产能力是多少？

表5-19 某机床生产能力计算

产品名称	产量比重/%	台时定额/小时/件	生产量/件
A	25	12	135
B	20	18	108
C	40	7	216
D	15	4	81
合计	1	10	540

5. 设已知计划年度各季对某产品的需求量分别为200件、350件、400件、450件，总需求量为1400件。采用三种调节生产能力的因素：正常生产时，其可用能力为每季250件，每件成本10元；加班生产时，其可用生产能力为每季100件，每件成本12元；转包生产时，可用生产能力为每季50件，每件成本15元，存储成本和延迟交货损失为每季每件1元与5元。试用运输模型法编制综合计划并计算总成本。

第6章 主生产计划

主生产计划在制造计划和控制系统乃至整个生产管理中有很重要的作用,它直接与需求预测、综合生产计划,以及物料需求计划相联系,连接了制造、销售、工程设计及生产计划等部门。综合生产计划的计划对象为产品群,主生产计划的对象则是以具体产品为主的基于独立需求的最终物料(end item)。主生产计划的制订是否合理,将直接影响到随后的物料需求计划的计算执行效果和准确度。一个有效的主生产计划需要充分考虑企业的生产能力,要能够体现企业的战略目标、生产和市场战略的解决方案。主生产计划在综合计划基础上确定各种最终产品的生产数量和时间进度,是综合计划的具体化,又是进一步编制生产作业计划的依据。可以说,主生产计划是衔接综合计划与生产作业计划的重要环节。

6.1 从综合计划到主生产计划

综合计划是整个公司各产品系列之间的生产时间安排。它可告诉你电视机制造商各生产多少台平板电视、等离子电视机、液晶电视机和背投电视机,但它不能告诉你25寸的与29寸的平板电视机各生产多少台;它可告诉你钢铁冶炼厂生产多少吨钢铁,但不能将轧过的薄钢板同一般钢板区别出来。为使综合计划对企业各单位的生产作业具有实际指导价值,必须要对综合计划进行分解,其内容是为确定劳动需求(技术、劳动力规模)、材料和存货需求把综合计划分解为明确详细的产品需求。最终付诸实施的生产计划必须要把那些总的计量单位(以产品系列为单位)转变成或分解成能够被生产或提供的实际的产品或服务单位。企业需要对每一种特殊产品制订计划:每种产品各应生产多少,需要多长时间?比如说一个割草机生产商制订了一个综合计划,要在1月生产200台、2月生产300台、3月生产400台割草机。这家公司可以生产推式割草机、自力推进式割草机和骑式割草机,尽管所有割草机也许都装有一些相同的部件,涉及一些类似的或同样的构造和装配过程,但每一种机器还会在材料、部件和流程上有所不同。因此,要在3个月中生产的(200台、300台和400台)割草机总数必须得在购买相关材料和部件、列出生产运作时间表和规划存货需求之前,转换成每种割草机的具体数目。将综合计划分解为总进度计划的表格,如表 6-1 所示。

表 6-1 分解综合计划

单位:台

综合计划				
月份		1	2	3
计划产出		200	300	400
总进度计划				
计划产出	推式割草机	100	100	100
	自力推进式割草机	75	150	200
	骑式割草机	25	50	100
总计		200	300	400

分解综合计划的结果是,得到总进度计划(有时也称时间计划总表),它显示了计划时期内各个具体产品的数量和时间安排,通常覆盖预定时期的 6~8 周。总进度计划显示了个别产品而不是整个产品组的计划产出,也显示了生产时间安排。在总进度计划基础上,管理者就要做粗略的生产能力计划,检测所建议的总进度计划中关于可利用生产能力的柔性,以确保不存在明显的生产能力限制。制订总进度计划时,要求检查生产能力和仓库设施、劳动力和材料供应状况,保证不存在将会导致总进度计划不能实行的重大失误的隐患,然后根据总进度计划制订短期计划。应当注意的是,综合计划覆盖了 12 个月的时间,而总进度计划只覆盖一部分的时间。换言之,总进度计划是综合计划的分解,可能只覆盖几个星期到两三个月的时间。此外,总进度计划可以逐月更新。例如,割草机总进度计划可能会在 1 月底进行更新,修正 2 月和 3 月的计划产出,并添加关于 4 月计划产出的新信息。

综合计划是根据市场需求与生产能力按产品大类编制的生产计划,它忽略了不同产品生产的细节,集中解决合理配置各种可以利用的生产资源以满足市场需求并获得满意的收益,而按产品大类编制的粗略计划无法指导具体的生产活动,因此需要分解综合计划,一是将大类产品的生产总量分解成具体的最终产品的生产数量;二是将各期的生产任务(如年可分为季、可分为月)分解成各细分时段的生产顺序及进度(如季分月、分周)。这样做的目的有以下 3 点:一是便于安排短期生产活动,编制生产作业计划;二是由于不同产品占用的生产能力不同,综合计划分解后可以计算该时段生产能力粗略的需求,确保生产能力与生产任务的匹配;三是据此计算物料需求及可向市场提供的产品,进一步安排采购、销售计划。

6.2 主生产计划概述

制订主生产计划从总进度计划开始。总进度计划包括一组产品的需求数量和时间安排,但它并不指出计划出产量。比如说,时间计划总表要求 1 月份的第 1 周提供 100 台的推式割草机,但由于存货里还有 150 台足以满足需求,因而不需要安排产品出产。如果存货里只有 80 台,为满足需求则需要完成 20 台的出产任务;如果企业是按批量 200 台组织生产,则一旦存货不足以满足需求时,就得一次生产 200 台。

主生产计划(master production schedule,MPS)指明了生产计划的生产数量和时间安排,它同时考虑到了预测需求量、需求时间和现有库存等因素。主生产进度计划是制订总进度计划过程中的主要输出之一,主生产计划通常是滚动的生产计划。

6.2.1 主生产计划的相关术语

1. 时界(time fences)

对主生产计划期间的不同部分所允许的变化予以限制,常设定时界(如在第 4、8 周设定),确定允许的变化程度。

主生产计划存在如下 4 种状态:一是冻结状态(frozen),计划不允许有任何改变;二是稳定状态(moderately firm),允许产品族内部一些特殊的微小变化(只要所需部件可获得);三是灵活状态(flexible),允许某种程度较大的变化(只要总体能力需求水平基本保持不变);四是开放状态(open),允许任何的改变。

主生产计划中设立以下两类时界:一是需求时界(demand time fence,DTF),在该计划点之后仅允许少许重要的改变(需主计划员批准的特殊客户订单);二是计划时界(planning time fence,PTF),在该计划点之后 MPS 允许变化(由主计划员手工输入)。

主生产计划中的时界概念如图 6-1 所示。

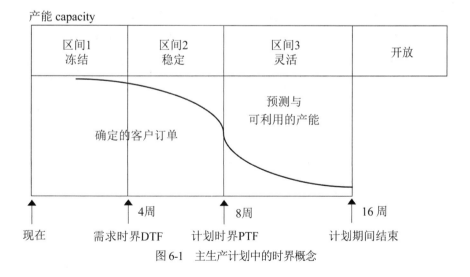

图 6-1 主生产计划中的时界概念

2. 可承诺量(ATP)

综合计划全部基于预测,主生产计划考虑实际的客户订单。主生产计划面向生产,又联结销售。可承诺量/可签约量(available to promise,ATP),是指在一段时间内,生产数量多于客户订单的数量。例如，某企业的产品生产的计划数量、订单数量、可承诺量如表 6-2 所示。

表 6-2 某企业的产品生产计划数量、订单数量、可承诺量

周	1	2	3	4	5
预测数量/台	800	600	900	300	400
订单数量/台	700	700	300	100	0
MPS/台	800	700	900	300	400
ATP/台	100	0	600	200	400

6.2.2 主生产计划与其他制造活动之间的关系

第一，主生产计划是整个计划系统中的关键环节。一个有效的主生产计划是企业对客户需求的一种承诺，它充分利用企业资源，协调生产与市场，实现生产计划大纲中所确定的企业经营计划目标。主生产计划起到了承上启下、从宏观计划向微观计划过渡的作用，决定了后续的所有计划及制造行为的目标，是后续物料需求计划的主要驱动。从短期上讲，主生产计划是物料需求计划、零件生产、订货优先级和短期能力需求计划的依据。从长期上讲，主生产计划是估计本厂生产能力(厂房面积、机床、人力等)、仓库容量、技术人员和资金等资源需求的依据。

第二，综合计划约束主生产计划，主生产计划的全部细节性的计划要和综合计划所阐述的一致。在主生产计划制订后，要检验其是否可行，这时就应编制粗能力计划，对生产过程中的关键工作中心进行能力和负荷的平衡分析，以确定工作中心的数量和关键工作中心是否满足需求。

第三，主生产计划是制造物料的基础的活动，是生产部门的工具，它指明了未来某时段将要生产什么。主生产计划也是销售部门的工具，指出了将要为用户提供什么，为销售部门提供生产和库存信息：一方面可使企业的行销部门与各地库存和最终的顾客签订交货协议；另一方面可使生产部门较精确地估计生产能力。如果生产能力不足以满足顾客需求，销售人员应及时将此信息反馈至生产和行销部门。高级管理层需要从主生产计划反馈的信息中了解制造计划可否实现。

6.2.3 主生产计划的计划对象

综合计划的计划对象是产品系列，每一系列可以由多个型号的产品所构成，综合计划不做细分，这和其后的主生产计划有所区别。举例来说，如果某汽车公司生产某种轿车，有 A，B，C、D 4 种型号，计划年总生产量为 1 万辆，这是综合计划预先规定的，而不必规定每一型号的轿车的产量。而主生产计划规定每一种型号的产品的生产量，如 A 型号车为 2500 辆、B 型号车为 3500 辆；C 型号车为 2000 辆，D 型号车为 2000 辆，如图 6-2 所示。在图 6-2 中，通过编制汽车的综合计划可知第一个月的总产量为 800 辆。在此基础上，编制主生产计划时，不仅要

将该产品群分解至每一型号的汽车产量，还要将时间周期进行分解，通常分解为以周为单位，则由图 6-2 可以看出，第 1 个月的第 1 周需生产 A 型号汽车，产量为 200 辆；第 2 周需生产 B 型号和 D 型号的汽车，产量分别为 300 辆和 150 辆；第 3 周需生产 C 型号的汽车，产量为 150 辆；第 4 周不生产，这样，前 4 周的总产量和综合计划相对应，即为 800 辆。

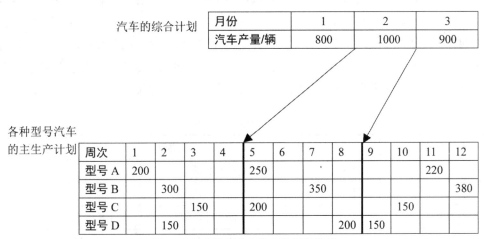

图 6-2 综合计划和主生产计划的关系

6.3 主生产计划的编制

6.3.1 主生产计划的编制原则

主生产计划编制的优劣直接影响到企业的生产资源能否得到有效利用，以及劳动生产率的高低，生产成本的高低和资金占用的多少，对企业的经济效益起很大的作用。因此，在编制主生产进度计划时，要注意掌握以下原则。

(1) 各种产品的产出时间和数量必须满足订货合同的要求，确保 100%完成已有订货合同。
(2) 经常生产和产量较大的主导产品尽可能均衡安排，使生产相对稳定。
(3) 同类产品可安排在一起生产，合理安排生产批量，以简化生产组织，提高工作效率。
(4) 各种产品合理搭配，新产品试制均匀安排，力求劳动力与设备负荷均衡。
(5) 注意各时期生产的衔接、物资供应、生产技术准备与产品生产进度的协调，必要时以滚动计划方式加以调整。

6.3.2 主生产计划的编制步骤

主生产计划编制步骤包括确定相关原始参数、计算毛需求、确定在途量、计算预计在库量、计算净需求、确定计划订单的产出及投入、计算预计可用库存量和可供销售量等。

1. 确定相关原始参数

制订主生产计划时,应以时间分段记录来说明主生产计划量、销售预测、预计可用库存量和可供销售量之间的关系。主生产计划以主生产计划报表来体现,报表由表头和表体构成。表头是进行主生产计划计算所需的重要原始参数,常用的原始参数有物料名称、物料编号、现有库存量、提前期、需求时界、计划时界、安全库存量、批量等,如表 6-3 所示。表体则是主生产计划的计算主体,要根据主生产计划的计算逻辑分别确定预计可用库存量、净需求量、计划产出量和可供销售量等信息。编制主生产计划除了需要上述原始参数外,还需要预测量和合同量,如表 6-4 所示。预测量和合同量是制订主生产计划的重要输入。

表 6-3 相关原始参数

参数名称	参数值	参数名称	参数值
物料号	LA001	提前期/周	1
物料名称	灯具	需求时界/周	3
期初库存量/个	15	计划时界/周	8
安全库存量/个	5	计划日期	21/04/01
批量/个	60	计划员	PES

表 6-4 预测量与合同量

期间/周	1	2	3	4	5	6	7	8	9	10
预测量	20	20	20	20	20	20	20	20	20	20
合同量	25	18	23	16	28	15	24	18	20	18

↑ 需求时界点 　　　　　　　　　　　　↑ 计划时界点

主生产计划的编制过程和物料需求计划的编制过程基本一致,只是关注的信息不太一样。主生产计划比较关注产品的可供销售量,而物料需求计划关注物料的可用库存量。

在计算相关数值时,首先是根据预测量和合同量确定毛需求,再根据毛需求、现有库存量和计划接受量计算净需求,从而确定何时投入、何时产出、投入多少、产出多少。

2. 计算毛需求(gross requirement,GR)

毛需求不是预测信息,而是生产信息。毛需求是有时段性的,而不是某一计划期的一个平均值。毛需求的确定没有固定的模式,因系统和企业的实际需求而定。其中用得较多的是考虑每阶段所在的时段,在需求时界内,毛需求等于实际顾客合同量;在计划时界内,毛需求取预测量和合同量中的最大值;在计划时界以外,毛需求则取预测值。设产品 i 在期间 t 的毛需求为 $GR_i(t)$,则毛需求的计算公式为

$$GR_i(t) = \begin{cases} D_i(t) & t \leq t_d \\ \max[D_i(t), F_i(t)] & t_d < t \leq t_p \\ F_i(t) & t_p < t \end{cases} \quad (6-1)$$

式中，$D_i(t)$——产品 i 在期间 t 的实际订单量；

$F_i(t)$——产品 i 在期间 t 的实际预测量；

t_d——需求时界；

t_p——计划时界。

由表 6-4 可得毛需求的计算结果(见表 6-5)。

表 6-5 毛需求计算结果

期间/周	1	2	3	4	5	6	7	8	9	10
预测量/个	20	20	20	20	20	20	20	20	20	20
合同量/个	25	18	23	16	28	15	24	18	20	18
毛需求/个	25	18	23	20	28	20	24	20	20	20

3. 确定在途量(scheduled receipts，SR)

在途量表示已经订购或已经生产，预计在期间 t 到货的物料量。设产品 i 在期间 t 的在途量为 $SR_i(t)$。计算净需求量和预计可用库存量时，应考虑在途量。如何考虑在途量，将在计算净需求量和预计可用库存量中做介绍。当该产品提前期大于 1 周时，如提前期为 3 周，则已核发和执行的订单既可以在第 1 周到达，也可以在第 2 周或第 3 周到达，因为本例的提前期是 1 周，故已在途的订货量应在第 1 周到达。当然，如果考虑实际的特殊情况，在途量可以在计划期间的任一期到达。

4. 计算预计在库量(projected on-hand，POH)

某期间若没有计划订单产出，则期末预计的在库量称为预计在库量。物料需求计划利用预计在库量 POH 来决定某期是否有净需求。设产品 i 在期间 t 的预计在库量为 $POH_i(t)$。第 1 期的预计在库量等于初始库存量加上第 1 期的在途量再减去毛需求，计算公式为

$$POH_i(1) = OH + SR_i(1) - GR_i(1) \quad (6-2)$$

其他期的预计在库量的计算公式为

$$POH_i(t) = PAB_i(t-1) + SR_i(t) - GR_i(t) \quad (6-3)$$

式中，$PAB_i(t-1)$——产品 i 在期间 $t-1$ 的预计可用库存量。

预计在库量决定了某期是否有净需求。若预计在库量比安全库存量少，则净需求等于安全库存量减预计在库量；若预计在库量比安全库存量大，则没有净需求。

5. 计算净需求(net requirement，NR)

净需求是一个实际的需求，它与毛需求不一定相等，因为毛需求是一个比较粗略的需求，

只是根据客户订单和预测得到的一个需求值,并没有考虑这种物料的现有库存量。举例来说,如果某种产品在某期的毛需求是 100 单位,现有库存为 40 单位,则若不设置安全库存,实际需求并非 100 单位,而是 60 单位。除了考虑现有库存量,还必须考虑在途量,上例中若在途量为 20 单位,则实际需求就变为 60-20=40 单位。若考虑安全库存,则实际需求还应加上安全库存量,所以说,净需求的确定要根据该产品的毛需求、现有库存量、在途量和安全库存量来计算。若不考虑安全库存,则净需求可用本期毛需求减去本期在途量和上期可用库存量。设产品 i 在期间 t 净需求为 $NR_i(t)$,其计算公式为

$$NR_i(t) = GR_i(t) - SR_i(t) - PAB_i(t-1) \tag{6-4}$$

式中,$PAB_i(t-1)$——上期(即第 $t-1$ 期)的预计可用库存量。

如果净需求计算结果为负值,也就是现有库存加上计划订单入库量之和超过了毛需求,则净需求为零,此时,不需要下达生产订单或采购订单;如果净需求的计算结果为正值,表明可提供的量小于需求量,则有净需求,净需求量即为式(6-4)的计算结果。

若考虑安全库存,并设安全库存(safety stock,SS)为 SS,则净需求为毛需求加安全库存并减去在途量和上期可用库存量得到,计算公式为

$$NR_i(t) = SS + GR_i(t) - SR_i(t) - PAB_i(t-1) \tag{6-5}$$

式(6-5)也可写成

$$NR_i(t) = SS - POH_i(t) \tag{6-6}$$

同理,若计算结果为负,表明没有净需求;当计算结果为正时,表明有净需求。至于每一期的净需求的计算,则可以逐期往前推移。因本例安全库存为 5,故应用式(6-5)计算净需求,如第 1 期和第 2 期的净需求计算为

$NR_i(1) = SS + GR_i(1) - SR_i(1) - PAB_i(0) = 5 + 25 - 20 - 15 = -5$

$NR_i(2) = SS + GR_i(2) - SR_i(1) - PAB_i(1) = 5 + 18 - 0 - 10 = 13$

第 1 期的净需求为-5,小于 0,表明第 1 期无净需求;第 2 期的净需求计算结果为 13,表明第 2 期产生净需求。其他期依次类推主生产计划计算结果,如表 6-6 第 6 行所示。

表6-6 主生产计划计算结果

期间/周	期初	1	2	3	4	5	6	7	8	9	10
毛需求/个		25	18	23	20	28	20	24	20	20	20
在途量/个		20									
预计在库量/个		10	-8	29	9	-19	21	-3	37	17	-3
预计可用库存量/个	15	10	52	29	9	41	21	57	37	17	57
净需求/个		0	13	0	0	24	0	8	0	0	8
计划订单产出量/个		0	60	0	0	60	0	60	0	0	60
计划订单投入量/个		60	0	0	60	0	60	0	0	60	0
可供销售量/个		10	0	0	0	12	0	0	0	0	0

6. 确定计划订单的产出(planned order receipts，PORC)

由净需求的计算可以看出，并非所有期间都有净需求，如果可提供的量能满足毛需求，则表明有净需求，净需求是一个随机的结果。某一期间 t 有净需求，就要求在该期必须获得等于或超过净需求的物料量，这就是计划订单的产出，产出的期别和净需求的期别相对应。通常设产品 i 在期间 t 的计划订单产出量为 $PORC_i(t)$。如表 6-6 中第 1 期的净需求为 0，则第 1 期的计划订单产出量也为 0，第 2 期的净需求为 13，则在第 2 期就有一定量的产出。产出量的确定通常要考虑订货的经济批量因素，所以说，计划订单的产出量应为批量的整数倍。批量的大小通常在系统运行之时即已确定。当然，在系统运行过程中也可以根据实际情况做相应的调整，主要指正在执行中的在未来某时段到达的订单数量。本例中，批量为 60，因第 2 期的净需求为 13 单位，故只要有一个批量的产出即能满足净需求，如果净需求为 75 单位，则计划订单的产出应为 2 个批量大小。

7. 确定计划订单的投入(planned order release，POR)

订单的下达到交货通常有个周期，这个周期就是所谓的提前期，计划订单的下达时段用产出日期(即净需求的需求日)减去计划订单的提前期。设产品 i 在期间 t 的计划订单产出量为 $POR_i(t)$，其计算公式为

$$POR_i(t) = PORC_i(t-L) \tag{6-7}$$

式中，L——订货提前期。

如第 2 周有 13 单位的净需求，考虑到提前期为 1 周，故该计划订单应在第 1 周下达。

8. 计算预计可用库存量(projected available balance，PAB)

可用库存量是在现有库存中，扣除了预留给其他用途的已分配量，可以用于需求计算的那部分库存，它和现有库存量不是一个概念。每期预计可用库存量等于上期可用库存量加上本时段的在途量和本时段的计划产出量，再减去本期的毛需求。设第 i 种产品在第 t 期的预计可用库存为 $PAB_i(t)$，$PAB_i(0)$ 即表示期初库存，$PAB_i(t)$ 的计算公式为

$$PAB_i(t) = PAB_i(t-1) + SR_i(t) + PORC_i(t) - GR_i(t) \tag{6-8}$$

式中，$PORC_i(t)$ 为第 t 期的计划订单接受量。

式(6-8)也可写成：

$$PAB_i(t) = POH_i(t) + PORC_i(t)$$

本例中，第 1 周的预计可用库存量为

$$PAB_i(1) = PAB_i(0) + SR_i(1) + PORC_i(1) - GR_i(1) = 15 + 20 + 0 - 25 = 10$$

第 2 周的预计可用库存量为

$$PAB_i(2) = PAB_i(1) + SR_i(2) + PORC_i(2) - GR_i(2) = 10 + 0 + 60 - 18 = 52$$

第 3 周的预计可用库存量为

$$PAB_i(3)=PAB_i(2) + SR_i(3) + PORC_i(3) - GR_i(3) = 52 + 0 + 0 - 23 = 29$$

若预计可用库存量为负值，则表示订单将被推迟。计算结果如表 6-6 第 5 行所示。

9. 计算可供销售量(available to promise，ATP)

可供销售量主要为销售部门提供决策信息，向客户承诺订单交货期，它是销售人员同临时来的客户洽谈供货条件时的重要依据。在某个计划产出时段范围内，计划产出量超出下一次出现计划产出量之前各时段合同量之和的数量，是可以随时向客户出售的，这部分数量称为可供销售量。可供销售量出现在所有主生产计划期间，在第一期中，可供销售量等于在库量加上某时段计划产出量减去已到期和已逾期的客户订单量,在第一期之后的任何有计划产出量的期间，可供销售量等于某时段的计划产出量(含计划接受量)减去下一次出现计划产出量之前的各毛需求量之和。设产品 i 在期间 t 的可供销售量为 $ATP_i(t)$，其计算公式为

$$ATP_i(t) = POR_i(t) + SR_i(t) - \sum_{j=t}^{t'} GR_j \tag{6-9}$$

式中，$POR_i(t)$——期间 t 的计划订单产出量；

t'——下一次出现计划产出量前的期间。

如果计算第 1 周的可供销售量，还应考虑期初库存。

本例中，第 1 周的可供销售量为

$$ATP_i(1) = POR_i(1) + SR_i(1) - GR_1 = 15 + 20 - 25 = 10$$

第 2 周的可供销售量为

$$ATP_i(2) = POR_i(2) + SR_i(2) - \sum_{j=2}^{4} GR_j = 60 + 0 - 18 - 23 - 20 = -1$$

第 5 周的可供销售量为

$$ATP_i(5) = POR_i(5) + SR_i(5) - \sum_{j=5}^{6} GR_j = 60 + 0 - 28 - 20 = 12$$

若某期间计算出来的可供销售量为负数，则表示业务员已超量接受订单。计算结果如表 6-6 第 9 行所示。

6.3.3　主生产计划中的批量安排

不同生产类型企业的生产进度安排有不同的方法。

1. 成批生产企业的主生产进度安排

成批生产企业生产的特点是产品品种较多，各种产品轮番生产，可以按期初库存与本期需

求量(预测需求或订货量)的差额安排生产,并根据本期产量扣除下期生产前已订货量后的余额确定可接受订货量(即可承诺量)。

例6-1 假设已知某产品4、5两月各周预测的需求量和已有合同订货量如表6-7所示,期初库存为60件,每批安排生产量为90件,则该产品的主生产进度表如何编制?

表6-7 某产品各周需求量

月份	4月				5月			
周次	1	2	3	4	5	6	7	8
需求预测/件	40	40	40	40	50	50	50	50
已订货量/件	45	20	10	6	2	0	0	0

解:该产品的主生产进度如表6-8所示。

表6-8 某产品主生产进度的计算

周次	期初库存/件	预测需求/件	已有合同订货量/件	扣除需求后剩余/件	本期安排生产/件	期末库存/件	可承诺量/件
1	60	40	45	15	—	15	15
2	15	40	20	−25	90	65	60
3	65	40	10	25	—	25	
4	25	40	6	−15	90	75	82
5	75	50	2	25	—	25	
6	25	50	0	−25	90	65	90
7	65	50	0	15	—	15	
8	15	50	0	−35	90	55	90

计算过程如下所示。

(1) 计算期末库存。

期末库存 = 期初库存 − max(预测需求,已有合同订货量) + 本期安排生产量

例如,第1周期末库存 = 60 − 45 + 0 = 15,该期末库存即为下期期初库存。

(2) 当期初库存扣除本期需求后的剩余为负数时即可安排生产,按已知条件,每次安排生产批量为90件。本例中,第1周扣除需求后剩余+15件,不安排生产;第二周扣除需求后剩余−25件,安排生产90件。

(3) 计算可承诺量。

可承诺量 = 本期生产量 − 下次生产前已有合同的订货量

本例中,第1周期初库存60件,由于第2周即需安排生产,此前已有合同订货量为45件,

故多余 15 件可承诺订货；第 2 周生产 90 件，下次生产(第 4 周)前已有合同订货量为 20+10=30 件，故可供承诺存货为 60 件。

(4) 如果同期安排生产进度的产品不止一种，则除了考虑各种产品生产进度外，还要确定这些产品轮番生产的顺序。在其他条件相同时，原则上应按边际利润率由大到小排序，以改善企业的现金流。

2. 大批量生产企业的主生产进度安排

大批量生产的特点是产品品种少，同品种产量大，其生产进度的安排可分成两种情况。

(1) 如果市场需求相对稳定，可均匀安排生产，即在相等的时间段内生产量大致相等或逐步小幅递增，做到均衡生产。

(2) 如果市场需求波动较大，可在均匀、跟踪、混合三种方式中选择比较适合的方式安排生产进度。

3. 单件小批量生产企业的主生产进度安排

单件小批量生产的特点是产品品种繁多而很少重复生产，其生产进度安排可按合同规定的交货期往前推算，不仅要考虑产品从投料到产出之间的制造时间，还要包括设计、生产工艺准备、备料的时间。必要时，可根据合同规定的交货期适当考虑少量提前期。

主生产进度计划是在需求信息不完备的情况下编制的，实际需求与预测要求肯定有差异。不仅如此，企业内部生产条件也会发生变化导致生产能力的变动，因此，主生产进度计划在实施过程中修改是难免的。考虑到主生产进度计划的改变直接影响到物料需求计划及其他管理活动，应力求近期进度安排更加符合实际，并设定一个时间段，在该时间段以内的生产进度不能修改，如要修改只能修改该时间段以后的生产进度，以保证生产的稳定。

6.4 粗能力计划

主生产计划的初步方案是否可行，需要根据资源约束条件来衡量，而资源约束条件主要是指生产能力的约束，实际上就是检查生产能力是否能够满足负荷需要。同主生产计划相伴运行的能力计划则是粗能力计划，粗能力计划仅对主生产计划所需的关键生产能力进行粗略的估算，给出一个能力需求的概貌。

6.4.1 粗能力计划概述

1. 粗能力计划的定义

粗能力计划(rough-cut capacity planning，RCCP)将成品的生产计划转换成相关工作中心

(work center，WC)的能力需求，将主生产计划对关键资源的能力需求与关键资源的计划能力进行比较，发现可能发生严重超负荷或欠负荷的期间，然后采取措施，平衡负荷与能力的缺口，以确保主生产计划的有效性。粗能力计划的编制过程直接表达了主生产计划与执行这些生产任务的加工和装配工作中心的能力供求关系，所以它可以在能力的使用方面评价主生产计划的可行性。

2. 粗能力计划的优缺点

粗能力计划一般只考虑关键工作中心等关键资源能力，所以是一种计算量较小、占用计算机机时较少，也是比较简单、粗略、快速的能力核定方法。关键资源通常指以下几种：关键工作中心，其处于瓶颈位置；特别供应商，其供应能力有限；自然资源；专业技能，属稀有资源；资金；仓库；运输；不可外协的工作；等等。

粗能力计划具有如下几个优点：可进行生产计划初稿可行性的分析与评价；重点关注关键资源，虽不能面面俱到，但可以提高计算效率；实施时所要求的前提条件较少；根据工艺路线和工作中心的数据，进行粗略计算；能力计划的编制比较简单，计算量少；配合主生产计划的处理过程，一般每月一次，即使主生产计划的计划周期为周，粗能力计划也可以每月做一次，将主生产计划中每周的生产量汇总为月生产量，这样转换成对以月为计划周期的主生产计划而编制粗能力计划，更加便于进行能力管理；减少后期能力需求计划的核算工作。但是，粗能力计划忽略了现有库存量和在制品数量的影响，无法反映计划的动态实际变化；平均批量和生产提前期是假设值，与实际值将产生执行偏差；其计划对象只包含关键资源，无法彻底保证计划的可信度等；对短期计划只是起指导作用。

6.4.2 粗能力计划的编制方法

粗能力计划的编制步骤主要有三步。
(1) 计算主生产计划初步方案对各种关键资源在各个期间上的要求能力。
(2) 比较各个期间上关键资源的要求能力与计划能力，发现那些要求能力严重超出计划能力的关键资源及所在期间。
(3) 必要时，采取措施调整主生产计划，包括调整关键资源的计划能力或要求能力，以使两者平衡。

编制粗能力计划的方法主要有三种：一是综合因子法；二是资源负载法；三是能力清单法。这三种编制方法对数据的要求和计算量都不尽相同。

综合因子法是3种方法中最简单的，要求计算数据最少，计算量也最小。

能力清单法需要使用每一产品在关键资源中标准工时的详细信息。标准工时是以具有平均技术水平的操作工的操作速度来测定的，是生产单位产品工人工作所花的平均时间。标准工时已考虑了疲劳技术修正系数、性别等个人因素，以及个人生理需求和休息等宽放时间。若标准工时是固定不变的，则能力清单也无须变动。而在实施精益生产的公司，标准工时是一个动态的概念，其能力清单也应做适时调整。

资源负载法的计算过程较复杂，除了需要标准工时资料，还需要物料清单、提前期等数据。

这三种方法只对其关键工作中心进行能力计划，更细的下一步计划是细能力计划。细能力计划通过分时段的物料需求计划记录和车间作业系统记录来计算所有工作中心的能力，然后利用这些能力来制订计划接收量和计划订单。

1. 综合因子法

综合因子法是一种相对简单的能力计划方法，一般可通过手工完成。综合因子法需要以下输入数据：产品结构图(或物料清单)、工艺路线和标准工时、每个工作中心所占总加工时间的百分比以及产品的单位能力需求。这一程序以计划因素为基础，这些计划因素来源于标准或成品的历史数据。当把这些计划因素用做主生产计划的数据时，劳动或机器工作时间的总的能力需求就能估算出来。把估算出的能力分配给各个关键工作中心，分配额是依据车间工作载荷的历史记录定出的。综合因子法通常是以周或月为时间分段的，并且根据企业主生产计划的变化而修改。下面以一个例子说明综合因子法的计算过程。

例 6-2 有两种产品 X 和 Y，未来 10 周的主生产计划如表 6-9 所示；两种产品的物料清单如表 6-10 所示；两种产品的工艺路线和标准工时数据如表 6-11 所示，工艺中共有 3 个关键工作中心 100，200 和 300。计算每个周期各关键工作中心所需的工时数。

表6-9 产品X和Y的主生产计划

单位：件

产品	期间/周									
	1	2	3	4	5	6	7	8	9	10
X	30	30	30	40	40	40	32	32	32	35
Y	20	20	20	15	15	15	25	25	25	30

表6-10 产品X和Y的物料清单

父件	子件	所需数量/件
X	A	1
X	B	2
Y	B	1
Y	C	2
C	D	2

表 6-11 产品 X 和 Y 的工艺路线和工时数据

物料	所需工步	工作中心	单位准备时间/h	单位作业时间/h	单位总时间/h
X	1	100	0.025	0.025	0.05
Y	1	100	0.050	1.250	1.30
A	1	200	0.025	0.575	0.60
A	2	300	0.025	0.175	0.20
B	1	200	0.033	0.067	0.10
C	1	200	0.020	0.080	0.10
D	1	200	0.020	0.0425	0.0625

解：根据表 6-9 和表 6-10，计算产品 X 和 Y 的能力需求。能力需求等于产品各部件的数量与单位总时间的乘积之和，再加上成品本身的单位总时间。例如，一个产品 X 对应 1 个部件 A 和 2 个部件 B，部件 A 对应的单位总时间为 0.6+0.2=0.8h，部件 B 对应的单位总时间为 0.1h，产品 X 对应的单位总时间为 0.05h，则产品 X 对应的单位能力需求为 0.8+0.1×2+0.05=1.05h，Y 的能力需求与 X 计算同理，最后汇总如表 6-12 所示。

表 6-12 产品 X 和 Y 的能力需求

最终产品	单位能力需求/h
X	1.05
Y	1.85

编制粗能力计划的第 1 步，根据表 6-12 所示的单位产品的能力需求和表 6-9 所示的产品的主生产计划，计算未来 10 周的总的能力需求，如第 1 周总能力需求=1.05×30+1.85×20=68.50h，依次类推，计算结果如表 6-13 所示。

表 6-13 总的能力需求

期间/周	1	2	3	4	5	6	7	8	9	10
总能力需求/h	68.50	68.50	68.50	69.75	69.75	69.75	79.85	79.85	79.85	92.25

编制粗能力计划的第 2 步，根据以前的分配比例，把每个时间周期需要的总能力分配给各工作中心。3 个关键工作中心的直接工时的分配比例由前一年的分配比例确定，假设分配到的工时的百分比分别为 60%，30%，10%，计算第 1 周 3 个关键工作中心的能力需求。

工作中心 100 所需工时=68.50×60%= 41.10(h)

工作中心 200 所需工时=68.50×30%= 20.55(h)

工作中心 300 所需工时=68.50×10%= 6.85(h)

依次类推，可得未来 10 周各关键工作中心的能力需求，如表 6-14 所示。

表6-14 综合因子法所得到的各关键工作中心的能力需求计划

单位：h

工作中心	历史比例/%	期间/周									
		1	2	3	4	5	6	7	8	9	10
100	60	41.10	41.10	41.10	41.85	41.85	41.85	47.91	47.91	47.91	55.35
200	30	20.55	20.55	20.55	20.93	20.93	20.93	23.96	23.96	23.96	27.68
300	10	6.85	6.85	6.85	6.98	6.98	6.98	7.99	7.99	7.99	9.23
总计		68.50	68.50	68.50	69.75	69.75	69.75	79.85	79.85	79.85	92.25

这就得到每个周期各关键工作中心所需的工时数。

综合因子法计算过程简单，所需的数据少且取得也比较容易，计算相对简单。该方法只对各关键工作中心能力需求进行粗略的计算，适用于那些工作中心间的产品组成或工作分配不变的企业。

2. 能力清单法

能力清单有时也称为资源清单或人力清单，是针对物料或零件，根据主要资源和物料所需能力列出的清单，用来估计特定物料所需生产能力的方法。企业可为每一独立需求物料或相关需求物料的群组建立资源清单，并根据排定的数量来延伸，以决定生产能力需求。

能力清单法是为在产品主生产计划和各关键工作中心的能力需求之间，提供更多的相关关系的粗略计算方法，这种程序需要的数据比综合因子法多，必须提供准备时间和机器加工时间，如表6-11中列出的所需工作时间。

与综合因子法相比，能力清单法是根据产品物料清单展开得到的，它是最终产品在各个关键工作中心上细的能力清单，而不是总的能力需求；各个关键工作中心所需总时间的百分比不是根据历史数据得到，而是根据产品的工艺路线及标准工时数据得到的。

能力清单的计算过程：假定有 n 个主生产计划的物料，工作中心 i 的产品 k 的能力清单为 a_{ik}，期间 j 的产品 k 的主生产计划数量为 b_{kj}，则期间 j 在工作中心 i 所需的生产能力为

$$\text{所需能力} = \sum_{k=1}^{n} a_{ik} b_{kj} \tag{6-10}$$

例6-3 承例6-2，说明能力清单法的计算步骤。

解： 先由表6-10所示产品 X 和 Y 产品的物料清单，以及表6-11所示的时间数据进行展开，可以得到产品 X 和产品 Y 相对3个关键工作中心的能力清单，如表6-15所示。

以关键工作中心200的能力需求计算为例：一件产品 X 对应1个部件 A 和2个部件 B，所以工作中心200对应产品 X 的能力需求为 0.60×1+0.10×2=0.80h；一件产品 Y 对应1个部件 B、2个部件 C、4个部件 D，所以工作中心200对应产品 Y 的能力需求为 0.1×1+0.1×2+0.0625×4= 0.55h。同理，可计算其他关键工作中心对于产品 X 和 Y 的能力需求，最后汇总成能力清单。

表6-15　产品X和产品Y的能力清单

单位：h

工作中心	产品	
	X	Y
100	0.05	1.30
200	0.80	0.55
300	0.20	0.00

再根据表6-9所示的产品X和产品Y主生产计划，以及表6-15所示的能力清单，可以由式(6-10)计算得到关键工作中心的能力需求。工作中心需求计划如表6-16所示。以第1周为例，计算3个关键工作中心的能力计划。

工作中心100所需工时$=0.05 \times 30 + 1.30 \times 20 = 27.50$(h)

工作中心200所需工时$=0.80 \times 30 + 0.55 \times 20 = 35.00$(h)

工作中心300所需工时$=0.20 \times 30 + 0.00 \times 20 = 6.00$(h)

将各个期间各关键工作中心的所需工时汇总成表，形成工作中心需求计划表，至此就完成了能力清单法的计算。

表6-16　工作中心需求计划

单位：h

工作中心	期间/周									
	1	2	3	4	5	6	7	8	9	10
100	27.50	27.50	27.50	21.50	21.50	21.50	34.10	34.10	34.10	40.75
200	35.00	35.00	35.00	40.25	40.25	40.25	39.35	39.35	39.35	44.50
300	6.00	6.00	6.00	8.00	8.00	8.00	6.40	6.40	6.40	7.00
总计	68.50	68.50	68.50	69.75	69.75	69.75	79.85	79.85	79.85	92.25

综上所述，通过计算可以获得整个主生产计划对各关键工作中心不同期间的要求能力，根据各关键工作中心不同期间内的可用能力，可以确定哪些时期负荷过重，哪些时期负荷不足，进而可以判断所编制的计划是否合理，以便加以协调。

3. 资源负载法

不管是综合因子法还是能力清单法，都没有考虑到不同工作中心工作开始的时间安排。资源负载法则考虑了生产的提前期，以便为各生产设备的能力需求提供分时段的计划。因此，资源负载法为粗能力计划提供了更精确的方法，但不如细能力计划更为详细。任何能力计划技术中，能力计划的时间周期是不同的(如周、月、季)。因为资源负载法计算比较复杂，所以通常借助计算机来完成。

应用资源负载法需要使用物料清单、工序流程和标准作业时间，还需要把各产品和零件的生产提前期信息加入数据库。也就是说，应用资源负载法时还需要生产提前期的数据。下面先说明资源负载法考虑生产提前期的计算逻辑。

表 6-17 为考虑提前期的关键工作中心 1 的资源负载表，表 6-18 为考虑提前期的关键工作中心 2 的资源负载表，表 6-17 和表 6-18 均为两种产品的 3 个月的资源负载，表 6-19 为两种产品在 3 个月的主生产计划。两个关键工作中心在 3 个月的能力计划如表 6-20 所示。

表 6-17 关键工作中心 1 的资源负载表

产品	离到期日的时间/月		
	2	1	0
P1	A_{112}	A_{111}	A_{110}
P2	A_{212}	A_{211}	A_{210}

表 6-18 关键工作中心 2 的资源负载表

产品	离到期日的时间/月		
	2	1	0
P1	A_{122}	A_{121}	A_{120}
P2	A_{222}	A_{221}	A_{220}

表 6-19 两种产品的主生产计划

产品	月份		
	1	2	3
P1	B_{11}	B_{12}	B_{13}
P2	B_{21}	B_{22}	B_{23}

表 6-20 粗能力计划表

关键工作中心	月份		
	1	2	3
1	C_{11}	C_{11}	C_{13}
2	C_{21}	C_{22}	C_{23}

表 6-20 中，两个关键工作中心在 3 个月的能力计划计算公式为

$$C_{11} = A_{110}B_{11} + A_{111}B_{12} + A_{112}B_{13} + A_{210}B_{21} + A_{211}B_{22} + A_{212}B_{23} \tag{6-11}$$

$$C_{12} = A_{110}B_{12} + A_{111}B_{13} + A_{210}B_{22} + A_{211}B_{23} \tag{6-12}$$

$$C_{13} = A_{110}B_{13} + A_{210}B_{23} \tag{6-13}$$

$$C_{21} = A_{120}B_{11} + A_{121}B_{12} + A_{122}B_{13} + A_{220}B_{21} + A_{221}B_{22} + A_{222}B_{23} \tag{6-14}$$

$$C_{22} = A_{120}B_{12} + A_{121}B_{13} + A_{220}B_{22} + A_{221}B_{23} \tag{6-15}$$

$$C_{23} = A_{120}B_{13} + A_{220}B_{23} \tag{6-16}$$

工作中心 1 产品 P1 的资源负载分成三部分：产品 P1 的订单到期的月份中，工作中心 1 所需的时间；产品 P1 到期的前一个月工作中心 1 所需的时间；产品 P1 到期的前两个月工作中心 1 所需的时间。表 6-18 中，产品 P1 在工作中心 1 上 1 月份的能力需求：1 月份 P1 的需求量乘工作中心 1 在产品到期日的月份所需时间，加上 2 月份 P1 的需求量乘以工作中心 1 在产品到期前一月所需的时间，再加上 3 月份 P1 的需求量乘工作中心 1 在产品到期日的前两月所需时间。

同样，产品 P2 在工作中心 1 上 1 月份的能力需求：1 月份 P2 的需求量乘工作中心 1 在产品到期日的月份所需时间，加上 2 月份 P2 的需求量乘以工作中心 1 在产品到期前一月所需时间，再加上 3 月份 P2 的需求量乘工作中心 1 在产品到期日的前两月所需时间。其他的参数计算过程也如此。

例 6-4 承例 6-2，假设提前期偏置时间如表 6-21 所示，两种产品的主生产计划如表 6-19 所示，说明用资源负载法计算的步骤。

表 6-21 考虑提前期偏置的资源负载

单位：h

产品	关键工作中心	离到期日的时间		
		2	1	0
X	100	0.00	0.00	0.05
	200	0.60	0.20	0.00
	300	0.00	0.20	0.00
Y	100	0.00	0.00	1.30
	200	0.25	0.30	0.00

解：利用式(6-11)～(6-16)，计算得到使用资源负载法的能力计划，如工作中心 1 在第 1 月的细能力=30×0.05+30×0.0+30×0.0+20×1.3+20×0.0+20×0.0=27.5(h)，依次类推，计算结果如表 6-22 所示。

表 6-22 使用资源负载表计算得到的能力需求计划

单位：h

关键工作中心	期间/周									
	1	2	3	4	5	6	7	8	9	10
100	27.50	27.50	27.50	21.50	21.50	21.50	34.10	34.10	34.10	40.75
200	35.00	39.80	40.30	40.30	38.00	39.40	39.35	42.45	44.55	44.50
300	6.00	6.00	6.00	8.00	8.00	6.40	6.40	6.40	6.40	7.00
总计	68.50	73.30	75.80	69.80	67.50	67.30	79.85	82.95	85.05	92.25

6.4.3　粗能力计划的决策

制订和执行粗能力计划时，要计算实际可用的生产能力。大部分软件可确定所需生产能力和可用生产能力，当生产能力不满足需求时，通常采用 4 种方法来增加生产能力：加班、外包、改变加工路线和增加人员；如果这 4 种方法都不能增加生产能力，则应修改主生产计划。

1. 加班

加班虽然不是最好的方法，但确实是经常使用的方法，因为它的安排最方便。但加班必须有一定的限度，超过这一限制，就达不到预期的效果。如果加班的强度太大，则需要采取其他决策，如雇佣新的员工、外包等。

2. 外包

外包在一定程度上可以解决生产能力不足的问题，但也会面临一定的风险，即可能面临失去顾客的风险。外包必须提前进行，因为需要耗费一定时间去寻找承包商。在计算外包成本时，还要计算外包的边际成本，即外包费用减去零组件本身的费用。虽然外包产生边际成本，但也比加班费用低，一般是在加班实在不能实现的情况下，才将超出的需求外包出去。外包的缺点是增加成本。当然，与自制相比，外包会增加成本(如额外的运输费用)；与加班相比，外包费用则相对低一些。外包时，还需要加大提前期。此外，外包可能会带来质量问题，因为难以控制外包质量，同时外包商的生产水平对产品质量也有一定的影响。

3. 改变加工路线

如果仅有少量的工作中心过载，而大多数工作中心都有闲置，则此时应考虑改变加工路线，将工作重新进行分配。如果两个工作中心，其中一个过量，一个闲置，则应将过量的工作中心上的一部分作业分配给有闲置的工作中心，以均衡整个生产线的能力。

4. 增加人员

当设备不是生产线的约束时，人员可能成为约束，这时可增加人员来提高生产能力。有 3 种增加人员来提高能力的方法：增加轮班次数、聘用新人员、对人员进行重新分配。增加轮班次数一般在主生产计划初期形成时采用。企业聘用新人员应从长远的角度去考虑，如果是短期的需求增大，则没有必要雇佣新的人员，因为当需求降低时，会造成人员闲置，这样在解聘多余的人员时又会产生解聘费用。对人员进行重新分配不失为一个很好的调整方法。在精益生产中，强调对员工多技能的培训，因为这将有利于人员的重新分配，如果员工是多能工的话，则一定能很容易地适应新的岗位。

5. 修改主生产计划

通常，如果加班、外包、改变工艺路线、增加人员均不能提供可用的生产能力，那么最后可以采取的技术只能是修改主生产计划，闭环的生产计划与控制即源于这种反馈系统。许多企业将修改主生产计划看成在生产能力不足时最后的解决方案，而实际上，修改主生产计划应该是公司首先要考虑的。修改主生产计划时，要考虑延缓哪些订单对企业总体计划的冲击最小，使得企业的总耗费成本最少。作为管理人员，必须负责确定粗能力计划的执行，如果负荷超过能力的情况实在无法避免，则管理人员必须负责修改作业到期日，以提供可行的主生产计划。

案例

沈鼓集团透平公司生产计划的改进

1. 沈鼓集团透平公司概况

沈鼓集团始建于 1934 年，1952 年成为我国第一家风机专业制造厂，2004 年沈阳鼓风机厂、沈阳水泵股份有限公司、沈阳气体压缩机股份有限公司三企业战略重组搬迁到新厂区。2011 年，集团经过股份制改造，成为沈阳市首家混合所有制改制企业。现在的沈鼓集团是以提供国家重大技术装备为主导产品的国家高新技术企业、国家创新型企业，也是中国机械工业 500 强企业，主要从事大型离心压缩机、大型往复式压缩机、大型泵，以及工业汽轮机等高端装备研发设计、生产制造和全生命周期服务业务。

沈鼓集团加工制造能力一流，拥有各类生产设备 2613 台，是国内唯一具备大型压缩机组出厂性能实验能力压缩机制造商，并且有 198 台各种结构、不同介质压缩机组性能实践经验，掌握国际先进的压缩机组实验方法和技术。几十年来，沈鼓集团始终坚持技术创新，不断填补国家空白，为我国十几个领域创造了数百台(套)中国第一；不断打破国际垄断，直接替代进口约上百亿美元，为国家节约了大量外汇储备。沈鼓集团成功研制国内首台套百万吨乙烯"三机"、首台套十万空分压缩机组、大型长输管线压缩机、大型 PTA 用离心压缩机、大型 LNG 压缩机组、150 吨大推力往复式压缩机、百万千瓦级核泵等重大装置，产品核心技术和整机设计达到世界先进水平，对促进国民经济发展，保障国家能源安全做出贡献，是我国通用机械行业内无法备份和不可替代的企业，被党和国家领导人称为"国家砝码""大国重器"。2014 年，沈鼓集团荣获了中国工业领域的最高奖项"中国工业大奖"。

目前，沈鼓集团坚持发展高端装备，以装备中国为己任，实现"发展高端装备，向服务转型，向工程成套转型，扩大国外市场，向新市场发展"的五个转变，围绕风机、泵、往复机等三大类产品完成重大技术关键攻关 200 余项，重点开发十大类 54 种世界级新产品，目标为祖国装备制造业的发展做出更大的贡献，铸就民族工业之魂。

2. 沈鼓集团透平公司生产特点

沈鼓集团透平公司主要生产的是高端的大型离心压缩机。离心压缩机具有专业技术面窄，但专业技术程度深的特点，是典型的单件小批量生产形式。沈鼓集团透平公司的生产特点主要有以下几点。

(1) 产品技术参数变化比较普遍，主要由用户现场条件决定，由用户提供现场条件，进行单台设计，单台加工。

(2) 产品生产周期长，生产周期普遍在一年时间。

(3) 在生产过程中跨设备加工的情况普遍，并且部分工序无法通过设备自动化来完成，需要手工操作，加工的生产效率较低。

(4) 产品单台按个性化进行设计、采购、加工，无法进行系列化设计、批量优惠采购和通用加工，产品现实成本高。

(5) 生产加工过程复杂，加工流程较长，导致压缩机零部件的质量不易保证。

3. 沈鼓集团透平公司生产计划方式

沈鼓集团透平公司每年年底都会对当年的生产数据进行汇总分析，结合市场部给出的市场运行数据，对下一年的生产计划做出合理的规划，并编写下发公司层面的总体生产计划。各个部门在公司总体生产计划的基础上，结合各部门的职能特点和生产计划任务，制订部门工作计划。在启动新一年的生产活动之后，市场部根据订单情况和公司总体生产计划，制订季度生产计划和月度生产计划。这些计划文件的编制是各部门具体工作的总体指导性文件。在完成这些计划编制的基础上，由生产部门计划员编制公司主生产计划，完成对待生产产品各项生产任务的具体时间节点要求。主生产计划包括技术设计方案的完成时间、设计工艺对接时间、何时展开何种订单的生产准备、何时采购哪些物料配套、何时完成何种订单等内容。

沈鼓集团透平公司的主生产计划主要包括两层：第一层为高层管理人员根据上一年度的公司发展情况以及当前的经济市场发展走向制订的宏观生产计划，重点考虑市场动态以及公司的发展战略；第二层为各生产部门根据公司总体生产计划，制定各个部门的详细生产控制计划，包括季度计划和月计划等。公司市场部会根据公司的总体生产计划将全年的生产任务和目标进行分解，制订详细的月度计划，这也就是主生产计划。通过主生产计划，企业能够较为准确地控制公司每个月的生产任务和生产目标，包括这个月生产什么产品，具体的时间节点计划等。在以往的主生产计划制定过程中，仅仅是根据公司总体生产计划将其按季度、月度进行分解，对市场的发展变化、库存情况、生产设备能力以及回款资金支持等缺少必要的全盘考虑。这样的生产计划缺少科学性和合理性，在实际执行过程中往往会产生不必要的产生闲置或者产能不足。从生产管理的科学角度而言，客户的产品需要是企业生产计划制定的根本依据，对整个公司的物料采购计划将产生直接的指导作用。物料需要和采购计划是主生产计划的关键部分，是连接生产计划和实际生产执行的桥梁和纽带，同时还可以向市场销售部等提供当前的企业生产能力状况和库存积压信息。可以说，主生产计划是连接公司各个管理部门、生产部门的纽带。

4. 沈鼓集团透平公司生产计划控制存在的问题

(1) 生产计划体系脱节。沈鼓集团透平公司生产计划控制体系中存在的首要问题就是市场部销售计划与生产计划之间的脱节问题。市场部制订的销售计划往往只是单纯考虑到自身业绩、客户需要等因素，但是对公司内部的实际产能和当时在制产品的完成情况考虑则不够全面，特别是遇到客户有突出的特殊性能要求时，市场部的计划并不能充分考虑到生产过程中可能出现的各种问题，导致一遇到类似订单，不仅该订单无法按时完成，还会对原计划完成的订单造成一定的冲击。尽管最近几年公司大力进行产能升级和生产技改，投入力度逐年提升，产生显著改善，但是交货准时率较低的问题一直存在且没有得到有效控制和改善。以公司常见的成熟产品空压机 BCL306A 为例，每月都有相当数量的生产任务无法完成，而且越靠近年终，拖期现象越严重。

其次，生产计划与车间的生产实际情况相脱节。这一问题突出体现在计划员对车间的产能和生产管理缺少准确的认识和判断，无法编制出合理的生产计划。公司生产部每个月都会向生产车间下发月度生产任务计划，车间也会根据接收到的生产任务编制车间生产作业计划。事实上，相关零部件之间的需求关系并不完全一致，车间不同工序之间的流转交接也不完全一致，存在下一个工序尚未完成，上一个工序已经流转过来待接收的情况。这就导致各车间的完工零部件时间和数量与预先编制的计划存在偏差，而且这种偏差会随着时间的变化不断扩大，最终导致大面积的生产延误率。当出现问题后，现场调度首先会统计当前生产所欠缺的物资数量，然后与相关工段和库存管理员之间进行协调沟通，有时候一个欠件可能涉及数个部门，此时调度员就要穿梭于这多个部门之间去核实到底问题出在哪个环节。这就导致调度员经常为了一个欠件奔波穿梭，疲于应付，甚至影响其他调度工作的开展。

(2) 生产计划编制不准确。沈鼓集团透平公司的物料需求按照月度逐月下发，其编制依据是公司调度上确定的月度生产计划，该计划由市场部、采购部和财务部根据在制产品的生产进度和拟投产的订单情况进行物资采购计划编写和下发。由此可以看出，物料需求计划的编制以事前预测为主要手段，只能尽可能地贴近生产需要而无法准确满足生产活动。一个批次的物料采购计划数量过大，则会导致大量库存的产生，占用资金的同时也大大压缩了生产活动所需要的空间。而计划数量偏小，则会出现生产所需大于实际采购备料的情况，出现生产等待物料的情况，进而导致产品交付延误，同时对某些型号产品的专用配套件的数量也无法做到准确预测。通常这些配套件的采购周期相对较长，采购不足容易影响生产，库存数量过大则会占用有限的流动资金。

沈鼓集团透平公司的产品以各类压缩机和风机为主，零部件数量多，生产任务繁重，在实际工作中需要对每一个零部件的生产计划进行审批，很容易出现疏漏或者数量不准确的情况。另一个问题是计划员对车间生产作业难以做到实时把握，计划编制大多数时候只能通过经验判断。

因此，在实际生产活动中，为了切实保障生产活动能够按照既定生产计划实施，公司不能不采取增加在制品数量，增加采购数量和强化现场调度等手段。这种管理方式看似能够在一定程度上缓解计划编制不准确所带来的各种问题，但是也带来了许多不良后果。比如，在制品数量的增加使得多余生产出来的产品形成大量库存积压，占用了宝贵生产资源，挤占了公司财务的流动资金，同时增加了员工的劳动强度，但是却没有给公司带来实际的经济效益增长，无法给员工带来实际的收入增加，形成一种生产场面热火朝天，可收入待遇却提不上来的尴尬局面。长此以往，员工的工作热情必然大打折扣。

(3) 生产过程组织混乱。根据目前的统计数据，沈鼓集团透平公司车间生产活动中经常出现供应不畅的现象，各种生产所需的物料数量和完工产品在汇总统计时经常出现漏报和错报的现象，各种生产物料的采购、进厂、数量、规格等也时有混淆，设备人员等待原材料和配套件的现象时有发生。

在生产车间的人员组织管理过程中,无法按照生产计划进行有效排产和现场管理,不同工序之间缺少必要的协调和沟通,零部件的生产加工时间和完工时间与总装作业时间之间存在偏差,保质保量地按时完工成为一种难以完成的目标。多次出现已经开始总装了,才发现缺少某一个部件,或者某一零件数量不足或者多余的情况。在这种情况下,车间紧急安排生产设备总是加急生产所需零部件以满足总装需求。可如此一来,又打破了原先在制品的生产制造秩序。出现这种现象一是因为临时急件的插入,二是因为车间生产管理混乱,设备生产和人员标准化作业管理缺失,随意性较大。

5. 沈鼓集团透平公司主生产计划的改进对策

对主生产计划影响最大的因素主要包括市场动态、产品订单和积压库存这三方面。

(1) 市场动态。能否准备把握市场发展动态并合理预测市场发展趋势将对公司的生产计划制定和实施产生非常大的影响。如果预测市场需求量偏少,则会导致公司的生产准备能力不足,当大批订单出现时,公司无法迅速做出积极回应,导致无法拿到客户订单,或者拿到订单之后生产准备不足,资金设备原材料准备不充分,无法按时交货,影响公司的信誉。而如果预测偏大,则会导致公司将宝贵的生产资源白白闲置,大量资金和技术储备力量被占用,给公司的正常运行带来较大的压力。因此,进行科学合理的市场预测和动态把握,除了要深入了解市场动态,还要在公司内部建立起科学的市场预测分析机制,在充分掌握公司自身生产能力和资金技术准备的前提下,掌握长期以来的市场数据分析和未来的政策支持及行业发展走向。

目前,沈鼓集团透平公司已经开始构建市场预测相关部门。结合公司生产产品的特点和应用,在公司内部建立行业新项目信息管理系统,指导市场部对相关项目进行调查和跟踪,制定有价值的争取目标,将有限的资源用到真正有价值的订单目标客户上,同时对跟踪过程中获得的各种信息和数据进行分析和积累,为企业的生产计划制订提供参考。

(2) 产品订单。通常情况下,在销售部门拿到客户订单之后,销售人员便会联合生产部分进行技术合同评审。评审的主要内容包括订单的价值、交货日期、技术要求、公司目前的生产能力和计划等。所以,获得客户订单之后,马上进行制订产品生产任务申请计划,并将其录入公司的生产计划数据库,方便生产计划制订及调整。

(3) 积压库存。根据目前的生产数据显示,沈鼓集团透平公司的制造产品有七成用于在建项目的需求上。其中存在项目暂停或者计划变更的情况,这导致公司生产的产品无法按照既定的生产计划出厂交付,只能在公司内部暂存,形成积压库存。因此,在新的生产计划控制体系中,在接到新订单的生产需求时,生产计划管理部门首先要与公司内部库存数据进行比对,能利用的,尽量利用;能改造的,优先改造,通过这种方式有效应对客户的急单需求,有效降低公司产品库存,盘活资产。

6. 沈鼓集团透平公司生产计划改进效果评价

通过对沈鼓集团透平公司生产计划控制体系的改进,公司生产计划控制体系已趋于完善,生产计划控制体系已成为公司全面统筹生产管理核心工具,也成为公司合同有效管理的有力保障。改进后的生产计划控制体系主要分三级：一级生产主计划、二级生产计划、三级车间(部门)计划。

一级生产主计划包括产品出产主计划、产品成套主计划；二级生产计划包括技术准备计划、配套件计划、长周期及重点物料计划、铸锻件计划、产品成套和出产计划、产品装配和试合计划、产品定子成套计划、产品转子成套计划、产品齿轮箱成套计划、产品配件生产计划、产品收尾计划、产品包装成套计划、产品机壳焊接计划、产品热处理衔接计划、产品外协计划、容器公司透平产品成套计划、自控公司透平产品成套计划；三级车间(部门)计划包括生产车间单机台作业计划、职能部门计划(技术、工艺、采购)、相关子公司生产计划。

沈鼓集团透平公司的生产计划控制体系作为透平公司产品生产组织管理的核心，不仅仅是指导生产部门按合同完成产品生产制造等环节，更是透平公司生产组织的核心，将市场、技术、工艺、采购、品保、生产等关键部门的关键结点，合理有效地组织串联起来，从而保障产品合同的有效执行。除生产计划控制体系中的各项计划之外，在生产过程中，生产部门和其他部门依然存在关联，为了保障计划关联的有效实施，生产部门与其他部门设立了相应的计划，对关联过程予以管控。具体计划明细如下所述。

(1) 用户需求计划，涉及市场部、生产部。
(2) 资金需求计划，涉及财务部、生产部、采购部。
(3) 质量检验计划，涉及品保部、生产部。
(4) 产品发运计划，涉及市场部、生产部。

生产计划控制体系通过关联的各项计划，合理有效地将生产部门与技术、工艺、采购、品保、财务等部门组织起来，最终满足产品商务合同的各项要求。

资料来源：李鹤. 沈鼓集团透平公司生产计划控制改进研究[D]. 吉林：吉林大学，2018.

思考题

1. 试分析综合生产计划与主生产计划的关系。
2. 当生产能力不满足需求时，可采用哪些方法来提升生产能力？
3. 简述粗能力计划的优缺点。
4. 已知某产品1～8周的需求预测和已订货量如表6-23所示，期初库存为100件，每批安排生产批量为120件，试安排主生产进度。

表6-23 产品各周需求量

周次	1	2	3	4	5	6	7	8
需求预测	60	60	60	60	80	80	80	80
已订货量	40	40	30	20	10	5	0	0

第7章 MRP、MRPⅡ与ERP

在竞争日趋激烈的环境下，产品结构越来越复杂，对快速响应市场的要求也越来越高，特别是20世纪60年代计算机在库存管理中的应用，使传统的订货点库存管理方法受到了严重的挑战。物料需求计划是一种面向相关需求物料的计划方法，在生产计划与控制体系中位于主生产计划之后，是根据产品主生产计划、产品构成和相关物料的库存记录进行展开得到的相关需求物料详细的需求计划，其管理目标是在正确的时间内，提供正确的零件，以满足主生产计划对产品计划的要求。

7.1 物料需求计划 MRP

传统的库存管理理论主要是针对独立需求来叙述的。因为企业中相关需求物料的种类和数量繁多，而且不同的零部件之间还具有多层关系，对相关需求的管理和控制具有非常重要的意义，而这种相关需求物料的计划和管理比独立需求要复杂得多。但是，长期以来，企业对这种相关需求物料的管理采用的仍然是与独立需求相同的管理方法——订货点法，即当库存降到订货点时，就按照既定的批量再订购(生产)一批的方法。订货点法是基于"库存补充"的原则，目的是在需求不确定的情况下，为了保证供应而将所有的库存都留有一定的储备。这种方法实际上是处理独立需求库存的一种方法，用于处理相关需求有很大局限性。这种局限性主要体现为以下几点。

(1) 独立需求库存理论假定需求是连续的、均衡的，但对于相关需求而言，由于生产往往是成批进行的，其需求是断续的、不均衡的。

(2) 独立需求库存理论假定需求是独立的，但相关需求取决于最终产品。这种相关关系由物料清单所决定，何时需要、需要多少则由最终产品的生产计划决定。

(3) 独立需求库存理论依据历史数据或市场预测来决定库存和订货的时间与量，相关需求则是以确定的生产计划为依据。

(4) 订货点法不是着眼于未来的需求，而是根据过去的需求统计数据来确定订货点和安全库存量。

因此，用订货点法来处理相关需求问题，是一种很不合理、很不经济、效率极低的方法，它很容易导致库存量过大，产生需要的物料未到、不需要的物料先到，各种所需物料不配套等问题。对于相关需求物料来说，最好是用已有的最终产品的生产计划作为主要信息来源，而不是根据过去的统计平均值来制订生产库存计划，物料需求计划(Materials Requirement Planning，MRP)正是基于这样一种思路的相关需求物料的生产与库存计划方法，借助于计算机系统对从原材料开始直到最终产品的物料的流动进行管理的机制。

7.1.1 MRP 的发展过程

1970 年，美国的 Joseph A. Orlicky，George W. Plossl 和 Oliver W. Wight 三人在美国生产与库存控制协会(American Production and Inventory Control Society，APICS)第 13 次国际会议上第一次提出了物料需求计划的概念。1975 年，Joseph A. Orlicky 出版了物料需求计划的经典著作《物料需求计划》(*Material Requirements Planning*)。

物料需求计划的发展经历了开环物料需求计划和闭环物料需求计划两个阶段。开环物料需求计划没有对能力和负荷进行平衡分析；闭环物料需求计划则增加了能力计划，并考虑了系统的反馈作用。无论是开环还是闭环物料需求计划，均只考虑到物料的流动。之后，在闭环物料需求计划基础上，增加财务分析和成本控制，即将物料流动和资金流动相结合，进一步发展成制造资源计划。为区别起见，人们通常将物料需求计划称为 MRP，而将制造资源计划称为 MRPII。这里所谓的物料是一个广义的概念，不仅指原材料，还包含自制品、半成品、外购件、备件等。

美国生产与库存控制协会对物料需求计划所做的定义为："物料需求计划就是根据主生产计划、物料清单、库存记录和已订未交的订单等资料，经过计算而得到各种相关需求物料的需求状况，同时补充提出各种新订单的建议，以及修正各种已开出订单的一种实用技术。"

7.1.2 MRP 的基本思想和基本内容

MRP 的基本思想是围绕物料转化来组织制造资源，实现按需要准时生产。对于加工装配型企业，如果确定了产品出产数量和出产时间，就可按产品结构确定所有部件和零件的需求数量，并可按各种部件和零件的生产周期，反推其出产时间和投入时间。物料在转化过程中需要不同的制造资源(机器、设备、场地、工具、工艺装备、人力和资金)，有了各种物料的投入产出时间和数量，就可以确定需要这些制造资源的数量和时间，这样就可围绕物料的转化过程来组织制造资源，实现按需要准时生产。

MRP 的基本内容是编制零件的生产计划和采购计划，而正确编制零件计划，首先必须要落实产品的生产进度计划，这是 MRP 展开的依据。编制 MRP 还需要产品结构或物料清单(bill of material，BOM)，这样才能把主生产计划展开成零件计划；同时，还需要明确库存数量，以准确计算出零件的采购数量。

BOM 是描述企业产品组成的技术文件。在加工资本式行业，它表明了产品的总装件、分装件、组件、部件、零件、原材料之间的结构关系，以及所需的数量。在化工、制药和食品行业，物料清单则是对主要原料、中间体、辅助材料及其配方和所需数量的说明。BOM 将用图表示的产品组成改用数据表格的形式表示出来，是计算 MRP 过程中的重要控制文件。它按反工艺顺序来确定零部件、毛坯到原材料的需要数量和时间，并不是什么新的方法。但由于现代工业产品的结构极其复杂，一台产品常常由成千上万种零件和部件构成，用手工方法不能在短期内确定如此众多的零部件及相应制造资源的需要量和需要时间；又由于市场的变化，计划的变更也是常事，变更和制订计划一样费事。据报道，在使用电子计算机以前，美国有些公司用手工计算各种零部件的需要量和时间，一般需要 6~13 周。电子计算机的出现使原来的不可能成为可能，实现了以物料为中心的生产管理方式。以物料为中心来组织生产，还是以设备为中心来组织生产，是生产组织中两种不同的指导思想。前者体现了以销定产的原则，适应市场经济体制的需要；后者体现了以产定销的原则，但很难适应市场经济体制的需要。另外，以物料为中心也可达到准时生产，而准时生产是经济的、可取的。

7.1.3 MRP 的流程

MRP 是依照最终产品的主生产计划，根据物料清单、现有库存量和预计库存量，计算需要哪些物料、在什么时候、需要多少的一系列方法。MRP 适用于相关需求的计划与控制，其出发点就是根据对成品的需求，计算出对构成成品的原材料、零部件的相关需求，进而排出零部件的生产进度及采购日程。它将最终产品的计划转为零部件、原材料的生产订购计划。MRP 系统是能够根据产品的需求自动地推导出构成这些产品的零件与材料的需求量，根据产品的交货期确定企业自制零部件的生产日程和外购原材料与零部件的采购日期、将主生产计划转化为物料需求表的计算机信息处理系统。MRP 的流程如图 7-1 所示。

从图 7-1 中可以看出，在 MRP 的流程中有以下几个主要步骤。

(1) 计算需求总量，即根据主生产计划的每一最终产品数量和产品交货期，逐层分解出每一物料按时间分段的需求总量。

(2) 计算净需求量，即使需求总量与库存状态相匹配，决定按时间分段的物料净需求量。

(3) 批量编程，即根据订货方针，计算出分成批量、按到货时间排序的计划订单。

(4) 计算提前期，即考虑物料的进货、运输等时间，计算采购提前期，倒推出计划订单的订货时间。

从上面的介绍中可以看出，主生产计划、产品结构树、物料清单、提前期、订货方针、安全库存以及库存记录等信息在 MRP 的计算过程中起着关键性的作用。以下对这些关键要素分别做进一步介绍。

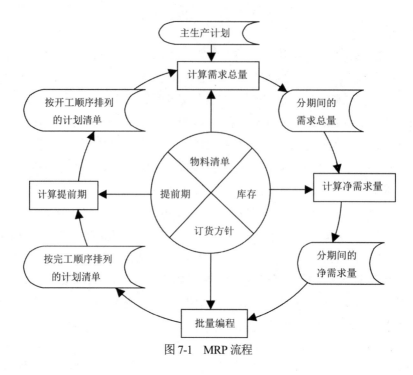

图 7-1 MRP 流程

1. 主生产计划

主生产计划(MPS)是确定每一个最终产品在每一具体时间段的生产数量的计划。企业的物料需求计划、车间作业计划、采购计划等均来源于主生产计划，即先由主生产计划驱动物料需求计划，再由物料需求计划生成车间作业计划与采购计划。所以，主生产计划在 MRP 系统中起着承上启下的作用，实现从宏观计划到微观计划的过渡。主生产计划必须是可执行、可实现的，应符合企业的实际情况，其制订与执行的周期视企业的情况而定。主生产计划应确定在计划期间内各时间段上的最终产品的需求数量。

2. 产品结构树

产品结构树(product structure tree，PST)是由产品装配系统图、产品零部件(包括通用件、标准件、自制件、原材料)明细表等内容组成的。PST 以树状方式不仅反映了产品、零部件之间的结构层次以及制成最终产品的各个阶段的先后顺序，还反映了每个节点与该部件的图号、材质、规格、型号等属性信息以及相关文档的关联性。在产品结构文件中，各个元件处于不同的层次。每个层次表示制造最终产品的一个阶段。通常，最高层为零层，代表最终产品项；第一层代表组成最终产品项的元件；第二层为组成第一层元件的元件……依次类推，最低层次为零件和原材料。各种产品由于结构复杂程度不同，产品结构层次数也不同。在 PST 中存在着同一物料项同时出现于不同层次的情况，这种物料项称为多层次通用件。图 7-2a 形象地说明了产品结构树，在图 7-2a 中，产品 P 由一个 A 部件、两个 B 零件、两个 C 组件组成，LT 指的是提前期(Lead Time)。部件 A 由一个 C 组件与一个 D 零件组成。组件 C 由一个 B 零件和一个 E 零件组成。为了便于后面计算物料需求量，要求树状图按照最低层级规则(lower level coding)绘制，即将构成产品的各种物料按其隶属关系分为不同的层级，这样上、下层级的物料为母子项关系。在 PST 中，要求同一种物料只能出现在同一层级上，即将其集中表示在它们所处的各层级中最低的层级上，如图 7-2b 所示。

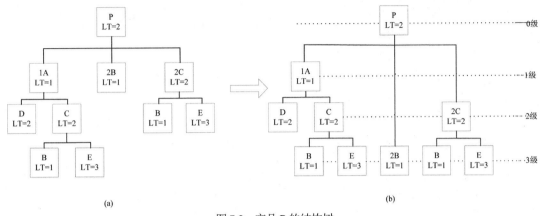

图 7-2　产品 P 的结构树

3. 物料清单

产品结构树能直观地描述产品内各种物料的结构关系，但其方式(以图形来表现)不便于计算机处理。而物料清单(bill of materials，BOM)是用表格形式表示构成产品的各种物料的结构关系，是产品结构的技术性描述文件，它表明了最终产品的组件、零件直到原材料之间的结构关系和数量关系，便于用计算机存储和处理。

物料清单和主生产计划一起作用，来安排仓库的发料、车间的生产和待采购件的种类和数量。物料清单有多种描述方法，如单层法、缩进法、模块法、暂停法、矩阵法以及成本法等。在某些工业领域，物料清单可能称为"配方""要素表"等。

BOM 是制造企业的核心文件，各不同的部门和系统都要用到 BOM，从 BOM 中获取特定的数据。设计部门是 BOM 的设计者，也是 BOM 的使用者，需要从 BOM 中获取所有零件的信息以及相互间的结构信息；工艺部门根据 BOM 建立各零件的制造工艺和装配件的装配工艺，以及加工制造过程中应使用的工装、模具等；生产部门根据 BOM 来生产产品；库房根据 BOM 进行发料；财务部门根据 BOM 中每个自制件或外购件的成本来确定最终产品的成本；质量控制部门要根据 BOM 保证产品的正确生产；维修部门通过 BOM 了解最终产品的具体结构，了解需要哪些备件等。

物料清单根据使用目的或特点不同，有多种表现形式，如多级 BOM、单级 BOM、百分比式的计划用 BOM、模式化 BOM、制造 BOM 和虚拟 BOM 等。多级 BOM(见图 7-3)将产品所有层级的物料表示在一张表上，为矩阵式表格。由于多极 BOM 存在数据冗余，占用较多的存储空间，且对物料项进行修改时，需要重新编制新的表格，可将其拆分为单级 BOM(见图 7-4)。在单极物料清单每一张单级 BOM 只表示一项物料与其直接相邻的子项物料的关系，通过自上而下地逐层检索和汇总就能够得到产品多级 BOM。单级 BOM 具有以下优点：能充分利用存储空间；进行修改维护时，只需修改一张单级 BOM，不影响产品的其他 BOM；单级 BOM 是一种模块化结构，尤其适应产品结构模块化的需要，根据产品的结构，通过调用相应的模块 BOM，就可生成各种变型产品的 BOM。

产品 P			
零件号缩排			装配数量	提前期
A			1	1
	D		1	2
	C		1	2
		B	1	1
		E	1	3
B			2	1
C			2	2
	B		1	1
	E		1	3

图 7-3 多级物料清单

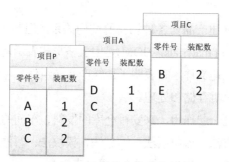

图 7-4 单级物料清单

采用计算机辅助生产管理时，首先要使计算机能够识别出企业所制造的产品构成和所有涉及的物料，这时的 BOM 就必须由传统的图示转化为某种数据结构。为了计算机处理和管理的方便，BOM 必须具有某种合理的组织形式。此外，BOM 还是 CIMS/MIS(computer integrated manufacturing system/management information system，计算机集成制造系统与管理信息系统)与 CAD(computer aided design，计算机辅助设计)、CAPP(computer aided process planning，计算机辅助工艺编制)、PDM(products data management，产品数据管理)等子系统的重要接口，是系统集成的关键。因此，用计算机进行 BOM 管理时，必须充分考虑与其他子系统的信息交换问题。一般情况下，构建 BOM 时应注意以下几方面问题。

(1) 在 BOM 中，每一个项目(零件)必须有一个唯一的编码。

(2) 为了管理方便，有时可以将同一零件的不同状态看作几个不同的项目构建在产品的 BOM 中。

(3) 根据生产实际情况，为了强化某些工装、模具的准备工作，还可将这些工具构建在 BOM 中。

(4) 为了满足不同部门获取零件的不同信息，可以灵活设计 BOM 中每个项目的属性，如计划、成本、库存、订单等。BOM 的数据输入计算机后，就可对其进行查询，并能根据用户的不同要求以不同的格式显示出来。BOM 常见的输出格式有传统式、矩阵式、比较式和模块化几种。传统式 BOM，包括单层展开、缩行展开、汇总展开、单层跟踪、缩行跟踪、汇总跟踪等形式；矩阵式 BOM，对具有大量通用零件的产品系列进行数据合并后得到，可用来识别和组合一个产品系列中的通用型零件；比较式 BOM，以标准产品为基准，并规定还可增加哪些零件或去掉哪些零件，能有效地描述不同产品之间的差异；模块化 BOM，可用于由许多通用零件制成的并有多种组合的复杂产品，按照装配最终产品的要求来组建模块，通过不同的模块选择就可以组合成不同的最终产品。

4. 提前期

在 MRP 中不但要考虑 BOM 各个层次中的零部件需求量，而且要考虑为了满足最终产品的交货期，所需零部件的加工或采购提前期。提前期(lead time，LT)是以交货或完工日期为基准，倒推到加工或采购的开始日期的这段时间，也是从工作开始到工作结束的时间。物料需求计划中的提前期通常是指从订单发出至订单接受的这段时间。物料需求计划是一种倒向排序的计划，主要回答何时生产或需要的问题，而何时下达生产或采购计划主要取决于物料的提前期。有以下几种基本的提前期。

(1) 采购提前期，是采购订单下达到订单入库所需的时间。
(2) 生产准备提前期，是从计划开始到完成生产准备所需的时间。
(3) 加工提前期，是开始加工到加工完成所需的时间。
(4) 装配提前期，是开始装配到装配结束所需的时间。
(5) 总提前期，是产品的整个生产周期，包括产品设计提前期，生产准备提前期，采购提前期，加工、装配、检测、包装、发运提前期。
(6) 累计提前期，是采购、加工、装配提前期的总和。

提前期在系统中作为固定不变的参数进行设置，一般在建立物料主文件时就已设置。对于采购件设置的提前期为采购提前期；对于自制件设置的提前期为加工提前期；而累计提前期是根据产品的物料清单进行累加而得到的。图 7-5 是产品结构在时间结构上的反映，以产品的应完工日期为起点倒排计划，可相应地求出各个零部件最晚应该开始加工的时间或采购订单发出的时间。

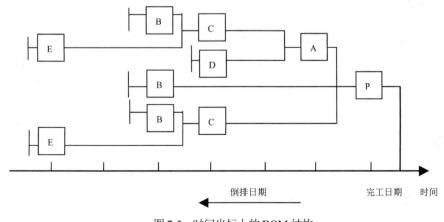

图 7-5 时间坐标上的 BOM 结构

5. 订货方针

在 MRP 中,为了确定每次订货的批量,需要对每一物料预先确定批量规则,这些批量规则通常称为订货方针。订货方针有多种,大体上可分为以下两大类。

1) 静态批量规则

在静态批量规则下,每一批量的大小都相同,具体包括以下方法。

(1) 固定批量法(fixed order quantity,FOQ),是典型的静态批量规则,它将物料的订货值规定一个固定的批量,在 MRP 计算时将净需求量与此固定批量进行比较,若净需求量小于或等于该批量,则计划订购等于该批量;若净需求量大于该批量,则按净需求量订货,以保证计划需求。

(2) 经济订货批量法(EOQ),是库存管理中常见的方法,详见 3.4.1 章节。

2) 动态批量规则

在动态批量规则下,允许每次订货的批量大小不一样,但必须大到足以防止缺货发生,具体包括以下几种方法。

(1) 固定周期批量法(fixed order peried,FOP)。在这种规则下,批量的大小等于未来 P 周(从收到货的当周算起)的总需求量(粗需求+安全库存量),再减去前一周的可用库存量。这样的批量可以保证安全库存量和 P 周的粗需求,但并不意味着每隔 P 周必须发放一次订单,而只是意味着,当确定批量时,其大小必须满足 P 周的需求。P 值的大小与物料单件价值有关,价值大,P 值取短些;反之,P 值取长些。

(2) 周期批量法(period order quantity,POQ)。周期批量法的计算过程基本与固定周期批量法相同,不过合并净需求之后,取净需求的经济订货批量,将其作为计划订单下达量。在实际操作中,可首先根据理想的批量(如 EOQ)除以每周的平均需求来确定 P 值,然后用 P 周的需求表示目标批量,并取与之最接近的整数。

(3) 直接批量法(lot for lot,LFL)。在直接批量法下,物料需求的批量等于需求量。直接批量法常用于生产或订货的时间和数量基本能满足物料的需求,并且所处理的物料价格较高,不允许生产或保存过多。

6. 安全库存

安全库存(safety stock)主要是为了应付市场波动及供应商的不可靠性而设置的库存量。因此,从产品结构树的角度看,安全库存的位置主要处于 BOM 的顶层级和底层级物料。安全库存的具体数量根据物料项目的历史资料、要求的服务水平(即缺货率)采用有关统计分析方法计算所得。

7. 库存记录

库存记录说明现在库存中有哪些物料,有多少,准备再进多少,在制订新的加工、采购计划时要减掉相应的数量。库存记录通常被称为 MRP 表格,其计算过程构成了 MRP 的基本计算方法。

7.1.4 MRP 的计算过程

MRP 可以根据主生产计划回答要生产什么，根据物料清单回答要用到什么，根据库存记录回答已经有了什么，MRP 运算后得出的结果可以回答还缺什么、何时生产或订购。这些结果都是以 MRP 表格为中心得到的。下面通过一个简单的例子来说明 MRP 的计算过程。

1. MRP 的输入

在运行 MRP 时，所需的输入信息包括主生产计划、物料清单、提前期、订货方针、库存记录。

(1) 主生产计划。假定在第 2 周和第 7 周均要生产 75 单位产品 A，第 5 周和第 8 周均要生产 40 单位产品 B，其主生产计划如表 7-1 所示。

表 7-1 主生产计划表

周次	1	2	3	4	5	6	7	8
产品 A		75					75	
产品 B					40			40

(2) 物料清单。假定产品 A 和 B 都需要零部件 C，1 单位 A 需要 2 单位 C，1 单位 B 需要 3 单位 C，其需求关系如图 7-6 所示。

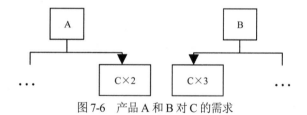

图 7-6 产品 A 和 B 对 C 的需求

(3) 提前期。假定产品 A、B 的生产提前期均为 1 周，零部件 C 的生产周期为 2 周。
(4) 订货方针。采用固定批量(批量大小为 230 个)的订货方针。
(5) 库存记录。假定零部件 C 的期初库存为 47 个单位。

2. 计算需求总量

MRP 库存记录中粗需求的需要量是指当周应准备好的量。确定需求总量时应该考虑以下因素。

(1) 物料清单。需求总量的计算是从最终产品开始，层层向下推算直至采购材料或外购件为止。这样建立的物料需求计划包括零部件的生产计划和原材料的物料计划。本例中，1 个产品 A 需要 2 个零部件 C，1 个产品 B 需要 3 个零部件 C，因此，要将产品的量乘物料清单中相应的系数，才能得到零部件的需求总量，如表 7-2 所示。

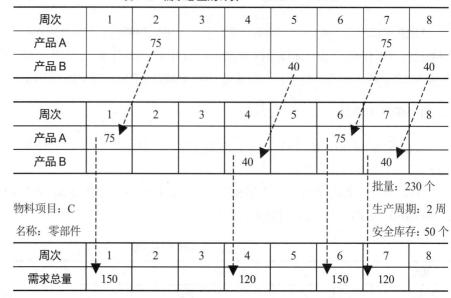

表 7-2 需求总量的计算

(2) 相关需求与独立需求。在相关需求与独立需求同时存在的情况下，计算需求总量时，应将相关需求部分按产品结构树推算的结果加上独立需求部分的需求量。如果本例中的 C 既是 A 和 B 的零部件，又是具有独立需求的产品，那么计算其需求量的时候便要同时考虑其相关需求与独立需求。

(3) 提前期。在确定需求总量的需求时间时，提前期是一个重要的因素。本例中，产品 A、B 的生产提前期均为 1 周，即在计算各自的生产开始时间时，要用主生产计划中的时间减去生产提前期。这样，产品 A 的生产开始时间为第 1 周和第 6 周，产品 B 的生产开始时间为第 4 周和第 7 周。

3. 计算净需求量

在确定了需求总量之后，便可以根据现有库存和预计入库量来计算净需求量。在某些情况下，计算净需求量还要考虑安全库存量。使用安全库存量是为了应付紧急情况，防止由于生产日程的变更而产生缺料现象，安全库存量是一种缓冲性的库存量。净需求量是根据零件需求总量、现有库存状况所确定的实际需求量。计算净需求量，就是为了保证各周的现有库存量不低于安全库存量。对于那些不需要安全库存量的中间物料，净需求量的意义则是要保证现有库存量为非负值。本例中，假定零部件 C 在第 1 周的期初库存为 47 个单位，在第 1 周预计入库量为 230 个单位，则零部件 C 的净需求量的计算过程如表 7-3 所示。

表 7-3　零部件 C 的净需求量

周次	1	2	3	4	5	6	7	8
需求总量	150	0	0	120	0	150	120	0
期初库存	47	127	127	127	50	50	50	50
预计入库量	230	0	0	0	0	0	0	0
是否缺货	否	否	否	是	否	是	是	否
净需求量	0	0	0	43	0	150	120	0

4. 批量编程

根据零部件的订货方针，确定各零部件按订货方针组成批量、按完工顺序排列的计划订单。本例中，零部件 C 的订货方针为每批 230 个单位的固定批量，其批量编程如表 7-4 所示。

表 7-4　零部件 C 的批量编程

周次	1	2	3	4	5	6	7	8
净需求量	0	0	0	43	0	150	120	0
库存新增				187	187	37	147	147
按完工顺序排列的计划清单				230		230		

5. 计算提前期

把按完工顺序排列的计划订单减去提前期，就可以得到按开工顺序排列的计划订单。本例中，零部件 C 的生产周期为 2 周，则其按开工顺序排列的计划订单的计算过程和结果如表 7-5 所示。

表 7-5　零部件 C 的计算提前期

周次	1	2	3	4	5	6	7	8
按完工顺序排列的计划订单				230			230	
按开工顺序排列的计划订单		230			230			

6. MRP 的输出

在上述计算过程中，以主生产计划为依据，按 BOM 确定所需零件的需求总量，用需求总量减去可用库存后得到净需求量，通过批量编程和计算提前期得到了各种物料的需求量和需求时间，并据此确定了订单的内容和订单的发出时间。这些结果便是 MRP 的输出，通常被称为措施提示信息。在本例中，最终得到的是按开工顺序排列的计划订单告诉我们，为了满足生产计划的需求，在第 2 周和第 5 周，要分别发出 230 个单位的零部件 C 的订单。

7.2 细能力计划

细能力计划(capacity requirements planning，CRP)也称为能力需求计划，是对物料需求计划所需能力进行核算的计划管理方法。细能力计划(CRP)主要用来检验物料需求计划是否可行，以及平衡各工序的能力与负荷，并检查在计划期间是否有足够的能力来处理全部订单。物料需求计划(MRP)的对象是物料，细能力计划(CRP)的对象是工作中心的能力。美国生产与库存控制协会对细能力计划的定义为："细能力计划是详细地确定需要多少人工和机器以完成生产工作的过程。物料需求计划系统中已核发的车间制造订单与计划订单被输入到细能力计划中，而后者将这些订单转换成工作中心在一定期间的工作小时。"由定义可以看出，CRP 是先对各生产阶段和各个工作中心所需的资源进行计算，得到了各工作中心的负荷，再根据物料需求计划产生的加工单工作中心数据、工艺路线和工厂日历等数据，计算各工作中心所能提供的资源(即生产能力)，接着将负荷和能力进行比较，做平衡分析，最后制订出 MRP 和形成 CRP 报表。

7.2.1 细能力计划的作用和分类

1. CRP 的作用

在生产计划控制系统的开环物料需求计划发展的初期，无须制订细能力计划，而在发展到闭环物料需求计划阶段，则要考虑细能力计划。

细能力计划和粗能力计划一样，都是对能力和负荷的平衡做出分析。在制订细能力计划时，必须知道各个物料经过哪些工作中心加工，即必须已知加工路线，还必须计算各个工作中心的负荷和可用能力，因为物料需求计划是一个分时段的计划，相应的细能力计划也是一个分时段的计划，故必须知道各个时间段的负荷和可用能力。

由于 MRP 和 MPS 之间内在的联系，CRP 和 RCCP 之间也是一脉相承的。实际上，MRP 与 CRP 的运算是建立在 MPS 与 RCCP 的基础上的。CRP 是 RCCP 的升华，它们之间的区别如表 7-6 所示。

表 7-6 CRP 与 RCCP 的区别

对比项	RCCP	CRP
能力对象	关键工作中心	各个工作中心
所处的计划阶段	MPS	MRP
需求对象	独立需求件	相关需求件
计划的订单类型	计划和确认订单	全部订单

(续表)

计算参照	资源清单/关键工艺路线	工艺路线
订单范围	计划及确认	全部订单
现有库存量	不考虑	考虑
批量计算	因需定量	批量规则
提前期计算	提前期偏置	准备、加工提前期

总之，CRP 是把物料需求转换为能力需求。它不但考虑 MRP 的计划订单，还要考虑已下达但尚未完成的订单所需的负荷，结合工作中心的工作日历，考虑工作中心的停工及维修等非工作日，确定各工作中心在各个时段的可用能力。但 CRP 只说明能力需求情况，提供相关信息，不能直接提供解决方案。处理能力与需求的矛盾，还是要靠计划人员的分析和判断，通过模拟功能寻找解决办法。

CRP 的对象是工作中心的能力，工作中心是各种生产能力单元的统称，也是发生加工成本的实体。它是一个特定的区域，可视为 RCCP 和 CRP 的一个单位，可以是一台设备，也可以是一组设备。因此，工作中心主要是计划与控制范畴，而不是固定资产或设备管理范畴的概念。不要把工作中心同加工中心混淆起来，后者是一种有多种加工功能、带刀具库的高精度数控机床。编制工艺路线之前，先要划定工作中心，建立工作中心主文件。在工艺路线中，一般每道工序要对应一个工作中心。

2. CRP 的分类

CRP 有两种基本的能力计划方式，即有限能力计划和无限能力计划。

(1) 在有限能力计划中，工作中心的能力是固定的，通常按照物料的优先级进行计划，将能力安排给优先级较高的物料，如果出现工作中心负荷不能满足要求时，则优先级相对比较低的物料将被推迟加工。优先级是用紧迫系数来衡量的，紧迫系数用需求日期减去当日日期再除以剩余的计划提前期来表示。需求日期越近，紧迫系数越小，其优先级越高，则应优先安排。

(2) 无限能力计划是指当将工作分配给一个工作中心时，只考虑它需要多少时间，而不考虑完成这项工作所需的资源是否有足够的能力，也不考虑在该工作中心中，每个资源完成这项工作时的实际顺序，通常仅仅检查关键资源，大体上看看它是否超出负荷。这里所说的无限能力计划暂时不考虑能力的约束，只是尽量去平衡和调度能力，发挥最大的能力或增加能力，目的是满足市场的需求。

7.2.2 细能力计划的分析步骤

细能力计划的分析步骤主要包括收集数据、计算负荷、计算能力、能力与负荷的比较、能力负荷的调整以及形成最终的能力计划。

收集的数据主要有加工单数据、工作中心数据、工艺路线数据和工厂生产日历数据等。

加工单是执行 MRP 后产生的面向工作中心的加工任务书。

工作中心数据涉及每天的生产班次、每班小时数、每班人数、设备效率、设备利用率等。

工艺路线是制造某种产品过程细化的描述，包括要执行的作业顺序、作业名称、有关的工作中心、每个工作中心所需的设备、设备或工作中心的准备时间、运行时的标准时间、作业所需的零部件、配置的人力以及每次操作的产出量等。工艺路线的主要作用包括以下几点：计算加工件的提前期，提供运行 MRP 的计算数据；计算占用工作中心的负荷小时，提供运行能力计划的数据；计算派工单中每道工序的开始时间和完工时间；提供计算加工成本的标准工时定额；按工序跟踪在制品。

工厂生产日历是用于编制计划的特殊形式的日历，由普通日历除去周末休假、假日、停工和其他不进行生产的日子，并将日期表示为顺序形式。工厂日历实际上是一种能够简化计算的特殊的十进制日历，对周和(或)天进行连续编号。工厂日历主要用于说明企业各部门、车间或工作中心在一年中可以工作或生产的日期。

数据收集完毕后，计算各个工作中心的负荷及能力，将能力与负荷进行比较，并在出现偏差时对能力或负荷进行调整，或者修改能力，或者修改负荷，最后形成详细的能力需求计划。最终的能力需求计划必须满足实际的能力需求。

7.2.3　细能力计划的计算过程

粗能力计划和细能力计划的计算过程相似，它们最主要的区别是，粗能力计划对其中关键资源进行分析，而细能力计划主要对全部工作中心进行负荷平衡分析。细能力计划更精确，因为其计算是基于所有零件和成品的，并且贯穿物料需求计划记录的所有周期，计算量很大。一些企业在实施物料需求计划时，尽量减少收集数据的费用。细能力计划的计算比较烦琐，下面举例说明其详细计算过程。

某产品 A 的物料清单如图 7-7 所示，产品 A 是由 2 个组件 B 和 1 个零件 C 所构成，组件 B 又由 4 个零件 D 和 2 个零件 E 构成。产品 A 在未来 8 周的主生产计划如表 7-7 所示。本例中所有物料均不考虑安全库存。所有物料的批量、现有库存量、计划接受量等数据如表 7-8 所示。

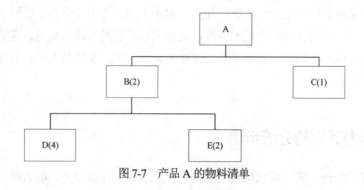

图 7-7　产品 A 的物料清单

表7-7 产品A的主生产计划

期间/周	1	2	3	4	5	6	7	8
计划数量/件	180	200	220	250	200	150	200	160

表7-8 产品A所需物料的批量数据

物料	批量/件	已有库存/件	在途量/件	提前期/周	到达时段/周
A	100	100	100	1	1
B	200	450	200	1	2
C	200	300	200	1	2
D	600	1600	600	1	2
E	400	1000	400	1	2

为简化起见，假设已知所有物料要经过3个工作中心，分别为工作中心1、工作中心2、工作中心3，所有物料的工艺路线及相应的准备时间和操作时间如表7-9所示。

表7-9 生产产品A所需的所有物料工艺和时间数据

物料	工作中心	批量/件	每批准备时间/分	每件加工时间/分
A	1	100	25	3.0
B	2	200	20	0.5
	1	200	15	0.9
C	3	200	10	1.0
	2	200	20	0.8
D	3	600	25	0.4
	1	600	20	0.3
	2	600	15	0.5
E	3	400	15	0.4
	2	400	20	0.3
	1	400	10	0.5
	3	400	25	0.6

3个工作中心的可用能力如表7-10所示。工作中心的负荷如表7-11所示。计算物料占用工作中心的负荷时，每件作业时间即完成该工序时间的计算公式为

每件作业时间=每批准备时间/批量+单件加工时间=单件准备时间+单件加工时间 (7-1)

如计算物料的加工提前期，还应考虑排队时间和转运时间，即加工提前期为

物料的加工提前期=排队时间+转运时间+准备时间+(加工时间×标准批量) (7-2)

表7-10　3个工作中心的可用能力

工作中心	可用能力/分
1	2600
2	2000
3	2400

表7-11　各个工作中心的负荷

物料	作业序列	工作中心	批量/件	每批准备时间/分	单件准备时间/分	每件加工时间/分	每件作业时间/分	BOM中数量/件	总作业时间/分
A	1	1	100	25	0.250	3.0	3.250	1	3.250
B	1	2	200	20	0.100	0.5	0.600	2	1.200
	2	1	200	15	0.075	0.9	0.975	2	1.950
C	1	3	200	10	0.050	1.0	1.050	1	1.050
	2	2	200	20	0.100	0.8	0.900	1	0.900
D	1	3	600	25	0.040	0.4	0.640	8	5.120
	2	1	600	20	0.033	0.3	0.733	8	5.864
	3	2	600	15	0.025	0.5	0.525	8	4.200
E	1	3	400	15	0.038	0.4	0.438	4	1.752
	2	2	400	20	0.050	0.3	0.350	4	1.400
	3	1	400	10	0.025	0.5	0.535	4	2.140
	4	3	400	25	0.063	0.6	0.663	4	2.652

将表7-11中各工作中心对应不同物料的不同工序的总作业时间相加，可得各工作中心对于单件产品A的总负荷，如表7-12所示。

表7-12　全部工作中心总负荷

工作中心	单件产品A的总负荷/分
1	13.204
2	7.7
3	10.574

将此结果与表7-7中产品A的主生产计划表中各时段计划数量相乘，即可得到未来每周每个工作中心的总负荷，如表7-13所示。

表 7-13 全部工作中心的分时段总负荷

单位：分

工作中心	期间/周							
	1	2	3	4	5	6	7	8
1	2376.72	2640.00	2904.88	3301.00	2640.80	1980.60	2640.80	2112.64
2	1386.00	1540.00	1694.00	1925.00	1540.00	1155.00	1540.00	1232.00
3	1903.32	2114.80	2326.26	2643.50	2114.80	1586.10	2114.80	1691.84

结合表 7-13 和表 7-7，可以绘制各工作中心的负荷曲线，如工作中心 1 的负荷曲线如图 7-8 所示。其余各工作中心负荷曲线绘制同工作中心 1，在此不做详细说明。全部工作中心的负荷曲线如图 7-8～图 7-10 所示。

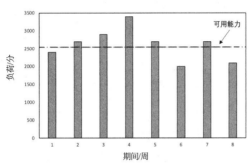

图 7-8 工作中心 1 的负荷曲线

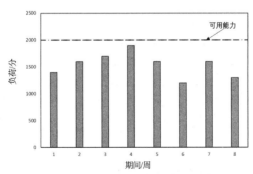

图 7-9 工作中心 2 的负荷曲线

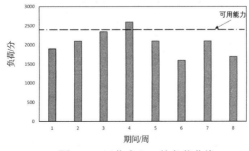

图 7-10 工作中心 3 的负荷曲线

粗能力计划是建立在主生产计划的基础上的,它直接根据主生产计划结对其中关键工作中心进行负荷和能力平衡分析,由图 7-8~图 7-10 可知,当主产计划对应的粗能力计划在某些时段不能满足负荷要求时,可以进行适当的调整,即将部分超出的负荷调整至低负荷的时段。若要编制全部工作中心的能力需求计划(即细能力计划),则应展开得到的物料需求计划。几种物料的需求计划如表 7-14~表 7-18 所示,假定最后一期计划订单下达量为批量的大小。本例中,在确定计划订单投入量时,最后一期的数值均为假定的。

表 7-14 物料 A 主生产计划

单位:件

项目	期间/周							
	1	2	3	4	5	6	7	8
毛需求	180	200	220	250	200	150	200	160
在途量	100							
预计可用库存量	20	20	0	50	50	0	0	40
净需求	0	180	200	250	150	100	200	160
计划订单产出量		200	200	300	200	100	200	200
计划订单投入量	200	200	300	200	100	200	200	100

表 7-15 物料 B 主生产计划

单位:件

项目	期间/周							
	1	2	3	4	5	6	7	8
毛需求	400	400	600	400	200	400	400	200
在途量		200						
预计可用库存量	50	250	50	50	50	50	50	250
净需求	0	150	350	350	150	350	350	150
计划订单产出量		400	400	400	200	400	400	400
计划订单投入量	400	400	400	200	400	400	400	200

表 7-16 物料 C 主生产计划

单位:件

项目	期间/周							
	1	2	3	4	5	6	7	8
毛需求	200	200	300	200	100	200	200	100
在途量		200						
预计可用库存量	100	100	0	0	100	100	100	0
净需求	0	0	200	200	100	100	100	0
计划订单产出量		0	200	200	200	200	200	0
计划订单投入量	0	200	200	200	200	200	0	200

表 7-17 物料 D 主生产计划

单位：件

项目	期间/周							
	1	2	3	4	5	6	7	8
毛需求	1600	1600	2400	1600	800	1600	1600	800
在途量		600						
预计可用库存量	0	200	200	400	200	400	0	400
净需求	0	1000	2200	1400	400	1400	1200	800
计划订单产出量		1200	2400	1800	600	1800	1200	1200
计划订单投入量	1200	2400	1800	600	1800	1200	1200	600

表 7-18 物料 E 主生产计划

单位：件

项目	期间/周							
	1	2	3	4	5	6	7	8
毛需求	800	800	1200	800	400	800	800	400
在途量		400						
预计可用库存量	200	200	200	200	200	200	200	200
净需求	0	200	1000	600	200	600	600	200
计划订单产出量	0	400	1200	800	400	800	800	400
计划订单投入量	400	1200	800	400	800	800	400	400

建立准备时间矩阵和加工时间矩阵，准备时间矩阵如表 7-19 所示，加工时间矩阵如表 7-20 所示。

表 7-19 产品 A 的准备时间

单位：分

工作中心	物料	期间/周							
		1	2	3	4	5	6	7	8
1	A	50	50	75	50	25	50	50	25
	B	30	30	30	15	30	30	30	15
	D	40	80	60	20	60	40	40	20
	E	10	30	20	10	20	20	10	10
	合计	130	190	185	95	135	140	130	70
2	B	40	40	40	20	40	40	40	20
	C	0	20	20	20	20	20	0	20
	D	30	60	45	15	45	30	30	15
	E	20	60	40	20	40	40	20	20
	合计	90	180	145	75	145	130	90	75

(续表)

工作中心	物料	期间/周							
		1	2	3	4	5	6	7	8
3	C	0	10	10	10	10	10	0	10
	D	50	100	75	25	75	50	50	25
	E	40	120	80	40	80	80	40	40
	合计	90	230	165	75	165	140	90	75

表 7-20 产品 A 的加工时间

单位：分

工作中心	物料	期间/周							
		1	2	3	4	5	6	7	8
1	A	600	600	900	600	300	600	600	300
	B	360	360	360	180	360	360	360	180
	D	360	720	540	180	540	360	360	180
	E	200	600	400	200	400	400	200	200
	合计	1520	2280	2200	1160	1600	1720	1520	860
2	B	200	200	200	100	200	200	200	100
	C	0	160	160	160	160	160	0	160
	D	600	1200	900	300	900	600	600	300
	E	120	360	240	120	240	240	120	120
	合计	920	1920	1500	680	1500	1200	920	680
3	C	0	200	200	200	200	200	0	200
	D	480	960	720	240	720	480	480	240
	E	240	720	480	240	480	480	480	240
	合计	720	1880	1400	680	1400	1160	960	680

综合利用表 7-19 和表 7-20，可以得到 3 个工作中心的能力需求，如表 7-21 所示。

表 7-21 3 个工作中心的能力需求

单位：分

工作中心	物料	期间/周							
		1	2	3	4	5	6	7	8
1	A、B、D、E	1650	2470	2385	1255	1735	1860	1650	930
2	B、C、D、E	1010	2100	1645	755	1645	1330	1010	755
3	C、D、E	810	2110	1565	755	1560	1300	1050	755

考虑已经核发订单的已核发量,即为本例中在途量,已核发订单的作业时间如表 7-22 所示。

表 7-22 已核发订单的作业时间

物料	周次	工作中心	已核发量/件	每批准备时间/分	每件加工时间/分	总加工时间/分	总作业时间/分
A	1	1	100	25	3.0	300	325
B	1	2	200	20	0.5	100	120
B	2	1	200	15	0.9	180	195
C	1	3	200	10	1.0	200	210
C	2	2	200	20	0.8	160	180
D	1	1	600	20	0.3	180	200
D	2	2	600	15	0.5	300	315
E	1	3	400	15	0.4	160	175
E	2	2	400	20	0.3	120	140

计算得到核发订单所需 3 个工作中心的能力,如表 7-23 所示。

表 7-23 已核发订单的能力需求

单位:分

工作中心	物料	周次	
		1	2
1	A、B	525	195
2	B、C、E	120	635
3	C、E	385	0

综合利用表 7-21 和表 7-23,可以得到 3 个工作中心最终的总能力需求,如表 7-24 所示。

表 7-24 3 个工作中心的总能力需求

单位:分

工作中心	期间/周							
	1	2	3	4	5	6	7	8
1	2175	2665	2385	1255	1735	1860	1650	930
2	1130	2735	1645	755	1645	1330	1010	755
3	1195	2110	1565	755	1560	1300	1050	755

根据表 7-24 的数据,可绘制相应的能力计划,如图 7-11 所示。至此,细能力计划编制完成。

通过编制的能力计划,能够检验物料需求计划是否可行,以及平衡各工序的能力与负荷,并检查在计划期间是否有足够的能力来处理全部订单。

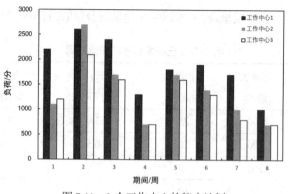

图7-11 3个工作中心的能力计划

7.3 制造资源计划 MRPII

制造资源计划(manufacturing resource planning,MRPII),并不是一种与 MRP 完全不同的新技术,而是在 MRP 的基础上发展起来的一种新的生产方式。因为企业的其他活动单向地从 MRP 取得信息是不够的。MRP 必须从车间、供应部门和设备部门得到信息和反馈信息,才能得出切实可行的物料需求计划。正是这一原因,MRP 向前推进了一步,发展为闭环 MRP,在闭环 MRP 基础上,进一步形成 MRPII。

7.3.1 闭环 MRP

1. 从 MRP 到闭环 MRP

MRP 系统是根据主生产计划的要求,输入库存记录及产品结构,由计算机进行物料需求计算,输出零部件的生产计划、原材料及外购件的采购计划以及辅助报告等。上述系统通常被称作开环 MRP。从输入信息、处理过程以及输出信息中可以看到开环 MRP 有以下几个缺陷。

(1) MRP 系统的运行首先假定已有主生产计划,并且主生产计划是可行的。

(2) MRP 系统的运行是假定生产能力可行,即生产设备和人力能保证生产计划的实现。

(3) MRP 系统的运行是假定物料采购计划可行,即供货能力和运输能力能保证完成物料的采购计划。

(4) MRP 系统的运行结果需要人工介入进行判断,不具有反馈调节功能。然而在复杂的现实生产环境中,这些假设是难以成立的。此外,MRP 系统的应用仅局限于物料管理,还不能满足企业生产管理的要求。

为了克服这些缺陷,在 MRP 系统的基础上出现了闭环 MRP 系统。闭环 MRP 系统是一个集计划、执行、反馈于一体的综合性系统,它能对生产中的人力、设备和材料等各项资源进行计划与控制,它超越物料需求计划的范畴,成为生产管理系统,实现了生产任务与生产能力的统一计划与管理。

2. 闭环 MRP 的构成

当 MRP 系统具有来自输出结果执行状况的反馈信息时,便成为闭环 MRP。通常所说的闭环 MRP,是在开环 MRP 的基础上扩展了综合生产计划、能力需求计划、现场作业控制、执行反馈和计划调整等功能。在闭环 MRP 的计划阶段,通过反馈调整使主生产计划 MPS 与粗能力需求计划 RCCP 相匹配,在主生产计划被确认为可行后,MRP 的执行功能才开始运行。在 MRP 的执行过程中,仍然要根据能力需求计划 CRP 和执行情况不断做出相应的调整,以使计划结果符合生产实际。闭环 MRP 的流程如图 7-12 所示。

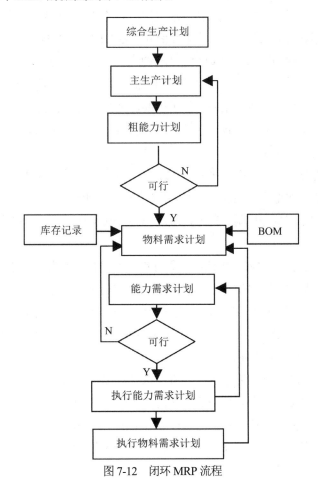

图 7-12 闭环 MRP 流程

1) 综合生产计划

综合生产计划是对企业未来较长一段时间内资源和需求之间的平衡所做的概括性设想,是根据企业所拥有的生产能力和需求预测对企业未来较长一段时间内的产出内容、产出量、劳动力水平、库存投资等问题做出的决策性描述。综合生产计划并不具体制定每一品种的生产数量、生产时间和每一车间、人员的具体工作任务,而是按照以下方式来安排生产的产品、时间和人员。

(1) 产品方面,按照产品的需求特性、加工特性、所需人员和设备的相似性,将产品综合为几大系列,以系列为单位来制定综合生产计划。

(2) 时间方面,综合生产计划的计划期通常是年,因此有些企业也把综合生产计划称为年度生产计划或年度生产大纲。在该计划期内,使用的计划时间单位是月、双月或季。

(3) 人员方面,综合生产计划可用几种不同方式来考虑人员安排问题,如将人员按产品系列分组,按技能水平分组等。另外,综合生产计划要考虑到需求变化所引起的所需人员数量的变动,再决定是采取加班还是扩大聘用等基本方针。

2) 能力需求计划

在闭环 MRP 系统中,把关键工作中心的负荷平衡称为粗能力计划 RCCP,其计划对象为独立需求件,主要面向的是主生产计划;把全部工作中心的负荷平衡称为能力需求计划,或称为细能力计划,其计划对象为相关需求件,主要面向的是车间。因为物料需求计划 MRP 和主生产计划 MPS 之间存在内在的联系,所以粗能力计划与能力需求计划之间也是一脉相承的,而后者正是在前者的基础上进行计算的。首先,由物料需求计划获得物料任务的数量和需要时间,按照物料的工艺路线,计算出各个工序的加工周期,推算出初始的工序进度计划;然后,分别按照工作中心汇总每个时间周期内各项任务所需的能力,即可得到生产能力需求计划。

3) 现场作业控制及执行反馈

各工作中心能力与负荷需求基本平衡后,就要集中解决如何具体组织生产活动,使各种资源既能合理利用又能按期完成各项订单任务,并将客观生产活动进行的状况及时反馈到系统中,以便根据实际情况进行调整与控制,这就是现场作业控制及执行反馈。它的工作内容一般包括 4 个方面。

(1) 生产订单下达。核实 MRP 生成的计划订单,并将其转换为生产订单后下达给车间。

(2) 作业排序。从工作中心的角度控制加工工件的作业顺序或作业优先级。

(3) 作业控制。监控作业过程,及时发现生产中存在的问题,并采取相应的措施。

(4) 生产实绩反馈:跟踪作业订单在制造过程中的运动,收集各种资源消耗的实际数据,更新库存余额并完成 MRP 的闭环。

闭环 MRP 与开环 MRP 系统的区别是,在生成物料需求计划后,依据生产工艺,推算出生产这些物料所需的生产能力,即制订细能力计划;然后与现有的生产能力相对比,检查该计划的可行性;若不可行,则返回修改物料需求计划或主生产计划,直至达到满意的平衡为止。随后进入车间作业控制子系统,监控计划实施情况,并及时进行反馈。车间作业控制的主要功能是实现作业分派和作业统计。

7.3.2 从闭环 MRP 到 MRPⅡ

制造资源计划(manufacturing resources planning，MRPII)是在闭环 MRP 基础上扩充与发展的，其功能范围扩展到整个企业的经营活动。在闭环 MRP 基础上，如果以 MRP 为中心建立一个生产活动的信息处理体系，则可以利用 MRP 的功能建立采购计划；生产部门将销售计划与生产计划紧密配合来制订主生产计划表，并将其不断地细化；设计部门不再孤立地设计产品而是将改良设计与以上生产活动信息相联系；产品结构不再仅仅只有参考价值而是成为控制生产计划的重要依据。更进一步，可以将以上一切活动均与财务系统结合起来；将库存记录、工作中心和物料清单用来核算成本；根据由 MRP 得到的采购及供应商情况，建立应付账、销售产生合同和应收账；建立应收账与其应付账及总账的关联；根据总账又产生各种报表。

在上述过程中，系统的信息共享程度和业务范围不仅超越了开环 MRP 的物料计划范畴，也超越了闭环 MRP 的生产管理范畴，使生产、销售、财务、采购以及制造过程紧密地结合在一起，组成了一个全面管理的集成优化模式，它就是制造资源计划。为了避免名词的混淆，物料需求计划称为狭义 MRP，而制造资源计划称为广义 MRP 或 MRPII。制造资源计划 MRPII 系统在 MRP、闭环 MRP 基础上进行了进一步的功能扩充与发展，是包含销售、制造、财务等三大功能的管理信息系统。

7.3.3 MRPⅡ的基本原理和功能描述

MRPII的基本原理是把企业作为一个整体，从系统整体最优的角度出发，通过运用科学的方法，对企业各种资源和产、供、销、财务各个环节进行有效的计划、组织、控制，使企业内各部门的活动协调一致，提高企业整体效率。把生产活动和财务活动联系到一起，是 MRPⅡ迈出的关键一步。MRPⅡ的流程如图 7-13 所示。

图 7-13 中包含企业经营计划层、生产中物料需求和生产能力需求的基础数据、主要财务信息。其中连线表明 MRPII 中信息流向和相互之间的信息集成关系。图 7-13 右侧是生产计划与控制系统，包括决策层、计划层、执行层等。其中经营计划是 MRP 的起点，它根据市场需求和企业现有条件，确定企业的产量、品种、利润等指标，从而决定企业包括产品销售计划、各种物料、资金、人工等的需求计划，再在此基础上粗略制订出企业的具体生产计划，确定生产何种产品及生产产量和投产时间。在制订生产计划的同时还需对生产能力进行平衡，以保证生产计划能够实际完成。然后根据生产计划制订产品生产计划，规定每种产品的生产数量和生产时间。产品生产计划是营销和生产作业的根据。中间是基础数据，存储在计算机系统的中央数据库中，反复被业务模块调用。图 7-13 左侧是财务系统，这里只列出了财务系统的应收、应付、总账和成本控制四大基本模块。MRPII系统根据供应商采购记录(采购订单、供应商发票、收货单、入库单)形成应付账款信息；根据客户销售记录(销售订单、销售发票、发货单、出库单)形成应收账款信息；根据采购作业、车间生产作业等信息形成生产成本控制信息。

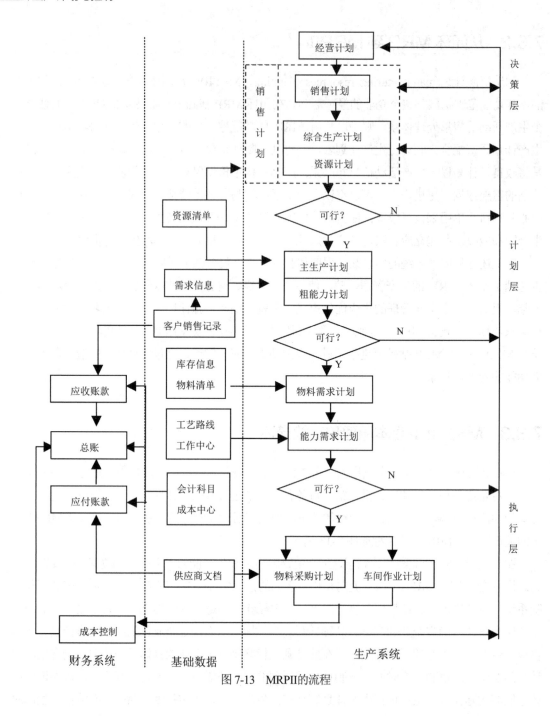

图 7-13 MRPII的流程

7.3.4 MRPII的特征

MRPII的特征可从 6 个方面来说明,每一个特征都含有管理模式的变革和人员素质或行为规范的变革。

1. 计划的一贯性和可行性

MRPII是一种计划主导型的管理模式，计划层次从宏观到微观、从战略到战术，由粗到细，逐层细化，但始终保持与企业经营战略目标一致。"一个计划(one plan)"是 MRPII的原则精神 MRPII把通常的三级计划管理统一起来，编制计划集中在厂级职能部门，车间班组只是执行计划、调度和反馈信息。在 MRPII系统下，计划下达前要反复进行能力平衡，并根据反馈信息及时调整，处理好供需矛盾，保证计划的一贯性、有效性与可执行性。

2. 管理系统性

MRPII是一种系统工程，它把企业与生产经营直接相关部门的所有工作联系成一个整体，每个部门都从系统整体出发，力求做好本岗位工作，每个人都清醒认识到自己的工作同其他职能的关系。只有在"一个计划"下，才能成为系统，条框分割、各行其是的局面被团队合作取代。

3. 数据共享性

MRPII是一种管理信息系统，企业各部门都依据同一数据的信息进行管理，任何一种数据变动都能及时地反映给所有部门，做到数据共享，在统一数据库支持下按照规范化的处理程序进行管理和决策，改变过去那种信息不通、情况不明、盲目决策、相互矛盾的现象。为此，要求企业员工用严肃的态度对待数据，专人负责维护，保证数据更新得及时、准确和完整。

4. 动态应变性

MRPII是一个闭环系统，它要求跟踪、进行控制和反馈随时变化的实际情况，管理人员可随时根据企业内外部环境条件迅速做出响应，及时进行决策调整，保证生产计划正常进行。MRPII系统可以保持较低的库存水平，缩短生产周期，及时掌握各种动态信息，因而有较强的应变能力。

5. 模拟预见性

MRPII是生产经营管理客观规律的反映，具有模拟功能。它可以解决"如果怎样……，将会怎样……"的问题，可以预见相当长的计划期内可能发生的问题，事先采取措施消除隐患，而不是等问题已经发生了再花几倍的精力去处理。这样，管理人员便从忙忙碌碌的事务堆里解脱出来，致力于实质性的分析研究和改进管理工作。

6. 物流、资金流的统一

MRPII包括成本会计和财务功能，可以由生产经营活动直接产生财务数字，把实物形态的物料流动直接转换为价值形态的资金流动，保证生产和财会数据的一致。

7.3.5　MRPⅡ的财务系统

MRPⅡ是一个生产与财务紧密集成的系统，这里主要表现为账务处理和业务处理的集成。在单独的财务系统中，账务处理和业务处理是分开的。这里业务处理是指企业日常运作的具体操作，比如根据销售订单、销售发货单开具销售发票，根据采购订单和收货单校验收到的发票，以及仓库的出入库业务等都是业务处理。账务处理是指财会人员根据原始凭证编制会计分录，登记会计账簿，汇总会计报表相关的各种数据处理。为了实现可剪裁性，MRPⅡ系统通常是可选择部分模块安装或实施，这样 MRPⅡ系统中的财务系统就可处于"独立"和"集成"两种状态。为了便于理解，有必要介绍独立(非集成)环境下的财务系统。

通常，财务系统分为两大层次：财务会计和管理会计。财务会计主要完成企业日常的财务核算并对外提供会计信息；管理会计则灵活运用多种方法，收集整理各种信息，围绕成本、利润、资本三个中心，分析过去，控制现在，规划未来，为管理者提供经营决策信息，并帮助其做出科学决策。

7.4　企业资源计划 ERP

7.4.1　从 MRPⅡ到 ERP

一切有生命力的事物都是在不断发展的，MRPⅡ也不例外。当前世界范围内的竞争越来越激烈，各国企业都在不断寻求新方法来改善现有方法，提高企业在国际市场中的竞争力。在这种形势下，MRPⅡ也在不断发展，这主要体现在以下三个方面。

(1) 融合其他现代管理的思想和方法，来完善自身系统，特别是与 JIT 生产方式、全面质量管理(TQM)及同步生产等思想和方法相融合。

(2) 根据现代企业管理发展的需要，为生产厂与分销配送网点信息集成而开发的配送资源计划(distribution resources planning, DRP)，为主机厂与配送厂商信息集成而开发的多工厂管理系统，为建立供需双方业务联系的电子数据交换系统等，都与 MRPⅡ计划系统集成。

(3) 运用计算机技术发展的最新成果，改善 MRPⅡ的系统功能和界面，例如扩大用户自行定义和设置系统的应用范围；提供计算机辅助软件工程和报表生成等手段，便于用户二次开发；广泛应用窗口技术、图形技术改善屏幕操作和显示功能等。

将顾客和供应商的信息加入 MRPⅡ中，便形成了企业资源计划(enterprise resources planning, ERP)，ERP 是由 MRP、MRPⅡ发展而来的。ERP 的诞生可以看成企业管理技术的一大进步。在 MRP 到 MRPⅡ的发展过程中，制造业企业系统观念的发展基本上是沿着两个方向延伸：一是资源概念内涵的不断扩大；二是企业计划闭环的形成。但是，在这个发展的过程中却始终存在着两个局限——资源局限于企业内部，决策方法局限于结构化问题。而 ERP 突破了 MRPⅡ主要适用于多品种混合生产的加工装配型的企业应用范围，可以为各行各业的企业实现计算机信息管理基础上的集成化管理提供一个强有力的手段。ERP 系统的目标是向整个组织(或企业)中所有需要这些信息的员工以及组织外部的相关人员提供无缝的、实时的信息。ERP 的概念最先是由美国著名咨询公司——高德纳咨询公司于 20 世纪 90 年代初提出的。ERP 的基本思想是将企业的制造流程看成一条联结供应商、制造商、分销商和顾客的供应链，强调对供应链的整体管理，使制造过程更有效，使企业流程更加紧密地集成到一起，从而缩短从顾客订货到交货的时间，快速地满足市场需求。这是一种范围更广的、基于计算机信息管理系统的现代企业集成管理模式。

从计划的范围来讲，ERP 的计划已经不局限在企业内部，而是把供需链内的供应商等外部资源也作为计划的对象；在决策方法方面，DSS(decision support system，决策支持系统)被看作 ERP 中不可缺少的一部分，使 ERP 能够解决半结构化和非结构化的问题。

ERP 的发展历程有图 7-14 所示的两大类：一类是通过在 MRP/MRPII 的基础上增加会计、人事等功能而形成的 ERP 系统；另一类是在某一特定领域(比如会计、人事、销售)的业务系统上增加 MRP/MRPII 等功能而形成的 ERP 系统。但无论在哪一类 ERP 中，MRPII 的基本功能都在系统中占有核心地位。

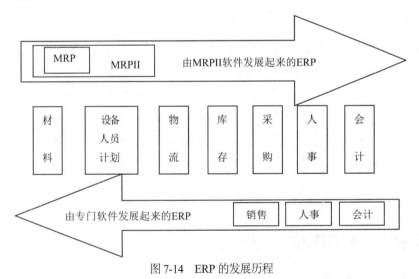

图 7-14 ERP 的发展历程

ERP 将贯穿企业各部门的采购、生产、销售、会计、人事等业务流程并组成价值链，通过强化对信息资源的管理来综合利用人、财、物三方面的企业经营资源，使它们发挥出最大的效用。ERP 的概念示意如图 7-15 所示。

ERP 由现实中的管理软件发展而来，而非一套完整的理论体系，目前也没有统一的定义。美国高德纳咨询公司提出用来界定 ERP 功能的标准包括以下 4 个方面。

(1) 超越了 MRPII 的范围和集成功能。

(2) 支持混合方式的制造环境，既可支持离散，又可支持流程的制造环境，按照面向对象的业务模型组合业务过程的能力和全球范围内的应用。

(3) 支持能动的监控能力，提高业务绩效，包括在整个企业内采用控制和工程方法、模拟功能、决策支持和用于生产及分析的图形能力。

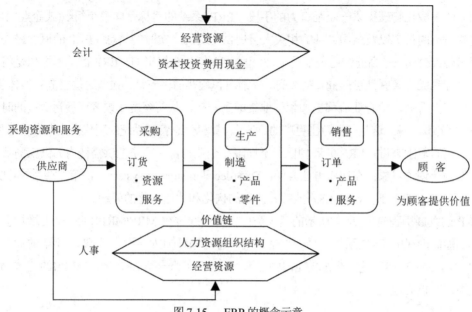

图 7-15　ERP 的概念示意

(4) 支持开放的客户/服务器计算环境，包括客户/服务器体系结构；图形用户界面(GUI)；计算机辅助设计工程(CASE)、面向对象技术；使用结构化查询语言(SQL)对关系数据库查询；内部集成的工程系统、业务系统、数据采集和外部集成、电子数据交换技术。

上述 4 个方面分别从软件功能范围、软件应用环境、软件功能增强和软件支持技术上对 ERP 进行了评价。如今，ERP 已经成为全球各行业企业的主流信息系统，已成为企业主要的运营管理基础，几乎所有的企业都需要借助于 ERP 进行企业的信息管理与业务运营。ERP 已经大大超出其原有的含义，成为企业经营的主干。

7.4.2　ERP 同 MRPⅡ的主要区别

1. 在资源管理范围方面的差别

MRPⅡ主要侧重对企业内部人、财、物等资源的管理，而 ERP 系统在 MRPⅡ的基础上扩展到管理范围，它把客户需求和企业内部的制造活动以及供应商的制造资源整合在一起，形成一个完整的供应链，并对供应链上所有环节，如订单、采购、库存、计划、生产制造、质量控制、运输、分销、服务与维护、财务管理、人事管理、实验室管理、项目管理、配方管理等进行有效管理。

2. 在生产方式管理方面的差别

MRPⅡ把企业归类为几种典型的生产方式，如批量生产、按订单生产、按订单装配、按库存生产等，对每一种类型都提供一套管理方法。从 20 世纪 80 年代末开始，多品种、小批量生产以及看板式生产等逐渐被广泛采用，企业由单一生产方式向多种生产方式同在的混合型生产方式发展，而 ERP 能够很好地支持和管理混合型生产环境，比 MRPII 系统更好地满足了企业的经营需求。

3. 在管理功能方面的差别

ERP 除了具有 MRPII 系统的制造、分销、财务管理功能外，还支持整个供应链上物料流通体系中供、产、需各个环节之间的运输管理和仓库管理，支持生产保障体系的质量管理、实验室管理、设备维修和备品备件管理，支持对业务流程的管理。

4. 在事务处理控制方面的差别

MRPII 是通过计划的及时滚动来控制整个生产过程，其实时性较差，一般只能实现基于批处理的事后(或事中)控制功能。而 ERP 系统强调事前控制，并可以为企业提供针对质量、成本、客户满意度以及经营绩效等关键问题的实时分析和实时控制功能。

5. 在跨国(或地区)经营事务处理方面的差别

在现代企业中，企业内部各个组织单元之间、企业与外部的业务单元之间的协调变得越来越多和越来越重要，而 ERP 系统具有完整的组织架构，可以支持跨国经营的多国家地区、多工厂、多语种、多币制的应用需求。

6. 在计算机信息处理技术方面的差别

随着 IT 技术的飞速发展，网络通信技术的应用，ERP 系统实现了对整个供应链信息进行集成管理。ERP 系统以全面的信息共享为基础，采用客户/服务器体系结构和分布式数据处理技术，充分利用 Internet/Intranet/Extranet 技术，与电子商务(e-commerce)、电子数据交换(EDI)紧密衔接，具有传统的 MRPII 所不能比拟的优势。

7.4.3　ERP 软件

ERP 是将企业所有资源进行整合集成管理，简单地说，就是将企业的三大流：物流、资金流、信息流进行全面一体化管理的管理信息系统。ERP 不仅可用于生产企业的管理，许多其他类型的企业(如一些非生产、公益事业的企业)也导入 ERP 系统，进行资源计划和管理。

目前，有关 MRPII、ERP 软件的产品有 500 余种。ERP 产品以大型化、特色化和多种行业版本为特征，Windows NT 版本也逐渐增多。著名的 ERP 系统有 SAP、Oracle、BAAN、JDE、SSA 的系列产品，国内现有的较著名的 ERP 软件有用友、金蝶、神州数码、天思、新中大、天心、72、速达、八百客、金算盘等。

由于各个 ERP 厂商的产品风格与侧重点不尽相同，其 ERP 产品的模块结构也相差较大。对于初次接触 ERP 的人来说，可能会弄不清到底哪个才是真正的 ERP 系统。所以，撇开实际的产品，从企业的角度来简单描述一下 ERP 系统的功能结构，即 ERP 能够为企业做什么，它的模块功能到底包含哪些内容是很有必要的。下面以典型的生产企业为例来介绍 ERP 的功能模块。

一般而言，除了 MRPII 的主要功能外，ERP 系统包括以下主要功能：供应链管理、销售与市场、分销、客户服务、财务管理、制造管理、库存管理、工厂与设备维护、人力资源管理、报表、制造执行系统(manufacturing executive system，MES)、工作流服务和企业信息系统管理等。ERP 系统还包括金融投资管理、质量管理、运输管理、项目管理、法规与标准和过程控制等补充功能。在企业中，一般的管理主要包括三方面的内容：生产控制(计划、制造)、物流管理(分销、采购、库存管理)和财务管理(会计核算、财务管理)。这三大系统本身就是集成体，它们互相之间有相应的接口，能够很好地整合，进而对企业进行管理。随着企业对人力资源管理重视的加强，已经有越来越多的 ERP 厂商将人力资源管理作为 ERP 系统的一个重要组成部分。

ERP 出现不久，就遇到互联网热潮和制造业的国际化，从而使 ERP 的功能得到进一步扩展，将 ERP 推向一个新的阶段，主要表现为以下几个方面。

(1) ERP 纳入了产品数据管理(product data management，PDM)功能。BANN 公司出台了自己的 PDM 产品，SAP 公司的 R/3 中直接加入了与 PDM 重叠的功能，增加了对设计数据的管理、设计文档的应用和管理，减少了 MRPII 庞大的数据管理和数据准备工作量。

(2) ERP 增加了工作流功能。使用 ERP 后，出现了电子文档在要求的时间按规定的路线传递到指定人员处的问题，需要采取工作流管理进行控制；新的管理模式也要求将重构后的业务流程用计算机软件的方式控制起来。所以，对工作流的管理使 ERP 的功能扩展到办公自动化和业务流程的控制之中。

(3) ERP 增加了数据仓库(data warehouse)和联机分析处理(on-line analytical processing，OLAP)的功能，为企业高层管理者提供了企业级决策所需的数据。

此外，ERP 向 Web 客户端转移。使用 Web 客户端具有费用低、安装和维护方便、跨平台运行和具有统一友好的用户界面的优点，加之所有数据库厂商对 Web 技术的支持，使得几乎所有客户/服务器应用程序的开发厂商都将 Web 浏览器的前端安装到它们的产品上去。Oracle、SAP 和 BANN 都把它们的 MRPII/ERP 客户/服务器应用程序的客户机"Web 化"。

总之，ERP 是建立在信息技术基础上，以系统化的先进管理思想，为企业提供决策、计划、控制与经营业绩评估的全方位和系统化的管理平台。ERP 系统集信息技术与先进的管理思想于一身，成为现代企业的一种运行模式，反映了时代对企业合理配置资源、最大化地创造社会财富的要求，成为企业在信息时代生存、发展的基石。

案例

东阿阿胶集团 ERP 项目的实施之路

山东东阿阿胶集团有限责任公司是经过山东聊城市政府批准，于 1997 年 5 月成立的国有独资公司。集团核心企业东阿阿胶股份有限公司是全国最大的阿胶生产企业，2001 年，东阿阿胶入选全国最具发展潜力的上市公司；2008 年，被华润集团旗下的华润医药收购。

1. 东阿阿胶实施 ERP 的动因

集团拥有 7 个成员企业(股份公司、阿华包装材料厂、阿华医疗器械有限公司、阿华制药有限公司、阿华生物药业有限公司、东阿泉啤酒有限公司、阿华保健品有限公司)，3 个分厂，员工 2000 余人。其中，高中级技术人员为 500 人，总资产为 8.89 亿元，占地 24 万平方米，生产中成药、生物制剂、保健食品、医疗仪器、药用辅料等 6 个门类的产品 40 余种。集团从 1987 年开始实行计算机单机管理，到 1989 年已基本普及质量、人事、财务、生产等环节，初步实现了计算机辅助企业管理，形成了初步的计算机信息系统。但由于受当时技术条件和管理水平的局限，各管理系统相对独立，开发环境和应用平台差异很大，信息代码没有统一的标准，应用水平也参差不齐，各子系统形成一个个信息"孤岛"，难以实现企业内部的信息共享，企业的信息资源无法得到合理利用，限制了企业的发展。具体来说，这种局限主要体现在以下三个方面。

(1) 企业内部环境。企业产、供、销脱节，库存、在制品储备高；流动资金占用大；生产周期长，不能及时交货；设备利用率和工时利用率不高；缺乏多品种、中小批量和复杂产品的组织及生产能力；企业生产、经营活动中的许多环节缺乏先进的管理方法；采购成本居高不下，缺乏有效的解决办法；产品利润率低；信息沟通不畅，上传下达不及时；上市公司对外披露信息滞后；成本计算欠准确；对异地销售分公司的产品库存及资金不能有效控制；管理人员素质参差不齐，团队意识较差；缺乏科学的监督和决策机制；企业对市场应变能力差。

(2) 企业外部环境。政策变化快，企业难以及时应对；部分原材料供应不足或不稳定；市场竞争激烈，需求多变；产品需求日益呈现高技术、多样化的特点；要求产品交货期短而准确；产品生命周期越来越短；客户要求高质量、低价位的产品；售后服务日益呈现个性化。

(3) 企业战略。集团公司业务高速增长，原有的管理信息系统已经成为公司发展的桎梏；国外竞争加剧，如何提升集团公司的核心竞争能力已成为重要课题；集团的整体战略需要信息管理系统与国际接轨。

2. 软件选择

阿胶集团是一个高新技术型企业，技术开发实力雄厚，应用计算机系统来管理企业较早，对计算机技术及应用有着深刻的理解，因此，在选择软件提供商时，集团带着许多具体的问题，详细考察了在制造业特别是与自身生产特点相似的 ERP 软件的整体实施及应用情况，并在咨询专家的帮助下，在选择 ERP 软件供应商时制定了以下 6 项标准。

(1) 可扩充的 ERP 系统。考虑到公司业务不断发展，企业各方面的需求将不断增加，被选择的软件系统必须开放性较好，能适应企业未来发展的需要。

(2) 系统可充分定义，能满足不同业务流程及管理规范的要求。

(3) 系统易于维护，具有结构化的程序及充分的技术基础和支持。

(4) 提供必要的开发工具。任何商品化软件都不能完全适用于企业的需求，都或多或少有用户化和二次开发工作。所以，商品化软件应提供必要的开发工具，并同时保证该开发工具简单易学，使用方便。

(5) 具有售后服务与支持。有经验、有实力的软件提供商会提供项目实施过程中的各种培训、项目管理、实施指导、二次开发及用户化改进等服务。

(6) 选择有信誉和稳定的软件商。软件供应商应当有长期的经营战略，能够跟踪技术的发展和客户的需求，不断对软件进行版本的更新和维护工作。

经过对国内外数家 ERP 软件提供商的考察、分析和比较，集团最终选择了和佳公司的 ERP 软件。该公司具有雄厚的技术实力和丰富的项目实施经验，其核心产品 ERP 软件是国家 863/CIMS 主题专家组和中国软件行业协会力推的国产优秀软件产品，特别是和佳 ERP 采用特殊的计算方法，解决了流程行业和离散行业共用一套 ERP 系统的难题。

3. 总体目标

阿胶集团早在 1999 年就通过了 ISO9000 系列国际质量体系和 ISO14001 系列国际环保体系认证，企业的管理越来越规范，管理水平、工作效率、服务意识都发生了质的改变。希望通过此次 ERP 项目的实施，企业能够在管理水平上与国际一流企业接轨，取得以下成果。

(1) 全面吸收 ERP 对整个供应链资源进行管理的思想，体现精益生产、同步工程和敏捷制造的思想，体现事先计划与事中控制的思想。

(2) 在 ERP 管理思想的指导下，综合利用计算机技术、信息技术、管理技术，建立企业的制造资源计划(管理)系统，以实现企业工程技术信息、管理信息和质量信息的集成；在信息集成的基础上，引进先进的企业经营管理思想，先进的产品设计、工艺设计手段，完善的质量保证体系，把企业发展成为整体协调、全面优化的现代化企业，为企业参与国际竞争提供能力保障。

(3) 借助 ERP 系统，充分调配和平衡企业的各方面资源(包括人力、资金、物料、设备、信息、时间、方法等方面)，使企业原来内部分散、孤立的"信息化孤岛"连接网络，实现企业由相对封闭走向开放，信息处理由事后走向适时，管理方式由传统走向现代的转变。

(4) 通过 ERP 各子系统功能模块的正常运行，达到降低产品成本，缩短产品开发周期和制造周期，减少设计和工艺出错率，降低管理费用，提高管理效率，压缩库存，提高生产系统计划控制能力的目的。

4. ERP 项目实施准备

1) ERP 项目实施的组织结构及职能分配

在系统正式实施之前首先应建立健全组织队伍。在一个企业内建立组织队伍是实施成功的第一要素，项目管理阶段主要包括成立项目领导小组、项目实施小组和执行职能组。

(1) ERP 项目领导小组。阿胶集团 ERP 项目领导小组由企业一把手主持，由与系统有关的总经理和副总经理、财务总监、销售总监、信息技术部负责人和项目实施小组经理构成。领导小组成员的主要职责包括以下几项：提出企业计算机系统所要达到的目标，项目设计的范围及评价考核标准；组织调整不合理的，与计算机系统不相适应的管理机构、体制、和制度；协调各业务部门之间的关系，解决 ERP 系统与现有管理发生冲突的问题；提出解决方案，调动及组织有关管理部门和项目实施小组，按计划逐步实施管理信息系统，并批准进行新老系统的切换；决定项目实施小组的人选；研究企业工作流程的调整及机构的重组；审批新系统的工作流程及工作规程，保证项目高质量地进行；监控项目的进度。

领导小组每周至少举行一次例会，领导小组组长需要经常关心、参与和指导实施工作，及时处理各种问题，工作重点包括以下几个：抓培训效果及企业人员素质的提高；定期检查工作，制定严格的奖惩制度；转变企业职工的管理观念，推进企业管理深化改革。

(2) ERP 项目实施小组。ERP 项目实施小组必须在系统正式实施之前成立，负责 ERP 项目实施的日常工作。项目组长是一个非常关键的岗位，人选是否合适关系到项目的成败，企业对项目组长的要求包括以下几项：必须十分熟悉企业的管理情况，具备一些主要基层部门的管理经验；有改革创新的精神，熟悉 ERP 基本理论；有较强的组织能力，能与人合作，在企业中有一定威望。

项目实施小组的职责包括以下几项：配合和佳公司工作，保证实施计划的实现；指导、组织和推动职能组的工作；负责数据的采集组织，负责编码原则的制定，保证数据录入的准确、及时和完整；负责组织模拟运行，对管理改革的问题提出解决方案和建议；组织和开展企业内部的培训，担负起教员的工作；制定工作准则和工作规程，提交各阶段的工作成果报告等。

(3) ERP 项目执行职能组。项目执行职能组是指各个具体的执行部门。职能组是在项目实施小组的领导下，研究本部门实施 ERP 系统的方法和步骤，掌握与本部门业务有关的软件功能，并准备录入数据，学会应用各种报表提供的信息，培训本部门的使用人员，参与制定工作准则和工作规程，做好新旧系统的切换，熟练应用新的系统。ERP 项目执行职能组是企业以后具体使用 ERP 的部门。

2) ERP 实施前期技术准备工作

每个软件的实施都需要有个技术准备过程，特别是管理软件。而且，任何项目的推广应用都是一个从陌生到成熟、再到精细的过程，实施 ERP 项目更是如此。所以，我们在组织实施前，根据企业的实际情况要做以下准备工作。

(1) 做好实施 ERP 意义、方法的宣传和动员工作。

(2) 使员工了解业务流程重组、公司管理、职权职责、管理方法等方面内容，特别是做好思想动员工作，使员工对未来变化有心理准备。

(3) 确定实施 ERP 项目的组织架构，有 ERP 项目领导小组、ERP 项目实施小组等。

(4) 提交《ERP 项目总体实施方案》，方案内容包括总体目标、组织架构、组织人员职责、实施计划、项目管理职责、项目管理办法、培训计划等，提请总经理审批。

(5) 召开 ERP 实施动员大会，宣布《ERP 实施总体方案》，表明公司领导对项目的重视、支持、决心和信心。

(6) 做好软件培训、实施方法培训、项目管理培训，以及做好开发工具及数据库、硬件操作系统等相关的培训。

(7) 建立企业内部网(Intranet)，介绍 ERP 原理及实施知识，通告 ERP 实施的进展情况和存在的问题，介绍各项目组实施 ERP 的经验，公布考核结果等。

5. ERP 项目的实施

总结国内企业实施 ERP 的成功经验和失败教训，结合阿胶集团企业自身实际情况，按照"效益驱动、总体规划、分步实施、重点突破"的原则，东阿集团在实施 ERP 过程的每个阶段和每项内容方面，最大限度地达到了实施与应用紧密结合。以下是各子系统功能模块的实施情况。

(1) 控制系统。控制系统是 ERP 必备的子系统，是管理包含整个 ERP 中所有共享数据维护和操作权限设置的系统。控制系统的实施，实现了帮助计算机系统管理人员管理操作员档案，设置操作权限及进行数据备份和恢复工作的功能。此外，控制系统还可以对各子系统共用的代码文件进行维护。

(2) 财务管理。通过财务管理中账务管理、财务分析、费用管理、成本模拟等模块，东阿集团把财务工作上升到管理的高度，特别是通过财务与生产、财务与销售、财务与库存、财务与供应、财务与质量等企业各个业务环节的信息集成与共享，实现了现代企业的人、财、物、产、供、销的一体化管理。例如应用账务子系统，不仅可以指导库存、生产、采购、销售等系统的管理，还可以为领导决策提供重要的信息来源；不仅可以直接从账务子系统读取数据，可完成表内和表间的数据运算，还可以通过定义将不同的账务数据合并生成合并报表，从而适用于集团公司的财务管理等。

(3) 采购管理。采购管理系统实现了对阿胶集团采购工作的全程管理，建立了供应商信誉档案，确保了原料供应的低价格和高质量，降低了原料成本；实现了采购管理与质量管理等企业各个业务环节的信息集成与共享，特别是可根据生产进度及库存情况实现企业及时合理的材料物资采购计划管理，完全实现了国家经济贸易委员会所要求的物资采购比质比价管理的功能。

(4) 库存管理。库存管理系统实现了对企业库存工作的全面管理。库存管理包括对出库、入库、移库和盘点等操作，以及对原料、半成品、产品库各类生产辅助物资的管理。通过库存管理系统，企业可以明确各种物资在库存中的数量以及资金占用情况，知道各种物资的日平均使用量、积压和超储情况；通过库存管理系统，企业能够实现库存与生产、库存与销售、库存与财务、库存与供应、库存与质量等企业各个业务环节的信息集成与共享。

(5) 销售管理(物、票、账统一)。通过销售管理系统，实现对企业销售工作的全面管理，做到物、票、账的统一，使销售部门在销售过程中规范入库、提货、开票和发货的管理。另外，针对东阿集团在销售管理中涉及质检部门和生产分厂的管理业务，该项目做到了质量管理和库存管理在销售业务管理中的统一，并使企业领导能够及时掌握销售情况，随时了解库存信息、客户信息、发票信息和质量信息等。同时，企业通过销售管理系统，能够建立合同档案，汇总合同量和预计销售额，监督合同执行情况；通过销售管理与财务管理的信息集成，实现了自动生成销售收入凭证及应收款凭证；通过对质量的管理，实现了售后服务和产品质量信息的跟踪反馈。

(6) 生产管理。通过生产管理系统，实现了对企业生产工作的全面管理，做到了用计算机编制各级生产计划和各级生产统计，实现了生产与销售、生产与供应、生产与财务等各个部门的协调与统一。其中，生产计划子系统是生产管理子系统的入口点，根据销售预测数据，能自动生成生产计划排产项目；能力需求计划子系统实现了企业管理人员将生产计划转换成相应的能力需求计划；物料需求子系统是生产管理的核心，实现了将主生产计划排产的产品分解成各自中间产品的生产计划和采购件的采购计划，同时它和主生产计划、车间作业管理、连续式生产、能力需求计划、库存管理和生产数据等子系统形成了一个能够及时反映企业需要生产什么、什么时候生产、生产多少的动态闭环计划系统。

(7) 设备管理。东阿集团属于流程型工业生产企业，生产设备的运转效率直接影响着产品的产量，而通过实施 ERP 系统，实现了对企业生产工作的全面管理，随时掌握生产设备运行状态、设备维修及大修、日常巡检、备品备件等信息，并实现了和固定资产子系统的连接，方便查阅设备技术台账。

(8) 质量管理。东阿集团质量子管理系统以 GMP 认证作为中心环节，吸收了全面质量管理(TQM/TQC)的思想，通过对原材料的质检信息、半成品质检信息、产成品质检信息以及售后质量反馈，向企业的各级人员提供了企业各环节的质量分析报告。质量管理子系统与采购管理子系统、连续式生产管理子系统、销售管理子系统实现了高度集成。

(9) 综合查询。综合查询子系统是专门为满足企业领导层的需求而设计的。东阿集团领导层通过该系统可以随时查询财务、采购、库存、销售、设备、生产等各环节的问题，彻底消除了手工报表有误差的现象，为企业领导人决策提供依据，使决策更加科学化。

(10) 其他子系统。除以上主要功能子系统外，东阿集团还成功实施了办公自动化、电子商务和人事管理等管理功能模块，集团累计共实施和佳 ERP 系统近 30 个功能模块，涉及企业的人、财、物、产、供、销、预测、决策等方面的管理工作，围绕着企业在财务、销售、生产、采购、办公自动化、资金运作领域如何提高市场经济环境下的生存和发展能力，提高对客户的服务质量、降低运营成本，管理和优化供销链的主体，提供了一个全面的解决方案。

6. 实施过程中出现的问题及解决办法

实施 ERP 项目是一项工作难度大的系统工程，基础数据准备基本上要占整个实施工作量的 70% 以上，由于企业的基础管理不是很规范，实施过程中遇到的阻力相当大，这主要是由员工的认识水平不是很统一，以及部分员工团队合作精神较差引起的。思想的转变需要有一个过程，但项目实施人员不是被动地等待，而是及时向项目领导小组汇报项目的进展情况和存在的问题，取得一把手强有力的支持，必要时采取强硬的管理手段保证系统实施。主要解决办法如下所述。

(1) 及时向项目领导小组汇报项目进展情况和存在的问题，不断强化思想培训和技术培训工作，提高全员的认识水平，保证员工在思想上与企业保持一致。

(2) 资源调度冲突问题。明确各单位的项目负责人和联络员，要求实施部门的负责人为该模块的组长，该部门的业务骨干为联络员，实行周计划、周例会和周考核行逐步落实推进。

(3) 计算机应用水平不一，培训难度较大。培训人员编制了专门教材，从计算机软、硬件的概念开始，培训逐步深入到理念、管理方法以及员工心理。在培训技巧上，采取了较容易接受的方式，如为了提高员工学习计算机及上网的兴趣，培训人员设置个性化课程，保证了培训任务的完成。

资料来源：致信网. 山东东阿阿胶集团公司实施 ERP 应用案例[EB/OL]. (2004-03-12)[2021-05-22]. http://www.mie168.com/read.aspx.

思考题

1. MRP 的关键因素有哪些?
2. MRPII的基本原理及特点是什么?
3. 简述的 MRPII 与 ERP 的区别。

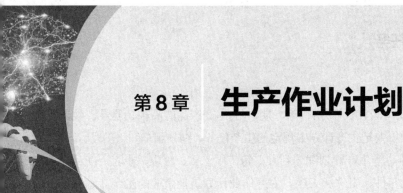

第8章 生产作业计划

企业的生产计划确定以后，为了便于组织执行，还要进一步将生产计划从空间上、时间上以及制定的单位上进行细化，规定车间、设备或工人在什么时间、什么地点完成什么任务，使生产计划更加具体化并具有一定的可操作性和可执行性，这就是生产作业计划的主要工作。

生产作业计划是生产计划和产品出产进度计划的继续和补充，是生产计划的具体执行计划。这种具体化主要表现为将生产计划规定的产品任务在规格、空间、时间等方面进行分解，即在产品方面具体规定品种、质量、数量；在作业单位方面规定车间、工段、班组乃至设备；在时间上细化到月、旬、日、时，以保证企业生产计划得到切实可行的落实。因此，生产作业计划的任务是按照产品生产计划的时、量、期及产品的工艺要求，将生产资源适当地配置到各产品任务，形成各作业单位在时间周期上的进度日程计划。这样，既完成(品种、质量、数量、期限)生产计划，又使资源得到充分均衡利用。为此，生产作业计划的主要工作内容应是明确企业各级生产单位所拥有的生产资源(即生产能力)、分配任务负荷、平衡负荷与生产能力、编制日历进度计划、监督检查各种生产准备工作(技术、供应)以及生产作业控制调度。

一个企业的生产作业计划制订过程中的重点、难点以及所用方法同企业所属生产类型密切相关。本章首先介绍了生产作业计划的大致情况(见 8.1 节)；接下来，分别探讨论述不同生产类型生产作业计划中所涉及的期量标准与生产作业计划的编制方法(见 8.2、8.3、8.4 节)；其次，就生产作业计划中的难点即作业排序问题进行讨论(见 8.5 节)；最后介绍项目型生产作业计划(见 8.6 节)。

8.1 生产作业计划概述

生产作业计划(production planning and scheduling)是生产计划和产品出产进度计划的继续和补充，是联系销、产、供以及生产技术准备等日常工作的纽带，是比生产计划和产品出产进度计划更细、更具体的执行计划。它把企业全年的生产任务具体地分配到各车间、工段、班组乃至各个工作地和个人，规定他们在月、旬、周、日、工作班乃至每个小时内具体的生产任务，保证生产计划中规定的各项指标的完成，实现企业的经营目标。

8.1.1 生产作业计划的任务

1. 落实生产计划

生产计划一般只规定企业及车间较长计划期(年、期、月)生产产品的品种、质量、数量和期限。而生产作业计划在空间上，要把生产计划中规定的生产任务，细分到车间、工段、班组、设备和个人；在时间上，要把年、季生产计划细分到月、旬、周、日、轮班、小时；在计划单位上，要把成台(套)产品细分为零件、组件和工序。生产作业计划是把企业的生产计划变成工人具体的日常的生产活动。

2. 合理组织生产过程

企业生产计划是通过合理地组织产品的生产过程来实现的。任何产品的生产过程都由物质流、信息流、资金流所组成。物质流是指劳动对象按照产品设计、工艺、检验等技术文件和生产组织、劳动组织方法所规定的要求在各工序间流动的过程。这个过程是劳动者利用劳动手段对劳动对象依次加工的过程。伴随着物质流动过程同时发生的是信息流和资金流。信息流指导和反映着物质流的流向、流量和流速。在劳动对象的流动过程中，所投入和占用的资金，以及劳动对象本身的价值都在不断转移和变化，因而就形成了生产过程中的资金流。生产作业计划的任务之一，就是要把生产过程中的物质流、信息流、资金流合理地组织协调起来，争取以最少的投入获得最大的产出。

3. 实现均衡生产

均衡生产包括两方面的含义：一方面指企业必须按照计划规定的品种、质量、数量和交货期，均衡地产出产品；另一方面指企业内部各生产环节做到有节奏地工作，消除前松后紧，有时闲散、有时赶工的现象。均衡生产有利于充分利用企业的生产能力，有利于提高产品质量，有利于改进企业的经营管理，有利于全面提高企业生产经营活动的经济效益。要实现均衡生产，就必须依靠生产作业计划合理地安排、组织企业各生产环节的生产活动，协调好生产与生产技术准备、基本生产与辅助生产之间的关系。

4. 提高经济效益

从企业内部看，企业生产经营活动经济效益的高低取决于两方面：一方面取决于企业经营决策是否正确，产品开发是否适时，营销和售后服务是否得当；另一方面取决于产品质量是否过硬，产品生产成本是否合理。生产作业计划的任务之一，就是要在产品的生产过程中，严格保证产品质量达到规定的标准，努力减少产品在生产过程中的各种消耗，最大限度地降低产品的成本，争取获得最高的经济效益。在生产作业计划编制过程中，必须树立数量与质量、进度与成本、产值与效益相统一的观点。

8.1.2 生产作业计划的工作内容

根据生产作业计划的任务,生产作业计划的工作内容包括以下几项。

1. 向各生产单位分配任务

生产作业计划工作的第一步,是计算各项任务所需要的生产资源量,即完成各项任务所需要的设备台时和人力工时,并将任务量分配到各生产单位。厂一级的生产作业计划,是向车间分配任务;车间内生产作业计划,则是向工段或工作中心分配任务。

2. 进行生产负荷与生产能力的平衡

首先,将生产单位承担的任务量分时间周期(月、旬或周)汇总,得到在计划期内的总负荷量。然后,将生产负荷与这些生产单位在各时间周期实有生产能力比较,检查它们能否满足任务需要;若不能满足,则调整能力或修改计划,使两者达到平衡后,编制出可行的计划方案。

3. 编制日历进度计划

根据经过平衡的计划方案(各生产单位承担的作业任务及它们完工期限的计划),编制各作业任务在各生产阶段(或工序)的进度日程计划,以控制其生产过程。当作业项目很多时,可以只为一些重要的零部件编制日程计划,或为一些负荷很重的设备或设备组编制日历负荷计划。

4. 监督和检查各种生产准备工作

生产前的准备工作包括材料毛坯、图样、工具、工艺文件与生产文件等的准备。在生产作业计划工作中,应检查计划期内各项作业任务的生产准备工作是否完成,并根据生产准备情况落实或调整计划的进度。

5. 计划执行中的生产作业控制

计划在执行过程中常会发生意外,使实际进度偏离计划,这就需要及时发现实际与计划之间的偏差,迅速采取措施以缩小或消除这种偏差,或调整计划安排适应情况的变化,在计划执行过程中进行监督、检查、调节和校正等工作,这一系列工作就是生产作业控制。

8.1.3 生产作业计划的目标及决策问题

1. 生产作业计划的目标

生产作业计划的任务是保证企业生产计划的完成,且能有效地利用现有的生产资源,从而为企业创造出尽可能好的经济效益。为此应努力实现以下目标。
(1) 按期完成各项生产任务,提高按期交货率或计划完成率。
(2) 缩短生产周期,减少生产过程中的滞留时间,减少车间内在制品的占用量。

(3) 充分利用设备和人力,提高设备利用率与工时利用率,并使它们负荷均衡。

(4) 挖掘生产潜力,降低生产成本。例如,合理使用设备,用最低设备成本生产合乎质量要求的产品;采用成组技术,合理组织零件生产,提高生产效率等。

应该指出的是,上述各项目标之间存在着矛盾关系。当人们追求提高生产效率或提高设备利用率时,往往要减少计划期内的生产品种,在较长的一段时间中固定生产一种或少数几个品种;反之,为了满足随时而来的订货的交货要求,又会频繁更换生产品种,进而降低了生产效率和设备利用率。生产作业计划的基本问题就是如何权衡和协调这些目标的矛盾要求,使总体绩效达到最优化。

2. 生产作业计划的主要决策问题

在编制生产作业计划过程中的主要决策问题有生产什么、生产多少、生产顺序、何处生产和何时生产。归结起来,可以将这些问题归成三项决策:确定适当的生产批量、确定适当的生产顺序和安排合理的生产进度日程。

(1) 确定适当的生产批量。批量是指消耗一次准备结束时间的条件下,连续生产一批相同制品的数量。批量的大小对生产的技术经济效果有很大的影响。批量大,有利于提高工人熟练程度和生产效率,有利于保证产品质量;批量大,只需较少的设备调整次数,消耗较少的准备结束时间,有利于提高设备利用率,这些都能降低生产成本。但是,批量增大,会延长生产周期,使生产中的在制品增多,流动资金占用增加,进而增加生产成本。而且,在批量大的情况下,也不易保证交货要求。批量小,能使生产的安排比较灵活,易于保证及时交货,又能缩短生产周期,进而减少了在制品的占用量,但由于品种变动频繁将降低生产效率和设备利用率。因此应权衡批量对生产绩效的利弊影响,做出适当选择。但是,批量选择不仅取决于经济效果,还取决于计划期内市场或用户对产品的需求情况。如果需求的产品品种多,由于一定时期内的生产能力是有限的,各个品种的生产批量必然不能很多;反之,品种少、需求量大,就能有较灵活的批量选择余地。因此,批量实质上是对生产的品种与产量之间进行的权衡。显然,它主要是在厂级生产作业计划上做出的决策。

(2) 确定适当的生产顺序。生产顺序的确定是指对作业任务投产的先后次序做出安排,即通常所说的作业排序。作业排序同样是生产作业计划中的一项重要决策,它不仅能具体确定每项作业的投产和产出的时间进度,还会得到不同的交货结果、生产周期时间和设备利用情况,对生产绩效有重要影响。作业顺序确定得是否适当,应按照排序的目标来衡量,故在进行排序之前,应先确定作业排序的目标。常用的作业排序目标有提高按期交货率或减少平均误期率、缩短生产周期(又称生产总通过时间,即全部任务通过车间所经历的时间)、提高设备利用率、减少作业的平均等待时间等。

(3) 安排合理的生产进度日程。生产作业计划是生产活动的时间表,要为每项任务规定投产时间和完工时间,甚至每道工序的开始时间和结束时间,这就是生产进度日程的确定。一般情况下,生产进度日程是根据任务项目的交货期限和各工序的生产时间(以下称工序生产周期)排定的。

生产作业计划与生产类型有密切关系。不同的生产类型要求适应不同的产品需求特点，有不同的生产组织方式，因此，对生产作业计划的深度和详细程度提出不同的要求，在生产的品种、产量、生产顺序和生产进度安排上各自的决策变量和决策方法。

8.1.4 生产作业计划的分类及特点

1. 生产作业计划的分类

生产作业计划通常可以按生产类型、执行时间和执行范围三类标准来分类，具体如表 8-1 所示。

表 8-1 生产作业计划分类

分类标志	生产作业计划种类
生产类型	大量生产作业计划
	成批生产作业计划
	单件小批生产作业计划
执行时间	月度生产作业计划
	旬生产作业计划
	周生产作业计划
	轮班生产作业计划
	小时生产作业计划
执行范围	企业生产作业计划
	车间生产作业计划
	工段生产作业计划
	班组生产作业计划

2. 生产作业计划的特点

与生产计划比较，生产作业计划具有以下特点。

(1) 计划期更短。生产计划规定的是年度、季度、月计划；生产作业计划规定的是月、旬(周)、日、小时计划，计划期更短。

(2) 计划任务更具体。在生产计划中，市场需求是一个预测值，因而不可能对计划期内生产活动的全部细节进行具体的安排；而在生产作业计划中，计划期短，需求状况明确，计划安排的产品品种、规格、数量和交货期都是一个确定值，所以说，生产作业计划任务更具体明确。

(3) 计划单位更小。生产计划的单位一般为台、辆、套，且对象是成套产品；而生产作业计划的单位一般为件、个，且对象多为部件、零件等。

8.1.5 编制生产作业计划的依据及方法

1. 编制生产作业计划的依据

不论编制何种形式的生产作业计划,都应以实现企业的经营目标、提高企业经济效益为重要指导思想。衡量生产作业计划的具体准则有以下几个:各种生产设备停歇时间最少;生产工人停工待料和加班时间最少;完成产品生产所耗用的总时间最少,周期最短,交货及时;在制品库存量最低,流动资金占用量最少等。

编制良好的生产作业计划的基础是充分掌握并科学运用各种资料。这些资料主要包括生产任务(年度或季度生产计划、订货合同、试制任务等)、产品设计与工艺要求、生产能力(设备能力、劳动力能力)、生产准备(原材料、外购件、能源)以及前期计划完成情况等。其中最主要的资料是年度生产计划和先进合理的期量标准。

期量标准是编制生产作业计划有关数量与期限方面的标准资料。数量是指一批产品的投入量、产出量与批量等;而期限是指一批产品的投入时间、产出时间以及生产间隔等。期量标准是编制生产作业计划的标准数据,又是构成生产作业计划的有机组成部分。

2. 编制生产作业计划的方法

不同生产类型的企业选择不同的编制方法。编制生产作业计划的方法主要有在制品定额法、提前期法、生产周期法和订货点法。随着科学技术的迅速发展,各种企业生产的品种日益增多,系统分析、运筹学等原理和计算机越来越多地用于企业管理,又出现了成组技术计划法、网络法等新的生产作业计划编制方法。

(1) 在制品定额法,即根据生产计划的要求将预先制定的在制品定额与预计可能结存的在制品数量作比较,使期末在制品数量保持在规定的定额水平上,并据此来规定各车间的生产任务。这种方法适用于大批量生产的企业。

(2) 提前期法,即根据生产计划的要求和预先制订的提前期来规定各车间的某种产品的装配生产提前完成的产量。它通常用累计编号来表示投入出产的产量任务。提前期法又称累计编号法,通常用于多品种成批生产的企业。

(3) 生产周期法,即根据生产计划的要求和预先制订的产品生产周期图表,通过生产能力的核算来规定各车间的生产任务。这种方法适用于单件小批生产的企业。

(4) 订货点法。这种方法适用于安排生产产量大、品种稳定、价值低、结构简单的小型零件。

(5) 成组技术计划法。这种方法打破产品界限,把工艺相似的零件组织成组生产,适用于多品种、中小批量生产的企业。

(6) 网络法。它是一种逻辑性的计划手段,其典型的方法是计划评审法。这种方法主要用于复杂的一次性产品(或工程)的生产。

(7) 准时生产制。准时生产制的内容要点是,在必要的时候,按必要的数量,把生产所必要的物料送到必要的地方。它的目的是把在制品储备压缩到最低限度,尽可能地节约流动资金。日本丰田汽车公司的"看板管理"就是准时生产制的一种方式。它要求后道工序的工人凭"领料看板"到前一道工序领取必要数量的零件。前一道工序的工人根据"生产看板"生产规定数量的零件；搬运工人凭"送货看板"在规定的时间内运送规定数量的零件。这样，利用"看板"把人力、物力和设备有机地结合起来，组成有节奏的生产，防止过量生产造成在制品的过量储备。

(8) 混流生产方法。在生产条件和生产能力的情况下，经过科学逻辑的运算，制订出在同一生产线上最优品种搭配的生产方案，达到品种、产量、工时的均衡，最大限度地节约资源。这种方法主要用于工艺相似的系列化产品的流水生产企业。

8.2 大量流水生产的生产作业计划

8.2.1 大量流水生产的特点

大量生产的主要生产组织方式为流水生产，其基础是由设备、工作地和传送装置构成的设施系统，即流水生产线。典型的流水生产线是汽车装配生产线。流水生产线是为特定的产品及预定的生产大纲所设计的。生产作业计划的主要决策问题在流水生产线的设计阶段就已经做出规定。因此，大量流水生产的生产作业计划的关键在于合理地设计流水线，包括确定流水线的生产节拍、给流水线上的各工作地分配负荷、确定产品的生产顺序等。

流水生产是指生产对象按照一定的工艺路线顺序地通过各个工作地，并按照统一的生产速度完成工艺作业的生产过程。流水生产具有以下特点：专业化程度高，流水线固定生产一种或几种制品，每个工作地固定完成一道或几道工序；工艺过程是封闭的，生产对象在流水线上完成其全部或大部分工序；工作地按工艺过程的顺序排列，生产对象在工作地间单向移动；生产过程被分解为许多独立的可在相等的时间间隔内完成的工序，生产对象按照统一的生产速度进行生产，具有明显的节奏性；各工作地之间有传送装置连接。

流水生产具有高度的连续性、比例性、平行性，如图 8-1 所示。

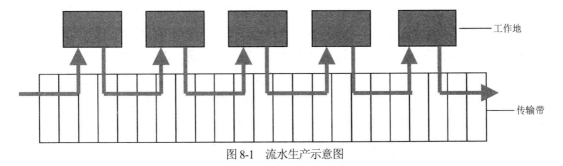

图 8-1 流水生产示意图

8.2.2 大量流水生产的期量标准

期量标准是为合理地、科学地组织生产活动,在生产数量和生产期限上规定的标准。期量标准是编制生产作业计划、组织均衡生产,从而取得良好的经济效益的基础与进行生产控制的依据。对于大量流水生产,主要期量标准有节拍、流水线标准工作指示图表和在制品定额等。

1. 节拍

1) 单一对象流水线节拍的确定

节拍是流水线上出产两个相邻制品的时间间隔。节拍是组织大量流水生产的依据,是流水生产期量标准中的主要标准。节拍的大小取决于计划期生产任务的数量和完成该任务的时间,其计算公式为

$$C = \frac{F_e}{N} \tag{8-1}$$

式中,F_e——计划期内的有效工作时间;

N——计划期生产任务的数量(含废品量)。

按照式(8-1)计算出的节拍,称为计划节拍或平均节拍。

流水线上某一工序实际出产两个相邻制品的时间间隔,为该工序的工作节拍,其计算公式为

$$C_i = \frac{t_i}{S_i} \tag{8-2}$$

式中,t_i——该工序单件时间;

S_i——该工序的工作地数量。

2) 多对象流水线节拍的确定

多对象流水生产有两种基本形式:一种是可变流水线,其特点是在计划期内按照一定的间隔期,成批轮番生产多种产品,即在间隔期内只生产一种产品,在完成规定的批量后,转生产另一种产品;另一种是混合流水线,其特点是在同一时间内,流水线上混合地生产多种产品,即将不同的产品按固定的比例和生产顺序编成产品组,一组一组地在流水线上进行生产。

由于可变流水线在一定的时间间隔内相当于单一对象流水线,其计划方式与单一对象流水线的计划方式相似,只需要额外考虑如何确定每个品种占用的生产期以及相应的品种节拍。而由于混合流水线上不同产品的作业内容不尽相同,作业时间也不同,工作地的负荷变动不均衡,流水线的节拍不均,其生产作业计划的关键在于如何做好流水线平衡,以及如何对同时生产的产品品种进行混合编组,确定编组内各品种的数量与投产顺序。

(1) 可变流水线节拍确定的具体方法有以下两种。

① 代表产品换算法。选择产量大、劳动量大、工艺过程比较复杂的产品为代表产品,将其他产品按照劳动量比例关系换算为代表产品的产量,按换算后的代表产品的总产量 N 计算每种产品的节拍。

② 劳动量比例分配法。首先，将计划期有效工作时间按各种产品的劳动量比例进行分配，然后根据各种产品分得的有效工作时间和产量计算生产节拍。

(2) 混合流水线的节拍按照产品组来计算，其计算公式为

$$组节拍 = \frac{有效作业时间}{组数} \tag{8-3}$$

当各产品产量相同时，组数取为产品产量即可；当各产品计划期产量成较小的整数比例时，各组内产品的数量可由产量比确定，则组数等于产品 i 的计划期产量，n_i 为产品组内产品 i 的数量。

2. 流水线标准工作指示图表

流水线标准工作指示图表又称流水线标准计划。该计划详细规定了流水线上每个工作地的工作制度。流水线标准工作指示图表的编制包括如下步骤：计算各工序的工作地需要量和工作地负荷；配备工人，计算工人工作负荷，并保证工人工作负荷尽可能充分；编制标准工作指示图表。

1) 连续流水线标准工作指示图表

因为连续流水线的同期化程度高，每个工作地的工作制度基本一致，所以只需规定整个流水线的工作制度即可。图 8-2 是连续流水线标准工作指示图表。

流水线特点	时间/h								一班共计		
	1	2	3	4	5	6	7	8	间断次数/次	间断时间/min	工作时间/min
装配简单产品			■		中间休息	■			2	20	460
装配复杂产品			■			■	■		3	30	450
机械加工		■		■			■		4	40	440
焊接		■	■	■		■	■	■	6	60	420

注：工作时间□，间断时间■

图 8-2 连续流水线标准工作指示图表

2) 间断流水线

因为间断流水线的同期化程度不高，所以需要分工序规定每一个工作地的工作时间程序，确定标准计划时间，计算工作地看管周期产量。

(1) 确定看管周期 R。为了使间断流水线有节奏地工作，需要平衡流水线上各工序的生产率，为此就必须规定一段时间跨度，每道工序在该时间内生产相同数量的制品。该时间跨度为看管周期。尽管间断流水线在节拍意义下是不平衡的，但在看管周期的意义下是平衡的，所以，看管周期大于节拍和节奏。选定看管周期时，应考虑看管周期对在制品占用量的影响。看管周期长，则在制品占用量就多；反之，在制品占用量少。一般取一个班，二分之一个班或四分之一

个班的时间为看管周期。

(2) 计算工作地的计划工作时间。工作地计划工作时间是指工作地在看管周期的工作延续时间,其计算公式为

$$T_i = RK_i \tag{8-4}$$

式中,T_i——工作地 i 的计划工作时间;

R——看管周期;

K_i——工作地 i 的负荷系数。

例 8-1 某企业的发动机曲轴加工线,看管周期 $R=120\text{min}$,工作地负荷系数 $K_{01}=100\%$,$K_{02}=100\%$,$K_{03}=66.7\%$,$K_{04}=83\%$,则各工作地的计划工作时间为多少?

解: 01 工作地计划工作时间,$T_{01}=120\times100\%=120\text{min}$

02 工作地计划工作时间,$T_{02}=120\times100\%=120\text{min}$

03 工作地计划工作时间,$T_{03}=120\times66.7\%=80\text{min}$

04 工作地计划工作时间,$T_{04}=120\times83\%=100\text{min}$

在计算出各工作地的工作时间后,即可编制标准工作指示图表。表中用甘特图的形式注明每个工作地的设备在看管周期 R 内的开工时间点、停机时间点以及其他的工作延续时间,同时注明多机床看管工人的工作时间分配,如图 8-3 所示。

生产线名称			轮班数	日产量	节拍						运输批量			生产节奏			看管周期
曲轴加工线			2	160 件	6min/件						1			6min/件			2h
工序号	班任务	时间定额	工作地号	负荷率	工人号	兼管工作地号	每看管工作周期内的工作指示图表										看管周期产量
							10	20	30	40	50	60	70	80	90	100	110	120	
1	80	12.0	01	100	1														10
			02	100	2														10
2	80	4.0	03	67	3	06													20
3	80	5.0	04	83	4														20
4	80	5.0	05	83	5														20
5	80	8.0	06	33	3	03													5
			07	100	6														15
6	80	5.8	08	94	7	06													20
7	80	3.0	09	50	8	10													20
8	80	3.0	10	50	8	09													20
9	80	6.0	11	100	9														20

图 8-3 间断流水线标准工作指示图表

(3) 计算工作地看管周期产量。工作地看管周期产量是指工作地在一个看管周期内应该生产的制品的数量,其计算公式为

$$N_i = \frac{T_i}{t_i} \tag{8-5}$$

式中,t_i——该工序单件时间。

将计算出的看管周期产量填入标准工作指示图表。

例 8-2 承例 8-1，假设工序单件时间如下：$t_{01}=t_{02}=12.0$min，$t_{03}=4.0$min，$t_{04}=5.0$min，则工作地看管周期产量依次为多少？

解：01，02 工作地看管周期产量，$N_{01}=N_{02}=120\div12.0=10$ 件

03 工作地看管周期产量，$N_{03}=80\div4.0=20$ 件

04 工作地看管周期产量，$N_{04}=100\div5.0=20$ 件

3. 在制品占用量定额

在制品占用量是指从原材料投入到成品入库为止，尚处于生产过程中未完工的各种制品。在制品占用量定额是指在必要的时间、地点和一定的生产技术组织条件下，保证均衡生产所必需的最低限度的在制品数量。图 8-4 为在制品占用量按照存放地点以及按照性质和用途的分类情况。

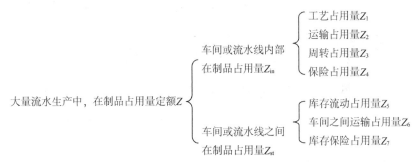

图 8-4 大量流水生产中，在制品占用量定额分类

1) 工艺占用量 Z_1

工艺占用量是指流水线内各工作地上正在加工、装配或检验的在制品数量。工艺占用量的大小取决于流水线内工序的数目、每道工序的工作地数目，以及每个工作地同时加工的在制品数量，其计算公式为

$$Z_1 = \sum_{i=1}^{m} S_i \cdot q_i \tag{8-6}$$

式中，m——流水线内工序数目；

S_i——工序 i 的工作地数目；

q_i——工序 i 的每个工作地同时加工的在制品数量。

工艺占用量是保证流水线按照计划节拍正常生产必须拥有的在制品数量，其数值是在流水线的设计过程中确定的。因此，欲减少工艺占用量，必须在流水线的设计阶段采取一定的技术组织措施。

2) 运输占用量 Z_2

运输占用量是指流水线内各工序之间运输装置上被运送的在制品数量，其大小与运输方式、运输批量、运输间隔期、制品重量和体积及存放地点有关。计算公式为

$$Z_2 = (m-1)n \tag{8-7}$$

式中，n——运输批量；

m——工序数量。

同样，运输占用量的数值也是在流水线的设计过程中确定的。欲减少运输占用量，必须在流水线的设计阶段采取一定的技术组织措施。例如，可以通过提高运输速度来减少运输占用量。在图 8-5 中，假设两条流水线的节拍均为 1min/台，各工序间的距离为 4m，▲表示制品。其中，图 8-5(a)传送带的速度为 2m/min，则该流水线运输占用量为 6 台；图 8-5(b)传送带的速度为 4m/min，则该流水线运输占用量为 3 台。

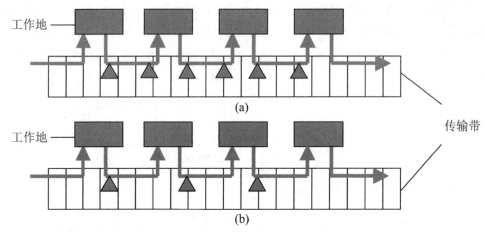

图 8-5　流水线运输占用量示意图

3) 周转占用量 Z_3

周转占用量是指间断生产条件下流水线上两个相邻工序之间，由于生产率不同，为使每个工作地能够连续完成看管期产量，在工序之间存放的在制品数量，又称为流动占用量。周转占用量的数量由最大到零，又由零增至最大，呈周期性变化。

相邻工序之间周转占用量的最大值及形成时刻，与相邻工序生产率的差异以及工作起止时间的安排有关。因此，要在标准工作指示图表的基础上计算周转占用量。首先，按照相邻工序工作地数发生变化的情况，将看管周期分为若干时间段，即在同一时间段内，相邻工序工作地数不发生变化；然后依照式(8-7)计算周转占用量的最大值。周转占用量最大值的计算公式为

$$Z_T = t_s(S_e/t_e - S_l/t_l) \tag{8-8}$$

式中，Z_T——周转占用量的最大值；

t_s——相邻两个工序同时工作时段长度；

S_e，t_e，S_l，t_l——前、后工序的工作地数目和单件时间。

计算得到的 Z_T 如果为正值，表明最大周转占用量形成于该时段的最后；如果 Z_T 为负值，则表示形成于该时段的开始。图 8-6 为根据图 8-3 中的数据及各道工序起止时间安排所绘制的周转占用量变化情况。

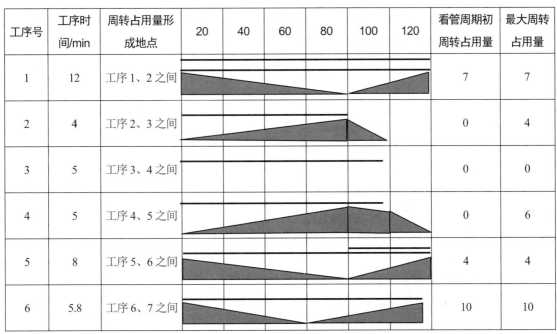

图 8-6 周转占用量变化情况

从图 8-6 可看到,在生产过程中,前后两道工序生产数量的差额有规律由小到大或由大到小变化。当前工序生产率大于后工序生产率时,两工序开始工作后,周转占用量逐渐积累增大,在时段结束时达到最大值。此时,前工序必须暂时停止下来,直至后工序将积累的流动占用量加工完。当前工序生产率小于后工序生产率时,情形恰好相反。图 8-6 中,相邻工序间平均周转在制品占用量为阴影的面积除以 120(一个看管周期),依次为 3.5 件,2 件,0 件,3.4 件,2 件,5 件。式(8-8)表明,相邻两工序之间存在效率差是形成周转占用量的根本原因,所以,提高流水线的同期化程度是解决周转占用量的主要手段。

4) 保险占用量 Z_4

保险占用量是指当发生意外事故时,用以保证连续生产正常进行而储备的在制品数量。它可分为以下两种:为整个流水线设立的保险占用量和工序专用保险占用量。前者通常集中放置在流水线的末端,是用来弥补意外废品损失和防止前工序出现生产故障,造成零件供应中断而设置的在制品;后者一般放置在关键工序和关键设备旁边,是用来弥补实际工作效率与计划节拍不符及设备发生故障时使用。

保险占用量的大小与制品的生产周期、制品的价值、生产工艺的复杂性与稳定性,以及设备调整时间的长短等因素有关。因为这些因素具有不确定性,所以,需要在对积累的统计资料进行分析研究才能确定其保险占用量。

车间内的在制品占用量 Z_{in},就是 Z_1,Z_2,Z_3,Z_4 之和,但连续流水线下,不包括周转占用量;间断流水线下,不包括运输占用量。

5) 库存流动占用量 Z_5

库存流动占用量,是由于前后车间或流水线之间生产率不同或工作制度(班次或起止时间)不同而形成的在制品占用量,其作用是协调前后车间或流水线之间的正常生产。在前后车间或流水线之间仅仅是生产率不同的情况下,库存流动占用量的确定与 Z_3 相同;在生产率与班次均不同的情况下,库存流动占用量的计算公式为

$$Z_5 = N_{\min}(f_{\min} - f_{\max}) \tag{8-9}$$

式中,$N_{\min}$,$f_{\min}$——生产率低的班产量、工作班次;

$f_{\max}$——生产率高的工作班次。

例 8-3 机械加工车间某流水线每日开两班,班产量为 100 台,装配生产线每日开一班,班产量为 200 台。求生产线之间的库存流动占用量。

解:依据式(8-9)可得:$Z_5 = 100 \times (2-1) = 100$(台)

6) 车间之间运输占用量 Z_6

车间之间运输占用量是指停留在车间之间的运输工具上的和等待运输的在制品占用量,其作用和计算方法都与 Z_2 类似。

7) 库存保险占用量 Z_7

库存保险占用量是指当供应车间或流水线因意外原因造成交付延迟时,为保证需用车间正常生产而设置的在制品占用量,其计算公式为

$$Z_7 = \frac{T_{\text{in}}}{C} \tag{8-10}$$

式中,T_{in}——供应车间的恢复间隔期;

C——供应车间的生产节拍。

恢复间隔期具有不确定性,可依据统计资料分析确定。

车间或流水线之间的在制品占用量 Z_{st} 就是 Z_5,Z_6,Z_7 之和。

以上给出了大量流水生产在制品占用量的确定方法。在具体确定时,还应注意分清主次,明确哪种占用量起主导作用。例如对于毛坯车间,流动占用量是主要的;而对于机械加工车间,工艺占用量是主要的。此外,对于价值较大的制品,需要增加技术经济方面的分析。例如相同数量的流动在制品处于流水线不同工序位置上,其占用的流动资金的数量是不同的,越靠近流水线末端,占用的资金越大。

8.2.3 大量流水生产的生产作业计划的编制

1. 厂级生产作业计划的编制

大量生产类型的厂级月度生产作业计划是根据企业的季度生产计划编制的。编制时,先要确定合理的计划单位,然后安排各车间的生产任务和进度,以保证车间之间在品种、数量和期限方面的衔接。

安排各车间的生产任务和进度的方法主要取决于车间的专业组织形式。如果车间为产品对象专业化,则只需要将季度生产计划按照各个车间的分工、生产能力和其他生产条件,分配给各个车间即可;如果各个车间之间是依次加工半成品的关系,则为保证各车间生产之间的衔接,通

常采用反工艺过程的顺序,逐个计算车间的投入和出产任务,在制品定额法即为此类方法。

对于大量生产企业,产品品种少,产量大,生产任务稳定,分工明确,车间的专业化程度高,只要前车间的半成品能保证后车间加工和库存半成品变动的需要,就可以使生产协调和均衡地进行。因此,在大量生产条件下,生产作业计划的核心是解决各车间在生产数量上的衔接平衡。在制品定额法就是根据大量生产的特点,用在制品定额作为规定生产任务数量的标准,按照工艺过程反顺序的连续计算方法,依次确定车间的投入和出产任务。具体计算方法如下:某一车间的出产量等于后续车间的投入量加上本车间半成品外销量,再加上车间之间库存在制品定额与期初预计库存量的差额;某车间的投入量等于本车间出产量加上本车间可能出现的废品数,再加上车间内部期末在制品定额与本车间期初预计的在制品占用量的差额。用公式表示为

$$N_{01} = N_{in2} + N_{s1} + (Z_{st} - Z_{st}') \tag{8-11}$$

$$N_{in1} = N_{01} + N_W + (Z_e - Z_b) \tag{8-12}$$

式中,N_{01}——本车间的出产量;

N_{in2}——后续车间的投入量;

N_{s1}——本车间半成品外销量;

Z_{st}——车间之间库存在制品定额;

Z_{st}'——期初预计库存量;

N_{in1}——本车间的投入量;

N_W——本车间可能出现的废品数;

Z_e——车间内部期末在制品定额;

Z_b——本车间期初预计的在制品占用量。

表 8-2 是应用在制品定额法确定各个车间投入量和出产量的例子。

表 8-2 车间之间投入量与出产量计算表

		产品名称	C650 车床		
		商品产量	10000 台		
		零件编号	01-51	02-34	
		零件名称	轴	齿轮	其他
		每台件数	1	4	
装配车间	1	出产量	10 000	40 000	
	2	废品	—	—	
	3	在制品占用量定额	1000	5000	
装配车间	4	期初预计在制品占用量	600	3500	
	5	投入量	10 400	41 500	
零件库	6	半成品外销量	—	2000	
	7	半成品占用量定额	800	6000	
	8	期初预计占用量	1000	7100	

(续表)

	9	出产量	10 200	42 400
加工车间	10	废品	100	1400
	11	在制品占用量定额	1800	4500
	12	期初预计在制品占用量	600	3400
	13	投入量	11 500	44 900
毛坯库	14	半成品外销量	500	6100
	15	半成品占用量定额	2000	10 000
	16	期初预计占用量	3000	10 000
准备车间	17	出产量	11 000	51 000
	18	废品	800	—
	19	在制品占用量定额	400	2500
	20	期初预计在制品占用量	300	1500
	21	投入量	11 900	52 000

在计算出各车间的投入与出产任务后,即可编制出每个车间的月度生产作业计划(见表 8-3)。

表 8-3 某月份加工车间的月度生产计划

序号	零件号及名称	每台件数	装配投入需要量	库存定额差额	外销量	出产量	投入量
1	01-051 轴	1	10 400	−200	0	10 200	11 500
2	02-034 齿轮	4	41 500	−1100	2000	42 400	44 900
3	…	…	…	…	…	…	…

各车间的月度生产作业计划确定后,还需要编制车间的日历进度计划,即按工作日分配生产任务。车间日历进度计划的一般形式如表 8-4 所示。日计划投入量与产出量可用月度除以每月工作日数得到,但对于可变流水线,应考虑不同制品的投入先后与分配给各个制品的工作日数。日历作业进度计划同时可以用于统计车间生产作业计划实际完成情况,为作业计划的控制提供信息和标准。

表 8-4 某月份加工车间日历进度计划

零件编号	计划出产量	计划投入量	项目	日历进度						
				1	2	3	4	…	…	31
01-051 轴	10 200	11 500	计划投入	460	460	460	460	…	…	460
			计划出产	408	408	408	408	…	…	408
			实际出产							
			累积出产							

(续表)

零件编号	计划出产量	计划投入量	项目	日 历 进 度							
				1	2	3	4	…	…	…	31
02-034 齿轮	42 400	44 900	计划投入	1796	1796	1796	1796				1796
			计划出产	1696	1696	1696	1696				1696
			实际出产								
			累积出产								
其他	…	…	计划投入								
			计划出产								
			实际出产								
			累积出产								

2. 车间内部生产作业计划的编制

车间内部生产作业计划是进一步将生产任务落实到每个工作地和工人，使之在时间和数量上协调一致。

编制车间内部生产作业计划的工作包括两个层次的内容：第一个层次是编制分工段的月度作业计划和周作业计划；第二个层次是编制工段分工作地的周作业计划，并下达到各个工作地。

编制分工段的月度作业计划和周作业计划时，如车间内部是按照对象原则组建各工段的，则只需将车间月度作业计划中的零件加工任务平均分配给对应的工段即可；如各个工段存在工艺上的先后关系，则一般应按照反向工艺的原则，从最后工段倒序依次安排各工段的投入与出产进度。编制分工段的月度作业计划和周作业计划可根据工段周作业计划与流水线工作指示图表安排各工作地的每日生产任务。

在编制车间内部生产作业计划时，应认真核算车间的生产能力，根据生产任务的轻重缓急，安排零件投入、加工和产出进度，特别注意最后工段、前后工序互相协调，紧密衔接，以确保厂级生产作业计划的落实。

8.3 成批生产的生产作业计划

8.3.1 成批生产的特点

从生产作业计划的角度考虑，成批生产方式的特点可以从以下几个角度分析。

1. 从产品的角度分析

在成批生产下，企业所生产的产品的品种较多，且多为系列化的定型产品；产品的结构与工艺有较好的相似性，因而可组织成批生产；各品种的产量不大；在同一计划期内，有多种产品在各个生产单位内成批轮番生产。

2. 从生产工艺的角度分析

在成批生产下，各产品的工艺路线不尽相同，可有多种安排产品的工艺路线；加工设备既有专用设备，又有通用设备；生产单位按照对象原则(如生产单元)或工艺原则组建。

3. 从需求的角度分析

在成批生产下，生产任务来自用户订货或依据市场预测；一般对交货期有较严的要求；一般有一定的成品、半成品和原材料库存。

4. 从组织生产的角度分析

在同一时段内，成批生产存在生产任务在利用生产能力时发生冲突的现象，特别是在关键设备上；品种变换较多，导致设备准备时间占用有效工作时间比重较大；生产作业计划的编制在较大量生产情况时具有较大的灵活性，因而具有较大的复杂性和难度。

8.3.2 成批生产的期量标准

生产作业计划的一项重要任务就是研究生产过程中存在的"期"与"量"的关系标准。大量生产主要将生产作业计划的重点放在"量"上，而成批生产作业计划所要解决的主要问题是如何在时间上安排不同品种、不同数量的产品轮番生产，这里既有"期"又有"量"。成批生产的期量标准有生产批量与生产间隔期、生产周期、生产提前期、在制品占用量定额等。

1. 生产批量与生产间隔期

所谓生产批量 Q 是指在消耗一次准备结束时间的条件下，连续生产一批相同制品的数量。批量的大小对生产的技术经济效果有很大影响。生产间隔期 R 是与批量密切相关的另一概念，它是指相邻两批相同制品投入或产出的时间间隔。两者的关系可表示为

$$Q = R n_\mathrm{d} \tag{8-13}$$

式(8-13)表明当平均日产量 n_d 不变时，生产间隔期 R 及与批量 Q 成正比。

生产批量与生产间隔期是成批生产类型企业的主要期量标准之一。确定批量与生产间隔期的方法通常有两类：以量定期法和以期定量法。

1) 以量定期法

首先从生产的技术与经济两方面考虑，确定一个初始批量；然后依据式(8-13)确定生产间隔

期;最后,对初始批量进行适当调整,求得一个与生产间隔期相互配合的最佳数值作为标准批量。当生产任务发生变化时,只对生产间隔期进行调整,而批量不变。常用的确定初始批量的方法有最小批量法和经济批量法。

(1) 最小批量法。最小批量法是依据技术经济原则,确定批量的一种经验方法。首先给定一个设备损失系数的阈值,即设备的调整时间与零件加工时间之比不能超过该阈值,表示为

$$\frac{t_{\text{ad}}}{Q_{\min}t} \leqslant \delta \tag{8-14}$$

式中,δ——设备损失系数阈值;

t_{ad}——设备准备结束时间(设备调整时间);

$Q_{\min}$——最小批量;

t——单件工序时间。

设备损失系数阈值的确定主要考虑两个因素:零件的价值与生产类型。通常,价值小的零件,加工批量可以取多些,故相应的δ值取小些;相反,价值大的零件,加工批量应少些,故相应的δ取大些;对于大批量生产类型企业,δ较小;对于小批量生产类型企业,δ较大。表8-5给出了δ的参考值。

表8-5 设备损失系数阈值参考

零件大小	生产类型		
	大批	中批	小批
小件	0.03	0.04	0.05
中件	0.04	0.05	0.08
大件	0.05	0.08	0.12

具体计算时,按设备调整时间t_{ad}和单件工序时间取值的范围不同,有三种确定最小批量的方法:第一种,按照零件的全部工序的设备准备结束时间t_{ad}和单件工序时间t;第二种,按照零件的关键设备的设备准备结束时间t_{ad}和单件工序时间t;第三种,按照比值(t_{ad}/t)最大的工序设备。

(2) 经济批量法。在确定批量时,除了考虑设备调整产生的费用外,还应考虑形成在制品库存而产生的费用,这样导出的经济批量Q^*的公式为

$$Q^* = \sqrt{2BN/CI} \tag{8-15}$$

式中,B——一次准备结束工作费用;

C——单位零件成本;

I——资金年利率;

N——年产量。

若进一步考虑批量增大时,除了会使库存量增加导致库存费用的增加外,还会使车间内部在制品量增加,导致生产费用也随之增加。所以,在生产周期等于生产间隔期的假设下,单位零件生产费用与单位零件库存费相同,这样导出的经济批量 Q^* 的公式为

$$Q^* = \sqrt{BN/CI} \tag{8-16}$$

在得到初始批量后,需要考虑以下因素对其进行调整,得到标准批量:组成同一产品的各个零件的批量应满足产品的成套关系;批量应与计划产量成倍比关系;批量应与大型设备同时加工的零件数成倍比关系;批量应与贵重加工刀具的耐用度、工位器具的容量、仓库与工作地面积相适应;各车间的同种零件批量尽可能成倍数关系,而且前车间的批量必须大于或等于后车间的批量;其他生产条件的约束。调整后得到的批量称为标准批量。最后,利用式(8-13)计算生产间隔期。

2) 以期定量法

以期定量法首先确定生产间隔期,然后依据式(8-13)确定批量。当生产任务发生变化时,只对批量进行调整,而生产间隔期不变。

确定生产间隔期时需考虑以下因素:生产间隔期应与月工作日数成倍数或可约数关系,以方便生产的组织与计划;尽可能采取统一的或为数不多的几个生产间隔期,以便使各工艺环节的生产活动相互衔接,协调一致,保持生产过程的均衡性;应考虑由此确定的批量而导致的经济指标(如在制品占用量、设备利用率等)的优劣,以及批量与计划产量是否成倍比关系,相邻工艺阶段的批量是否互成倍比关系。

在零件种类繁多情况下,为简化生产间隔期和批量的确定,可按照装配过程需要的顺序,零件的工艺结构特征、外形尺寸、重量和价值,以及生产周期长短,将零件分组,从每一组中选择典型零件为代表,确定生产间隔期和批量。同组的其他零件的生产间隔期和批量可参考确定。

采用以期定量法确定生产间隔期和批量有以下优点:计算简便,能适应生产任务的变动,当任务变动较大时,只需调整批量即可;由于生产间隔期与每月的工作日数互成倍数或可约数关系,批量又依生产间隔期制定,保持了各种必要的比例关系,易于保证零件生产的成套性,利于组织均衡生产。所以,以期定量法为许多企业采用。但此方法的制定过程对在制品占用量和资金利用效率等经济指标的考虑过于粗糙,一般适用于中、小批量生产企业。

2. 生产周期

生产周期是指制品从原材料投入到成品产出所经历的整个生产过程的全部日历时间。

零件的生产周期是从投入生产开始到产出为止的全部日历时间;产品的生产周期是从毛坯准备、零件加工、部件组装、成品总装的全部日历时间。图8-7为产品生产周期结构示意图。

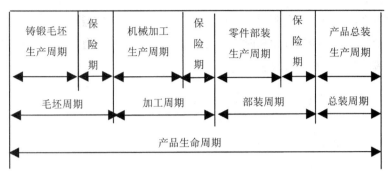

图 8-7 产品生产周期结构

毛坯准备、零件加工、部件组装、成品总装等每一工艺阶段的生产周期又包括以下几个部分：工艺过程时间、检验过程时间、运输过程时间、自然过程时间、制度规定的停歇时间。各工艺阶段生产周期的长短主要取决于这些时间的长短。生产周期也可划分为工艺时间与停留时间两部分。工艺时间即工艺过程时间；停留时间指工序之间的停留时间，包括由于管理原因造成的零件等待时间，以及检验、运输、自然停留和等待准备时间。工艺时间是生产周期的主要部分，它的长短取决于零件工序时间、零件移动方式和批量的大小等因素；而停留时间则依工序数目、生产组织水平、配合条件、生产准备条件等因素确定。

生产周期是非常重要的期量标准，对成批生产企业更是如此。它是确定产品各个生产环节的投入和产出时间，编制生产作业计划的主要依据。缩短生产周期对于提高劳动生产率、节约流动资金、降低产品成本、改善各种技术经济指标、提高企业对市场的快速反应能力和增强企业的竞争能力都有十分重要的作用。

计算产品的生产周期，不能简单地将图示中的时间消耗简单相加，必须考虑产品(零部件)在生产过程中的具体移动方式。确定产品生产周期一般分为两步，首先根据生产流程，确定产品(零部件)在各个工艺阶段上的生产周期；然后在此基础上，确定产品(零部件)生产周期。

1) 工艺阶段生产周期

因为工艺阶段是由工序构成的，所以确定工艺阶段生产周期，需要先确定零件工序生产周期。零件工序生产周期是指一批零件在某道工序上的制造时间，它是按零件所经过的各道工序分别计算的，计算公式为

$$T_{op} = \frac{Qt}{SF_e K_t} + T_{se} \tag{8-17}$$

式中，T_{op}——一批零件的工序生产周期；

Q——零件批量；

t——单件工序时间；

S——同时完成该工序的工作地数；

F_e——一个工作地的有效工作时间；

K_t——工时定额完成系数；

T_{se}——准备结束时间(设备调整时间)。

零件工序生产周期只是工艺阶段生产周期的一部分，此外还包括工序之间的运输时间、停歇时间、质量检验时间、跨车间协作时间以及自然过程时间等，因此，需分别计算它们的时间长度。工艺阶段的生产周期的计算公式为

$$T_Q = \sum_{i=1}^{m} K_p \frac{Qt}{SF_e K_t} + \sum_{i=1}^{m} T_{se} + \sum_{i=1}^{m-1} t_d + t_k + t_n \tag{8-18}$$

式中，T_Q——一批零件的加工周期；

K_p——平行系数；

K_t——工时定额完成系数；

t_d——每道工序的间断时间；

t_k——跨车间协作时间；

t_n——工艺规定的自然过程时间；

i——第 i 工艺阶段；

m——工序数。

平行系数取决于相邻两道工序加工时间上的交叉程度。当两道工序的加工时间上没有交叉时，平行系数 K_p 为 1，对于大型件一般取 0.6～0.8。

间断时间包括工序间的运输、检验、等待工作地时间以及工艺阶段间的等待时间等，可根据统计资料分析确定；跨车间协作时间可根据企业内有关工艺协作制度规定的标准时间来计算；工艺规定的自然过程时间可根据工艺文件中的有关规定来确定。

采用上述公式计算零件的工艺阶段生产周期比较复杂，实际工作中可采用图表法，只需确定一批零件在各工序的单件工时定额，考虑平行交叉作业，即可绘制出生产周期图表。零件组的生产周期是指零件组的第一种零件投入生产开始到零件组全部零件加工完毕准备出产所需要的日历时间。零件组的生产周期主要取决于生产周期最长的零件。

2) 产品生产周期

在组成产品的每一个零件的生产周期计算出来后，就可计算产品生产周期。产品生产周期是指各工艺阶段生产周期及各工艺阶段之间保险期之和。以机械加工为例，单台产品生产周期的计算公式为

$$T_w = \sum_{i=1}^{m} (T_i + T_{is}) \tag{8-19}$$

式中，T_w——单台产品生产周期；

T_i——第 i 工艺阶段的生产周期；

T_{is}——第 i 工序与前工序之间的保险期。

由于机械产品工艺过程及配套衔接关系比较复杂，在实际工作中，企业通根据各工艺阶段的平行衔接关系，绘制产品生产周期图，一般只需绘出主要零件即可。由于工业产品工艺配套衔接关系非常复杂，需要考虑的因素有许多具有不确定性，为了防止生产过程中由于发生意外原因造成生产脱节，必须在确定生产周期时留有一定的余地。对于不经常重复生产或工艺过程

不太熟悉的产品，一般采用设置保险期的方式；而对于经常重复生产的产品，一般采用设置保险量的方式。在确定保险期或保险量时，要注意以下几个问题。

(1) 零件工序多，加工时间长，加工设备精密的工艺阶段，其保险期应长些(或保险量应多些)；反之可短些(或保险量应少些)。

(2) 零件贵重，尺寸大，保险期应短些(或保险量应少些)。

(3) 前工艺阶段的生产能力大于后工艺阶段的生产能力时，保险期应长些(或保险量应多些)。

3. 生产提前期

生产提前期是指产品(毛坯、零部件)在生产过程的各工艺阶段相对于成品出产的时间应该提前投入或提前出产的日期。正确确定零部件和产品的生产提前期，对及时组织毛坯、零部件的投入和出产，保证各工艺阶段在时间上的衔接，协调和实现均衡生产都具有重要的作用。

产品(毛坯、零部件)在每个工艺阶段都有投入时间和出产时间，因而提前期也分为投入提前期和出产提前期，任何产品的投入提前期都应比其出产提前期提早一个生产周期。计算生产提前期应以产品最后工艺时期为起点，根据各工艺阶段的生产周期、保险期和生产间隔期，反工艺顺序逆向进行计算。图 8-8 表明了前、后车间生产批量相同时，提前期与生产周期、保险期的关系。

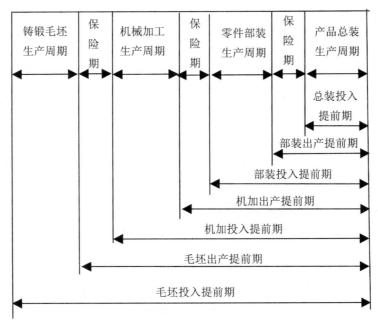

图 8-8 提前期与生产周期、保险期关系

1) 投入提前期

投入提前期是指产品(毛坯、零部件)在各车间(工段、小组)投入的日期比成品出产日期应提前的时间。无论前后工序车间的生产间隔期是否相等，投入提前期的公式计算均为

$$T_{i1} = T_{iO} + T_i \tag{8-20}$$

式中，T_{i1}——第 i 车间的投入提前期；

T_{iO}——第 i 车间的出产提前期；

T_i——第 i 车间的生产周期。

2) 出产提前期

出产提前期是指产品(毛坯、零部件)在各车间出产的日期比成品出产日期应提前的时间。计算出产提前期，除了考虑后工序车间(工段、小组)的投入提前期以外，还要加上必要的保险期。保险期是为本工序车间(工段、小组)可能发生出产误期、办理交库、领用和运输等而预留的时间，一般可根据统计资料分析确定。

(1) 当前后工序车间的生产间隔期相等时，出产提前期按式(8-20)计算

$$T_{iO} = T_{j1} + T_b \tag{8-21}$$

式中，T_{iO}——第 i 车间的出产提前期；

T_{j1}——第 j 车间投入提前期，$i<j$，j 为 i 的紧后工序车间(工段、小组)；

T_b——第 i 车间的保险期。

(2) 当前后工序车间(工段、小组)生产间隔期不相等时，出产提前期的计算公式为

$$T_{iO} = T_{j1} + T_b + |T_{iD} - T_{jD}| \tag{8-22}$$

式中，T_{iO}——第 i 车间的出产提前期；

T_{j1}——第 j 车间的投入提前期；

T_b——第 i 车间的保险期，$i>j$，i 是 j 的紧前车间，j 是 i 的紧后车间；

T_{iD}——第 i 车间生产间隔期；

T_{jD}——第 j 车间生产间隔期。

4. 在制品占用量定额

在制品占用量定额是成批生产的另一个重要期量指标。同大量生产一样，成批生产的在制品占用量分为车间之间的占用量和车间内部的占用量。在制品占用量的构成如图 8-9 所示。与大量生产情况不同的是，成批生产的车间内部在制品占用量经常处于波动之中。

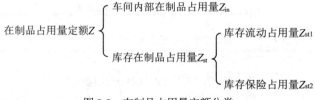

图 8-9 在制品占用量定额分类

1) 车间内部在制品占用量 Z_{in}

车间内部在制品包括正在加工的在制品、等待加工的在制品和处于运输或检验中的在制品等几部分。车间内部在制品占用量即车间内部平均在制品占用量，其数量的确定分为两种情形：

一种是在不定期成批轮番生产条件下,在制品占用量只能得到大概的数量;另一种是在定期成批轮番生产条件下,根据生产周期、生产间隔期和批量情况,可采用图表法确定,如表8-6所示。

表8-6 生产周期、生产间隔期和批量表

条件	生产周期 T	生产间隔期 R	T/R	进度 上旬	进度 中旬	进度 下旬	批量 Q	在制品平均占用量	在制品期末占用量
$T=R$	10	10	1				20	20	20
$T<R$	5	10	0.5				20	10	20
$T<R$	5	10	0.5				20	10	0
$T>R$	20	10	2				20	40	40
$T>R$	25	10	2.5				20	50	60

2) 库存在制品占用量 Z_{st}

(1) 库存流动在制品占用量 Z_{st1}。库存流动占用量是指由于前、后车间的批量和生产间隔期不同而形成的在制品占用量。库存流动占用量的作用是协调前、后车间的正常连续生产。因为前、后车间交库与领用的方式不同,库存量始终处于变动之中,所以,需要分以下几种不同的情况确定库存流动占用量。

① 前车间成批交库,后车间成批领用。当交库数量小于或等于领用数量时,假设后者是前者的整数倍,即后车间的生产间隔期是前车间的相同整数倍,则库存流动在制品占用量的变化如图8-10所示。其中,图8-10(a)为后车间领用时间点在计划期内,前车间的第1个批量交库时,领用量为3个批量,则平均库存流动在制品占用量为1个批量。图8-10(b)为后车间领用时间点在前车间的第3个批量交库后,第4个批量交货前,平均库存流动在制品占用量为1.5个批量。图8-10(c)为后车间领用时间点在前车间的第4个批量交库时,平均库存流动在制品占用量为2个批量。

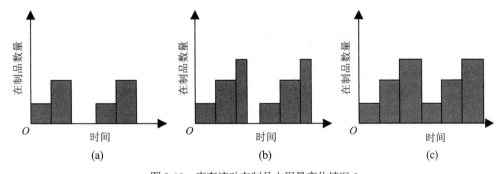

图8-10 库存流动在制品占用量变化情况1

② 前车间成批交库,后车间分批领用。当领用数量小于或等于交库数量时,假设后者是前者的整数倍,即前车间的生产间隔期是后车间的相同整数倍,则库存流动在制品占用量的变化如图8-11所示。其中,图8-11(a)为后车间领用时间点在计划期内,前车间的第1个批量交库时,

领用量为 1/3 个批量,则平均库存流动在制品占用量为 1 个批量。图 8-11(b)为后车间领用时间点在前车间的第 1 个批量交库后,1/3 个生产间隔期前,平均库存流动在制品占用量为 1.5 个批量。图 8-11(c)为后车间领用时间点在前车间的第 1 个批量交库后,1/3 个生产间隔期时,平均库存流动在制品占用量为 2 个批量。

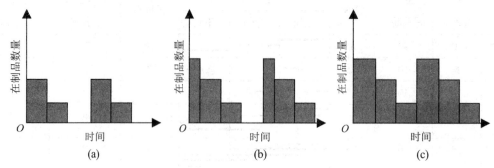

图 8-11 库存流动在制品占用量变化情况 2

以上分析是在领用间隔期与生产间隔期相同的情况下做出的,若两者不同,则情况更为复杂。

(2) 库存保险占用量 Z_{st2}。库存保险占用量是指由于前车间因意外原因造成交库延误,为保证后车间正常生产而设置的在制品占用量。一般根据前车间交库延误天数和后车间平均日需要量计算,其计算公式为

$$Z_{st2} = D_{in} n_d \tag{8-23}$$

式中,D_{in}——前车间的交库延误天数,即恢复间隔期;

n_d——后车间的平均日需要量。

交库延误天数具有不确定性,需依据统计资料分析确定。此外,确定库存保险占用量还应考虑零件价值的大小,即从总的期望成本增量(由于延误造成的成本增量与库存成本增量)的角度考虑。

8.3.3 成批生产的生产作业计划的编制

1. 厂级生产作业计划的编制

成批生产的厂级生产作业计划的内容包括安排各车间投入、产出制品的种类、制品的时间与数量。成批生产的生产作业计划编制思路与大量生产类似,但在具体方法上又有所不同。在大量生产情况下,生产任务稳定,生产作业计划可以通过控制在制品的数量实现编制。而在成批生产情况下,生产任务不稳定,生产作业计划无法采用在制品定额法编制。但是通过产品的交货日期可以逆序计算出各工艺阶段的提前期,再通过提前期与量之间的关系,最后将提前期转化为投入量与产出量。这种基于提前期的方法称为累计编号法。

采用累计编号法时,生产的产品必须实行累计编号,即从年初或开始生产该型号的产品起,

按照成品出产的先后顺序，为每一个产品编一个累计号码。在同一个时间点，产品在某一生产工艺阶段上的累计号码，同成品出产的累计号码的差，称为提前量，其大小与提前期成正比例。累计编号法的一般步骤如下所述。

(1) 首先确定各个生产环节的提前期定额与批量定额。提前期包括投入提前期与出产提前期，某车间投入提前期等于车间出产提前期加上车间生产周期；而出产提前期的计算需要考虑先后两车间的批量是否相同，若批量相同，则某车间出产提前期等于后续车间投入提前期加上保险期，若批量不同，某车间出产提前期等于后续车间投入提前期加上保险期，再加上本车间生产间隔期与后续车间生产间隔期的差。

(2) 计算各车间在计划期末产品出产和投入应达到的累计号数。

$$N_0 = N_{0e} + n_d T_0 \tag{8-24}$$

$$N_{in} = N_{0e} + n_d T_{in} \tag{8-25}$$

式中，N_0——本车间出产累计号；

N_{0e}——最后车间即装配车间出产累计号；

N_{in}——本车间投入累计号；

T_0——本车间出产提前期；

T_{in}——本车间投入提前期；

n_d——最后车间日均产量。

(3) 计算各车间在计划期内产品出产量和投入量，计算公式为

$$\Delta N_0 = N_0 - N_{0'} \tag{8-26}$$

$$\Delta N_{in} = N_{in} - N_{in'} \tag{8-27}$$

式中，ΔN_0——计划期本车间出产量；

$N_{0'}$——本车间期初出产累计号；

ΔN_{in}——计划期本车间投入量；

$N_{in'}$——本车间期初投入累计号。

(4) 对计算出的产品出产量和投入量进行修正，使车间出产或投入的数量与批量相等或成整倍数关系。

例 8-4 表 8-7 给出了某成批生产企业主要车间的批量、生产周期、间隔期、保险期、出产提前期以及投入提前期等期量标准。设 1 月上旬初装配车间已达到的出产累计编号为 220。按照累计编号法计算 1—4 月各车间的生产作业计划。

表 8-7 某成批生产企业主要车间的期量标准

车间	批量/件	生产周期/旬	间隔期/旬	保险期/旬	出产提前期/旬	投入提前期/旬
装配	20	1	1	0	0	1
加工	40	3	2	1	3	6
毛坯	80	1	4	2	10	11

解： 首先，按照给定的出产累计编号的初值、批量和生产间隔期，计算1—4月各旬末应达到的装配车间出产累计编号。其次，计算1—4月各旬初装配车间应达到的投入累计编号，按照装配车间出产累计编号、日均产量以及投入提前期，按照式(8-27)计算。最后，对于加工车间以及毛坯车间的投入累计编号与出产累计编号，按照式(8-26)与式(8-27)计算。计算结果如表 8-8 所示。

表8-8 各车间投入累计编号与出产累计编号计算结果表

车间	项目	1月			2月			3月			4月		
		上	中	下	上	中	下	上	中	下	上	中	下
装配	出产	240	260	280	300	320	340	360	380	400	420	440	460
	投入	260	280	300	320	340	360	380	400	420	440	460	480
加工	出产		320		360		400		440		480		520
	投入	360		400		440		480		520		560	
毛坯	出产	440				520			600				
	投入					520			600				680

用累计编号法确定各车间的生产任务有以下几个特点：第一，在确定装配车间的出产累计编号后，可同时计算各车间的任务，而不必按照反向工艺顺序依次计算。第二，由于生产任务用累计编号表示，无须计算在制品数量，也不必按计划期初实际完成情况修正计划。若上期没有完成计划，其拖欠部分自然结转到下一期计划的任务中，所以简化了计划编制工作。第三，同一台产品的所有零件都属于一个累计编号，因而每个车间只要按照规定的累计编号生产，就能保证零件的成套出产。

2. 成批生产车间内部生产作业计划的编制

在成批生产方式下，生产任务不稳定，订货常有变化；车间的零件任务众多，工艺路线各不相同，多种工序共用生产设备，车间内生产作业计划工作变得比大量生产情况下复杂得多。因此，需将其分解为不同的层次进行计划与控制，一般分解为三个层次：作业进度计划、作业短期分配和作业的进度控制。本节将集中探讨作业进度计划。

作业进度计划的任务是为计划期内的各项作业任务配置所需的生产能力，在满足交货要求而又保持负荷与能力相平衡的条件下编制出各项作业任务的进度日程计划。进度日程计划的计划期在定期轮番生产条件下可与厂级作业计划同步；在不定期轮番生产条件下应小于厂级作业计划的计划期，如以半月为期或以旬为期。也就是说，将厂级作业计划的计划期拆分为两段或三段，逐段编制进度日程计划，计划的详细程度逐步降低。编制作业进度计划的具体步骤如下所述。

1) 准备编制计划所需资料

(1) 零件的工艺路线。说明零件加工所经过的工序，各工序使用的设备或工作中心，以及各工序的单件工时，需要零件工艺路线的相关资料(见表 8-9)。

表 8-9 工艺路线资料

零件号：S1205

零件名称：驱动轴　生产周期：30 日　生产批量：50

工作中心号	工序号	工序名称	调整时间/h	单件时间/h
1	10	车	0.4	0.125
3	20	铣	0.8	0.075
5	30	切齿	1.0	0.25
8	40	钻孔	0.3	0.25
9	50	热处理		3 日*
7	60	磨外圆	0.6	0.3
6	70	磨齿	1.0	0.4

注：*表示外协加工供应周期。

(2) 工作中心资料。工作中心是由同类型设备组成的设备组，是成批生产车间进行任务分配的基本生产单位。工作中心资料是指提供计算生产能力所需的诸如班次、设备数量、生产效率、日有效能力及等待时间等数据。其中等待时间是指为了应付作业在工作中心内排队等待加工以及为设备故障、质量事故等预留的时间。

(3) 外购外协件供应资料。外购外协件供应资料包括外购外协件的供应来源、供应周期、供应来源的生产能力以及备选的供应来源等。

2) 推算作业任务的工序进度日程

对于新投产的任务，作业任务的工序进度日程应从交货日期开始，按照反工艺顺序由后往前推算。按照工序时间、排队时间和运输时间决定作业任务在每道工序上的持续时间，计算出各工序的开始时间和结束时间。对于已经在车间内加工，由上期结转的尚未完成的在制任务，则从当前工序开始，由前向后推算。

3) 计算生产能力需求量

根据生产任务的工序进度日程，将同一时间段内所有生产任务对同一工作中心需求的加工时间汇总起来，就得到在这一时间段生产任务对该工作中心的生产能力需求量，这样就可得到在计划期内对该工作中心的负荷分布表。例如，某转塔车床工作中心生产能力需求量如表 8-10 所示。

表 8-10 某转塔车床工作中心生产能力需求量

设备数：3			周有效能力：115 台时	
周	任务号	零件号	需要台时	累积台时
29	442	S3240	34.5	34.5
29	554	S2816	42.8	77.3
29	413	R0635	25.0	102.3

(续表)

设备数：3			周有效能力：115 台时	
30	472	S1025	17.5	17.5
30	367	P6831	31.3	48.8
30	429	R4236	32.0	80.8
30	490	G0972	45.8	126.6
31	532	S3716	42.1	42.1
31	544	P5824	35.9	78.0

4) 调整工作中心负荷，使负荷与能力达到平衡

在得到每个工作中心的计划期负荷分布表后，需要做的是调整负荷分布，使得负荷与工作中心能够提供的生产能力达到平衡，而且尽可能均衡。例如，在表 8-10 中，第 29 周、第 30 周、第 31 周的负荷分别为 102.3 台时、126.6 台时、78.0 台时，而转塔车床工作中心的有效生产能力为 115 台时。可见，在第 30 周工作中心的负荷超过了生产能力，且负荷分布不均衡。这样就需要调整工作中心负荷。按照调整的目的，调整负荷的措施不外乎两类：一类属于降低负荷；另一类属于临时提高有效生产能力。

(1) 常用的降低负荷的措施有以下几项。

① 修改进度日程。将某些生产任务从负荷过重的时间段移动到负荷较轻的时间段，采用时应注意移动造成的对前工序的影响或对交货期的影响。

② 压缩制品在工作中心的等待时间。如在不停机的情况下，预先做好某些调整工作。

③ 组织平行顺序加工。

④ 将标准批量拆分为若干个小批量。

(2) 常用的临时提高有效生产能力的措施有以下几项。

① 采用备选设备或工艺路线。

② 增加工人、增加班次，从而增加有效工作时间。

③ 外协加工。

后两种措施会增加生产成本，应先将其与延误造成的成本增量从经济角度相比较，再做出选择。

5) 编制正式的作业进度计划和工作中心生产能力需求计划

根据负荷与能力的平衡结果，编制正式的作业进度计划和各工作中心生产能力需求计划。常用的计划形式除了规定工序的开工与结束时间的表格形式外，还有甘特图或横道图形式。

8.4 单件小批量生产的生产作业计划

8.4.1 单件小批量生产的特点

在单件小批量生产条件下，企业所生产的产品的品种多，每个品种的产量很小，基本上是按照用户的订货需要组织生产；产品的结构与工艺有较大的差异；生产的稳定性和专业化程度很低；采用通用设备，按照工艺原则组织生产单位；每个工作中心承担多种生产任务的加工；产品的生产过程间断时间、工艺路线和生产周期均长。但是，单件小批量生产方式灵活，对外部市场环境具有较好的适应性。

基于上述特点，单件小批量生产的生产作业计划要解决的主要问题有两个：一是如何控制好产品的生产流程，使得整个生产环节达到均衡负荷；二是最大限度地缩短生产周期，按订货要求的交货期完成生产任务。

8.4.2 单件小批量生产的期量标准

单件小批量生产的期量标准有生产周期和总日历进度计划。

1. 生产周期

生产周期是单件小批生产的基本期量标准，其构成与成批生产条件下产品的生产周期相同。由于单件小批量生产方式下，产品品种多，通常只确定企业的主要产品和代表产品的生产周期，而其他产品可根据代表产品的生产周期加以比较，按其复杂程度确定。生产周期的确定方法可采用产品生产周期图表编制。在编制过程中，按照产品的结构、工艺特点，主要考虑产品零件中的主要件和关键件在工艺上的逻辑衔接关系，确定产品的生产周期。在产品的零件繁多、工序衔接复杂的情况下，可采用网络计划技术确定生产周期。

2. 总日历进度计划

总日历进度计划就是各项产品订货在日历时间上的总安排。该期量标准主要用于验算各项任务在各个生产阶段所使用的设备和面积负荷，保证各工段、各工作地的负荷均衡，以利于生产任务的如期完成。首先，验算关键设备的负荷，使关键设备的负荷均衡；其次，验算关键件的进度，使关键件的进度满足装配的需要，进而保证交货日期的要求。对于非关键件，可插空安排。

编制总日历进度计划包括两部分工作：编制各项订货的生产进度计划；验算平衡各阶段设备的负荷。具体编制过程如图 8-12 所示。

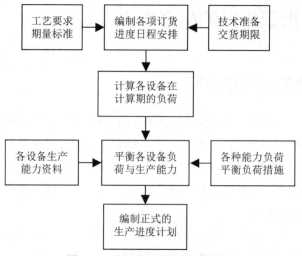

图 8-12 编制总日历进度计划过程

8.4.3 单件小批量生产的生产作业计划的编制

编制单件小批量生产作业计划时,由于每一种产品的产量很小,重复生产的可能性很小,无周转用在制品,主要考虑期限上的衔接、负荷与生产能力的均衡,常用的方法有以下几种。

1. 生产周期进度表法

此方法的具体过程与编制总日历进度计划的过程类似。首先,依据订货合同,确定产品的生产阶段;其次,编制订货说明书,具体规定该产品在各车间的投入与出产期限;最后,编制综合日历进度表。

2. 生产进度百分比法

所谓生产进度百分比法,就是对某项产品规定在各个时间段应完成总任务的百分比的方法。用百分比规定并控制各车间在每个时间段应完成的工作量,可以防止因生产延误而影响交货日期。首先,根据产品的出产日期以及它们在各车间的生产周期,确定各车间制造该项产品的时间。其次,根据进度要求,下达完成计划任务的百分比。最后,车间根据百分比,计算出该项产品在本车间的总工作量并编制车间日历进度计划。此方法适用于生产周期长的大型产品。

3. 网络计划技术

网络计划技术是指在网络模型的基础上,对工程项目进行规划及有效地控制,使资源发挥最大的功能、节省费用、缩短工期、提高工作效率的一种科学方法。该方法广泛用于项目管理、单件小批量生产作业计划。应用网络计划技术编制生产作业计划的主要过程分为以下几个阶段。

(1) 计划阶段。根据产品的结构、工艺路线、工序间的逻辑关系,绘制生产过程网络图。

(2) 进度安排阶段。依据网络图,确定生产过程的关键工序,利用非关键工序的时差,通过调整工序的起讫日期对制造资源进行合理分配,编制出各工序的开工与完工时间进度表。

(3) 控制阶段。应用网络图与时间进度表,定期对生产实际进展情况作出报告和分析,必要时修改网络图与进度表。

8.5 作业排序

在制订编制成批生产作业计划与单件小批量生产作业计划过程中,由于生产多种产品,会发生生产设备需求冲突,需要解决各个生产层次中生产任务的加工顺序问题。这些问题既包括生产任务投产顺序问题,还包括在同一设备上不同工件的加工顺序问题。解决这些问题的过程,称为作业排序。

作业计划与作业排序是两个不同的概念。排序是确定工件在设备上的加工顺序,而作业计划不仅包括确定工件的加工顺序,还包括确定设备加工每个工件的开始时间和结束时间。给出一个加工顺序并不十分困难,问题的难点在于,如何在尽可能满足各种约束条件的情况下,给出一个令人满意的排序方案。

8.5.1 作业排序概述

1. 作业排序的分类

作业排序有不同的分类方法。在制造业和服务业中,有劳动力排序和生产作业排序两种基本形式的作业排序。

(1) 劳动力排序,主要是确定人员何时工作。

(2) 生产作业排序,主要是将不同的工件安排在不同的设备上,或安排不同的人员做不同的工作。

在生产作业排序中,可进一步按设备、工件和目标的特征分类。按照设备的数量,生产作业排序分为单台设备排序问题与多台设备排序问题。多台设备排序又可按照工件加工路线的特征,分为单件车间排序和流水车间排序。前者的基本特征是加工路线不同,而后者的基本特征是所有的工件的加工路线相同。

按工件到达车间的情况,生产作业排序可分成静态排序与动态排序。所有的工件都已经到达,可以一次对它们进行排序的方式,称为静态排序;若工件是陆续到达,随时安排加工顺序的方式,称为动态排序。后者又可按照工件到达时间是确定性的还是随机性的,分为确定性动态排序和随机性动态排序。

按照排序目标函数的性质,生产作业排序可分为单目标排序和多目标排序。按照目标的不同,作业排序又可划分为不同的排序,如使平均流程时间最短的排序,使总流程时间最短的排序,使平均误期时间最短的排序,使最大平均误期时间最短的排序等。

2. 影响生产作业排序的因素

1) 生产任务的到达方式

在实际生产过程中，尤其是在单件小批量生产条件下，反映生产任务的订单的到达方式有两种：一种是成批到达(称为静态到达)；另一种是在一段时间段内按某种统计分布规律到达(称为动态到达)。静态到达并不意味着用户同时提出订单，只是计划人员将一段时间内的订单汇总，一起安排生产作业计划。而在动态到达情况下，生产任务随到随安排，这就要求对生产作业计划不断进行修改，进而反映这些追加的生产任务。

2) 车间中的设备种类和数量

设备数量的多少明显地影响作业排序的过程。如果只有一台设备，作业排序问题将非常简单。而当设备数量及种类增多，各种生产任务由多台设备的加工才能完成时，则作业排序问题将变得较为复杂，很可能找不到有效的排序方法。

3) 车间中的人员数量

在进行生产任务的排序时，不仅是将生产任务分配给设备，同时也是分配给相应设备的操作人员。对于特定的生产操作人员数量少于设备数量的情况下，尤其是服务系统，生产操作人员成为排序时必须考虑的关键资源。

4) 生产任务在车间的流动模式

在单件小批量生产条件下，生产任务在车间内的流动路线是多种多样的。如果所有流动路线相同，则称为流水车间或定流车间。与流水车间相对应的另一个极端是流动路线均不一样的情形，称为单件车间或随机路线车间，即工件是按照某种概率分布从一台设备流向满足加工需要的设备中的某一台设备，这类排队服务系统在医院中是常见的。在现实生产中，更多的是介于两者之间的混合式加工车间。

5) 作业计划的评价标准

作业排序是编制生产作业计划的核心工作之一，其具体排序方法的选择与作业计划的评价标准密切相关。作业计划评价标准有以下三类：一是任务完成的程度；二是设备利用的程度；三是达到企业整体目标的程度。

由于可操作性的缘故，通常对作业计划的评价集中在任务完成的程度方面，常见的有以下几种标准。

(1) 总流程时间 F_{min} 最短。总流程时间是指一批工件从进入某一车间或工艺阶段开始，到这一批工件加工完，全部退出该车间或工艺阶段为止的全部完工时间。如果这批工件完全相同，则总流程时间与这批工件的生产周期和加工周期(等待时间与加工时间之和)相同；如果不同，则总流程时间为这批工件实际生产周期和加工周期的最大者。

(2) 平均流程时间 $\overline{F}$ 最短。平均流程时间是指这批工件实际生产周期或加工周期的平均值。

(3) 最大延迟 L_{max} 或最大误期 T_{max} 最短。延迟是指工件的实际完成时间与预定的交货期之间的差额。这里既包括实际完成时间比预定的交货期晚，即通常意义下的延误，也包括实际完成时间比预定的交货期早的情况。提前完成生产任务并非一定是件好事，因为这意味着库存量的增加及生产资金提前被占用。误期是指通常意义下的延误。最大延迟 L_{max} 与最大误期 T_{max} 的关系：$T_{max}=\max\{0, L_{max}\}$。

(4) 平均延迟 $\overline{L}$ 或平均误期 $\overline{T}$ 最短，指延迟或误期的平均值。

(5) 平均在制品占用量最小。

(6) 总调整时间最小。在加工一批不同工件时，每加工一个工件，设备需要调整一次，该批工件的调整时间之和，称为总调整时间。

除了上述标准之外，还有延期罚款最小、生产费用最小、总利润最大、设备利用率最大等标准。由于实际生产过程中各种不确定因素的作用，实际标准具有不确定性，可用具有平均值和偏差的统计分布来表示。需要注意的是，这些标准彼此之间并不完全独立，例如使平均流程时间 $\overline{F}$ 最短意味着在制品占用量减少。

3. 作业排序的基本分析

考虑 M 个任务 $J_i(i=1, 2, \ldots, M)$，在 N 台设备 $M_k(k=1, 2, \ldots, N)$ 上的作业排序问题。作业排序问题的一般假设如下：一台设备不得同时加工两个或两个以上的任务；一个任务不能同时在几台设备上加工；每个任务必须按照工艺顺序进行加工。

进行排序时，所需的有关生产信息如下：任务 J_i 在第 j 个工序 $O_{ij}(j=1, 2, \ldots, N_i; i=1, 2, \ldots, M)$ 在相应的设备 $M_{ij}(i, j=1, 2, \ldots, N)$ 上所需要的加工时间为 t_{ij}，任务 J_i 的可能开始时刻为 r_i，交货期为 d_i。

在处理 O_{ij} 时，如果该设备 M_{ij} 不空闲，则产生了在实际加工开始之前的等待时间 W_{ij}，则任务 J_i 的完工时间为

$$C_i = r_i + W_{i1} + t_{i1} + W_{i1} + t_{i2} + \ldots + W_{iN_i} + t_{iN_i} = r_i + t_i + W_i \tag{8-28}$$

其中，

$$t_i = \sum_{j=1}^{N_i} t_{ij}, \quad W_i = \sum_{j=1}^{N_i} W_{ij}$$

任务 J_i 的流程时间为

$$F_i = C_i - r_i = W_i + t_i \tag{8-29}$$

任务 J_i 的延迟为

$$L_i = C_i - d_i = F_i + r_i - d_i \tag{8-30}$$

任务 J_i 的延期为

$$T_i = \max\{0, L_i\} \tag{8-31}$$

对于式(8-28)与式(8-30)，关于 i 取 M 个之和并除以 M，有

$$\overline{C} = \overline{r} + \overline{t} + \overline{W} \tag{8-32}$$

$$\overline{L} = \overline{C} - \overline{d} = \overline{F} + \overline{r} - \overline{d} \tag{8-33}$$

依据式(8-32)与式(8-33)，可得出如下结论：平均流程时间的最优排序方案对于平均完工时间、平均延迟以及平均等待时间也是最优的。但是这一结论对于 F_{max} 和其他最大值目标是不成立的。

图 8-13 描绘了 M 个任务全部同时开始(即 $r_i=0$)时，在制品数量变化情况。

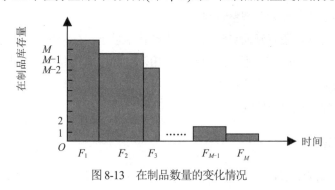

图 8-13　在制品数量的变化情况

在计划时间长度 F_{max} 内，工件在车间内停留的工件(在制品占用量)的平均值为

$$\overline{M} = \frac{1}{F\max}\left[MF_1 + (M-1)(F_2 - F_1) + (M-2)(F_3 - F_2) + \ldots + (F_M - F_{M-1})\right] = \frac{1}{F\max}\sum_{i=1}^{M}F_i$$

有
$$\frac{\overline{M}}{M} = \frac{\overline{F}}{F_{max}} \tag{8-34}$$

也就是说，在车间内，平均的工件数(平均在制品量库存量)和最大工件数之比与平均加工时间与总加工时间之比相等。但当工件到达形式为随机或动态时，式(8-34)并不成立。

4. 作业排序的优先调度规则

作业排序是管理科学中的一个重要的理论研究领域，许多研究工作者提出了优化作业排序的算法。作业排序问题的复杂性，它们大都属于未解难题，至今还没有研究出有效的解析求解方法。因此，大多数排序算法采用优先调度规则(优先安排哪一个任务的规则)解决生产任务对设备需求发生的冲突。常见优先调度规则有以下几种。

(1) FCFS(frist come first served)规则，优先选择排队等待的任务中最早进入的任务。

(2) SPT(shortest processing time)规则，优先选择加工时间最短的任务。该规则能有效地缩短任务的流程时间，同时有利于提高设备的利用率，减少在制品占用量。

(3) EDD(earliest due date)规则，优先选择完工期限最早的任务。从尽可能保证按时交货的目的而制定的规则。

(4) SST(shortest slack time)规则，优先选择松弛时间短的工件。松弛时间是指在不影响交货的条件下，任务的机动时间。该规则与 EDD 规则类似，但更能反映任务的紧迫程度。表达式为

$$ST = DD - CD - \sum L_i \tag{8-35}$$

式中，ST——松弛时间；

DD——交货期；

CD——当前日期；

L_i——剩余工序的加工周期(不含等待时间)。

(5) MWKR(most work remaining)规则，优先选择余下加工时间最长的任务。

(6) SCR(smallest critical ratio)规则，优先选择关键比最小的任务。关键比为任务允许停留时间和任务剩余工序加工时间之比。表达式为

$$CR = \frac{(DD - CD)}{\sum L_i} \tag{8-36}$$

式中，CR——关键比。

(7) LWKR(least work remaining)规则，优先选择余下加工时间最短的任务。

(8) MOPNR(most operations remaing)规则，优先选择余下工序最多的任务。

(9) RANDOM 规则，即随机地挑选任务。

优先调度规则可以分为局部优先规则和全局优先规则两类。局部优先规则决定任务的优先分配顺序仅以单个设备前队列中的任务所代表的信息为依据，例如 SPT，EDD，FCFS 等规则。全局优先规则决定任务的优先分配顺序不仅考虑正在排序的设备的情况，还要考虑其他设备的有关信息，例如 SCR，MWKR，LWKR 以及 MOPNR 等规则。

迄今为止，人们已提出了 100 多个优先排序规则，不同的规则有不同的特点。在具体排序时，应结合排序方案的评价标准进行选择。有时，仅采用单一规则还不能完全确定加工顺序，需要采用优先规则的组合进行排序。例如，SPT+MWRK+RANDOM，含义是首先选用 SPT 规则选择下一个待加工的任务；若同时有多个任务被选中，则采用 MWRK 规则进行再次选择；若仍有多个任务被选中，最后采用 RANDOM 原则从中随机选择一个，作为下一个待加工的任务。

8.5.2 作业排序方法

1. 单设备排序问题

单设备排序问题是最简单的排序问题，但在单件小批生产中，对于关键设备具有重要意义。它往往能够缩短工件等待时间，减少在制品占用量，提高设备利用率和生产面积利用率，满足用户的不同需求。关于单设备排序问题有以下结论。

定理 1：对于单设备排序问题，SPT 规则使平均加工时间 $\overline{F}$ 最小。

定理 2：对于单设备排序问题，EDD 规则使最大延迟 L_{max} 或最大误期 T_{max} 最短。

例 8-5 5 个工件 J_1-J_2-J_3-J_4-J_5 的单机作业排序问题的有关资料如表 8-11 所示。请分别采用 SPT 规则和 EDD 规则排序。

表8-11 5个工件的单机作业排序问题

工件号	J_1	J_2	J_3	J_4	J_5
作业时间 t_i	3	7	1	5	4
交货期	23	20	8	6	14

解：首先计算最大作业时间，$F_{\max} = \sum_{i=1}^{5} t_i = 20$，依据定理1，采用SPT规则得到的工件排序结果如表8-12所示。

表8-12 采用SPT规则计算工件排序

工件排序	J_3	J_1	J_5	J_4	J_2
作业时间 t_i	1	3	4	5	7
交货期	8	23	14	6	20
开始时间	0	1	4	8	13
结束时间	1	4	8	13	20
延迟 L	−7	−19	−6	7	0
误期 T	0	0	0	7	0

平均流程时间 $\overline{F} = \dfrac{1+4+8+13+20}{5} = 9.2$，但最大误期 $T_{\max}=7$。尽管SPT规则使平均流程时间最短，但存在误期的工件。

依据定理2，采用EDD规则得到的工件排序结果如表8-13所示。

表8-13 采用EDD规则计算工件排序

工件排序	J_4	J_3	J_5	J_2	J_1
作业时间	5	1	4	7	3
交货期	6	8	14	20	23
开始时间	0	5	6	10	17
结束时间	5	6	10	17	20
延迟 L	−1	−2	−4	−3	−3
误期 T	0	0	0	0	0

排序方案表明最大误期 $T_{\max}=0$，但平均流程时间 $\overline{F} = \dfrac{5+6+10+17+20}{5} = 11.6$，比采用SPT规则增加了2.4个单位。

定理3：如果对于某单设备排序问题，存在使 $T_{\max}$ 为0的工件排序方案，则在交货期比考虑中的工件的作业时间之和大的工件中，将作业时间最长的工件安排在最后位置，如此反复进行，可得到使 $\overline{F}$ 最小的最优工件顺序。

定理 3 实际上是在采用 EDD 规则的基础上,再采用 SPT 规则,即采用组合规则改善方案。$\overline{F}$ 由此得到的排序步骤如下所述:

(1) $d_H \geq \sum_{i \in 1} t_i$;

(2) $d_j \geq \sum_{i \in 1} t_i$ 的所有 j,当 $t_H \geq t_j$,H 排在 j 之后;

(3) 重复以上过程。

在例 8-5 中,按照 EDD 规则所得排序方案的 $T_{max}=0$,由定理 3 可以进一步确定在 $T_{max}=0$ 的前提下,使平均加工时间 $\overline{F}$ 最小的排序如表 8-14 所示。

可见,平均流程时间 $\overline{F} = \dfrac{1+6+9+13+20}{5} = 9.8$,方案的计算结果表明在保证 $T_{max}=0$ 的前提下,平均流程时间较采用 EDD 规则减少 1.8 个单位。

表 8-14 采用定理 3 计算工件排序

工件排序	J_3	J_4	J_1	J_5	J_2
作业时间	1	5	3	4	7
交货期	8	6	23	14	20
开始时间	0	1	6	9	13
结束时间	1	6	9	13	20
延迟 L	−7	0	−14	−1	0
误期 T	0	0	0	0	0

实际生产中,在开始加工之前,往往需要对设备进行调整。如果各工件的调整时间与工件的排序无关,则可将其与实际加工时间合并,作为工件的作业时间来考虑即可。如果各工件的调整时间与工件的排序相关,则问题较为复杂,这时可用总处理时间作为评价准则。计算公式为

$$F_{max} = \sum_{i=1}^{M} s_{(i-1)i} + \sum_{i=1}^{M} t_{(i)} \tag{8-37}$$

式中,$s_{(i-1)i}$——在第 $(i-1)$ 个工件加工结束后,再开始第 i 个工件加工所需调整时间。

式(8-37)中的第 2 项为一定值,与排序无关。因此,使第 1 项(调整时间之和)最小的排序就是最优排序方案。此问题相当于巡回销售问题,可用分支定界法求解。

2. 多设备排序问题

1) 流水生产的作业排序

定理 4:在 2 个工序流水生产作业计划问题中,希望总流程时间最小时,如果,

$$\min\{t_{i1}, t_{k2}\} \leq \min\{t_{i2}, t_{k1}\} \tag{8-38}$$

则在最优工件排序中，J_i 排在 J_k 之前。

由定理 4 得出 Johnson-Bellman 排序算法，其步骤如下所述。

第一步，从未排序的工件表中找出作业时间最小的工件。第二步，如果这一作业时间最小的工件为第一(第二)工序，则将该工件排在工件顺序的开始(最后)，并将此工件从工件表中删去。第三步，若工件表为空，则说明已得到最优排序；否则，返回第一步。

例 8-6 5 个工件在两个设备上的流水排序问题的有关资料如表 8-15 所示。

试按 Johnson-Bellman 算法进行排序。

表 8-15 工件在两个设备上的流水排序问题

工件号	J_1	J_2	J_3	J_4	J_5
工序 1	12	4	5	15	10
工序 2	22	5	3	16	8

解：首先，按照 Johnson-Bellman 算法排序过程，其过程如表 8-16 所示。

表 8-16 Johnson-Bellman 算法排序过程

步骤	排序过程					备注
1					J_3	将 J_3 排在第 5 位
2	J_2				J_3	将 J_2 排在第 1 位
3	J_2			J_5	J_3	将 J_5 排在第 4 位
4	J_2	J_1		J_5	J_3	将 J_1 排在第 2 位
5	J_2	J_1	J_4	J_5	J_3	将 J_4 排在第 3 位

排序方案对应的甘特图如图 8-14 所示。

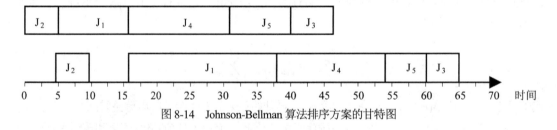

图 8-14 Johnson-Bellman 算法排序方案的甘特图

故总工期为 65 天。

对于工艺路线相同的 n 种零件在 3 台设备上的加工顺序问题，有的扩展 Johnson-Bellman 算法。算法的使用条件为

$$\min\{t_{iA}\} \geq \max\{t_{iB}\} \text{ 或 } \min\{t_{iC}\} \geq \max\{t_{iB}\} \tag{8-39}$$

在满足式(8-39)时，将 3 台设备 A，B，C 变换为 2 台虚拟设备 G，H，按式(8-40)计算工件在虚拟设备上的加工时间，然后用 Johnson-Bellman 算法计算最优顺序。

$$t_{iG} = t_{iA} + t_{iB}; \quad t_{iH} = t_{iC} + t_{iB} \tag{8-40}$$

例 8-7 4 个工件在 3 个设备上的流水排序问题的有关资料如表 8-17 所示。试采用 Johnson-Bellman 算法排序。

表 8-17 4 个工件在 3 个设备上流水排序问题

工件号	J_1	J_2	J_3	J_4
设备 A	15	8	6	12
设备 B	3	1	5	6
设备 C	4	10	5	7

解：首先，判断是否满足可扩展 Johnson-Bellman 算法的使用条件 $\min\{t_{iA}\} = 6 \geqslant \max\{t_{iB}\} = 6$，该问题满足扩展 Johnson-Bellman 算法的使用条件。将问题转化为两台虚拟设备 G，H 上的流水排序问题，结果如表 8-18 所示。

表 8-18 虚拟设备 G，H 上的流水排序

工件	J_1	J_2	J_3	J_4
设备 G	15	8	6	12
设备 H	3	1	5	6

用 Johnson-Bellman 算法得到加工顺序为 J_2-J_4-J_3-J_1，各工件在各个设备上的加工起止时间如表 8-19 所示，得出，$F_{\max}=48$。

表 8-19 各工件在各设备的加工起止时间

设备	J_2		J_4		J_3		J_1	
	开始	结束	开始	结束	开始	结束	开始	结束
设备 A	0	8	9	20	21	26	27	41
设备 B	9	9	21	26	27	31	42	44
设备 C	10	18	27	33	34	43	45	48

2) 非流水生产的作业排序

对于工艺路线不同的 n 种任务在 2 台设备上加工的排序问题，有如下步骤。

(1) 将工件划分为 4 类：{A}类(仅在 A 设备上加工)、{B}类(仅在 B 设备上加工)、{AB}类(工艺路线为先 A 后 B)、{BA}类(工艺路线为先 B 后 A)。

(2) 分别对{AB}类及{BA}类采用 Johnson-Bellman 方法排序，将首道工序在 A 上加工的工件先安排给 A，将首道工序在 B 上加工的工件先安排给 B。

(3) 将{A}类工件排在{AB}类后，{B}类工件排在{BA}类后，顺序任意。

(4) 最后，将先安排到其他设备上的工件加到各设备已排序队列的后面，顺序不变。

8.6 项目型生产作业计划

项目是一种一次性的工作,必须在明确规定的时间内,由专门组织起来的人员完成。在企业生产过程中,项目是一种特殊的生产类型,如某些特殊的大型产品的单件生产、大型生产设备的大修都可以视为项目。为此,产生了特殊生产管理方法——项目管理,包括项目的组织、计划与控制。本节主要介绍项目计划中的网络计划技术。

网络计划技术是指在项目网络模型的基础上,对项目进行适当的规划及有效的控制执行,使人力、物力发挥最大的功能,以节省费用,缩短工期,提高工作效率的一种科学方法。有关资料显示,应用网络计划技术平均能够缩短工期1/5,节约资金10%左右。

网络计划技术源于美国,1956年由一位美国数学家首先开始研究。1957年,美国杜邦公司在兰德公司的配合下,将关键路线法(critical path method,CPM)用于生产线筹建。第一年节约100万美元,相当于采用这项技术所花费用的5倍。1958年,美国海军特种计划局与洛克希德航空公司在建造北极星导弹核潜艇的过程中,研制出以网络分析为主要内容的计划评审技术(program evaluation & review technique,PERT),使工期缩短了2年。1962年,美国政府决定一切新开发项目必须应用PERT,否则不予批准。CPM,PERT以及有关的一些其他方法如图示评审技术(graphical evaluation & review technique,GERT)、风险评审技术(venture evaluation & review technique,VERT)等统称为网络计划技术。CPM与PERT均是建立在网络模型的基础上,但又有所区别:CPM为确定型的,PERT为非确定型的,即CPM中的网络模型的参数(如活动的作业时间)是确定的,而PERT中的参数是用概率方法给出的估算值;CPM的重点在于费用和成本控制,而PERT的重点在于时间控制。

应用网络计划技术进行项目管理的第一步是建立项目的网络模型,包括明确计划目标,收集相应的数据资料,将项目分解为若干作业,分析作业间逻辑关系,确定各作业所需的时间与其他资源数量并编制作业明细表,最后绘制项目的网络图,即构建网络模型。第二步是编制项目的进度计划,包括根据网络模型提出项目的关键作业,利用非关键作业的时差,通过调整作业的起讫日期对资源进行合理分配与综合利用,编制作业开工与完工时间进度表。最后一步是计划的执行与控制,包括应用网络图与时间进度表,定期对工程实际进展情况做出报告和分析,必要时修改网络图与进度表。

8.6.1 构建项目的网络模型

1. 网络图的构成

网络图是表示项目构成及其基本参数的有向赋权图。按照赋权的不同,网络图可分为箭线式与结点式。前者是以弧表示作业,网络图具有清晰、直观和易懂的特点,但在绘制过程中需要引入虚作业,增加了绘制难度;而后者以结点表示作业,网络图不清晰直观,但不需引入虚作业，绘制过程简单，在计算机辅助项目管理软件中多采用此种形式。本节只介绍箭线式网络图。

箭线式网络图由作业、事项两个基本元素构成，如图 8-15 所示。

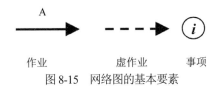

图 8-15 网络图的基本要素

(1) 作业。作业是指一项需消耗资源并在一定时间内完成的独立工序，表示为标注有名称与时间的箭线，即弧。需要注意的是，绘制箭线式网络图时，通常引入虚作业。虚作业是既不消耗资源又不占用时间的箭线，仅仅是为了表示作业间逻辑关系而设置的，表示为虚箭线。

(2) 事项。事项是指作业开始或结束的瞬间相邻作业在时间上的分界点，表示为网络图上的带有编号的结点。在网络图中，事项有三种：始点事项，表示整个项目的开始；终点事项，表示整个项目的结束；中间事项。

在作业与事项的基础上可构成路线，表示从网络图的始点事项到终点事项，由事项与作业组成的交替序列即为一条有向通路。路线上各作业时间之和为该路线的长度。路线上前序作业的结束是后续作业开始的必要条件之一，因此，整个项目的工期大于或等于任何路线的长度。网络图中，长度最大的路线称为关键路线。

2. 绘制规则

在绘制网络图时，为了正确表示作业间的逻辑关系，不产生歧义，以及计算的需要，规定了若干绘制规则。这些规则包括以下几项：表示同一作业的箭线在网络图中只能出现一次，每个箭线的首尾必须有结点；结点编号不重复，箭头结点编号大于箭尾结点编号；网络图中只能有一个始点事项和一个终点事项，中间事项必须有紧前事项与紧后事项；两个结点间只能有一条箭线，否则将造成逻辑上的混乱；不允许出现回路，即不能有循环现象。

3. 虚作业

绘制网络图的难点在于为满足这些规则正确地引入虚作业。常见的需要引入虚作业的情况有以下几种。

(1) 平行作业的表示。图 8-16(a)中，作业 A 结束后，作业 B 和作业 C 可同时开始，两者结束后，作业 D 开始。图 8-16(b)的画法不符合绘制规则，需要引入虚作业，绘制成图 8-16(c)的形式。

作业	紧后作业
A	B、C
B	D
C	D

(a)

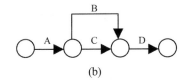

(b)

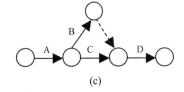

(c)

图 8-16 平行作业的表示

(2) 平行交叉作业的表示。图 8-17(a)中，作业 A 结束后，作业 B 和作业 C 可同时开始，作业 C 的紧后作业包含在作业 B 的紧后作业中。作业 B 与 C、D 与 E 形成平行交叉关系。正确的画法是从紧后作业多的作业的结束节点引入一个虚作业，指向紧后作业少的作业的结束节点，如图 8-17(b)所示。

作业	紧后作业
A	B、C
B	D、E
C	D
D	F
E	F

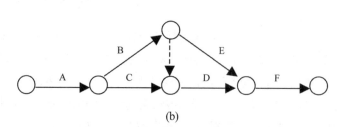

图 8-17 平行交叉作业的表示 1

图 8-18(a)中，作业 B 和作业 C 可同时开始，作业 C 的紧后作业与作业 B 的紧后作业中存在公共部分，且并未形成包含关系。作业 D、E、F 形成平行交叉关系。正确的画法是从作业 B 与作业 C 的结束节点各引入一个虚作业，指向公共部分作业的开始节点，如图 8-18(b)所示。

作业	紧后作业
A	B、C
B	D、E
C	D、F
D	G
E	G
F	G

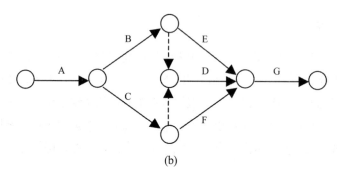

图 8-18 平行交叉作业的表示 2

4. 网络图的绘制步骤

(1) 明确计划目标。网络计划的目标关系到后续工作中应当收集哪些数据资料以及应当采用哪些措施或方法进行计划的优化。通常，网络计划的目标包括三个方面：项目的工期、项目的费用以及资源的利用程度。这三个目标之间存在着一定的冲突，因此，大多以其中一个方面为主要目标，其他方面作为次要目标或约束条件加以考虑，其确定要取决于项目的具体情况。

(2) 分解项目为若干作业。将项目按照工作内容详细分解，分成独立的可度量的作业。这里的"独立"是指作业的有关参数(如完成作业所需的时间、资源数量以及费用等)与其他作业无关。

(3) 分析作业间的逻辑关系。这里的逻辑关系是指各个作业的先后顺序，是一种空间概念"序"的约束。作业间的逻辑关系通常用"紧前作业"或"紧后作业"表示，这两种表示是等价的。

(4) 确定各作业时间。作业时间是在一定条件下，完成该作业所需的时间，记为 L，是网络图基本参数。一项作业的作业时间与该作业的工作量、劳动定额、参加该作业的人数(或设备数)、工作班次以及每个班次的有效工作时间有关。作业时间的确定方法根据项目所具备的条件进行划分，有单点时间估计法和三点时间估计法。前者对作业只确定一个时间值，适用于不可知因素少或重复性作业。后者对每项作业所需时间预先估计三个时间值：最乐观时间 a、最保守时间 b 以及最可能时间 m，然后取这三个值的均值。式(8-41)为作业时间估计值的计算公式(这里假设估计服从 β 分布)，其标准差 $\sigma_{ij} = \dfrac{b-a}{6}$，适用于不可知因素较多或无先例可循的作业。

$$t_{ij} = \frac{a+4m+b}{6} \tag{8-41}$$

(5) 编制作业明细表，绘制网络图。在前面工作的基础上，首先编制出作业明细表，表 8-20 中给出了构成项目的所有作业、作业之间的逻辑关系、每一作业所需的作业时间和各种资源的数量以及关于作业的特殊要求，最后绘制网络图。

表 8-20 作业明细表

序号	作业名称	作业代码	作业时间	紧前作业	资源 1	...	资源 n	备注
						...		
						...		

8.6.2 编制项目的进度计划

根据所建立的项目网络模型计算出有关的时间参数，就可编制出初步的项目进度计划，再根据项目管理的目标以及应满足的各种约束条件，通过调整作业的起讫日期对资源进行合理分配与有效利用，就可编制出最终的项目进度计划。

1. 网络计划时间参数的计算及关键路线的确定

网络图时间参数的常用计算方法有三种，即图上作业法、表格法和计算机辅助计算。图上作业法直接在网络图上进行各时间参数的计算，直观易懂；表格法是在特定的表格上完成计算的；这两种手工计算方法一般只用于简单网络图，对于复杂网络图，可采用计算机软件来完成，如微软公司的 MS-Project2000。

1) 结点时间参数的计算

(1) 结点最早时间 ET_j，即开工事项或完工事项的最早可能时间，其公式为

$$ET_j = \max_i \{ET_i + t_{ij}\} \tag{8-42}$$

这是一个递推关系式，由始结点开始从左向右顺序计算，直至终结点。始结点的最早时间为 0；终结点的最早时间为总工期。

(2) 结点最迟时间 LT_i，即开工或完工事项的最迟必须完成时间，其公式为

$$LT_i = \min_j \{LT_j - t_{ij}\} \tag{8-43}$$

由终结点开始从右向左逆序计算，直至始结点。终结点的最迟时间为总工期。

2) 作业时间参数的计算

(1) 作业最早开工时间 ES_{ij}，指作业的最早可能开始时间，它等于作业开始事项的结点最早时间，也可按照递推关系式从始结点开始顺序计算，其公式为

$$ES_{ij} = ET_i = \max_k \{ES_{ki} + t_{ki}\} \tag{8-44}$$

(2) 作业最早完工时间 EF_{ij}，它等于作业的最早开始时间与作业时间之和，即

$$EF_{ij} = ES_{ij} + t_{ij} \tag{8-45}$$

(3) 作业最迟开工时间 LS_{ij}，指作业的最迟必须开工的时间，它等于作业结束事项的结点最迟时间与作业时间之差，也可按照递推公式从终结点逆序计算

$$LS_{ij} = LT_j - t_{ij} = \min_k \{LS_{jk} - t_{ij}\} \tag{8-46}$$

(4) 作业最迟完工时间 LF_{ij}，它等于作业的最迟开工时间与作业时间之和，即

$$LF_{ij} = LS_{ij} + t_{ij} = LT_j \tag{8-47}$$

(5) 作业的总时差 R_{ij}，指在不影响整个项目工程完工的前提下，某作业开工时间允许推迟的最大限度，它等于作业的最迟开工时间(8-46)减去作业的最早开工时间(8-44)，即

$$R_{ij} = LS_{ij} - ES_{ij} = LF_{ij} - EF_{ij} \tag{8-48}$$

(6) 作业的单时差 r_{ij}，指在不影响紧后作业最早开工时间的前提下，某作业完工时间允许推迟的最大限度，又称为自由时差，其公式为

$$r_{ij} = ET_j - ET_i - t_{ij} \tag{8-49}$$

3) 关键作业与关键路线

总时差为零的作业称为关键作业。由关键作业组成的路线为关键路线。关键路线的长度即为总工期。

2. 项目在规定日期完工的概率

当网络图的各作业时间是用三点估计法给出时，用上面的算法得到的项目总工期为关键路线上各作业的平均作业时间之和，即项目的平均工期 $\overline{T}$ 平均完工期，其方差 σ^2 为关键路线上各作业的方差之和，计算公式为

$$\sigma^2 = \sum \sigma_{ij}^2 \tag{8-50}$$

根据概率论中的中心极限定理，完工期 T 服从正态分布，因此

$$T = \bar{T} + \lambda \sigma \tag{8-51}$$

式中，λ——概率系数。

项目在给定的工期 T 完工的概率为图 8-19 所示正态分布曲线下的阴影区域的面积。在计算出 σ 和 $\bar{T}$ 之后，可利用式(8-50)与正态分布表计算出给定 T 情况下，项目的完工概率 $P(\lambda)$ 或给定完工概率 $P(\lambda)$ 情况下，项目的完工工期 T。

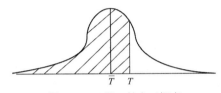

图 8-19 工期 T 的完工概率

例 8-8 已知 $\bar{T}=32$ 天，$\sigma=1.49$ 天，如取 $T=33$ 天，求项目的完工概率；如欲以 90% 的把握完成工程，问工程周期 T 应定为多少天？

解： 由式(8-51)计算得出，$\lambda=0.52$，查正态概率分布表，得完工概率 $P=70\%$，即项目在 33 天完工的概率为 70%。

由 $P=90\%$，查正态概率分布表，得 $\lambda=1.3$，由式(8-51)计算得出，$T=\bar{T}+\lambda\sigma=34.5$ 天。

必须注意的是，按照式(8-51)计算得到的项目完工概率并非严格科学，有可能导致分析错误。

例 8-9 表 8-21 是某项目各项作业明细表的部分资料。

(1) 试绘制网络图，计算时间参数，求出总工期及关键路线。

(2) 该项目在 35 天内完工的可能性。

表 8-21 某项目各项作业的明细表

作业代码	A	B	C	D	E	F	G	H	I	J
作业时间/天	4	8	2	3	5	6	8	15	4	6
紧前作业	—	A	A	B	B	C	C	E、F	D	G
作业时间方差 σ	0.5	1	0.3	0.2	0.5	0.4	0.7	1.5	0.2	0.5

解： 首先，根据表 8-21 所给资料绘制草图，然后整理得到所求网络图(见图 8-20)。

根据网络图以及各作业时间，采用表格法计算网络时间参数，如表 8-22 所示。采用表格法计算时，必须首先按照字典顺序依次填入结点编号，再填入对应的作业代码(不必考虑代码的顺序)，即可进行参数的计算。

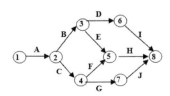

图 8-20 网络图

表 8-22　例 8-9 网络时间参数计算表

作业代码	结点编号		作业时间	结点最早时间与最迟时间		作业最早开始与结束时间		作业最迟开始与结束时间		总量差	单时差	关键中线 CP
	i	j	T	ET	LT	ES	EF	LS	LF	R	r	
A	1	2	4	0	0	0	4	0	4	0	0	*
B	2	3	8	4	4	4	12	4	12	0	0	*
C	2	4	2			4	6	9	11	5	0	
E	3	6	3			12	15	25	28	13	0	
D	3	5	5	12	12	12	17	12	17	0	0	*
F	4	5	6	6	11	6	12	11	17	5	5	
G	4	7	8			6	14	18	26	12		
H	5	8	15	17	17	17	32	17	32	0	0	*
I	6	8	4	15	28	15	19	28	32	13	13	
J	7	8	6	14	26	14	20	26	32	12	12	
	8			32	32							

该项目的总工期为 32 天，关键作业依次为 A、B、E、H。项目的平均工期为 32 天，其标准差为

$$\sigma = (0.5^2 + 1 + 0.5^2 + 1.5^2)^{1/2} = 1.94$$

按式(8-51)得，$\lambda = \dfrac{35-32}{1.94} = 1.5464$

查表得，所求完工概率为 94%。

3. 网络计划的优化

在计算出项目各个作业的时间参数后，就可着手编制初步的项目进度计划，例如以手工计算得到的各个作业的最早开始时间与最早结束时间为基础来编制。但是，这样得到的进度计划仅仅满足了作业逻辑关系与既定作业时间的要求，而没有考虑实际条件(如有限的资源或资金量)的限制，所允许的工期的限制以及项目管理目标的实现程度等，往往难以保证其合理可行，所以需要对得到的进度计划进行优化调整。即使采用计算机辅助项目管理软件编制进度计划，也需要以人机交互方式对得到的进度计划结合项目目标进行进一步的优化调整。

时间、资源与费用是项目管理考虑的三个要素。网络计划优化调整就是根据预定目标，在满足约束条件的要求下，按照某一衡量指标寻求最优方案。所用方法主要是利用作业的时差，改变初始进度计划，使之对应的工期、费用和资源构成令人满意的组合，并尽可能地实现工期短、资源耗费少和费用低。一般网络计划优化调整的内容有三类：工期优化、工期—资源优化和工期—费用优化。

1) 网络计划的工期优化

工期优化是在费用与资源有保证的前提下，寻求最短的项目总工期或目标工期。缩短工期的基本途径是采取措施，压缩关键路线上的关键工序的周期。例如采用新技术和新工艺，或改进现有技术和工艺方案等技术措施。在工艺允许的情况下，充分利用时差，从非关键作业抽调适当的人力物力集中用于关键作业；增加人力和设备；重新划分作业的组成，实施平行交叉作业等组织措施。

在不明确目标工期的情况下，对关键路线压缩要逐步进行，避免一次到位的压缩方式。因为随着关键路线的被压缩，会出现新的关键路线。一次性地将关键路线压缩 K 天，并不能够保证项目的工期也缩短 K 天。

在明确给定了目标工期情况下，只需将网络图终结点原先的最迟时间，即原工期修改为目标工期，重新计算各作业的最迟开工时间和总时差。出现总时差为负值的作业所在的路线就是为了实现目标工期而必须赶工的赶工路线。而总时差为负值作业是可能的赶工作业，并不意味着必须赶工。

例 8-10 假设例 8-9 所给项目的目标工期为 26 天，试确定赶工路线。

解：将结点 8 最迟时间 32 修改为目标工期 26，重新计算结点最迟时间 LT、各作业的最迟开工时间 LF 和总时差 R。计算结果如表 8-23 所示。

表 8-23　例 8-10 网络赶工路线计算表

作业代码	节点编号		作业时间 T	节点最早时间与最迟时间		作业最早开始与结束时间		作业最迟开始与结束时间		总时差	单时差	关键路线 CP
	i	j		ET	LT	ES	EF	LS	LF	R	r	
A	1	2	4	0	−6	0	4	0	−2	−6	0	*
B	2	3	8	4	−2	4	12	4	6	−6	0	*
C	2	4	2			4	6	9	5	−1	0	
E	3	5	5	11	6	12	17	12	11	−6	0	*
D	3	6	3			12	15	25	22	7	0	
F	4	5	6	6	5	6	12	11	11	−1	5	
G	4	7	8			6	14	18	20	6	0	
H	5	8	15	17	11	17	32	17	26	−6	0	*
I	6	8	4	15	22	15	19	28	26	7	13	
J	7	8	6	14	20	14	20	26	26	6	12	
	8			32	26							

可以看到，作业 A，B，C，E，F，H 的时差均为负值。赶工路线有两条，一条是由作业 A，B，E，H 构成；另一条是由作业 A，C，F，H 构成。前者必须赶工的天数为 6 天，后者必须赶工的天数为 1 天，这是因为当原关键路线在非公共作业 B，E 上赶工 5 天时，原先长度为 27 的次长路线作业 A，C，F，H 成为新的一条关键路线。为实现目标工期，两条路线均需赶工 1 天。

表 8-24 给出了将作业 B，E，H 分别压缩 1，1，4 天后的网络图的时间参数。

表 8-24　例 8-10 压缩后的网络时间参数计算表

作业代码	结点编号		作业时间	结点最早时间与最迟时间		作业最早开始与结束时间		作业最迟开始与结束时间		总量差	单时差	关键中线 CP
	i	j	T	ET	LT	ES	EF	LS	LF	R	r	
A	1	2	4	0	0	0	4	0	4	0	0	*
B	2	3	7	4	4	4	11	4	11	0	0	*
C	2	4	2			4	6	8	10	4	4	
E	3	6	3			11	14	19	22	8	0	
D	3	5	4	11	11	11	15	11	15	0	0	*
F	4	5	6	6	10	6	12	9	15	3	3	
G	4	7	8			6	14	12	20	6	0	
H	5	8	11	15	15	15	26	15	26	0	0	*
I	6	8	4	14	22	14	18	22	26	8	13	
J	7	8	6	14	20	14	20	20	26	6	12	
	8			26	26							

2) 网络计划的工期—资源优化

工期—资源优化是指在资源限定的条件下，并在要求的工期内，使资源达到充分而均衡的利用。工期—资源优化的基本思路是在不超过有限资源和保证总工期的条件下，将资源优先分配给关键作业和时差较小的作业，并尽可能使资源均衡连续地投入，最后安排给时差大的作业；反之，在进行调整时，先调整时差大的作业，将那些与关键作业同时进行的作业推迟，以消除资源负荷高峰，使资源的总需要量降低到其供应能力的限度内，并尽可能地使其在整个项目工期内均衡。

具体步骤如下：首先，根据工期、工作量，计算每一作业所需的资源数量，并结合规定的时间单位做出一个初步的项目进度计划安排。然后，绘制(编制)出工期内的对应的资源需求计划图(或表)；若资源需求计划图出现不合理之处或超过资源的供应限度，则利用非关键作业的时差进行资源的合理调配，即将时差大的作业推迟，从而得到新的进度计划；再次重复上述过程，直至满足资源的限制条件，而且使资源需求计划在整个项目工期内应尽可能达到均衡。必要时，适当调整总工期，保证资源的合理使用。

例如，图 8-21(a_1)为某项目的网络计划依时间做出的进度安排，图中实箭线表示作业，箭线上表明了该作业的代码与所需资源数量，实箭线在横轴的水平距离表示了该作业的作业时间长度。与箭线箭头处连接的虚线的长度表示该作业总时差。图 8-21(b_1)为与图 8-21(a_1)对应的工期内资源需求计划变化图。

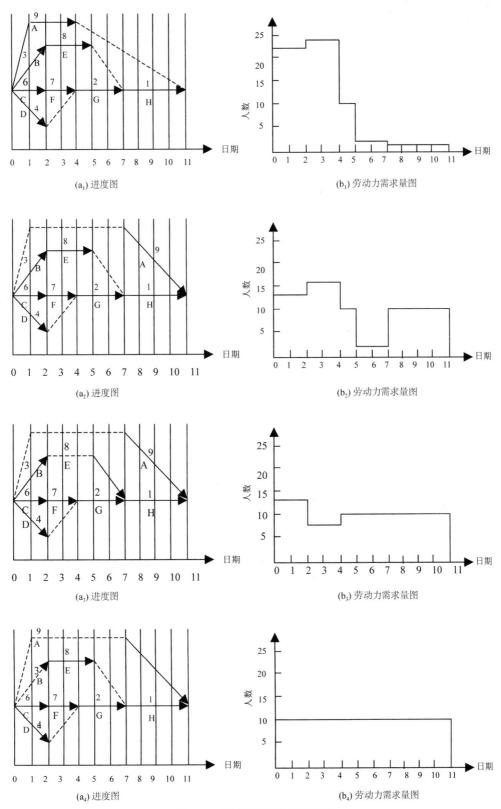

图 8-21 某项目进度安排网络图

由图 8-21(b_1)可看出，该资源需求计划是非常不均衡的。在总工期 11 天内，最高的资源需求量为 24 人，最低的为 1 人。图 8-21(a_2)中，将时差最大的作业 A 推迟到第 7 天开工，图 8-21(b_2)为对应的资源需求计划，与图 8-21(b_1)相比较有所改善。如此进行下去，最后得到图 8-21(a_4)，对应的图 8-21(b_4)中的资源需求图是非常理想的。但是，在实际中，资源均衡过程是非常复杂和烦琐的。

3) 工期—费用优化

工期—费用优化是指通过综合考虑工期与费用之间的关系，寻求以最低的工程总费用获得最佳工期。这里包括两个方面：根据最低成本的要求，寻求最佳工期；根据计划规定的工期，确定最低工程费用。

(1) 工期与费用的关系。为完成一项工程，所需要的费用大致可分为直接费用与间接费用两类。

① 直接费用是与完成工程项目直接有关的费用，能够直接计入成本计算对象，如直接人工费、加班费、材料费、设备费等。直接费用一般与工期成反比关系，但这是有限的。因为减少直接费用的投入导致工期延长，当直接费用减少到一定程度时，就不能再减少下去(否则工期成为无限长)，此时的直接费用为正常费用，记为 C_N，对应的工期为正常工期 T_N。反之，直接费用增加，工期缩短，当直接费用增加到一定程度时，工期不再缩短，这时的工期称为极限工期 T_M，对应的是极限费用 C_M。

每缩短单位时间工期所需增加的直接费用为直接费用率(赶工费用变化率)，其计算公式为

$$a = \frac{C_M - C_N}{T_N - T_M} \tag{8-52}$$

② 间接费用不能直接计入，而要按照一定标准分摊到成本计算对象的费用。管理费、公用设施费、仓库费等都属于间接费用。间接费用一般与工期成正比关系。图 8-22 描绘了项目费用与工期的关系。

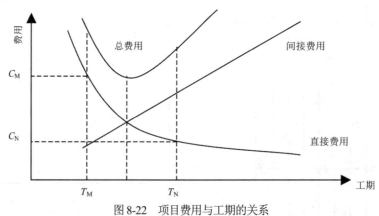

图 8-22 项目费用与工期的关系

(2) 工期—费用优化的方法。首先，做预备工作，包括确定各作业的正常作业时间、极限时间、正常费用、极限费用以及直接费用率；确定项目的间接费用率；对所有作业取正常作业时间，确定关键路线、总工期以及总费用。

其次，压缩工期。压缩过程分为两个步骤：第一步，确定待压缩作业。当网络图仅有一条关键路线时，压缩关键路线上直接费用率最小的作业；当存在数条关键路线时，需使每一条关键路线 l 的长度得到压缩，取使成立的作业为待压缩作业。关键路线的最小作业计算公式为

$$l_{\min} = \min\left\{\sum_l a_{lk} \mid a_{lk} \in l\right\} \tag{8-53}$$

式中，a_{lk}——关键路线上的各作业；

l——关键路线。

第二步，确定压缩长度。压缩长度既要满足极限作业时间的限制，又要考虑网络中次长路线工期与关键路线工期差额的限制，取两者中较小的。

压缩过程的优化标准为直接费用率等于间接费用率。

例 8-11 图 8-23 为一网络图，表 8-25 为相应的数据。图中粗线为关键路线：A→B→E→F，总工期为 20 周，若间接费用率为每周 500 元。试压缩工期并求总费用。

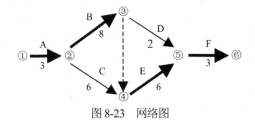

图 8-23　网络图

表 8-25　费用—工期优化示例

作业代码	作业时间/周		作业费用/元		直接费用率/元/周
	正常	极限	正常	极限	
A	3	1	2000	3200	600
B	8	4	5000	6200	300
C	6	3	4000	4600	200
D	2	1	3000	3100	100
E	6	4	4000	4800	400
F	3	2	2000	2800	800
间接费用率为 500 元/周					

解： 首先，只有一条关键路线，次长路线工期为 18。故压缩该路线上的 B 作业 2 周，总工期变为 18 周。总费用为 29 600 元。

压缩后，网络图的关键路线有 2 条。压缩公共作业中的 E 作业 2 周，总工期成为 16 周，总费用为 29 400 元。再次压缩 B、C 作业各两周，总工期为 14 周，总费用 29 400 元。

案例

1. 电缆厂介绍

X特种电缆厂(以下简称"电缆厂")是典型的多品种小批量生产企业,以生产为军工配套的各类精细特种电线电缆见长。该电缆厂90%的订单产品是与军工研究所合作研制的军用特殊型号电缆,定制特征较强,从而导致该厂主导产品形成近三十多个系列、五百多个品种、近万种规格,并且还在为客户继续研制新产品和非常规产品。激烈的市场竞争和客户需求的多变性导致产品需求不平衡,订单调整频繁,企业经常面临"计划赶不上变化"的状况,难以提高资源利用程度与订单满意度。

X电缆生产工艺包括束线、挤塑、分盘、编织、成缆等工序,其中挤塑和编织主要是包覆工序,起到绝缘保护、屏蔽、防磁干扰等作用。电缆的规格型号不同,对包覆要求也就不同。产品结构越复杂,包覆的层次性越明显。因为不同层次之间有相同或相似的工艺,这些工艺会被安排到同类型设备上加工,形成工艺路线的回流,所以电缆的生产具有高度的可重入性。回流次数越多,重复性越高。

X电缆厂生产计划与调度难点表现为以下几个方面。

(1) 电缆的生产过程属于离散型生产,且不同制造阶段内的设备在性能上有很大差别,容易造成生产过程不连续和生产瓶颈。

(2) 电缆生产路径的回流特征明显。复杂产品需要在同一机器上加工多次,不同的加工订单需要竞争同样的制造资源,导致信息传递复杂,给调度带来极大的困难。

(3) 生产过程的不确定因素较多。X电缆厂部分订单为试制型产品,批量小、品种多,紧急插单,临时变动计划现象普遍,如果没有清楚的排产计划就对计划进行改动,就会造成一定的盲目性,可能会影响到后续计划的正常执行。

(4) 电缆产品的部分材料为易氧化、易腐蚀材料,不能长时间存储,因此电缆厂的库存量几乎为零,对满足订单交货期需求不能起到平衡与调节作用。

2. 电缆厂生产计划问题

X电缆厂处在目前市场环境下,普遍采用"以销定产"的生产方式,直接根据"先到先服务"原则来制订生产计划。生产计划与生产调度基本合一。订单经过一个简单的技术评审,由销售部门向生产部门下单,生产部门根据生产任务书的时间要求排产。在待产过程中技术工艺部门与原材料供应部门予以配合。客户催货急就调前安排生产,而将交货期要求不高的订单延迟生产,因此生产计划不具有严肃性。这样,经验与人情指导生产计划安排,使得生产过程无节奏,生产任务较多时,即使加班加点也无法满足客户要求,还会出现物流不协调、库存积压等冗长的消耗;而在任务量较少时,会因设备和人员闲置造成浪费现象,严重影响企业效益的增加。提高生产计划的有效性,成为企业首要解决的问题。

针对电缆厂的生产计划问题,最重要的就是做好计划的调控工作,增强企业快速响应市场需求的应变能力,兼顾计划与能力的平衡。具体应做好以下生产工作:滚动计划方法的灵活使用；做好企业产能分析工作，尤其是要保证瓶颈设备的资源清单能够准确获得；采用先进的生产组织方式；技术部门对订单的工艺流程和评估周期正确、清楚；企业各部门共享技术部门的分析报告，以技术报告为基础进行排产计划。

3. 电缆厂生产调度问题与分析

在生产计划不严谨的情况下，车间调度面临以下几个突出问题：第一，由于产品种类多，批量小，产品规格更是根据客户需求随时变化，量多且难以归类安排。第二，批量小，虽然生产迂回多，但是生产周期短。在品种多、生产信息传递不规范的情况下，车间调度任务重，复杂性高，生产茬口衔接往往脱节。第三，因为中小企业设备规范不健全，产品多样性导致产品标准化水平低，标准工时定额难以准确确定，订单完成时间预计也只能是经验性的估计，这样增加了调度科学性的难度。第四，由于质量问题的返工和外协加工的半成品的到货期不受控制，使得生产调度中偶然性增加。生产调度需要做的工作主要有建立完备的生产调度机构，健全计划与调度工作分工与合作机制；以生产计划为依据，将生产进度信息及时反馈，以便迅速找到计划偏差原因，并采取有效措施解决；了解生产准备、生产组织以及库存调配等全套信息；定时开展调度会议，为产前准备和下一步工作做计划，研究可能出现的问题，防患于未然。

4. 电缆厂生产管理问题及分析

X电缆厂属于中小型企业，生产组织较不健全，管理人员的专业知识不足；部门内的工作分工不明确，尤其是生产部门的计划与调度配合得不好，经常出现生产计划未及时实施，生产进度未及时反馈等情况造成的生产混乱现象；生产部门与其他部门间的沟通不畅，销售信息与生产信息不一致影响企业的准时交货率的提高；劳动定额测算不准确，导致绩效考核没有起到很好的激励作用，员工工作积极性不强。

显然上述问题出现，既有生产管理整体水平差的主观原因，又有特种电缆产品生产特点造成的客观原因。生产计划与调度是一项系统性的工作，生产计划、生产调度、生产组织是相互配合、相互联系的生产管理活动。企业在生产管理中应该坚持各自优化与整体优化兼顾的大方向，建立科学规范的生产计划与调度的过程与方法、生产管理信息系统，为企业进一步发展提供了条件和保障，有利于企业不断增强竞争力，保持稳定发展。

5. 生产调度方法研究

为解决由X电缆的生产路径回流及临时插单现象给该类作业车间带来的排程困难问题，管理人员提出了一种基于改进遗传算法的电缆柔性作业车间调度方法。首先研究电缆柔性生产作业车间计划调度体系，并设计一种引入元包数组及结合贪婪程序的改进遗传算法，对顺序调度和插单调度问题的求解算法进行研究。

6. 车间计划调度流程

为了解决以上电缆车间的生产问题，电缆的作业车间调度既要考虑到工艺路径的回流特征，也要考虑到返工、插单任务的调度安排，其调度流程如图8-24所示。

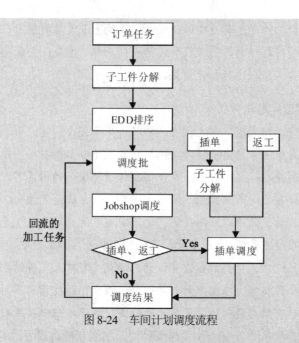

图 8-24 车间计划调度流程

图 8-24 中插单、返工为生产过程中的常见的突发问题，这里返工往往仅涉及几道工序，因此无须进行子工件分解。紧急插单、返工往往发生在生产进行中，所以插单调度是在正常的排产的基础上进行的调整工作。首次引入"子工件"的概念，对需要多次回流加工的复杂产品，通过子工件的分解过程，直观体现这类产品的交货期紧迫度。

(1) 对于含多次回流的加工任务，按照该订单生产路径回流次数将生产过程划分为 n 个阶段，若每个阶段看成一个子工件，即把工件 R 按照工艺流程分为 n 个连续加工的子工件。

(2) 按照生产计划倒排的方法计算出每个子工件的最迟加工时间，作为子任务的交货期，这样一个含多次回流路径的复杂产品的交货期紧迫度就在每个子由此整个工件的调度工作就转变为连续子工件的 Jobshop 调度问题。

(3) 对于分解而来的订单，采用交货期最早准则(earliest due date，EDD)，根据各自计算出的交货期确定订单优先级，并根据订单优先级的排序结果确定调度批。

在经过调度流程中的子任务分解后，调度批内的生产任务已经不含回流特征，电缆作业车间调度问题转化为：在 m 类设备加工 n 个工件，每类设备上有 $n(k=1, 2, …, m)$ 个并行设备，工件的工艺路线和工时确定且不同工件工艺路线并不完全相同，调度受到机器使用情况和工艺路径的约束。

作业车间调度的目标是在满足一定约束的前提下，找到工序的最优排序以及时间分配方案以优化一个或多个性能目标。电缆的柔性作业调度受到机器使用情况和工艺路径的约束。

生产过程需要满足以下基本假设条件：每台机器一次只能加工一个工件，且工序一旦开始加工，不允许中断；紧急插单任务允许随时插入，且要优先安排生产；允许不同工序之间有等待；同一调度批内的工件具有相同优先级，且它们的工序之间没有顺序约束，但同一工件的工序受工艺路径的次序约束；调度批内的工件在零时刻都可以被加工；每台机器都处于可用状态，且工件的工序加工工时都是已知的。

基于此，构建模型，然后用遗传算法进行改进。基于对电缆生产的回流工艺及插单现象等问题的研究与分析，从梳理调度流程的角度进行研究，通过子工件分解的方式，将回流的制造过程转化为连续过程进行调度，简化调度过程，缩短排程时间，使生产计划与调度人员简更易掌握和应用。

资料来源：欧阳珍. 考虑交货期的特种电缆厂生产作业计划方法的研究[D]. 芜湖：安徽工程大学，2016.

思考题

1. 大量流水生产的特点是什么？其期量标准有哪些？
2. 成批生产的特点是什么？其期量标准有哪些？
3. 设备车间生产间隔期皆为 15 天，生产批量皆为 10 件，装配车间生产周期为 20 天，加工车间生产周期为 40 天，毛坯生产车间生产周期为 20 天，加工和装配车间之间的保险期为 10 天，毛坯和加工车间之间的保险期为 5 天。求各车间的出产提前期和投入提前期。
4. 王师傅是一家服装厂的退休工人，他退休后自己开了一家小服装店。因为王师傅加工服装的质量令顾客很满意，所以他加工服装的工作量非常大，有时候安排不开服装加工任务。表 8-26 就是他的工作任务安排。其中，任务 A、B、C、D、E 是他给顾客要求加工内容的编号。要求：根据 FCFS 规则、SPT 规则和 EDD 规则，对王师傅的加工任务进行排序；求出这三种排序的平均流程时间。

表 8-26 加工任务排列表

序号	作业	加工时间/天	交货期/天
1	A	3	5
2	B	4	6
3	C	2	7
4	D	6	9
5	E	1	2

5. 设有甲、乙、丙、丁 4 种零件，加工车间有车床、铣床各一台，其中零件的加工顺序都是先车后铣，其余条件如表 8-27 所示，试按 Johnson-Bellman 算法进行排序，画出工期进度甘特图，并计算总工期。

表 8-27 四个工件的双机作业排序

零件	甲	乙	丙	丁
车加工时间/小时	3	7	1	5
铣加工时间/小时	23	20	8	6

第9章 生产控制及绩效控制

生产计划和生产作业计划的编制,为企业在下一个计划期内的生产任务和日常生产活动提出了目标和依据。在生产活动的开展和实施过程中,由于受到各种因素的影响,计划要求与实际结果难免出现差异。因此,必须及时监督检查,发现偏差,进行调度和校正。所谓生产控制就是为使生产达到预定目标而进行的一系列活动,包括计划执行过程中的监督、检查、发现偏差、进行调度和校正等工作。

9.1 生产控制概述

要完成生产计划,除了计划本身要合理外,生产过程中的执行与控制是另一个重要方面。生产计划工作完成之后,生产管理的任务就是保证计划得到一致地贯彻执行,这就是生产控制的问题。生产计划与控制是生产管理同一个问题的两个方面,它们之间形成一个闭合的回路。而生产调度是为了达到生产计划目标在生产过程中所采取的"事中"调整措施,是过程控制的方法和手段。生产计划与控制系统如图9-1所示。

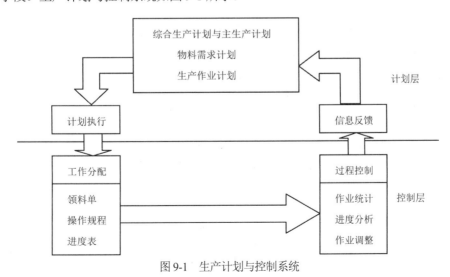

图9-1 生产计划与控制系统

9.1.1 生产控制的概念

生产控制，是指按照生产计划的要求，组织生产作业计划的实施，在实施中及时了解计划与实际之间偏差，分析其原因，通过生产进度调整，劳动力的合理调配，生产能力的合理利用，准确控制物料供应等措施，以达到如期完成计划所规定的各项生产任务。

生产控制有狭义和广义之分。狭义的生产控制主要指的是对生产活动中生产进度控制，又称生产作业控制。广义的生产控制是指从生产准备开始到进行生产，直至成品出产入库为止的全过程的全面控制，包括对制造生产进度控制、系统硬件的控制(设备维修)、库存控制、质量控制、成本控制等。

1. 生产进度控制

对生产量和生产期限控制的主要目的是保证完成生产进度计划所规定的生产量和交货期限，这是生产控制的基本方面。其他方面的控制水平，诸如库存控制、质量控制、设备维修等都对生产进度产生不同程度的影响。在某种程度上，生产系统运行过程的各个方面的问题都会反映到生产作业进度上。因此，在实际运行管理过程中，企业的生产计划与控制部门通过对生产作业进度的控制，协调和沟通各专业管理部门(如产品设计、工艺设计、人事、维修、质量管理)和生产部门之间的工作，以达到整个生产系统运行控制的协调、统一。

2. 设备维修

对机器设备、生产设施等制造系统硬件控制的目的是尽量减少并及时排除物资系统的各种故障，使系统硬件的可靠性保持在一个相当高的水平。如果设备、生产设施不能保持良好的正常运转状态，就会妨碍生产任务的完成，造成停工损失，加大生产成本。因此，选择恰当的维修方式、加强日常设备维护保养、设计合理的维修程序是十分重要的。

3. 库存控制

对库存控制的目的是使各种生产库存物资的种类、数量、存储时间维持在必要的水平上，其主要功能有两点：一是要保障企业生产经营活动的正常进行；二是要通过规定合理的库存水平和采取有效的控制方式，使库存数量、成本和占用资金维持在最低限度。

4. 质量控制

对质量控制的目的是保证生产出符合质量标准要求的产品。产品质量的形成涉及生产的全过程，因此，质量控制是对生产政策、产品研制、物料采购、制造过程以及销售使用等产品形成全过程的控制。

5. 成本控制

成本控制同样涉及生产的全过程，包括生产过程前的控制和生产过程中的控制。生产过程前的成本控制主要涉及产品和研制过程，是对产品的设计、工艺、工艺装备、材料选用等进行技术经济分析和价值分析，以及对各类消耗定额的审核，以求用最低的成本生产出符合质量要求的产品；生产过程中的成本控制主要是对日常生产费用的控制，包括材料费、各类库存品占用费、人工费和各类间接费用等。实际上，成本控制是从价值量上对其他各项控制活动的综合反映。因此，成本控制，尤其是对生产过程中的成本控制，必须与其他各项控制活动结合进行。

9.1.2 生产控制的特性

生产控制是保证生产计划、生产作业计划完成的有效手段，是协调各项生产活动的有力工具，是保证产品质量、降低生产成本、提高经济效益的重要环节。生产控制具有层次性与集成性两个特点。

1. 层次性

按照生产管理的运作空间，生产控制划分为三个生产控制层次。

(1) 订货控制。生产控制的第一层次是订货控制，这表现在订单优先权的分配上，根据需求与生产能力，决定综合生产计划与主生产计划，保持需求与综合生产能力的平衡(粗能力平衡)。订货控制属于高层决策问题。

(2) 投料控制。当生产计划决定以后，接下来就是进行投料生产，即物料采购计划与零件加工的投入与出产进度安排。在这一层次的控制主要是物料的购进跟踪与反馈，生产能力与生产计划的平衡(细能力平衡)，保证产品能按订货要求的期限出厂。

(3) 作业控制。作业控制是最底层的生产控制活动。作业控制的主要任务是按照作业计划的要求进行生产任务的分配(计划执行)，然后对生产过程进行实时的监督与跟踪，把执行的信息反馈给计划部门，进而修正计划。

2. 集成性

生产控制的集成性有两个方面的含义：一是纵向集成，这是因为企业生产系统是一个统一的系统，必须进行统一指挥调度，上下层计划的执行必须进行有效的沟通与信息反馈。二是横向集成，是指协调各部门间的关系，如生产部门、财务部门、质量保证部门之间的集成。生产过程控制有两种方式：一种是集中控制，另一种是分散控制。一些流程企业的生产特点有利于实现集中控制，但是一些离散加工制造企业一般采用集中与分散控制相结合的方法。

9.1.3 生产控制任务

1. 生产控制的具体任务

(1) 作业的安排或分派。检查生产计划规定的各项准备工作是否完成(机床设备、工艺装备、材料、零部件及操作人员等)，并向各个操作人员或作业班组进行作业分配。

(2) 差距的测定。在进行作业过程中，按预定时间及顺序检查执行计划的结果，掌握计划量与实际量的差距。

(3) 差距的处理。根据发生差距的原因、差距的内容的严重程度，采取不同的处理方法。首先，要预测差距的发生，事先规划消除差距的措施，如发掘加工潜力、加班、动用库存、组织外协等。其次，为了调整产生差距后的生产计划，要及时将差距的情报向生产计划部门反馈。最后，为了使本期计划不做或少做修改，将差距的情报向计划部门反馈，作为下期计划调整的依据。

(4) 提供执行计划结果的情报。查证生产进行情况和完成时刻，提出报告，并将执行计划的结果整理成数量、质量、成本等资料，汇总为统计分析报告，为进度控制、质量控制、库存控制、成本控制等提供必要的情报。

2. 完成生产控制任务的组织保障

生产控制任务可采用不同形式的机构或系统来完成，但都具有一些共同要素。这些要素包括以下几个方面。

(1) 控制和弹性控制的程度，即通过规章制度、严密监督等手段所进行的强制控制或自觉控制。

(2) 执行计划工作的标准。所有控制系统都有工作标准，属于较为强制性的指标有单位产量、单位销售额等；属于较为弹性的指标有总产量、总销售额等。

(3) 进行考核的频度，即多长时间进行一次监督与考核。

(4) 目标控制与程序控制的程度，即控制系统不仅检查生产实际结果(如每月制造产品的数量)，还要随时检查生产程序、生产方法。

9.1.4　生产控制的方式

在生产与运作管理的发展历史上，最早出现的控制方式是事后控制，然后是事中控制，最后是事前控制。事后与事中控制都是使用反馈控制原理，事前控制使用的是前馈控制原理。

1. 事后控制方式

事后控制是指根据本期生产结果与期初所制定的计划相比较，找出差距，提出措施，在下一期的生产活动中实施控制的一种方式，属于反馈控制，控制的重点是下一期的生产活动。

事后控制方式的优点是方法简便、控制工作量小、费用低，缺点是在"事后"实施控制，本期的损失无法挽回。

这种生产控制方式在我国企业中得到广泛使用，特别在成本控制中。因为事后控制的依据是计划执行后的反馈信息，所以要提高控制的质量，需做到以下几点：以计划执行后的信息为主要依据；要有较完整的统计资料；要分析内外部环境的干扰情况；对计划执行情况的分析要客观,控制措施要可行,确保下一轮计划执行的质量。

2. 事中控制方式

事中控制是通过对作业现场获取信息,实时地进行作业核算,并把结果与作业计划有关指标进行对比分析的一种控制方式。若有偏差,事中控制能够及时提出控制措施并实时地对生产活动实施控制,以确保生产活动沿着当期的计划目标而展开,事中控制的重点是当前的生产过程。

事中控制方式的优点是"实时"控制,保证本期计划如期准确完成。缺点是控制费用较高。这种控制方式在全面质量管理中得到广泛应用。

由于事中控制是以计划执行过程中所获得的信息为依据,为了提高控制的质量,应做到以下几点:以计划执行过程中获取信息为依据;要有完整、准确的统计资料和完备的现场活动信息;要有高效的信息处理系统;决策迅速,执行有力,保证及时控制。

3. 事前控制方式

事前控制是在本期生产活动展开前,根据上期生产的实际成果及对影响本期生产的各种因素所做的预测,制订出各种控制方案(控制设想),在生产活动展开之前就进行针对有关影响因素的可能变化而调整"输入参数",实行调节控制的一种方式。事前控制可以确保最后完成计划,属于前馈控制,这种控制方式的重点是在事前的计划与执行中对有关影响因素的预测。

事前控制方式的控制要点:以对扰动因素的预测作为控制的依据;对生产与运作系统的未来行为有充分的认识;依据前馈信息制定计划和控制方案;尽可能控制住扰动因素。

企业在实际操作中,一般是将以上三种方式结合起来使用。在可能的场合应该更多地采用事中控制和事前控制。表 9-1 是企业中运用三种控制方式的一些领域。

表 9-1 三种控制方式应用领域

对象	事前控制	事中控制	事后控制
员工	个人发展	职业训练	机会教育
工作	目标管理	日常工作管理	危机管理
产品	规划与设计	加工制造	成品控制

9.1.5 生产控制的方法

作业控制的方法也在不断地革新,随着 MRPII 系统的出现,投入/产出的控制方法和优先控制方法逐渐应用在企业的作业控制中。而且,作业控制的方法在原有的基础上不断推陈出新,出现了"漏斗"模型控制和约束理论的控制方法,这些都是作业控制方法的进展。

1. 跟踪式控制

跟踪式控制根据生产计划的要求,随时检查、分析生产进度和生产条件的变化,设法将任何威胁计划的工作和被忽视的生产细节改正过来。在大量流水生产企业里，要跟踪每一条生产线生产前的准备工作是否完备；生产过程中的人员、设备、物资、质量的变化；生产中每一条生产线的停歇可能造成的后果和扭转被动局面的紧急措施；生产中各条生产线的节拍、生产的品种、数量以及生产线之间同步化的衔接等，捕捉生产过程中的每一个矛盾或隐蔽的问题，并制定措施加以解决。

(1) 跟踪式控制有两个基本环节：一是信息收集，要求从原始凭证、统计数据以及分析报表等进行准确、完整、及时的记录、归纳、分析，整理出生产控制中的主要矛盾和可能发生的矛盾，并跟踪解决；二是信息反馈，情报资料供应要及时准确，同样，信息反馈要同步进行，以便及时解决问题。

(2) 跟踪控制的分工有三种形式：按工艺过程分工、按产品对象分工、这两者结合。

(3) 跟踪控制的生产控制室。生产控制室是跟踪控制的工作核心。一切生产数据、生产问题、生产情况反馈及生产指令发布都由生产控制室组织，因此控制室的人员必须掌握日程计划，熟悉日程计划对各个生产环节的要求，灵活而敏感地注意每一个生产环节的细小问题，有目的地指导、跟踪、控制，确保日程计划的完成。

2. 逆向式控制

逆向式控制的原理同看板方式的原理是一致的，它以企业最终产品的产出(入库)作为控制的起点，对市场经常需要的产品以库存量作为控制的起点；对不定期小批或临时需要量(订货)的产品或虽有经常需求但产生能力有限的产品，则以满足交货要求作为控制的起点。

3. 持续改善式控制

按照精益生产方式或精益思想和约束理论，要不断发现生产过程中的浪费或生产流程的瓶颈，力求以现场控制和关键点控制实施持续改善，进而提高生产水平。

4. "漏斗"模型

20世纪90年代，德国汉诺威大学的Bechte和Wiendall等人从存量控制的思想出发，提出了"漏斗"模型(funnel model)。所谓漏斗，是为了方便地研究生产系统而做出的一种形象化描述。一台机床、一个班组、一个车间乃至一个工厂，都可以看作一个"漏斗"。"漏斗"的输入，可以是上道工序转来的加工任务，也可以是来自用户的订货；"漏斗"的输出，可以是某工序完成的加工任务，也可以是企业制成的产品；而"漏斗"中的液体，表示累积的任务或在制品，液体的量则表示在制品量。

9.1.6　生产控制的作用及程序

1. 生产控制的作用

生产计划和控制是整个生产活动的中心。计划的功能在于预先安排各项活动的内容，而生产控制是根据各项活动过程的反馈信息，通过对生产系统状态的评价，确定调节各项活动的内容，确保计划目标的实现。生产控制的主要作用可概括为以下三点。

(1) 生产控制是保证企业生产经营活动得以持续进行的重要环节。企业通过对生产过程的有效控制，均衡地组织连续生产，有效地利用人、财、物等各类资源，逐步减少原材料、在制品的库存量，建立和保持合理的库存储备，以提高企业适应市场需求变化的能力。

(2) 生产控制是解决生产问题的重要手段。按照生产作业计划的要求，企业合理地组织生产活动，经常检查计划的执行情况，解决生产中出现的问题，保证如期完成生产任务。

(3) 生产控制是调节生产的有效工具。在生产过程中，生产控制协调生产与各项生产准备工作的关系，进行各生产环节的平衡衔接，防止生产过程中出现阻塞或脱节的现象，保证生产正常进行。

2. 生产控制的程序

按照控制论的基本观点，任何控制都由4个要素组成：标准或计划(对照它去度量实际数据)、反馈(同标准去作比较的实际绩效)、某种容差限度(系统采取校正行动的最小变量的变化幅度)、具体的校正行动或对计划的修正。因此，生产与运作管理的基本控制程序据此可以分成4个阶段，即制定控制标准、检测比较、控制抉择和实施执行。

(1) 制定控制标准。所谓控制标准指的是对生产中人力、物力、财力的消耗、产品的质量特性、生产进度等规定的数量标准。控制标准常用各项生产计划指标，如各种消耗定额、产品质量指标、库存指标等表示。

(2) 检测比较。检测比较就是利用各种生产统计手段去获取系统的输出值，将其与预定的控制标准作对比分析，以期找出差距。一旦偏差超过可接受限度，则需要采取相应的控制措施。偏差有正负之分，其控制的意义视具体的控制对象而定。

(3) 控制抉择。控制抉择就是根据产生偏差的原因，提出纠偏的各种措施并进行选择。控制抉择一般要经过分析原因、拟定措施和效果预期分析三个工作步骤。

(4) 实施执行。这是控制程序中最后一项工作，由一系列的具体操作组成。控制措施贯彻执行得如何，直接影响控制效果，如果执行不力，整个控制活动将功亏一篑。所以，在执行中生产控制的实施执行要有专人负责，并及时进行监督和检查。

9.2 生产调度系统

生产调度就是组织执行生产进度计划的工作。生产计划和生产作业计划编制出来之后，还仅仅是纸上的东西，要组织计划的实施，把纸上的计划变成现实的可供销售的产品，就需要一个部门去组织实现这项任务，这就是生产调度。生产调度以生产进度计划为依据，生产进度计划要通过生产调度来实现。生产调度的必要性是由工业企业生产活动的性质决定的。

9.2.1 生产调度概述

生产调度(production dispatching)对企业日常生产活动进行控制和调节，对生产作业计划执行过程中已出现和可能出现的偏差及时了解、掌握、预防和处理，保证整个生产活动协调地进行。它是组织实现生产作业计划的一种主要手段。现代工业企业环节多，协作关系多，连续性强，情况变化快，某一环节发生故障或某一措施没有按期实现，往往波及整个生产。加强生产调度，可迅速解决已发生的问题，把可能发生的偏离因素消灭于萌芽状态。

1. 生产调度工作的内容

(1) 检查、督促和协助有关部门及时做好各项生产作业准备。

(2) 根据生产需要合理调配劳动力，督促检查原材料、工具、动力等供应情况和厂内运输工作。

(3) 检查各生产环节的零件、部件、毛坯、半成品等的投入和生产进度，及时发现生产作业计划执行过程中的问题，并积极采取措施加以解决。

(4) 对轮班、昼夜、周、旬或月计划完成情况的统计资料和其他生产信息(如由于各种原因造成的工时损失记录、机器损坏造成的损失记录、生产能力的变动记录等)进行分析研究。

2. 生产调度工作的基本要求

生产调度工作要求快速、准确。所谓快速，是指对各种偏差发现快，采用措施处理快，向上级管理部门和有关单位反映情况快。所谓准确，是指对情况的判断准确，查找原因准确，采用对策准确。为此，企业就必须建立健全生产调度机构，明确各级调度工作分工，建立一套切合实际和行之有效的调度工作制度，掌握一套迅速查明偏差产生原因的方法，采取有效对策的调度工作方法。

9.2.2 生产调度原则

在保证全面、均衡地完成生产作业计划的前提下，生产调度应遵循下列几项原则。

1. 计划性原则

生产调度工作应服从生产计划的指导，围绕完成计划任务开展调度工作业务。同时发挥调度工作的灵活性，及时总结经验，调整及修订生产作业计划。

2. 集中性原则

各级调度人员是同级生产领导的助手，其在生产主管的统一领导下，按各级领导人员的指示行使调度职权和发布调度命令，做到步调一致，指挥集中，而不能各行其是。

3. 预见性原则

调度工作应以预防为主，不应以"救火"为主，做到防患于未然。调度人员的基本责任就是及时预防生产中可能发生的一切脱节现象，使调度工作处于事先预防、实现控制的主动地位，而不应只是事后抓缺陷、堵漏洞。

4. 及时性原则

调度人员应及时迅速了解生产中出现的不平衡状况及各种信息，尽快采取措施，以免造成生产间断及不必要的损失。

5. 行动性原则

在生产调度过程中，当发现生产进度发生偏差时，要采取措施，要有行动落实，不能视而不见。

6. 效率性原则

调整生产要及时，讲效率，行动要果断，不能延误时机。如果行动不果断，一个工序出现的问题会使整个生产线出现连锁反应，从而造成更大损失。

7. 关键点原则

生产过程中产生的问题很多，生产调度人员要善于抓住关键点，把重点工作放在重要的工序和薄弱的环节上，解决生产瓶颈。

8. 现场原则

生产调度工作应贯彻现场主义思想，调动广大职工积极性，集思广益，力求解决问题，要向职工讲明完成任务的意义和作用，并依靠群众协调各生产环节，协同完成任务。

9. 系统性原则

生产调度人员要认识到生产过程及其要素的内在关系或规律，要注意系统性，切忌因为调度破坏系统性，也切忌因为系统性遭到破坏而又忙于调度。

9.2.3 生产调度工作制度

1. 值班制度

在工业企业的生产过程中，为了保证各轮班生产情况的正常，需要建立调度值班制度，调度人员与车间一起进行值班，随时解决生产轮班中出现的生产问题，并填写调度值班工作记录，把有关遗留问题在交接班时向下一班调度员汇报。

2. 会议制度

调度会议是企业在组织和指挥生产的过程中，由调度部门召开的，进行上下沟通、横向联系的例会，是解决生产过程中的问题的一种团队管理方法。它是一种发扬民主，集思广益，统一调度和指挥生产的良好形式。开好调度会议是搞好调度工作的基础。调度会议的进行要做到会前有准备，会终有决议，会后有落实和检查。生产调度工作采取会议这种形式，可以及时检查、协调生产进度，了解存在的问题，针对生产中的薄弱环节，制定有效措施，加以解决。调度会议一般分为厂部和车间两级。

(1) 厂部调度会。厂部调度会的主要内容：检查上次调度会议决议的执行情况，对实现生产作业计划所存在的问题进行充分研究和讨论，并根据新的情况做出新的决议，由有关部门贯彻执行。

(2) 车间调度会。车间调度会主要是检查车间生产作业计划完成情况，重点是检查生产作业准备情况并做出决议，由有关人员贯彻执行。每次调度会议前，工作人员要摸清情况，通知会议内容，以便有关部门做好准备；议题要突出重点，集中力量解决生产中亟待解决的关键问题，不要把大、小问题都在调度会上讨论，也不要停留在只是了解情况、听取汇报上；会议主持人要集中大家意见做出决定，形成会议纪要，并责成有关部门贯彻执行，由生产调度部门进行督促检查。

3. 报告制度

为了使企业各级管理者都能及时了解生产进展，需要建立调度报告制度。调度报告有书面和口头两种方式，即正式报告和非正式报告。正式的调度报告一般是按照企业调度工作的要求，定期对某段时间的生产调度情况进行的总结性研究报告，把存在的问题与解决措施和建议作为报告的内容向主管生产的厂长提交；非正式的报告是在调度过程随时都需要的一种报告。

4. 现场调度制度

现场调度，就是到生产现场去讨论和解决妨碍生产的问题。这些问题大部分为一般性的协调问题，可由调度员在现场处理，小部分为对生产中急需解决的重大的关键问题，应由领导、技术人员、调度人员、车间有关人员和工人在现场共同研究解决。

5. 班前班后会制度

班前会的主要工作是布置本班应完成的任务和注意事项；班后会的主要工作是检查当班计划完成情况并总结经验教训。

6. 电话会议制度

厂调度员之间可召开电话碰头会，了解上班生产情况，布置当班计划要点，了解生产中发生的问题，设计解决方案。

9.2.4 生产调度机构

1. 生产调度机构的设置

生产调度机构的设置，要贯彻集中领导、统一调度、分级管理、归口负责的原则，做到机构设置合理，分工明确，职责清楚，管理有效。一般大、中型企业可设置厂部、车间、工段三级调度机构；小型企业可设厂部和车间两级调度机构。轮班生产条件下，厂部和车间要设值班调度，负责每班的调度工作。

(1) 厂部可设总调度室。在生产副厂长或生产科长的领导下，总调度室作为全厂调度网的中心，统一指挥全厂日常生产活动的调度工作。厂部总调度室调度人员根据具体情况可采取以下三种分工形式。

① 按"条"分工，即调度人员按产品对象分工，对每种产品，从准备投料直到最后制成品都有专人负责。采用这种分工，有利于及早发现新产品投产后的问题，确保任务的按期完成，但不利于在同一车间全面协调所有产品的生产。

② 按"块"分工，即调度人员按车间分工，对车间所属产品负责。采用这种分工，能够全面了解产品在该车间的情况，便于统筹兼顾，但不利于了解和掌握产品的全部生产过程。

③ 条块结合分工。这种分工方法是以上两种形式的结合。它可以保证调度业务的集中统一，又具有统筹兼顾的优点。在实际应用中，企业可以根据自身生产特点和生产需要，采取"条块结合，以条为主"或者"条块结合，以块为主"的形式。此外，企业可根据实际需要，在工具、设备、劳动、供应、运输、仓库等部门设立调度组，也可指定专人负责调度工作。

(2) 车间、工段。车间内部的调度机构一般不单独设立调度组，而是同生产作业计划编制工作结合在一起，设立计划调度组。调度工作的组织形式主要有以下两种。

① 只有车间设调度员，工段不设调度员，调度员分工负责一个工段或几个工段的调度工作。这种形式适用于按工艺专业化组织工段的车间。

② 车间、工段都设调度员。车间计划调度组配备少量分工主管几个工段的计划调度员，同时在工段领导下配备工段调度员。

各车间和科室的调度组或调度员，一方面接受车间主任或科长的领导，另一方面在业务上归总调度室领导。这样，生产调度工作上下左右密切结合起来，形成一个集中、统一的生产调度系统。

2. 生产调度机构的职权

厂部总调度室、车间调度组、工段调度员这三级调度机构的职权是不同的。

(1) 厂部总调度室负责保证按照产量、品种和期限完成全厂的作业计划。厂部调度员要掌握各半成品库的储备情况，做好各车间之间的配合；监督各基本生产车间班计划和日计划完成情况，也要监督辅助车间及生产准备工作的情况。发现问题或接到车间调度员报告后，厂部总调度室应迅速处理，遇有重大问题应请示生产副厂长后处理。为了保证厂部调度命令的统一，生产作业方面的命令集中由调度机构发出。

(2) 车间调度组根据生产作业计划的要求进行调度，保证各工段之间的衔接配合。车间调度组监督车间作业计划的执行，发现问题和偏差应迅速处理，遇到重大问题应向车间主任请示后处理。车间调度员应经常向车间主任和厂部总调度室报告情况，特别是遇到车间无法解决的问题，应及时向厂部总调度室报告。

(3) 工段调度员。根据作业计划具体地分配各个工作地、各轮班的任务，并及时做好各项准备和供应工作。工段调度员要经常掌握各工作地完成任务和产生废品、停工等情况，发现后应立即处理，遇到重大问题要请示工长。工段调度员应经常向工长和车间调度组报告情况，对工段无法解决的问题，应向车间调度组报告。

9.2.5 生产调度工作程序

存货生产型与订单生产型的调度工作的程序有所不同。

存货生产型调度工作是根据市场预测及有关部门生产计划来决定生产数量、安排作业计划的。接到订单时，一般可从成品库直接提取产品，其调度程序如图 9-2 所示。订单生产型调度工作是根据订单制订原材料的需求计划，再采购原料、投入生产的，但部分常用的共同原材料则根据预测及指令性计划预先准备，以供需要，其调度程序如图 9-3 所示。

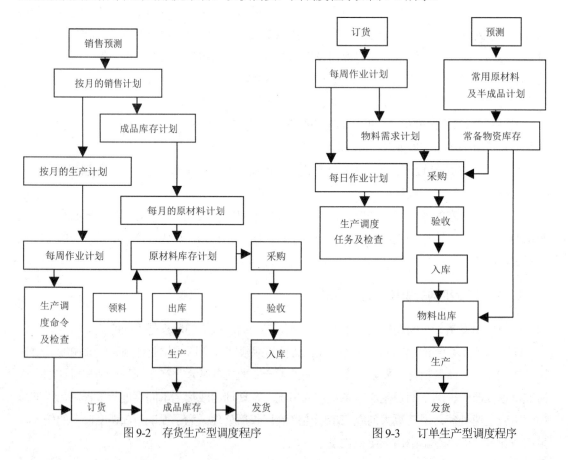

图 9-2　存货生产型调度程序　　　　图 9-3　订单生产型调度程序

生产调度工作流程如图 9-4 所示。生产调度信息传递流程如图 9-5 所示。

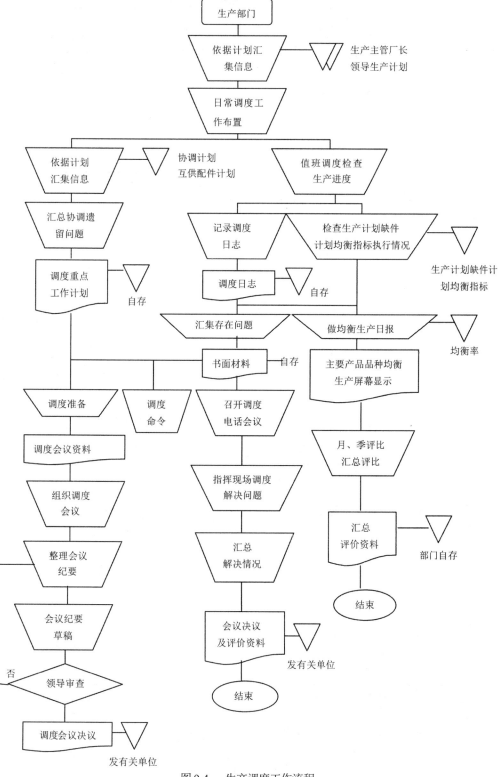

图 9-4　生产调度工作流程

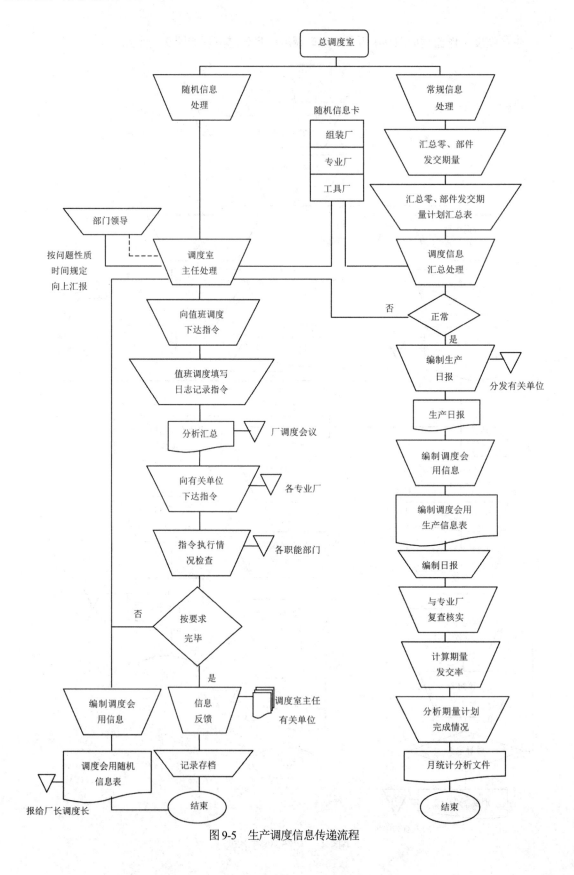

图 9-5　生产调度信息传递流程

当各级调度机构通过生产作业核算及其渠道，发现计划和执行结果之间有差距时，必须迅速查明产生偏差的原因，同时迅速采取有效措施，使差距缩小或恢复正常。

(1) 产生偏差的原因。在生产作业计划和实际作业之间产生偏差的主要原因如表 9-2 所示。

表 9-2　计划与执行结果产生偏差的原因

计划原因	执行原因
需求突然变化或预测不准	设备、工具临时发生故障
设计、工艺频繁修改	动力供应和厂外运输突然中断
生产能力平衡资料不准	操作人员缺勤
生产技术准备工作安排失误	产生计划之外大量废品
劳动定额不准	材料、在制品散失和损坏变质
期量标准不准	对已发生的偏差处理迟疑、造成生产中断
外购外协计划不落实	生产环节之间衔接发生混乱
库存控制指标不合理	生产作业控制不得法
生产作业计划衔接失误	随便更改作业命令造成失误
设备、工具维护检修计划失误	过量消耗中间库的库存

(2) 对偏差的处理方法。由于上述原因，在计划和执行结果之间产生了偏差，调度机构应视其原因和偏差程度，积极采取措施，迅速纠正。一般来说，作业控制所面临的偏差主要表现为进度落后或产量不足，因此调整和消除偏差的关键在对延迟采取的措施上。对生产进度落后可供选择的措施如表 9-3 所示。

表 9-3　对生产进度落后可供选择的措施

方法	在计划中预先留有余地	运用控制手段使延迟恢复正常	消灭或减少生产延迟
措施	(1) 保持一定数量的在制品库存 (2) 备有可替代的机器设备 (3) 配备后备人员 (4) 留出机动工作日(或工时) (5) 关键工序留出一定余力 (6) 在设备利用率和生产定额上留余地 (7) 安排短周期的生产进度，可以减少在制品占用量，加速生产流程	(1) 调整作业分配，支援后进环节 (2) 将交货余地大的作业错后 (3) 安排加班 (4) 安排外协 (5) 向其他车间(包括辅助生产车间)求援 (6) 返修加工不合格产品	(1) 改进操作方法提高生产效率 (2) 加强质量控制

(3) 工作方法。在生产调度过程中，工作人员掌握一定的工作方法非常重要，一方面需要不断总结经验，另一方面要加强学习与交流。为了提高调度的工作效果，点、线、面相结合是一种比较好的工作方法：重点解决生产过程中的瓶颈问题("点"的方面)；对产品的生产进行

全线的跟踪与负责("线"的方面);全面把握生产情况,进行全面的管理和调度("面"的方面)。

由于企业生产过程的特点不同,不同企业的生产调度工作也有不同的特点。调度者要根据实际采用不同的工作方法。

9.3 生产进度控制

生产进度控制是生产控制的三大核心之一(生产控制的三大核心是质量控制、成本控制、进度控制),生产进度控制是依据生产计划的要求,检查各种产品投入出产的时间、数量以及配套性,以保证产品能准时出厂,按期交货。造成企业生产进度不能与计划同步的原因有很多,主要有如下几个方面:一是计划本身考虑不周全,导致计划脱离实际生产条件;二是生产条件的变化——即使生产计划在制订时是完善的,但是随着时间的推移,生产条件会发生改变,如设备故障、人员的变动、材料供应的突然改变等都会使计划不能按时完成;三是市场的需求的变化,会发生中途紧急订货或取消订货,导致原来制订生产计划时的正常生产条件发生改变。

9.3.1 生产进度控制概述

1. 生产进度控制的定义

生产进度控制,又称生产作业控制,是生产控制的基本方面,是指依据生产计划的要求对原材料投入生产到成品入库为止的全过程的进度进行控制,是生产作业控制的关键。企业常把成品产出进度的控制作为生产进度控制的主要对象。生产进度计划的主要目的是保证完成生产作业计划所规定的产品产量和交货期限指标。

2. 影响生产进度的因素

影响企业生产进度因素主要有两大类。一类是企业的外部因素,如因运输不畅造成原材料未能如期到厂、意外停电造成生产的中断等。这对企业而言,是企业的不可控因素。另一类是企业可以控制的内部因素,归纳起来有以下几个方面。

(1) 设备故障。在生产过程中,如设备出现故障的时间超出计划允许的上限,则会给生产造成"延迟",特别是一些关键设备出现故障,更会严重影响生产进度和及时交货。

(2) 物资供应中断及组织不力造成供应中断。如果物资供应中断时间较长,而且加工计划未能做及时调整,就会严重影响生产进度;如果组织不力,前后道工序就衔接不好,就造成库存控制不合理、废品率过高等情况。

(3) 废品率过高。一旦废品率超过计划上限,就可能影响生产进度。造成废品率过高的原因有许多,如设备加工精度下降、原材料有问题、人为等。

(4) 员工缺勤率过高。员工缺勤率过高也会影响生产进度，特别在流水线操作中，员工缺勤率过多，甚至会导致整条流水线的中断。

3. 进度控制的主要内容

(1) 投入进度控制。投入进度控制是指对产品(或零部件)的投入日期、数量以及原材料、毛坯、零部件投入提前期的控制。投入进度控制是进度控制的第一环节，做好投入进度控制，有利于保证生产连续进行，降低在制品的占用，实现生产投入的均衡性。

(2) 工序进度控制。工序进度控制是指对产品或零部件在加工过程中所经过各道工序的控制。对加工周期长，经过工序多的产品，不但要做好投入进度控制、出产进度控制，而且还要做好工序进度控制。

(3) 出产进度控制。出产进度控制是指对产品或零部件的出产数量、日期、品种、出产提前期的控制。它有利于保证均衡、连续、按时、成套地生产产品，完成生产作业计划规定的任务。

4. 生产进度控制的主要功能

车间生产进度控制的主要功能有以下几点：为每个车间的加工单指派优先级；维护在制品数量信息；将车间加工单信息传递到办公室；提供实际产出数据来为能力控制服务；根据车间加工单对机位的要求，为在制品库存管理提供数量信息；测量人力和设备的效率、利用率和产量。

9.3.2 生产进度控制常用工具

生产进度控制常用工具很多，有甘特图、坐标图法、平衡线法、准时制法。

1. 甘特图

甘特图是生产作业排序中较为常用的工具，也是生产进度控制中的常用工具。甘特图上有表明工作地或设备或某生产环节上的负荷及各项时间参数，对各设备规定各工序加工所需时间，同时可反映各工作完成程度。一般在甘特图左侧列出各工作或设备名称，顶端标明日期时间，图中指示各工作的时序安排和完成进度。

甘特图能详尽表述出一项生产任务的计划开始日期、计划完成日期以及目前的进度。下面通过一例子加以说明。

假设一个汽车零件制造公司有三项工作在进行中，它们分别是加工三种汽车零件 A、B 和 C。这些工作的预定计划和现在的完成情况如图 9-6 所示。

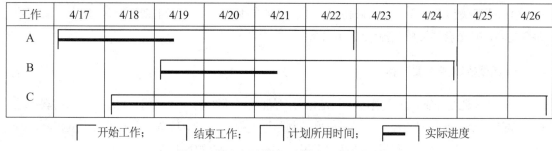

图 9-6 某汽车零件公司的作业进度甘特图

在当前日期(以记号标出的 4 月 21 日),这张甘特图显示,A 的完成情况滞后于计划,B 在按计划完成,C 的完成情况则超前于计划。假设截至 4 月 26 日,需要零件 A 的公司还不能收到订货,其装配线就要停工,那么这种情况就需要制订新的作业计划并更新甘特图。

2. 坐标图法

坐标图法是根据产量随时间的对应关系,通过绘制坐标图方式来描述生产进度及其变化趋势,用以控制计划执行的一种方法。在连续均衡生产的情况下,因产品规格较稳定,工序专门化程度较高,产量又是随着时间而变化,对生产过程的进度控制就可放在最终工序的完成数量上。在这种条件下,用坐标图来描述实际生产数和计划数的进度,就能比较实际生产进度与计划进度的差异,控制生产作业进程。图 9-7 就是根据某产品的出产计划和实际产量资料(见表 9-4)绘制的生产进度坐标图。

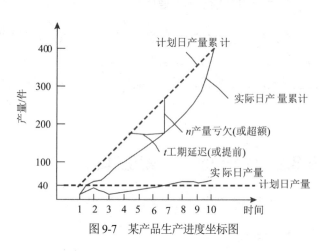

图 9-7 某产品生产进度坐标图

表 9-4 ××产品的出产计划和实际产量表

	日期	1日	2日	3日	4日	5日	6日	7日	8日	9日	10日
计划	日产量/件	40	40	40	40	40	40	40	40	40	40
	累计/件	40	80	120	160	200	240	280	320	360	400
实际	日产量/件	20	30	25	30	35	40	45	60	55	60
	累计/件	20	50	75	105	140	180	225	285	340	400
差异	日产量/件	−20	−10	−15	−10	−5	0	5	20	15	20
	累计/件	−20	−30	−45	−55	−60	−60	−55	−35	−20	0

3. 平衡线法

平衡线法(line of balance,LOB)是一种运用平衡线图对产品的生产进度进行控制的图示方法。平衡线法按生产计划或订货合同所规定的交货时间与数量要求,通过绘制平衡线图,使生产过程各环节在各个时期保持平衡,从而控制生产进度,保证按时完成各项生产任务。平衡线图包括三部分:目标(计划)曲线图、作业流程计划图和生产进度图。

(1) 目标(计划)曲线图。目标(计划)曲线图就是依据订货合同所规定的交货时间与数量,计算出各个时期各生产环节计划累计完成数量而绘制的曲线图。

(2) 作业流程计划图。作业流程计划图就是根据组成产品的零部件的周期时间和作业程序,按最终产品出产时间向前推算,计算出各零部件(各生产环节)最迟完成时间,并用规定的符号绘制出一系列相互连接成水平线的图示。作业流程计划图是平衡线法的核心组成部分,表示原材料、零部件、制造阶段、组装和总装等环节的提前期。

(3) 生产进度图。生产进度图是由平衡线与直方图共同构成的图示。它是将目标曲线图和作业流程计划图所展示的资料信息形象地结合起来,使管理者一目了然,明确构成一项复杂作业的很多活动,哪些处于平衡状态,哪些超前了计划日程,哪些将被安排在即将完成,从而方便管理部门的管理工作。

例9-1 某产品每周需求量及其累计数如表9-5所示,每周实际生产量列入表9-6。试采用平衡线法绘制该产品的生产进度图。

表9-5 每周需求量及其累计数量

时间/周	需求量/件	累计需求量/件	时间/周	需求量/件	累计需求量/件
0	0	0	6	6	36
1	4	4	7	2	38
2	5	9	8	8	46
3	6	15	9	6	52
4	10	25	10	6	58
5	5	30	11	5	63

表9-6 实际生产量

时间/周	实际生产量/件	累计生产量/件	时间/周	实际生产量/件	累计生产量/件
0	0	0	4	8	20
1	4	4	5	6	26
2	4	8	6	3	29
3	4	12	7		

解:由表9-5和表9-6绘出目标(计划)曲线图,如图9-8所示。图9-8中表示第6周产量缺额为7件(第6周实际生产量累计为29件),而累计需要量为36件。之后进一步将生产过程分解成各工序,得到各控制点计划控制示意图,如图9-9所示。

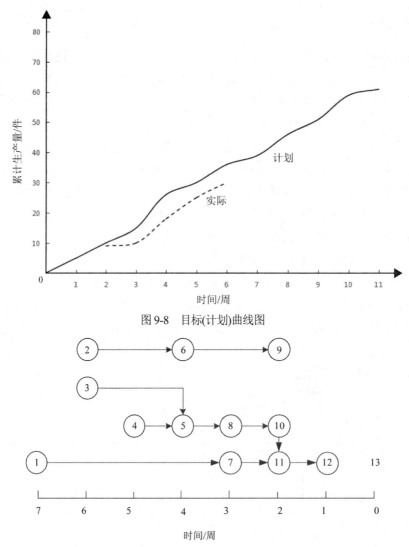

图 9-8 目标(计划)曲线图

图 9-9 生产过程分解为各控制点示意图

在第4周,控制点13(最末道工序的工作点)所需完成的产量为25件。为完成此计划,通过控制点12的产量应为5周的完成数量,因控制点12及13之间时间跨度为一周,故控制点12应完成的产品数量为25+5=30件。同理,控制点11的产量为30+6=36件。依次类推,第4周各控制点所需完成的生产量如表9-7所示。

表 9-7 所需完成量(第 4 周)

控制点	需要量	控制点	需要量	控制点	需要量
1	63	6	46	11	36
2	58	7	38	12	30
3	58	8	38	13	25
4	52	9	36		
5	46	10	36		

根据表9-7提供的资料绘制出第4周的生产进度如图9-10所示。画有斜线的框表示第4周各控制点的实际累计生产量，未达到预定计划的各控制点情况可以分别采取有效措施进行解决。

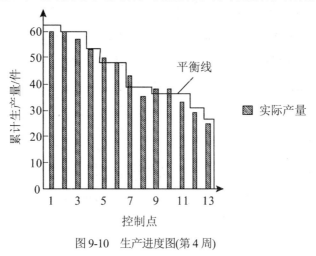

图9-10 生产进度图(第4周)

4. 准时制法

准时制(just-in-time，JIT)，又称为零库存生产、一个流生产或超级市场生产方式。它起源于日本丰田汽车公司的一种生产管理方式。作为一种先进的生产方式，准时制通过看板等工具的应用，保证了生产的同步化和均衡化，实行"适时、适量、适物"的生产，取得了显著的经营绩效。准时制的基本思想可用一句话来概括，即"只在需要的时候，按需要的量，生产所需要的产品"。这种生产方式的核心是追求一种无库存的生产系统，或使库存达到最小。在这种系统里，生产过程中的产品或材料运动时间与供应商的交货时间经过了仔细的安排，在作业过程中的每一步，下一批都会恰好在前一批制品刚结束时到达。这样的系统不存在等候加工的制品，也没有等待加工制品的空闲工人和机器设备。

一般来说，由多种生产工序组成的机加工组装生产系统，其生产过程的组织控制方式是，根据某时间的预测需求量和现有库存水平，确定计划生产量，并通过各工序在某时间的标准资料，确定生产前置期，然后向工序发出生产指令，各工序根据指令开工。生产过程中的每一道工序都把加工出来的产品或零部件依次送到下一工序，随着每道工序向最后一道工序的推进，最终产品逐渐形成。这就是传统的"推进式"生产组织控制方式，而这种生产方式往往会造成前后工序的生产脱节。

9.3.3 常用的生产进度控制措施

1. 我国企业常采用的生产进度的控制措施

(1) 备有足够库存量。这种措施简单、有效，但占用大量资金、承担库存损耗，还会掩盖管理中存在的问题。

(2) 设法降低设备故障率。企业一方面通过建立一套严格的设备检修保养制度，做好设备维护保养工作；另一方面提高抢修技术，缩短抢修时间。

(3) 加班赶工。企业通过加班赶工来弥补因各种原因造成损失的时间，以保证生产作业计划如期完成。

(4) 培养一专多能工人。企业通过培养一专多能工人，可在某些工作岗位上工人缺勤时，派其他工人顶上去，以减少因缺勤所带来的对生产进度的影响。

上述种种控制措施往往都是治标不治本的，不能把影响生产进度各因素消灭在生产过程中，这种状况有待改进。

2. 生产进度控制中应注意的几个问题

为了搞好生产进度控制，生产管理部门应注意如下几个方面的问题。

(1) 注意关键零件与关键工序的进度检查与监督。关键零件与关键工序是影响生产进度的主要环节，因此必须密切关注它们的进度。

(2) 搞好生产过程物资供应，确保物资的准时供应。

(3) 做好生产作业统计工作，确保信息反馈及时与准确。

(4) 搞好生产现场管理，维持正常的生产秩序，使物流合理化。

(5) 掌握供需求变动的趋势，灵活调整作业计划。

3. 生产进度控制与调度实践

生产调度就是组织执行生产进度计划的工作。生产调度以生产进度计划为依据，生产进度计划要通过生产调度来实现。因此，加强生产调度工作，对于及时了解、掌握生产进度，研究分析影响生产的各种因素，根据不同情况采取相应对策，使差距缩小或恢复正常是非常重要的。以下是企业在生产调度过程中常采用的方法。

1) 人员精简

当生产量增加时，作业人员当然也要增加，但在某些生产方式中，生产量提高30%，人员也提高30%的话，往往会被视为无能的表现。对于传统的生产管理而言，更具有重要意义的是在生产量减少时能够将作业人数减少。例如，某生产线现有 8 名作业人员，当这条生产线的生产量减至 50%时，作业人数应相应地减少为 4 人($8\times0.5=4$)，若生产量减至 20%，作业人数应减少为 1~2 人。如果生产量没有变化，通过作业改善，减少了作业人员，也能够提高劳动生产率，从而达到降低成本的目的。

为了实现这样的精简，需要以下三个前提条件：要有适当的设备配置；要有训练有素、具有多种技艺的作业人员，即"多能工"；要经常审核和修改作业标准，不断完善整个作业过程，排除浪费。

2) 人员调配

(1) 多能工与单能工。多能工是指的一个作业者能承担多个工程或多种设备的操作。相反，只能承担单一工程或单一设备作业的作业者即为单能工。

不需要多工序操作的作业方式可做到单件流动生产。例如，在各个工序都安排一名作业员来担任来操作,配合同步化的工作速度,将在制品逐个经由作业员的手,传送到下一工序生产。但是这种方式由于将制作过程分解得过细,当市场需求发生变化要增减作业人员时,在作业分配及作业人员的配置上会产生困难,很难配合市场需求的降低而实行少人化。虽然可将设备按U型布置起来,但一人只能操作一台设备,其方式也是"一个流"生产。不过这样无法"少人化",因为每台设备总要有人操作。通过培养多能工,即一人能操作多台设备(或多个工序),才能按生产量的变化随时进行人员增减。

在"U"形布置及柔性生产的"一个流"中,对作业人员的要求很高,作业人员必须熟练工作单元内各工序的作业。因此培养满足以上要求的所谓"多能工"是必需的。在传统的生产方式中,设备是按一人一台或一人多台配置的,即使一人多台,因为是相同的设备,故也都被称为"单能工"操作。

传统单能工的不足之处表现为以下几个方面:中间库存方面表现为批量生产造成中间库存多;生产周期方面表现为停滞时间多,生产周期长;作业者为看守多台相同设备的单能工;品质方面表现为不良反馈及原因调查困难;少人化方面表现为定员制使少人化困难。

多能工的优势表现为以下几个方面:中间库存方面表现为各工位只有一个半成品;生产周期方面表现为只有加工时间,生产周期短;作业者为操作多种设备的多能工;品质方面表现为出现不良能马上发现并找到原因;少人化方面表现为非定员制使少人化成为可能。

(2) 培养多能工。为了实现一人能进行多工序循环作业,作业人员必须实现多能化。今天操作冲床,明天操作铆接机的人并不是"多能工"。根据生产节拍、按照生产加工的顺序、一个一个地进行不同工序的加工或生产的人员才是"多能工"。

对多能工的培养要有计划地实施和考核,并在各部门揭示其培养方向,如表9-8所示。

表9-8 多能工培养方向

1 车间 2 组

多能工	冲压	弯曲1	弯曲2	铆接	上光	多能工之星
张军	○	○		○		
王平	○	○	○	○	○	★
赵东初	○	○	○	○	○	★
曹红	○	○			○	
季中平	○	○				
白娟	○	○	○	○	○	★

(3) 人与设备分离。对物品的加工可以分为手工加工与机械加工两种方法,而机械设备在工作,人却在一旁"闲视"或拿取被加工的物品的现象在企业随处可见,同时加工物品花费了"设备费"与"人工费"两种费用,是很大的"浪费"。明确区分"人的工作"与"设备的工作",力求做到作业人员将物品放入设备、一按开关后就可以离开从事其他手工操作。

3) 设备调度

(1) 设备的"U"形布置。按加工顺序排列设备，放弃按类型的设备布局、按工序排列设备，避免"孤岛"设备，尽可能使设备的布置流水线化；放弃直线布置方式，因为加工完成返回起点时存在"步行的浪费"，故应按"U"形或"O"形排列设备。

在"一个流"生产中，是将原材料经由一次一次的加工而制成成品，作业人员必须顺着加工顺序而走动下去。如果设备的布置排成直线式，由一端投入生产，再由另一端生产出来，那么作业人员就会有空手走向投入点的动作浪费。为了减少这种浪费，就必须将生产的投入点，即材料的放置点与完成品的取出点的位置尽可能靠近，这叫做"IO(in/out)一致"的原则。为了达到"IO 一致"的原则，生产线的布置就排成像英文字母的"U"字形，所以也称之为"U"形生产线。

"IO 一致"的原则除了用在生产线上的布置，也可以应用在机器设备的设计上，像有些设备，如连续式的烤干设备，通常形式是设计成直线形的，产品由这一端投入进去，由另一端取出来，这样的设备就需要两端都必须配置人员，在人力的配置应用以及物流方面形成浪费。生产者对机器设备的设计要求也是要以"IO 一致"的观念来设计，即投入点与取出点都必须在同一个工作点，如此才能节省人力，使物流线路顺畅，消除浪费。

设备的"U"形布置，其本质在于生产线的入口和出口在同一位置，并且在一个作业单元内是由一个人完成全部工序的加工。因为在这种配置中，当前工序加工完的产品从出口出来时，后工序的入口也投入了"原材料"，两方的作业是由同一作业人员按同一生产节拍进行的，从而容易实现生产线的平衡。即使出现了不平衡现象，也能很快发现，有利于对各工序进行改善。

在利用"U"形布置增减作业人员时，遇到的最主要的问题是，在按照生产量重新分配各作业人员的工作时，如何处理节省出来的非整数工时。例如，即使可能减少半个人的工时，因实际上有可能不能抽掉一个人，会导致不能"最合理"地配置人员。这种问题在生产增加的情况下也同样会发生。解决这个问题的方法是把几条"U"形生产线作为一条统一的生产线连接起来，使原先各条生产线的非整数工时互相吸收或化零为整，达到以整数形式增减作业人员的目的。

(2) 设备布置的流水线化。设备移动方便。为了设备布置的柔性化，要在如何能快速且方便地布置设备上下功夫；找出浪费，按现状的布置试行"一个流"，能够很好地发现所存在的搬运浪费；设备"U"形布置，必须考虑将"搬运浪费"彻底排除。

将设备按工序排列。这样做时，你会发现大型机械设备移动十分困难，这也是精益生产强调专用、小型的主要原因。设备排列成"U"形，人员在"U"形里面进行作业。

(3) 使用小型、便宜的设备。当要生产大量的产品时，大型设备或许仍是适当的。不过在什么都能做的通用型大型设备旁边，常常可看见积压了一大堆的在制品，使生产的流动不顺畅。市场的趋势已经走向多种少量，生产线也必须走向细流而快的复数生产线化(多条短小的生产线)才能更有弹性地应对市场的需求。所以，机器设备的需求，也应改变成小型化，速度不快，但品质很稳定，故障率也低，才是较好的机器设备。不要再迷恋速度愈快，设备愈好的传统想法。

9.4 生产绩效控制

生产过程控制是将低价值的生产要素转换成为高价值的产出财富。因此，生产控制不仅要满足生产过程中期量标准，更要符合各种效率和效益指标，即符合生产绩效的要求。生产绩效控制的主要内容包括生产成本、生产质量和生产率控制等。本书重点介绍生产成本控制和生产率控制。

9.4.1 生产成本控制概述

1. 生产成本控制的意义

生产系统的目标是以最低的成本，在适当的时刻提供适当数量、适当质量的产品。为了达到上述目标，除了控制数量、时间、品质之外，还必须监测实际生产成本的变化。评估企业绩效的基本准则是成本，整个组织都必须实施成本控制。

企业在生产过程中，需要消耗各种人力、物力和财力，这些耗费的货币表现称为"费用"。费用按一定的对象进行归集，即构成该对象的成本。在实际工作中，成本是以价值形态反映企业工作质量的一项综合性指标，是反映企业管理水平的一面镜子。在企业生产过程中，劳动生产率的高低，物资消耗的多少，产品质量的好坏，资金占用是否合理，设备利用是否充分，生产组织是否先进，所有这些都会通过成本反映出来。成本是制约企业竞争力的关键因素，事关企业的兴衰，因此，加强成本控制，降低成本消耗，是企业一项具有战略意义的重要任务。

2. 生产成本控制的内容

成本控制是为了不断降低成本。在成本形成过程中影响成本的诸因素都是成本控制的内容，如投产前的设计成本控制、投产后的制造成本和期间费用的控制、产品质量成本的控制、产品使用成本的控制等。本节将重点介绍产品制造成本的控制。

产品制造成本控制主要是对形成产品制造成本的变动成本和固定成本的控制。变动成本的控制包括对原材料、辅助材料、动力、燃料、包装物、备品备件、外购件、工器具等与产品产量变化有直接关系的物资消耗以及直接人工费用的控制。固定成本的控制，是指对与产品产量变化无直接关系的制造费用(如固定资产折旧费、租赁费、修理费等)支出的控制。

3. 影响生产成本的因素

企业产品成本的提高或降低是各种因素共同影响、综合作用的结果，概括起来，有以下三类。

1) 固有因素

(1) 企业建厂选址时考虑不周，造成"先天"不足，导致企业产品成本的提高，如企业地处经济落后或交通闭塞地区，与其他企业协作困难，势必会迫使企业小而全或大而全，从而引起产品成本提高。再如企业距离原材料产地或销售市场太远，也会在很大程度上提高产品成本。

(2) 从企业规模和技术装备水平这方面来看，较大的企业生产规模或良好的技术装备，有利于降低产品成本。

(3) 从企业专业化协作水平这方面来看，通过企业间专业化的协作，可以较大幅度降低企业劳动和物化劳动消耗，促使成本降低。

2) 宏观因素

(1) 宏观经济政策调整对产品成本产生直接影响。例如，提高贷款的利率，能够促使企业减少资金占用，提高资金利用效率。

(2) 市场需求和价格水平。企业物资供应由国家计划调拨转向市场供应，物资价格在价值规律作用之下会发生很大变动，这种变化对企业产品成本产生很大影响。

3) 微观因素

上述两大因素一般不是企业能控制或改变的，但下面几个微观因素都与企业本身的各项管理工作相联系。从这个意义上讲，成本的高低综合地反映了企业生产状况的好坏与管理水平的高低。具体而言，影响企业生产成本的微观因素有以下几个。

(1) 劳动生产率水平。提高劳动生产率可以促进单位产品中各个成本项目的降低。例如，劳动生产率的提高可以减少单位产品工时消耗，降低单位产品的费用支出；再如，劳动生产率的提高可使产量增加，进而单位产品固定费用降低。同时劳动生产率的提高往往同技术进步相关联，技术进步又会促使固定资产增加或原材料利用得到改善。

(2) 生产设备利用效果。提高设备利用率和生产效率意味着增加了产量，这不仅减少了分摊在单位产品中的折旧费和修理费，也减少了单位产品中分摊的工资额，同时会降低单位产品中原材料、燃料和动力的消耗。

(3) 原材料、燃料、动力利用情况。先进合理的产品设计和生产工艺可以用较少的原材料、燃料、动力制造出质量高、效能好的产品，从而有助于降低产品成本。

(4) 质量管理水平。如果企业质量管理工作做得好，产品"废品率""返修率"等指标就会降低，从而促使产品成本下降。

4. 成本控制的基本程序

科学的组织成本控制可以不断降低产品成本，提高管理水平。成本控制的基本程序如下所述。

1) 制定成本控制标准

(1) 成本控制标准，即标准成本或称定额成本，是为编制成本计划和实施成本控制，通过科学的调查分析和技术测定而制定的单位产品的成本标准。它是在正常生产经营条件下应当发生的成本水平，是衡量成本水平的尺度，是评价和考核各个生产环节成本降低情况的重要依据。

(2) 标准成本。产品的标准成本由产品的直接材料、直接人工和制造费用组成，由"数量"标准(主要由工程技术部门研究确定)乘"价格"标准(由会计部门会同采购等部门研究确定)而得，分别根据直接材料、直接人工的标准用量、材料价格标准、人工工资率标准和制造费用分配率标准进行计算。同时，把生产经营中一般不可避免的损耗和低效率等情况也计算在标准成本内。标准成本应尽可能符合实际，避免定得太高或太低。

标准成本及成本控制体系确定以后，企业就可根据其内容对责任单位进行分解、落实。

(3) 目标成本。如果说标准成本是为编制成本计划和实施成本控制，通过科学的调查分析和技术测定而制定的单位产品的成本标准，那么目标成本是成本方面的奋斗目标，是用以衡量实际支出是超支还是节约的一种成本标准，带有最终性。

2) 控制成本差异

成本控制要贯彻执行成本控制标准，对成本的形成过程进行具体的监督。由于产品的实际成本往往与预定目标不符，其间的差额即为成本差异。成本差异主要包括材料成本差异、直接人工成本差异和制造费用差异三部分。制造费用差异又可分为变动制造费差异和固定制造费差异两部分。实际成本超过标准成本所形成的差异，称不利差异、逆差或超支，一般用正数表示；实际成本低于标准成本所形成的差异，称有利差异、顺差或节约。及时提供成本差异信息是企业采取措施纠正偏差和减少损失的必要条件。成本差异分析可以为成本控制和成本考核提供详细的信息。成本控制工作要定期总结成本控制标准。

3) 考核奖惩

考核奖惩表现为定期总结，并结合经济责任制，分清经济责任，巩固成绩，汲取教训，不断修订成本控制标准。对成本控制标准的执行结果要进行认真的考核，并将其与企业的经济责任制结合起来，把成本控制的效果与物质利益挂钩，提高广大职工自觉加强成本控制的积极性。

9.4.2 目标成本的制定

标准成本是用以衡量实际支出是超支还是节约的一种成本标准，而目标成本是企业成本方面的奋斗目标，它主要根据企业的目标利润或目标资金利润率并参考标准成本而制定。由于目标成本是企业成本方面的奋斗目标，它比当前的实际成本要低，是要经过企业全体职工的辛勤努力才能实现的成本。为了使目标成本和目标利润保持一致，应综合考虑产品的销售价格、销售数量、销售收入等因素。目标成本制定方法通常有以下两种。

1. 根据目标利润确定目标成本

企业目标利润确定以后，根据市场调查信息，确定合适的销售单价，减去按目标利润计算的单位产品利润和应交纳的税金，就可作为该产品的目标成本。

(1) 产品销售单价的确定。确定销售单价时，可按照市场一般投资报酬率来确定，定价幅度不能太高，也不能太低。定价太高，会影响产品的竞争力；定价低于保本点，则会导致企业亏损。一般来说，产品销售单价的提高，会促使销售总收入的增加；但销售单价的提高反过来会限制销售数量的增长；而销售数量的多少还会影响产品成本的高低乃至实现利润的多少。在彼此制约的复杂关系中，对产品要制定一个适度的销售单价，也就是最优售价。

从理论上讲，应用微观经济学中需求弹性的概念，可以描述某一特定产品的销售收入、销售数量随产品价格变动的变化情况。一般而言,销售数量与产品价格成反比关系,即销售数量随着产品价格的降低而增加,而销售收入取决于销售数量与产品价格的乘积。同样,销售数量和产品成本之间也存在着类似的关系,当销售数量增加时,可以降低单位产品的制造成本,但同时又使单位产品的销售费用增加,产品总成本随销售量的增加呈缓慢上升趋势,只有当边际收入等于边际成本(即边际利润等于零)时所获得的利润最大,此时的售价也就是最优售价。

例如,某产品销售情况与标准成本资料如表9-9所示,设企业的目标利润为95元,产品单价与销售数量的关系如图9-11所示,销售收入如图9-12中的曲线A,标准成本如图9-12中的曲线B。当单价为3.0元时,销售数量为250件,标准成本为665元,单位产品成本为2.66元,销售收入为750元,实现最大利润95元,距目标利润相差10元。如要保证目标利润,单位产品的目标成本应为2.62元,比单位标准成本降低1.5%。

表9-9 某产品销售与标准成本资料

产品单价/元	3.5	3.4	3.3	3.2	3.1	3.0	2.9	2.8	2.7	2.6	2.5
销售数量/件	200	210	220	230	240	250	260	270	280	290	300
销售收入/元	700	714	726	736	744	750	754	756	756	754	750
标准成本/元	650	651	653	656	660	665	671	678	686	695	705

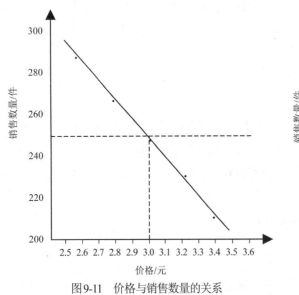

图9-11 价格与销售数量的关系

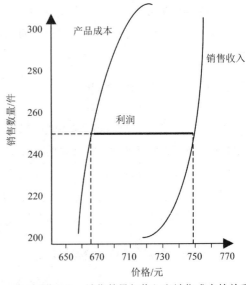

图9-12 销售数量与收入和销售成本的关系

最优售价也可采用完全成本加成或投资回收报酬率加成来定价。

按完全成本加成计算公式

$$单位售价=完全成本\times(1+利润率)/销售数量 \tag{9-1}$$

按投资回收报酬率加成计算公式

$$\begin{aligned}单位售价&=(完全成本+投资额\times投资回收报酬率)/销售数量\\&=(完全成本+预期利润)/完全成本+预期利润\end{aligned} \tag{9-2}$$

例 9-2 某企业生产甲产品 1.8 万件，总成本为 132 万元，按 22%计算利润加成，求单位售价是多少？

解：
$$单位售价=1\ 320\ 000×(1+22\%)/18\ 000=89.47(元)$$

产品的完全成本不仅包括变动成本，还包括固定成本。因此，按本法计算价格的高低与销售数量成反比，与固定成本总额、单位变动成本成正比。

例 9-3 设例 9-2 中固定成本总额为 18 万元，求单位变动成本是多少？当产量为 1.5 万件和 2.6 万件时的单位售价分别是多少？

解： 单位变动成本为
$$(1\ 320\ 000-180\ 000)/18\ 000=63.33(元)$$

当产量为 1.5 万件时
$$单位售价=(15\ 000×63.33+180\ 000)×(1+22\%)/15\ 000=91.90(元)$$

当产量为 2.6 万件时
$$单位售价=(26\ 000×63.33+180\ 000)×(1+22\%)/26\ 000=85.71(元)$$

可看出，产量越少售价越高；产量越多售价越低。

例 9-4 根据例 9-3 单位成本和固定成本总额，若投资为 250 万元，投产回收报酬率为 12%，当产量为 1.7 万件、1.8 万件、1.9 万件时的单位售价分别是多少？

解： 当产量为 1.7 万件时
$$单位售价=[(17\ 000×63.33+180\ 000)+2\ 500\ 000]×12\%÷17\ 000≈26.52(元)$$

当产量为 1.8 万件时
$$单位售价=[(18\ 000×63.33+180\ 000)+2\ 500\ 000]×12\%÷18\ 000≈25.47(元)$$

当产量为 1.9 万件时
$$单位售价=[(19\ 000×63.33+180\ 000)+2\ 500\ 000]×12\%÷19\ 000=24.52(元)$$

计算表明，按投资回收报酬率加成计算售价，其优点是产量多，设备利用率高，单位售价降低，有利于促使企业提高劳动生产率，增强竞争能力。

(2) 经营安全率的测算。经营安全率是衡量实际销售额与保本销售额差异的一个指标，它反映了企业经营的安全程度，其计算公式为

$$经营安全率 = \frac{产品销售额 - 保本销售额}{产品销售额} × 100\% \tag{9-3}$$

经营安全率和销售利润率关系密切，在边际利润率既定的情况下，经营安全率越大，销售利润也就越高。

根据经验数据，一般可通过表 9-10 中的数据判断经营安全程度。

表 9-10　经营安全率与企业安全程度的关系

经营安全率	30%以上	25%~30%	15%~25%	10%~15%	10%以下
经营安全状态	安全	较安全	不太安全	要小心	危险

例 9-5　某企业销售额为 20 万元，保本销售额为 14 万元，则经营安全率是多少？

解：

$$经营安全率 = \frac{200\,000 - 14\,000}{200\,000} \times 100\% = 30\%$$

与经验数据对比，说明该企业的经营状况是安全的。

以上说明，企业目标成本的确定必须恰当，不能太高，也不能太低。如果目标成本太高，就没有竞争力；如果太低，则会影响利润的实现。

2. 用产品的先进成本水平作为目标成本

有些情况下，企业可以采用产品的某一先进成本水平作为目标成本。通常的做法是，根据本企业历史上最好的成本水平，或同行业同类产品的先进成本水平，或以本企业基期的实际平均成本扣除成本降低率所计算出的数额，作为目标成本。

目标成本制定后，企业应采取各种方法定期预测，以便掌握在目前生产条件下是否达到目标成本的要求。企业还要积极设法挖掘生产潜力，寻找各种降低成本的有效措施，例如，大力节约原材料、燃料、动力的消耗；提高材料利用率，降低材料采购成本；充分发挥现有设备的使用效能，提高设备利用率；进行功能成本分析；等等。如果预测结果与目标成本差距很大，而企业在短期内又实在无法达到目标成本的要求，则应对原目标成本做适当调整。

9.4.3　成本差异的计算和分析

标准成本中的直接材料、直接人工和变动制造费用在制定定额时，都有规定数量消耗定额的价格标准；而企业日常对产品制造成本的控制，也必须以各成本项目实际耗用的数量和相应的价格为依据。因此，各成本项目的成本差异均具体表现为"标准价格与标准数量"和"实际价格与实际数量"之差，即"价格差异"(价差)和"数量差异"(量差)。

1. 直接材料成本差异

直接材料成本差异指实际产量下直接材料实际总成本与实际产量下标准总成本之间的差额。它可分解为直接材料用量差异和直接材料价格差异两部分。

材料用量差异指生产中实际耗用的材料数量和按标准计算应耗用的材料数量之间的差额，其计算公式为

$$直接材料用量差异 = 标准价格 \times (实际耗用用量 - 标准耗用用量) \tag{9-4}$$

材料价格差异指实际采购的材料数量按实际价格计算和按标准价格计算之间的差额,其计算公式为

$$直接材料价格差异=实际耗用用量×(实际价格-标准价格) \quad (9-5)$$

例 9-6 甲产品使用 A 材料,其标准耗用数量为 2200 千克,标准价格为 0.80 元/千克;实际耗用数量为 2214 千克,实际价格为 0.70 元/千克。分别求 A 材料的直接材料用量差异、价格差异、成本差异?

解:根据公式(9-4)、(9-5)分别求解相关差异:

$$直接材料用量差异=0.8×(2214-2200)=+11.2(元)$$
$$直接材料价格差异=2214×(0.70-0.80)=-221.4(元)$$
$$直接材料成本差异=(2214×0.70)-(2200×0.80)=-210.2(元)$$

2. 直接人工成本差异

在计时工资制下,直接人工成本差异以产品实际工时和产品标准工时做对比,据以确定工资成本差异;在计件工资制下,标准工资成本应根据生产工人完工的标准工时及标准工资单计算求得,根据不同原因造成差异所填写的"工资补付单"确定工资成本差异。直接人工成本差异指直接人工实际成本与标准成本之间的差额。它也被分解为"量差"和"价差"两部分。直接人工成本差异的计算方法和直接材料成本差异的计算方法基本相同,只是将"用量"改为"工时",将"价格"改为"工资率",其计算公式为

$$直接人工工时差异=标准工资率×(实际工时-标准工时) \quad (9-6)$$
$$直接人工工资率差异=实际工时×(实际工资率-标准工资率) \quad (9-7)$$

例 9-7 某企业生产甲产品,标准总工时为 3000 工时,实际耗用为 3100 工时,标准工资率为 3.5 元/工时,实际工资率 3.7 元/工时。试求甲产品的直接人工工资率差异、工时差异、成本差异?

解:根据式(9-6)、式(9-7)分别求解相关差异:

$$直接人工工资率差异=3100×(3.7-3.5)=+620(元)$$
$$直接人工工时差异=3.5×(3100-3000)=+350(元)$$
$$直接人工成本差异=(3100×3.7)-(3000×3.5)=+970(元)$$

3. 制造费用成本差异

(1) 变动制造费用成本差异。变动制造费用成本差异应分别按效率差异和耗费差异计算。效率差异是一种数量(工时)差异。它是反映实际人工小时和标准人工小时相比较所节省的变动制造费用成本,其计算公式为

$$变动制造费用效率差异(工时差异)=$$
$$(实际总工时-实际生产数量×标准工时)×变动制造费用标准分配率 \quad (9-8)$$

耗费差异是一种价格(开支)差异，通常称为变动制造费用开支差异，或称为变动制造费用的价格差异。它是实际发生的变动制造费用数额和按实际工时计算的标准变动制造费用数额之间的差额，其计算公式为

$$\text{变动制造费用开支差异}=\text{实际工时}\times(\text{实际费用分配率}-\text{标准费用分配率}) \tag{9-9}$$

例9-8 某企业第一车间本月计划生产甲产品300件，单位标准工时为4.1h，全部标准工时为1230h；实际产量为310件，实际发生人工工时1302h(单位工时4.2h)，支付变动制造费用4800元，按实际生产数量计算的标准工时为1271h，预计机器工作1400h，机器实际工作1350h，变动制造费用标准分配率为4元/时，制造费用中固定费用预算为16 000元，计入产品成本中的实际固定费用为1.45万元。试求甲产品的变动制造费用效率差异、开支差异、成本差异？

解：根据公式(9-8)、(9-9)可求得：

变动制造费用效率差异=(1302-1271)×4= +124(元)

变动制造费用开支差异=(4800/1302-4)×1302=-408(元)

变动制造费用成本差异=实际制造费用-标准制造费用= 4800-(1271×4)=-284(元)

(2) 固定制造费用成本差异。固定制造费用差异，通常包括固定制造费用效率差异和预算固定制造费用效率差异。

$$\text{固定制造费用效率差异}=(\text{实际总工时}-\text{实际生产数量}\times\text{标准工时})\times\text{固定制造费用标准分配率} \tag{9-10}$$

$$\text{固定制造费用预算差异}=\text{实际固定制造费用}-\text{预算固定制造费用} \tag{9-11}$$

承例9-8，则固定制造费用效率差异=(1302-1271)×11.4= +353.4(元)

固定制造费用预算差异=14500-16 000= -1500(元)

相应地，按机器工时计算出生产能力利用差异=(1400-1350)×11.4=570(元)。

根据以上对各项目的计算结果，编制产品制造成本控制报告，如表9-11所示。

表9-11 产品制造成本控制报告

单位：元

产品名称	成本项目	标准成本	实际成本	成本差异	差异原因
甲产品	直接材料	1760	1549.8	-210.2	价差：-221.4；量差：+11.2
	直接工资	10 500	11 470	+970	工资率差：+620；工时差异：+350
	变动制造成本	5084	4800	-284	效率差：+124；开支差异：-408
	固定制造成本	16 000	14 500	-1500	效率差：+353.4；预算差：-1500 生产能力利用差：+570

企业各有关部门应对成本控制报告做进一步分析，对有利差异需及时总结经验，巩固成绩；对不利差异，应查明原因，明确责任归属。企业决策部门可根据责任归属，对相应的责任单位给予必要的奖惩，促使企业加强成本控制，降低产品成本。

9.4.4 基于作业的成本控制

随着制造环境的不断改进,对生产成本控制的方法也提出了新的要求,特别是 CIMS(计算机集成制造系统)、FMS(柔性制造系统)等先进制造系统的出现给成本计算体系带来了深远的影响。例如,在新型制造环境下,许多人工已被机器取代,直接人工成本的比例大大下降,固定制造费用比例大幅度上升。产品成本结构发生巨大变化,使得传统的"交易基础成本计算"或"数量基础成本计算"受到挑战,企业必须探索新的成本计算与控制制度,提供准确、及时的会计信息,正确核算工厂产品成本,以帮助管理人员做出有效的决策。

1. 传统成本计算及其弊端

在制造企业中,产品成本是由直接材料、直接人工、制造费用三部分组成的。直接材料、直接人工称为直接费用。直接费用以外的所有生产成本都称为制造费用,如折旧费、水电费、物料消耗费用、间接人工等。传统成本计算对直接费用采取直接确认的方法,因为生产产品所消耗的直接材料和直接人工比较容易确认和计量。对制造费用的分配是通过以下 3 个步骤进行的。

(1) 费用分摊。按单一的业务量标准将制造费用分摊到各个受益的部门,包括生产部门和服务部门。

(2) 分配服务部门的费用。识别服务部门所发生的费用并将其分配到受益的各生产部门,将所有的制造费用归集到生产部门。

(3) 分配制造费用。将各个生产部门的制造费用按单一的标准(直接人工或直接材料或机器小时等)分配到产品(包括在制品、半成品)中去,产品通过各个生产部门所累积的费用就是其总的制造费用。

以上 3 个步骤如图 9-13 所示。

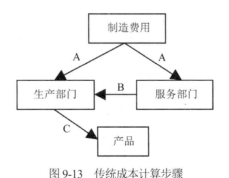

图 9-13 传统成本计算步骤

注:A、B、C 表示成本分配顺序。

从这些步骤可以看出,这种分配方法是以部门作为成本库,然后将其分配到产品中去。采用传统成本会计制度的工厂根据直接工时归集产品成本,计算出传统单位产品成本。从实际工作中看,成本分配的结果往往是,大量生产的产品与批量生产的产品单位成本相同;复杂产品与简单产品单位成本比例与它们的复杂程度比例一致。这种计算隐含着一个假定:产量成倍增加，投入的所有资源也随其成倍增加。基于这种假定，成本计算中普遍采用与产量关联的分配基础——直接工时、机器小时、材料耗用额等。这就是"数量基础成本计算"的由来。这种分配在传统的制造企业中，弊端表现尚不明显，然而将使产品成本严重失真，其原因是许多制造费用的产生与产品数量关系不大，如设备准备费用、物料搬运次数等；制造费用在产品成本中的比重日趋增大，其中较重要的是折旧费用的增加；产品品种日趋多样化，多品种、小批量的生产方式使过去费用较少的订货费用、设备调试准备、物料搬运等与产量无关的费用大大增加。这种情况下，把大量与数量无关的制造费用，用与数量有关的成本动因(如直接人工小时等)去分摊，将使产品成本发生扭曲，其扭曲的严重程度视数量无关成本占总制造费用的比例而定。

举例来说，两台类似的设备生产类似的产品，比如设备 A 生产红色圆珠笔，设备 B 生产蓝色圆珠笔。假设两种设备在开工前需要的机器调试成本是相同的，而在产量超过一定范围时，生产途中要对设备进行重新调试，如果市场对红色圆珠笔月需求量为 2000 打，对蓝色圆珠笔需求量为 10 万打。由于产量的不同，实际生产中设备 B 每月中需增加一次调试(即设备 A 每月一次，B 每月两次)。假定每次调试的开支是等额的，那么，尽管蓝色圆珠笔的产量是红色圆珠笔的 50 倍，而蓝色圆珠笔每月的调试成本只是红色圆珠笔的 2 倍而已，蓝色圆珠笔每只的调试成本大大小于红色圆珠笔的调试成本，为红色圆珠笔的 1/25。当把全部调试成本按照圆珠笔的总产量进行分配，则每支笔(红或蓝)的摊销额是一样的，其结果是蓝色圆珠笔实摊的金额大大高于其按实际发生应摊金额，而红色圆珠笔则小于其应摊金额。而且红、蓝色圆珠笔的产量差别越大，这种分摊的差异额也越大。可见，传统方法对产品成本的扭曲程度相当大。

设备调试类作业的成本往往与产量是不相关的。因此，为了正确地归集像设备调试、材料搬运、单据记录等成本，我们需要的是能够计量作业的成本制度，而绝非只计量产量的成本制度。

2. 作业成本计算及其由来

作业成本计算系统是一个以作业为基础的管理信息系统。它以作业为中心，通常对作业成本的确认、计量和对所有作业活动进行动态追踪，消除"不增值作业"，改进"可增值作业"，提供及时有用的信息，使损失、浪费减少到最低限度。

对作业成本计算的研究最早可追溯到 20 世纪 40 年代。1941 年，美国会计学家埃里克·科勒教授在《会计论坛》杂志发表论文，首次对作业、作业账户设置等问题进行了讨论，提出"每项作业都设置一个账户"。20 世纪 80 年代以来，大批国外会计学者对传统的成本会计系统进行了重新的思考，作业成本计算成为会计学界热点研究的问题，其间对作业成本计算做出最大贡献的当推美国哈佛大学的学者罗宾·库珀和罗伯特·卡普兰。从 1988 年起，库珀等连续发表论文，对成本计算法(activity based costing, ABC)的现实意义、运作程序、成本动因选择、成本库的建立等重要问题进行了深入的分析，奠定了 ABC 研究的基础。"ABC"现已成为人们广泛接受的概念和术语，其理论也日趋完善。

由传统的以交易或数量为基础的成本计算发展到现代的以作业为基础的成本计算，是成本会计科学发展的重要趋势。因为面对间接费用在产品总成本中的比重日趋增大、产品品种的日趋多样化和小批量生产的竞争需要，继续采用早期成本管理会计控制大量生产条件下产品成本的方法，用在产品成本中占有较小比重的直接人工去分配占有较大比重的制造费用，必将导致成本信息的严重失真，引起成本控制失控及经营决策失误。作业成本计算的产生和发展不是偶然的，可以预料在未来的成本管理系统中，以作业成本计算为基础的新的作业成本管理系统将扮演重要角色。

3. 作业成本计算的原理

传统成本计算可以简要概括为产出耗用了资源，资源导致了产出，而作业参与了资源耗用的过程，作业可视为"媒介"，如图9-14(a)所示。但是，当把作业不仅仅视为参与的"媒介"，而视为连接资源与产出的"中介"，则走进了成本管理会计的新天地——作业成本计算。

作业成本计算的基本原理是产出使用作业、作业消耗资源。在计算产品成本时，将着眼点从传统的"产品"转移到"作业"上，以作业为核算对象，首先根据作业对资源的消耗情况，将资源的成本分配到作业，再由作业成本追踪到产品成本的形成和积累过程，最终得出产品成本，如图9-14(b)所示。

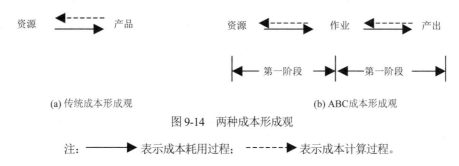

图 9-14 两种成本形成观

注：────▶ 表示成本耗用过程； - - - - - ▶ 表示成本计算过程。

对于作为"中介"的作业成本计算可做进一步理解。首先，作业耗用资源的过程意味着成本发生，也就是说，作业是导致资源(物或人)消耗的直接原因。其次，成本计算对象(产出)使用作业，这个过程意味着产出的成本来源于作业的贡献，或者说由于作业的实施才形成具有价值的产出。用成本归集与分配的术语来说：第一，资源所内含的价值由于作业的需要归集到作业上；第二，产出需要作业，故将作业成本分配给成本计算对象。

4. 作业成本计算程序及方法

传统成本计算与作业成本计算的原理不同，两种成本计算方法的程序有很大差异。虽然两种成本计算都经过以下两步：首先归集发生的制造费用，再把归集的制造费用按某一标准分配到产品上去，但两种成本计算的主要区别也恰在这两个方面，即归集到何处和按什么标准把归集的成本进行再分配。

传统成本计算程序如图9-15所示。首先是辅助生产部门发生的制造费用，按数量基准(工时、机时等)分配到生产部门，按生产部门归集制造费用；然后生产部门再按数量基准(工时、机时、产出量等)分配率把制造费用分配到各产品线上，最后计入直接成本，得出产品成本。

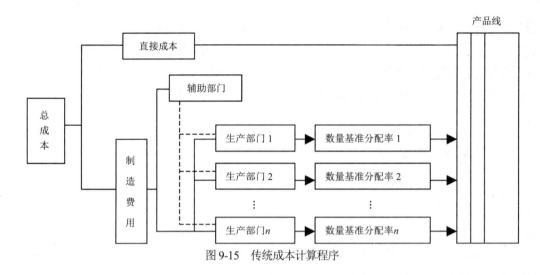

图 9-15 传统成本计算程序

作业成本计算程序分为两个阶段 5 个步骤。第一阶段是将制造费用按作业性质进行归集，形成同质作业成本库，并计算每一个成本库的分配率。第二阶段是利用作业成本库分配率，把制造费用分摊给产品，并把直接成本计入产品得出产品成本(见图 9-16)。实际操作步骤如下：选择主要作业；归集资源的费用到同质成本库；选择成本动因(同质作业中的代表作业)，计算各成本库分配率；根据成本库分配率把各成本库中归集的制造费用分配给产品；把直接成本计入产品，得出产品成本。

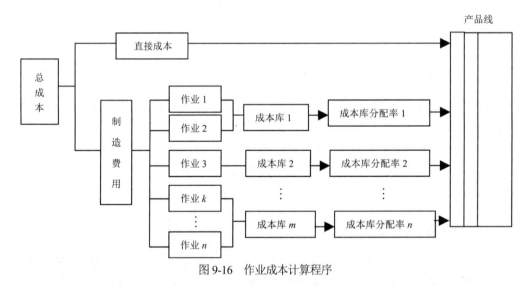

图 9-16 作业成本计算程序

(1) 选择主要作业。生产一个产品所需的作业是很多的，而且每个作业还可进一步细分，如安装机器作业可细分为确定所需的工具、走到工具库、挑选工具、带回工具、安装机器、调试机器等。将作业划分为如此之细，对作业设计和作业管理也许是有用的，但对作业成本或产品成本计算的精确性并无多大益处，相反还会引起成本的上升，因为过多的作业识别会使得相关的成本增加，这些成本包括说明执行每一作业所耗用的资源及生产每项产品所耗用的作业活动的成本、衡量作业与产品之间的关系的成本等。因此，在作业识别时，只需识别主要的作业，将各类细小的作业加以归类。

定义作业时，要防止两种倾向：一是避免限定性过于详尽的定义，因为过于详尽的限定不仅不能得到有益的信息，反而导致分析的紊乱；二是避免太广泛的定义，因为这样的定义难以揭示改善的机会。

作业筛选往往可针对过程进行设问，以寻找改善的可能，常见的设问形式有以下几种：过程的哪一部分是多余的作业？是否存在某些花费所用超过所得的作业？是否存在简单作业被复杂化的现象？经营资源是否耗用在导致亏损的作业中；等等。

在确认作业时要特别注意具有以下特征的作业：①资源昂贵、金额重大的作业。若金额为1000元，如误差率为5%时，仅造成50元的误差；若金额为1000万元时，则会造成50万元的误差，此时不得不谨慎地降低误差率，使误差金额不影响决策的正确。②产品之间的使用程度差异极大的作业。③需求的形态与众不同的作业。

(2) 归集资源费用到同质成本库。识别了作业之后，需要衡量各个作业所耗用的资源。这些资源通常可从企业的总分类账中得到，但总分类账中并无执行各项作业所消耗的成本，因此，必须将获得的资源成本分配到作业上去，以求得各项作业成本。通常有两种归集方法：①直接费用法，即直接衡量作业所耗资源的成本。这种方法虽然比较准确，但衡量成本较高。②估计法，即根据调查获得每一作业所耗资源的数量或比例进行分配。两种方法都会用到估计法，因为它得到的信息较可靠而衡量成本不高。

将同质作业成本归集起来便构成同质成本库。同质成本库是可用一项成本动因解释成本变动的若干项作业制造费用的集合。当每项产品制造费用的作业耗用率相同时，这些作业可以构成同质作业，其成本即为同质作业成本。

(3) 选择成本动因，计算各成本库分配率。当有一个或多个同质成本动因时，应该从中选择一个成本动因作为计算成本分配率的基准。选择成本动因时，至少应考虑以下两项因素：①成本的计量，即要考虑成本动因的资料是否易于获得，若在现有的成本系统内即可获得，则成本不会太高；反之，需要另设新的系统收集资料，使成本增加。此时，要做成本效益分析。②成本动因与实耗资源成本的相关程度。相关程度越高，产品成本被歪曲的可能性就越小。

成本动因相关程度的确定可运用经验法和数量法。经验法是指根据各相关作业经理的经验，对一项作业中可能的成本动因做出评估。首先，确定权数。最有可能成为成本动因的，权数为5；可能程度属于中等者，权数为3；可能性较小者，权数为1。然后，各成本动因的权数依各经理给定的权数加权平均，取较高者进行数量法测试。数量法是指利用回归分析，比较各成本动因与成本间的相关程度。

将归集的同质作业成本库中的制造费用，用选定的成本动因消耗量去除，便得到该成本库的分配率，其计算公式为

$$某成本库分配率=某成本库制造费用÷成本动因消耗量 \tag{9-12}$$

(4) 根据成本库分配率把名成本库归集的制造费用分配给产品。作业成本计算分配制造费用的最后一步是，根据计算出的各成本库分配率和产品消耗的成本动因数量，把成本库中的制造费用分配到各产品线上。动因成本的计算公式为

$$\text{某产品某成本动因成本} = \text{某成本库分配率} \times \text{成本动因数量} \tag{9-13}$$

(5) 把直接成本计入产品，得出产品成本。作业成本计算最终要计算出产品成本，将产品分摊的制造费用，加上产品直接成本，即为产品成本。直接成本也可以单独作为一个作业成本库处理。

5. 作业成本计算案例分析

例 9-9 某公司生产甲、乙两产品，成本及生产资料如表 9-12 所示。该公司以往按传统成本计算程序分配 C，D 两个制造部门的制造费用，从企业获得 C，D 部门的有关资料，如表 9-13 所示，试利用传统方法和作业成本计算法计算甲、乙两产品的成本。

表 9-12　产品成本及生产资料

项目	单位	甲产品	乙产品	合计
产量	件	50 000	10 000	60 000
直接成本	元	25 000	5000	30 000
直接工时	h	50 000	10 000	60 000
机器小时	h	25 000	5000	30 000
调整准备次数	次	15	10	25
检验时间	h	600	400	1000
电力消耗	kW·h	12 500	2500	15 000
设备维护	次	25	5	30

表 9-13　部门成本、生产资料

项目	单位	C 部门	D 部门	合计
直接人工小时		17 600	42 400	60 000
甲产品	h	10 000	40 000	50 000
乙产品		7600	2400	10 000
机器小时		11 600	18 400	30 000
甲产品	h	10 000	15 000	25 000
乙产品		1600	3400	5000
制造费用		50 000	100 000	150 000
调整准备费用		20 000	20 000	40 000
检验费用	元	17 500	17 500	35 000
电费		30 000	6000	36 000
维护费用		32 500	6500	39 000

解：按照传统成本计算法计算甲、乙两产品单位制造费用分别为 2.49 元和 2.54 元，计算过

程如表 9-14 所示。再计入甲、乙两产品的单位直接成本 0.5 元(25 000÷50 000)，可得甲、乙两产品每件成本分别为 2.99 元和 3.04 元。

表 9-14 单位产品成本计算表(传统法)

单位：元/件

产品	C 部门	D 部门	直接成本	单位产品成本
甲产品	50 000÷11 600×10 000÷50 000=0.86	100 000÷18 400×15 000÷50 000=1.63	0.5	2.99
乙产品	50 000÷11 600×1600÷10 000=0.69	100 000÷18 400×3400÷10 000=1.85	0.5	3.04

根据例 9-9 中数据分析可知，相当数量制造费用的作业是与数量(产量、工时等)相关性不大的，例如调整准备、检验等作业，如全以数量为基础进行制造费用的分摊，将使产品成本发生扭曲，数量无关成本占总制造费用的比例越大，则扭曲程度越严重。采用作业成本计算法则可以获得较真实的产品成本。

按照作业成本法计算产品成本可按以下步骤进行(仍以例 9-9 中资料为例)。

第一步，按各制造费用作业与数量的相关性，划分为若干成本库。具体可以通过计算甲、乙产品消耗某种作业的比例来划分。由表 9-15 可知，调整准备、检验作业可归为成本库 1，作业可用调整准备为代表；电力消耗、设备维护可归为成本库 2，作业可用电力消耗为代表。

表 9-15 甲、乙产品消耗作业比例表(甲/乙)

产量	调整准备次数	检验时间	电力消耗	设备维护
5:1	3:2	3:2	5:1	5:1

第二步，计算各成本库分配率 R_1、R_2，根据公式(9-12)

R_1=(40 000+35 000)÷25=3000 元/次，R_2=(36 000+39 000)÷15 000=5 元/(kW·h)

第三步，分别把各成本库的成本分摊到甲、乙产品上去，如表 9-16 所示。

表 9-16 单位产品成本计算表(ABC 法)

单位：元/件

产品	成本库 1	成本库 2	直接成本	单位产品成本
甲产品	3000×15÷50 000=0.9	5×12 500÷50 000=1.25	0.5	2.65
乙产品	3000×10÷10 000=3	5×2500÷10 000=1.25	0.5	4.75

第四步，计入甲、乙产品的直接成本每件 0.5 元，求得甲、乙产品的单位成本分别为 2.65 元/件、4.75 元/件。

从比较作业成本计算(见表 9-16)与传统成本计算(见表 9-14)的单位产品成本可以看出，传统成本计算法多计了 12.8%[(2.99−2.65)÷2.65]的甲产品成本，少计乙产品成本达 36%[(4.75−3.04)÷4.75]。除此差异之外，更应注意到其数值倾向：少量生产的乙产品单位成本差异大于量生产的甲产品单位成本差异。传统成本计算的结果,往往会使生产量大、技术不很复杂的产品(甲产品)成本偏高;生产量小、技术上比较复杂的产品(乙产品)成本偏低。这种不同产品之间成本的歪曲,使得成本指标不能如实反映不同产品生产耗费的真实面貌,进而使产品的毛利率和产品利润也发生扭曲。按传统成本方法算出的产量高、复杂程度低的产品毛利,往往低于其实际创造的毛利。相反,产量低、复杂程度高的产品毛利往往高于其实际创造的毛利。这种错误的毛利信息严重地影响了企业管理者的决策,错误地估计成本和毛利,使那些因计算缘故造成的成本和价格偏低的产品市场占有率上升,而成本和定价偏高的产品市场占有率下降,其结果是企业总体获利水平下降。作业成本计算较之传统成本计算能给出各种产品的真实成本信息,从而使企业决策建立在正确的成本信息的基础上。

9.5 生产率控制

9.5.1 生产率控制的基本概念及运行过程

生产率控制同质量控制一样,也是一种现代企业管理方法,是在西方工业发达国家兴起的一个热门的研究和应用领域。如果人们对质量控制很熟悉的话,就不难理解什么是生产率控制,因为生产率和质量一样是衡量生产系统绩效的重要指标。所不同的是生产率所包含的内容更为广泛,影响因素更为复杂。

生产率控制是一个动态过程,通过对生产率的测定、评价、规划和改善,不断推动生产率的提高,实现生产过程的良性循环,这一过程可用图 9-17 表示。在生产率循环中,"生产率改善"是关键。

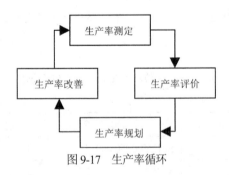

图 9-17　生产率循环

生产率控制系统的运行过程是一个以提高生产率为目标,以生产率测定和评价为手段,对生产系统进行能动地控制的过程。由于生产率的提高是一个永无止境的目标,生产率控制成为促进生产系统改善和发展,不断提高生产率的重要因素。生产率控制系统的运行过程如下所述。

(1) 生产率测定。系统分析的第一步是要确定系统的目标,并选择衡量总体目标的标志,力求用定量化的方式表达,以便通过建立模型和选择合适的标准进行分析比较。生产率测定就是要完成这一任务,为评价、规划创造前提,为提高生产率提供依据。

(2) 生产率评价。将生产率测定的结果与选择的标准，或者与规划的生产率目标进行比较，对系统的运行效果做出评价，为对系统进行规划提供信息。

(3) 生产率规划。根据生产率测定和评价所提供的信息，对生产率控制和改善做出规划。

(4) 生产率改善。上述几个步骤所获得的关于生产率的信息回到生产率管理子系统与生产系统的接口，即规划部分，对发展战略、技术和经营等方面的规划施加调节作用。换句话说，通过生产率管理规划，对生产系统各个环节的改进提出新的目标，确定更高的生产率标准，这就是生产率管理对生产系统的改善所起到的控制作用。

(5) 测定和评价。对这些调节作用所产生的效果进行测定和评价，即进入新的一轮测定、评价、规划、改善和提高的循环。

9.5.2 生产率测评

1. 生产率测评的含义

生产率测评，即生产率测定与评价，所谓生产率测定与评价，就是对某一生产、服务系统(组织)或社会经济系统的生产率进行测定、评价及分析的活动和过程。

生产率测定(productivity measurement)主要是根据生产率的定义，客观地度量和计算对象系统或组织当前生产率的实际水平，为生产率分析提供基本素材和数量依据。

生产率评价(productivity evaluation)是在将对象系统生产率实际水平的测算结果与既定目标、历史发展状况或同类系统水平进行比较的基础上，对生产率状况及存在的问题等所进行的系统评价和分析。它能为生产率如何调整提供较全面、系统和有实用价值的信息。

生产率测定与评价是一项完整工作的两个阶段，相互依存，缺一不可。生产率测定是评价的基础和重要依据，没有经过测算的生产率评估是缺乏客观性和说服力的；生产率评价是生产率测定的目的和必然发展，不进行评估与分析的生产率测定实际意义不大，其所提供的信息基本上没有什么实用价值。

2. 生产率测评的意义

在整个生产率工程及管理工作过程中，生产率测评的地位与作用十分重要，它指出在哪里寻找机会来提高生产率，并指明需调整的工作量大小。因此，生产率测评是生产率提高的前提，是生产率管理系统过程的中心环节和实质部分之一。

在国家、地区和部门等宏观和中观的社会经济系统层次上，生产率测评有助于评价经济绩效的好坏和经济政策的质量，有助于鉴别不同地区和部门内影响收入和投资分配的因素，有助于该地区和部门优先发展项目的选择决策，从而为公共资源的有效利用和政府实施对经济生活的有效调控提供客观而有价值的依据。

在企业生产系统等微观组织的发展过程中，生产率测评的作用和意义主要表现在以下5个方面。

(1) 定期或快速评价各种投入资源或生产要素的转换效率及系统效能，确定与调整组织发展的战略目标，制定适宜的资源开发与利用规划和经营管理方针，保证企业或其他组织的可持续发展。

(2) 合理确定综合生产率(含利润、质量、工作效果等)目标水平和相应的评价指标体系及调控系统，制定有效地提高现有生产率水平、不断实现目标要求的策略，以确保用尽可能少的投入获得较好或满意的产出。

(3) 为企业或组织的诊断分析建立现实可行的"检查点"，提供必要的信息，指出系统绩效的"瓶颈"和发展的障碍，确定需优先改进的领域和方向。

(4) 有助于比较某一特定产业部门或地区、国家层次中不同微观组织的生产率水平及发展状况，通过规范而详细的比较研究，提出有针对性的并容易被人们所接受的提高与发展方案和相应的措施，以提高竞争力，求得新的发展。

(5) 有助于决定微观组织内各部门和工作人员的相对绩效，实现系统内各部分、各行业为主体间利益分配的合理化和工作的协同有序，从而保证集体努力的有效性。

3. 生产率测评的种类

生产率作为生产系统产出与投入比较的结果，依所考察的不同对象、范围和要素，可具有各种不同的表现形式，因而有不同的生产率及相应的测评方法。

1) 按生产要素的种类分类

单独考察某一种生产要素，用其投入量作为生产率公式的分母所得到的生产率，称为该要素生产率。较常见的要素生产率包括劳动生产率、资本生产率、原材料生产率、能源生产率、直接劳动成本生产率、总成本生产率等。

2) 按生产要素的数量分类

根据所考察的生产要素数量多少，生产率可分为以下几种。

(1) 部分或单要素生产率(partial-factor productivity，PP)，指生产过程的总产出与某一种资源(要素)的投入之比。这时对各种资源投入而言可有不同的生产率度量。

(2) 多要素生产率(multifactor productivity，MP)，是生产过程或系统的总产出与某几种生产要素的实际投入量之比，它表明几种要素的综合使用效果。

(3) 总生产率或全要素生产率(total productivity，TP)，是生产过程或系统的总产出与全部资源(生产要素)投入总量之比。

3) 按测定方式分类

工业工程师为了提高生产率，最关心的是将本企业的生产率与历史最高水平或与同行业的最高水平做比较，考察其是否有提高，以便找出差距，明确努力方向。所以，既需要测定一个时期的生产率，更要掌握生产率的变化。于是，生产率又分为静态和动态两种形式。

(1) 静态生产率(static productivity ratios)，即某一给定时期的产出量与投入量之比，也就是一个测定期的绝对生产率。

(2) 动态生产率(dynamic productivity natios)，即一个时期(测量期)的静态生产率被以前某个时期(基准期)静态生产率相除得的商，它反映了不同时期生产的变化。动态生产率大于 1 就表明生产率提高了。无论是静态生产率，还是动态生产率，都可以计算出单要素、多要素或全要素生产率。

4. 生产率测定的方法

生产率测定就是对某一个研究对象(如一个生产系统)的生产率进行度量和计算。要想提高生产率，就必须先测定出生产率水平，以便有一个衡量生产率变化的基准。根据生产率测算的基本指标及其具体数量关系，有如下测定生产率的基本关系和相应的测算公式。

静态生产率下，部分或单要素生产率的计算公式为

$$\text{PP} = \frac{\sum_{i=1}^{q} Q_i^O}{Q_i^I} \tag{9-14}$$

静态生产率下，多要素或全要素生产率的计算公式为

$$\text{TP} = \frac{\sum_{i=1}^{q} Q_i^O}{\sum_{i=1}^{m} Q_i^I} \tag{9-15}$$

动态生产率下，全要素生产率指数(total productivity indexes，TPI)的计算公式为

$$\text{TPI} = (\sum_{i=1}^{q} Q_{ik}^O \Big/ \sum_{i=1}^{m} Q_{ik}^I)(\sum_{i=1}^{q} Q_{ij}^O \Big/ \sum_{i=1}^{m} Q_{ij}^I)^{-1} \tag{9-16}$$

式中，Q_i^O, Q_i^I ——测定期内第 i 种产出量与投入量；

Q_{ik}^O, Q_{ik}^I ——现测定期 k 内第 i 种产出量与投入量；

Q_{ij}^O, Q_{ij}^I ——基准期 j 内第 i 种产出量与投入量。

部分或单要素生产率指数(partial-factor productivity indexes)PPI 在测算上可看作全要素生产率指数 TPI 的特例，只要式(9-16)中 $m=1$ 即可。

5. 生产率评价方法

企业生产率评价是生产率控制的核心内容之一。人们在管理实践中探寻和归结出了多种具有实用价值的企业生产率评价方法，其中劳勒法和生产率快速评价法比较有代表性。

1) 劳勒法

该方法是由英国工作研究协会和生产率审计会理事劳勒等专家在多年管理实践基础上于 20 世纪 80 年代中期正式提出的一种生产率评价与分析方法。劳勒认为生产率是一个综合的量度和系统的评价，即组织如何有效率地和高效地运行至少满足以下几个目标的要求。

(1) 经济或收益目标。它主要考察资金总额(总收益)能否充分满足组织运作与发展的需求并

可评估其主要指标的完成程度。

(2) 效率。它告诉人们实际需要的产出如何良好地由可利用的投入生产出来，并说明可利用的能力和使用情况。这一量度可显示产出对投入的关系和资源与总容量相比较的利用程度。

(3) 有效性。它是目前的业绩与资源若被更有效使用时可能得到的业绩(目标状态)相比较的结果。这一概念可引申出潜力的概念，即达到一个新的绩效标准的可能产出或如果所有投入被充分利用时获得的总收益(潜在总收益)。生产率提高依赖于有效性提高和可利用资源的更好利用之间的有机结合。

(4) 进展趋势。作为获得进展趋势的目标，它要求与目前业绩和历史上基期业绩的比较相结合，以确认企业绩效是提高还是下降，变动速度如何等。

劳勒法要求企业内生产率测评至少要有两个层次，即初级和次级。初级测评主要涉及总收益生产率，它揭示某企业的初级或总体绩效量度；次级测评涉及利润生产率、流动资金生产率、库存生产率等，主要是反映各种所用资源与可利用资源总值的比率。据此可对生产率潜力做出比较客观、具体的评估。

2) 生产率快速评估方法

该方法是 20 世纪 80 年代中前期由菲律宾发展学会生产率发展中心首创和实践的一种生产率评估方法，是一种对企业赢利率和生产率绩效、其固有的长处和弱点等进行系统评估的方法，对中、小型企业尤为实用。

生产率快速评估方法的主要目的有两个：一是分离出改进的问题领域并确定改进的优先领域；二是为整个组织建立生产率测评与控制指标。该方法包括 3 个组成部分，即企业绩效评价、定性评价、产业绩效评价。其中企业绩效评价是其核心组成。

9.5.3 生产率的提高

1. 提高生产率的意义

管理科学家德鲁克(P. F. Drucker)指出："生产率是一切经济价值的源泉。"生产率已成为一切生产组织、一个企业、一个行业、一个地区乃至一个国家的经济系统最为关注的目标。工业工程的功能就是规划、设计、管理和不断改善生产系统，使之更有效地运行，取得更好的效果。

从广义上讲，一个国家的生产率(即国家总产出与总投入之比)的高低涉及整个社会经济生活，取决于生产力水平(包括科学技术、人力资源、物资和经济基础)，各产业的比例和配合等，是综合国力和经济发达程度的重要标志。显然，提高生产率具有十分重要的意义，其重要性具体表现在以下几个主要方面。

(1) 生产率提高的速度决定国家经济发展速度。

(2) 提高生产率是增加工资和改善人民生活的基本条件。

(3) 提高生产率可以缓和通货膨胀。

(4) 提高生产率可以增强国际市场竞争力，保持国际贸易平衡。

(5) 生产率提高对社会发展有促进作用。

(6) 生产率与质量是同步发展的关系。

2. 影响生产率提高的因素

影响生产率提高的因素很多，也很复杂。在提高生产率的过程中，这些因素相互影响，相互制约，共同发挥作用。通常影响企业生产率提高的因素主要有以下几种。

(1) 人力资源。马克思劳动力再生理论认为，劳动是创造价值的唯一源泉，人是生产活动的中心，劳动者的知识、技能和体力是决定生产率的最基本因素。因此，企业员工素质的高低直接决定着生产率水平的高低。

此外，工作环境、劳动条件、对人才的合理使用和鼓励政策等，都直接影响到人们的积极性、创造性和工作效率，因而影响生产率水平。

(2) 技术水平。技术水平是影响生产率提高的又一重要因素。在企业中，技术的含义非常广泛，它包括产品开发与设计、生产工艺、操作技能、工装设备等。因此，技术水平的高低直接影响企业的生产能力和生产效益，努力促进技术进步是提高生产率的有效途径。

(3) 管理水平。管理是企业运用行政、人事、财务、法律等手段对生产与经营过程进行规划、设计、组织、协调与控制的技术。管理作为一项软技术，在生产与经营管理中发挥着不可或缺的作用，它可以使生产要素得到合理配置，生产资源的潜能得到进一步的发挥，在硬件基础条件不变的情况下，管理可以使其综合效益达到倍增的效果。因此，努力提高管理水平是促进生产率增长的重要措施。

人力资源、技术水平以及管理水平，是影响企业整体生产率水平的三大因素。其中人力资源与技术水平是基础性因素，反映了一个企业生产力的现实水平；管理水平是决定性因素，反映了一个企业的运行机制和综合治理能力，是调动基础性因素、促进生产率提高的有力保证。

3. 生产率提高的方法

针对上述影响因素采取措施就能使生产率得到某种程度的提高。尽管我们一再提出工业工程就是提高生产率的技术，但这并不等于说提高生产率只有采用工业工程这一种方法。事实上，提高生产率有多种方法，因为如前所述，对生产率发生影响的因素是很多的，各种因素之间又存在着自身的相互影响和制约。

提高企业生产率的方法可归纳为两大类：第一，企业外部要素法。这是企业提高生产率的条件和基础，是间接作用的要素。如内外市场的大小和稳定性就是外部要素，是企业提高生产率的前提和必要条件。第二，企业内部方法。这是提高生产率的直接方法和途径，主要是工业工程范畴的方法。提高生产率是一项系统性工作，其方法几乎涉及工业工程的所有内容。因此，运用工业工程可提高生产率，工业工程实质上就是广义的生产率工程。另外，必须强调指出，各种方法之间是相互依赖的，在企业经营管理上不能孤立地运用某种方法，要注意研究和选择恰当的途径，采用比较理想的若干方法组合，达到提高整个系统生产率的目的。

9.5.4 人力资源与提高生产率

在影响生产率提高的因素中，人力资源是影响生产率提高的一个重要因素。对于一个企业来说，补充高质量的人力资源，是提高职工队伍素质的基础，而对职工进行不间断的再教育与培训，以及进行有效的管理和激励，是企业持续发展的战略性措施。图 9-18 展示了影响工人生产率的主要因素及其相互关系。

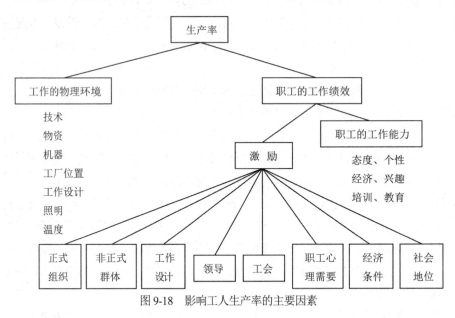

图 9-18　影响工人生产率的主要因素

1. 工作设计

工作设计是为有效组织生产劳动过程，充分调动人的工作积极性，以提高生产率为目的的一种组织管理工作。工作设计通过确定工作业务流程，合理划分工作内容，明确每个操作者的工作责任以及确定生产组织形式等活动，建立起一个组织结构合理、工作流程有序、操作方法高效的工作结构，保证了生产任务的顺利完成。

1) 工作设计中的社会技术理论

这个理论是由英格兰的特瑞斯特及其研究小组首先提出来的。该理论指出，在工作设计中应该把技术因素与人的行为、心理因素等结合起来考虑，如图 9-19 所示。图 9-19 左侧的圆代表从技术的角度设计的所有可行工作方案的集合；右侧的圆代表从社会因素(心理学和社会学)的角度设计的所有工作方案的集合。交叉部分代表能满足社会和技术要求的工作设计。该理论认为，最佳的社会技术设计应该在这个交叉部分。

社会技术设计理论的价值在于，它同时强调技术因素与社会变化对工作设计的影响，这与早期工业工程师们过度强调技术性因素对生产效率的影响有很大不同。早期的工业工程师将工人看作机器的一部分，而社会技术设计理论除了考虑技术要素的影响外，还将人的行为因素考虑进来，例如把工人调动工作、缺勤等与技术选择联系起来。

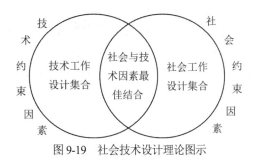

图9-19 社会技术设计理论图示

如果把生产运作组织方式、新技术的选择应用和工作设计联系起来考虑的话，还应该看到，随着新技术革命和信息时代的到来，以柔性自动化为主的生产模式正在成为主流。但是，这种模式如果没有在工作设计的思想和方法上的深刻变革，是不可能取得成功的。为此，需要把技术引进和工作设计作为一个总体系统来研究，将技术、生产组织和人的工作方式三者相结合，强调在工作设计中注重促进人的个性的发展，注重激发人的积极性和劳动效率。这种理论实际上就奠定了现在所流行的"团队工作"方式的基础。

2) 工作设计中的行为理论

行为理论的主要内容之一是研究人的工作动机，这一理论对于进行工作设计有直接的参考作用。人们工作的动机有多种：经济需要、社会需要以及特殊的个人需要等(感觉到自己的重要性，实现自我价值等)。人的工作动机对人如何进行工作以及对工作结果有很大的影响，因此，在工作设计中，必须考虑到人的这些精神因素。当一个人的工作内容和范围较狭窄或工作的专业化程度较高时，往往无法控制工作速度(例如配线)，也难以从工作中感受到一种成功感、满足感。因此，像这样专业化程度高、重复性很强的工作往往容易使人产生单调感，导致人对工作的态度变得淡漠，从而影响到工作结果。一些研究表明，这种状况给"蓝领"工人带来的结果是，变换工作频繁，缺勤率高，闹情绪，甚至故意制造生产障碍。对于"白领"工人，也有类似的情况。这些问题直接影响着一个生产运作系统的产出效果，因此，需要在工作设计中考虑一些方法来解决这些问题，以下是三种可以考虑的方法。

(1) 工作扩大化。这是指工作的横向扩大，即增加每个人工作任务的种类，从而使他们能够完成一项完整工作(如一个产品或提供给顾客的一项服务)的大部分程序，这样他们可以看到自己的工作对顾客的意义，从而提高工作积极性。

(2) 工作岗位轮换，即允许员工定期轮换所做的工作，这种定期可以是小时、天、周或月。这种方法可给员工提供更丰富、更多样化的工作内容。当不同工作任务的单调性和乏味性不同时，采用这种定期轮换方式很有效。采用这种方式需要员工掌握多种技能，可以通过"在岗培训"来实现。这种方法还增加了工作任务分配的灵活性，例如，派人顶替缺勤的工人、向瓶颈环节多增派人等。此外，由于员工互相交换工作岗位，可以体会到每一岗位工作的难易，这样比较容易使员工理解他人的不易之处，互相体谅，结果使整个生产运作系统得到改善。

(3) 工作丰富化。赫兹博格指出，内在工作因素(如成就感、责任感、工作本身)是潜在的满意因素，而外在工作因素(如监督、工资、工作条件等)是潜在的不满足因素。赫兹博格还指出，满足感和不满足感不是一条直线上的对立面，而是两个范围。满足感的对立面不是不满足，不满足感的对立面不是满足。根据这个原理，改进外在因素(如增加工资)可能会降低不满足感，但不会产生满足感。根据赫兹博格的理论，唯一能使工人感到满足的是工作本身的内在因素。赫兹博格将对工作的满足感与激励联系起来，提出了强化内在因素使工作丰富化的观点，这不仅可提高工人的满足感，还可提高生产率。

工作丰富化是指工作的纵向扩大，即给予职工更多的责任、更多参与决策和管理的机会。例如，一个生产第一线的工人可以负责若干台机器的操作，检验产品，决定机器何时进行保养。工作丰富化可以给人带来成就感、责任心和满足感。当人们通过学习，掌握丰富化的工作内容之后，便会有所成就；当人们从顾客那里得到了工作成果——产品或服务的积极反馈信息时，会感受到被认可。

3) 团队工作方式

此方式由数人组成一个小组，共同负责并完成一项工作。在小组内，每个成员的工作任务、工作方法以及产出速度等都可以自行决定，收入与小组的产出挂钩。这种工作方式的基本思想是全员参与，从而调动每个人的积极性和创造性，使工作效率、质量、成本等的综合结果尽可能好。团队工作方式有以下三种常见的方式。

(1) 解决问题式团队。这种形式的团队实际上是一种非正式组织，它通常包括七八名或十来名自愿成员，他们可以来自一个部门内的不同班组。成员每周有一次或几次碰头，研究和解决工作中遇到的一些问题，例如质量问题、生产率提高问题、操作方法问题等，然后提出具体的建议，提交给管理决策部门。这种团队的最大特点是，成员只提出建议和方案，但没有权力决定是否实施。日本的 QC 小组就是这种团队的典型例子。

(2) 特定目标式团队。这种形式的团队是为了解决某个具体问题，达到一个具体目标而建立的，例如，一个新产品开发、一项新技术的引进和评价、劳资关系问题等。在这种团队中，其成员既有普通职工，又有与问题相关的经营管理人员。团队中的经营管理人员拥有决策权，可以直接向最高决策层报告。因此，他们的工作结果、建议或方案可以得到实施。这种形式的团队不是一个常设组织，也不是为了进行日常工作，而通常只是为了一项一次性的工作，类似于一个项目组。此团队容易使职工与经营管理层沟通，使职工的意见直接反映到决策层。

(3) 自我管理式团队。由数人(几人或十几人)组成一个小组，共同完成一项相对完整的工作，小组成员自己决定任务分配方式，自己承担管理责任。

2. 工作测量

工作测量是运用各种相关技术，来确定合格工人按规定的作业标准完成某项工作任务所需要的标准时间。这种标准时间既是评价不同工作方法效率的依据，也是制定工时定额的依据。

1) 生产时间消耗结构及工时定额

(1) 生产时间消耗结构。产品在加工过程中的作业总时间由工作时间和无效时间组成，包括基本工作时间、设计缺陷引起的工时消耗、工艺过程缺陷引起的工时消耗、管理不善产生的无效时间、个人因素引起的无效时间，如图 9-20 所示。

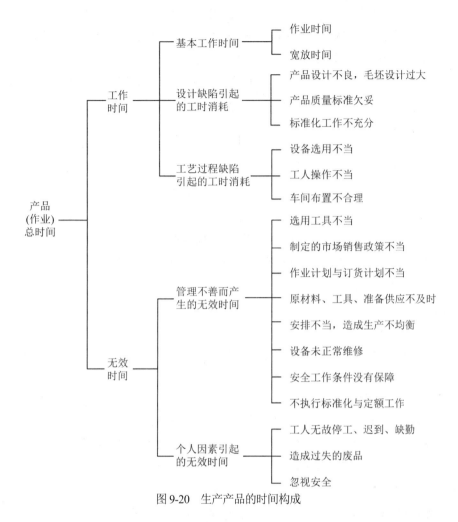

图 9-20　生产产品的时间构成

产品的基本工作时间也称定额时间,是指在产品设计正确、工艺完善的条件下,制造产品或进行作业所用的时间,它由作业时间与宽放时间构成。所谓宽放时间是劳动者在工作过程中,因工作需要、休息与生理需要给予补偿的时间。

(2) 工时定额。工时定额是在标准的工作条件下,操作人员完成单位特定工作所需的时间。这里标准工作条件的含义,是指在合理安排的工作场所和工作环境中,由经过培训的操作人员按照标准的工作方法,通过正常的努力去完成工作任务。可见,工时定额的制定应当以方法研究和标准工作方法的制定为前提。

工时定额是企业管理的一项基础工作,其作用有如下几个。

① 确定工作所需人员数和确定部门人员编制的依据。

② 计划管理和生产控制的重要依据。任何生产计划的编制,都必须将产品出产量转换成所需的资源量,然后同可用的资源量进行比较,以决定计划是否可行,这项工作称为负荷平衡。无论是出产量转换,还是可用资源量的确定,都应当以工时定额为标准,这样的生产计划才具有科学性和可行性。此外,生产进度的控制和生产绩效的衡量,都是以生产计划为基础的,也与工时定额有关。

③ 控制成本和费用的依据。降低人工成本必须降低工时消耗，而工时定额是确定工时消耗的依据，也是制定成本计划和控制成本的依据。

④ 提高劳动生产率的有力手段。劳动生产率的提高，意味着生产单位产品或提供特定服务所需的劳动时间的减少。而要减少劳动时间，必须设立工时定额，据以衡量实际的劳动时间，找到偏差，采取改进措施。

⑤ 制定计件工资和奖金标准。在实行计件工资的条件下，工时定额(有时换算成小时或每日的工作量或产量)是计算计件工资单价的重要依据，在实行奖金制度条件下，工时定额是核定标准工作量(或产量)，计算超额工作量(或产量)，考核业绩，计算奖金和进行赏罚的主要依据。

2) 工作测量方法

常用的工作测量方法有测时法、工作抽样法、预定时间标准法等。预定时间标准法以模特法(Modular Arrangement of Pre-determined Time Standard，MODAPTS)为代表。本章重点介绍测时法和工作抽样法。

(1) 测时法，又称直接时间研究，是用秒表和其他一些计时工具来实际测量完成一件工作所需要的时间，其基本过程如下。

① 选择观测对象。被观测的操作者应是一般熟练工人。被选定的操作者还应与观测者协作，保证心理和操作尽量不受观测因素的影响。

② 划分作业操作要素，制定测时记录表。

③ 记录观察时间，剔除异常值，并计算各项作业要素的平均值。

④ 计算作业的平均时间。作业的平均时间等于该作业的各项作业要素平均时间之和。例如，某零件加工可分解为 5 个作业要素，经过 n 次观察得到 5 个作业要素的平均时间分别为 13.2s，3s，27s，12s，12.8s，则该项零件加工作业的平均时间为 68s。

⑤ 效率评定，计算正常作业时间。效率评定是时间研究人员将所观测到的操作者的操作速度与自己设想的正常速度作对比，并加以修正。例如，如果研究人员认为工人是以 115%的速度工作，即比正常速度(100%)快 15%，则应将作业时间的观测值调整为 78.2 秒；如果研究人员认为工人以 90%的速度工作，比正常速度慢 10%，则正常时间应为 61.2s。

⑥ 考虑宽放时间比率，确定标准作业时间。例如，通过调查研究发现：个人生理需要时间占正常时间的 4%；疲劳时间占正常时间的 5%；不可避免的耽搁时间占正常时间的 3%，则总的宽放时间系数为(4%+5%+3%)=12%，标准作业时间为 78.2×(1+0.12)=87.58。

(2) 工作抽样法，又称间接时间研究，其特点是采用随机间断观测的方法，通过确认操作者或设备是在工作还是处于空闲状态，按"工作"和"空闲"分类记录发生次数，并进行相应的统计分析，以下为基本步骤。

① 确定观测对象。选择被观测的操作者或设备，一般选择那些需要改善的或瓶颈环节作为观测对象。

② 决定观测样本数。通常，研究人员在观测开始之前需要对被观测行为所占用的时间比例进行初步估计，或通过预观测来估计。给定精度要求后，就可以通过公式计算出满足精度要求的观测样本数。

设 p 为工作比率；n 为观测次数；m 为观测中的工作次数，则 p 的估计值 $\bar{p}$ 为

$$\bar{p} = m/n \tag{9-17}$$

标准偏差为

$$\sigma_p = \sqrt{\bar{p}(1-\bar{p})/n} \tag{9-18}$$

定义抽样的绝对精度为 ε，且有

$$\varepsilon = 2\sigma_p \tag{9-19}$$

定义抽样的相对精度为 θ，且有

$$\theta = \varepsilon/p = 2\sqrt{(1-\bar{p})/n\bar{p}} \tag{9-20}$$

所以，通过预观测得到估计值 $\bar{p}$，并给定抽样精度，可确定观测次数 n 为

$$n = 4\bar{p}(1-\bar{p})/\varepsilon^2 \text{ 或 } n = 4(1-\bar{p})/(\theta^2 \bar{p}) \tag{9-21}$$

③ 选择随机观测时刻。首先根据观测次数和每日可实际观测次数计算出观测天数 k。然后产生 k 个均匀随机数，第 i 个随机数作为第 i 天第 1 次的观测时刻，然后根据工作时间确定观测间隔时间，推算出当天后续的观测时刻。

④ 观察和记录数据，计算出 n 次观察中的工作比率 p。

⑤ 进行综合分析，并对工作方法进行改善。

下面举例说明工作抽样法的应用。

例 9-10 某车间有车床若干台，任意抽查了 140 次，观测到车床处于工作状态的有 54 次。问该车间车床的利用率 p 的估计值 $\bar{p}$ 和绝对精度是多少？

解：由题意，$n=140$，$m=54$，则

$$\bar{p} = m/n = 54/140 = 38.57\%$$

绝对精度(95%的概率意义下)为

$$\varepsilon = 2\sigma_p = 2\sqrt{\bar{p}(1-\bar{p})/n} = 2\sqrt{0.3857 \times (1-0.3857)/140} = 0.0823$$

所以，车床的利用率在区间 $\bar{p} \pm \varepsilon$，即 (30.34，46.80) 内。

例 9-11 某种活动占规定的工作时间为 25% 左右，给定相对精度为 0.1，问达到精度要求需要观测多少次？

解：$\bar{p}=25\%$，$\theta = \varepsilon/p = 10\%$，则观测次数为

$$n = 4(1-\bar{p})/(\theta^2 \bar{p}) = 4 \times (1-0.25)/0.1^2 \times 0.25 = 1200 (\text{次})$$

例 9-12 对某操作者的作业观测 100 时，共 1000 次。其中观测到"工作"的有 800 次，其余均为"空闲"。其间产量为 500 件，设效率评定系数为 0.8825，宽放率为 15%，试确定单件时间定额。

解：实际工作时间 = 总工作时间 × $\dfrac{\text{实际工作次数}}{\text{总观测次数}}$ = $100 \times \dfrac{800}{1000}$ = 80(时)

实际作业时间 = 实际工作时间 × 效率评定系数 = 80×0.8825 = 70.6(时)

单件时间 = $\dfrac{\text{实际作业时间}}{\text{总件数}}$ = $\dfrac{70.6}{500}$ = 0.1412(时)(或8.472分)

单件产品定额时间 = 单件时间 × (1+宽放率) = $8.472 \times (1+0.15)$ = 9.74(分)

3. 工作环境设计

工作环境是指人操纵机器设备或利用各种工具进行劳动生产时在工作地周围的物理环境因素，它们主要包括气候状况、照明状况、色彩状况、噪声与振动状况四大类影响因素。

1) 气候状况的影响与设计

工作地和工作用房的气候状况决定于下列因素：空气的温度、空气的流动速度、大气污染等。

(1) 温度对人劳动的影响。一个有生命的人本身就是一个热源，需要向外散发热量。如果人体产生的热量等于向外散发的热量，人便处于热平衡状态，此时体温约在36.5℃，人会感到比较舒适；当产生的热量大于散发的热量时，人便会感到发热，相反则会感到发冷。人体无时无刻不在产生和散发着热。研究表明，一位正常男子在休息或静止状态下平均每小时要产生293焦耳的热量，而在劳动和激烈运动中，产生的热量可达到正常值的20倍。所以在工作环境中有适宜的气候条件是获得良好工作能力的前提。室内的温度高会引起瞌睡、疲劳，从而使工作能力降低，增加差错；若室内温度低则会分散注意力，因此，需要确定一个适宜的温度(包括湿度)。但对于冷热的主观感觉不仅依赖于气候条件，而且也与工作人员的体质、年龄、性别、对水土的适应性、工作的难易、服装等因素有关。适宜温度的评定与主观态度有关。因此，所谓最佳温度不是某一固定的数值，而是指某一区域。例如，美国统计资料规定的脑力劳动适宜温度范围为15.5～18.3℃；轻劳动为12.7～18.3℃；体力劳动为10～16.9℃。

(2) 空气流通对人劳动的影响。工作环境中的空气流动情况也会影响劳动效率，实验表明在温度相同的情况下，保持空气新鲜的工作地要比空气停滞的工作地效率高出约10%。一般认为，在工作人员不多的房间中，空气流动的最佳速度估计约为0.3s/m，在拥挤的房间中约为0.4s/m，而当室内温度、湿度都很高时，空气流速应达到1～2s/m。

(3) 空气污染对人劳动的影响。工作环境中的空气污染源有两个：一是来源于人体。在人的呼吸过程中会排出二氧化碳，随着劳动强度的增大，二氧化碳的排放量会随之增加。与此同时，劳动者汗水的蒸发也会污染空气。二是来自生产过程(包括加工、运输、贮存等)。生产过程中产生的粉尘、烟雾、气体、纤维质、蒸汽都会造成对人体各种器官的刺激、损害，这种污染影响工作效率并损害健康，甚至影响人身安全。因此，保持室内空气清洁，至少把污染限制在许可范围之内。

2) 照明的影响与设计

视觉对人在工作环境中正确定向起着最重要的作用，正常人通过视觉刺激的反应大约可以得到全部信息的 80%。眼睛作为接受视觉显示信息的器官，其功能及其效率的发挥依赖于照明条件和显示物的颜色特征。

(1) 照明对工作人员的影响。人的视觉功能的发挥依赖于周围环境的照明水平和对比度。所谓对比度是反应观测物体与其背景的亮度差。统计分析表明，照明条件与对比度情况越好，工作中的差错率、事故率越低，而且对于效率的提高也有促进作用。

照明除对工作人员的效率有一定影响外，实验还表明在照明不好时人会更快地疲劳，工作效果更差。如果创造舒适的光线条件，不仅能提高工作人员从事手工劳动的工作能力，还能提高工作人员从事脑力劳动的工作能力。此外，照明对人的自我感觉也有影响，它主要影响工作人员的情绪状态和动机，而这些对工作能力也有影响。一般认为，明亮的房间是令人愉快的，光应从左侧投射。因此，人选择工作地点时都喜欢比较明亮的地方。在休息时，多数人都喜欢较暗的房间。

(2) 工作场地和厂房的照明。工作场地上必须有适宜的照明，一般在设计照明系统时，应考虑以下几方面的因素：工作地附近的适当亮度；工作地附近的固定照明；工作地与背景之间应有适当的亮度差；避免光源或作业区域发出眩光。根据以上因素，确定最适当的照明条件(照明要求、照明方式选择、照明方法的确定、照明设备的安装等)。

3) 色彩对工作人员的影响

由于色彩容易创造形象与气氛，激发心理联想和想象，因此，色彩能够比普通照明产生更进一步的效果。许多国家的工业卫生、环境保护专家和劳动心理学家以及医学家证明，厂房、建筑物及工作地装备的色调对工人的劳动情绪、生产效率和作业质量有明显的影响。实践证明，色彩已不是可有可无的装饰，而是一种管理手段，可以为改善劳动环境，提高生产效率服务。

(1) 颜色的表示方法。为分辨不同的颜色，根据孟塞尔(Munsell)颜色体系，人们通过三个维度来描述一个颜色：色调(Hue, H)、明度(Value, V)和彩度(Chroma, C)。色调也叫色相，分为红(R)、黄(Y)、绿(G)、蓝(B)、紫(P)5 种基本色调，加上黄红(YR)、绿黄(GY)、蓝绿(BG)、紫蓝(PB)、红紫(RP)5 种中间色调，这些色调合起来就叫做 10 色环。每一色调又分为 10 级(1~10)，其中第 5 级是该色调的中间色。

明度也称光度，是眼睛对光源和物体表面的明暗程度的感觉，主要是由光线强弱决定的一种视觉经验。根据孟塞尔颜色系统，亮度因数等于 102.57 的理想白色定为 10，位于中央轴的最上端；亮度因数等于 0 的理想黑色定为 0，位于中央轴的最下端。这样，孟塞尔明度值共分成由 0~10 共 11 个在感觉上等距离的等级。色彩的明度变化会影响纯度的减弱，某一种纯色加白色以提高明度，加黑色以降低明度，两者都将引起该色相的纯度降低。黄色明度最高，蓝紫色明度最低，红、绿色的明度中等。简单来说，明度越低越接近黑色，明度越高越接近白色，可以理解为明度越高，加入的白色越多。

彩度也称为纯度或饱和度，是指反射或透射光线接近光谱色的程度，其数值从中间(0)向外随着色调的纯度而增加，没有理论上的上限(普通的颜色实际上限为 10，反光、荧光等材料可高达 30)。由于人眼对各种颜色的敏感度不同，彩度不一定与每个色调和明度组合相匹配。

任何颜色都可以用颜色立体上的色调 H、明度值 V 和彩度 C 这三项坐标来标定，并给出标号。标定的方法是先写出色调 H，再写明度值 V，在斜线后写彩度 C，即 HV/C=色调+明度值++彩度。例如，颜色标号为 10Y8/12，表明该色调是黄(Y)与绿黄(GY)的中间色，明度值是 8，彩度是 12。这个标号还说明，该颜色比较明亮，具有较高的彩度。又如，颜色标号为 3YR6/5，表明色调在红(R)与黄红(YR)之间，偏黄红，明度是 6，彩度是 5。对于非彩色的黑白系列(中性色)用 N 表示，在 N 后标明度值 V，斜线后面不写彩度，其公式为，NV/=中性色明度值。例如标号 N5/的颜色：明度值是 5 的灰色。对于彩度低于 0.3 的中性色，如果需要做精确标定时，可采用下式，NV/(H，C)=中性色明度值/(色相，彩度)。例如颜色标号为 N8/(Y，0.2)，表明该色是略带黄色明度为 8 的浅灰色。

医学证实，颜色对人体的机能和生理过程会发生作用，影响到内分泌系统、含水量的平衡、血液循环和血压。红的色调会使人各种器官的机能兴奋和不稳定，而蓝色和绿色色调则会使人各种器官的机能稳定。颜色对人的心理产生影响的原因是，色彩与它所属的对象和物品紧密相连，所以，人们对颜色的心理感受受制于生活中积累起来的人与物交往的经验和态度。色彩能引起某种情绪或改变某种情绪。如"明快"的颜色可引起愉快感，"阴郁"的颜色可能是心情不佳的起因。一般情况下，红、橙、黄色给人以温暖感觉，这些颜色叫暖色，起积极、兴奋的心理作用；青、绿、紫色给人以寒冷感觉，这些颜色叫冷色，起消极、镇静的心理作用。

明色调与暗色调，由反射决定的色彩亮度可能影响人的情绪。如明色调会使人产生轻松、自在、舒畅的感觉，暗色调会使人产生压抑和不安的感觉。色彩的选择还与人的特点如年龄、性别、生活经验等有关。例如，儿童喜欢鲜艳的红色或黄色，成年人往往喜欢蓝色、绿色和红色。有过统计调查得出了成人所喜爱的色调顺序为蓝、红、绿、黄、橙、紫、褐、灰、黑、白与粉色。

(3) 生产环境与设备的色彩调节。对于生产用房，一般不主张把房间涂成单一的颜色或者一种色调占主要地位，因为单一的颜色会使视觉疲劳，把表面涂成对比色是比较有效的。

设备不论规模大小，大体上可分为主机、辅机和动力源、控制盘和工作台等。对这些进行色彩装饰时，要考虑生产用房的环境色和工作内容才能确定设备本体的色调。一般来说，设备使用中性色的绿色系列和没有刺激的灰色系列较佳，这种色彩能给予人以静感而且可使工作人员眼睛不会过度疲劳。要将生产用房的环境色、机械色、作业时的材料色结合在一起考虑。此外，对于需要卫生管理的食品、饮料工厂的设备，应采用白色或近于白色。对于搬运设备如堆高机、手推车等尽量避免深色，而以使用较明快的色彩为好。

4) 噪声状况的影响与控制

噪声对生产者形成干扰，使其感到不快、不安或可能造成伤害。它主要包括城市交通噪声、工厂机器噪声、建筑施工噪声以及商业、体育和娱乐场所的人群喧闹声等。

(1) 噪声对工作效率的影响。噪声直接或间接影响工作效率。在嘈杂的环境里，人们心情烦躁，工作容易疲劳，反应迟钝，注意力不容易集中等都直接影响工作效率、质量和安全，尤其是对一些非重复性的劳动影响更为明显。在高噪声下工作，心算速度降低，遗漏和错误增加，反应时间延长，总的效率降低。降低噪声给人带来舒适感，可使人精神轻松，工作失误减少，精确度提高。有项实验表明，把噪声从 60dB 降低到 40dB，打字员的工作效率能提高 30%。

值得注意的是，声音过小也会成为问题。在一个寂静无声的房间里工作，心理上也可能会产生一种惧怕孤独的感觉，影响工作。

(2) 噪声控制。噪声干扰的过程是声源——传播途径——接收者。因此，噪声控制必须从这3方面研究解决。首先是降低声源本身的噪声级，如果技术上不可能或经济上不合算，则考虑从传播途径中来降低。如果仍达不到要求或不合算，则应对接收者采取个人防护措施。

① 声源控制。减少机器设备本身的振动和噪声，通过研制和选择低噪声的设备和改进生产加工工艺，提高机械设备精度和安装技术，使发声体不发声或降低发声强度，从根本上解决噪声的污染。

② 限制噪声传播。在传播途径上阻断和屏蔽声波的传播，或使声源传播的能量随距离衰减，这是控制噪声、限制噪声传播的有效方法。

工厂总体设计布局要合理。预计工厂建成后可能出现的厂区环境噪声情况，在总图设计时全盘予以考虑。例如，将高噪声车间、场所与噪声较低的车间、生活区分开设置，以免互相干扰，对特别强烈的噪声源，可设在厂区比较边远偏僻的地区，使噪声级最大限度地随距离自然衰减。利用天然地形，如山冈土坡、树丛草坪和已有的建筑屏障等有利条件，阻断或屏蔽一部分噪声向接收者传播。在噪声严重的工厂、施工现场或交通道路的两旁设置有足够高的围墙或屏障，可以减弱声音的传播。绿化不仅能净化空气、美化环境，而且还可以限制噪声的传播。

③ 接收者的防护。当其他措施不成熟或达不到预期效果时，使用防护用具进行个人防护是一种经济、有效的方法。防护用具常见的有橡胶或塑料制的耳塞、耳罩、防噪声帽以及防声棉球等，可以降低噪声 20~30dB。在噪声强烈的车间，也可以开辟小的隔声间，工人在其中进行仪表控制或休息。此外，可以采取轮换作业，缩短工人在高噪声环境中的工作时间。

案例

豫缆科技的生产控制

1. 公司概况

豫缆科技(原名河南省通信电缆厂、河南省七○一厂)，是河南省通信工业中建厂最早、规模最大的企业，有"中原电信工业之根"之称，是中原电线电缆行业的骨干企业。公司成立于1970年初，曾经是河南邮电管理局和中国网通的河南分公司。2007年，豫缆公司作为中国网通首批改制企业从之前的国企改制为非国有的控股企业。公司总部位于郑州市高新技术开发区，下设中联光通信光缆集团有限公司(北京)、河南省通信光缆有限公司(周口)、郑州成泉生态园(氾水)、河南豫缆工程公司(郑州)、河南豫居置业有限公司以及荥阳市羽丰通信电缆制造有限公司等6家子公司。

公司发展至今，在光电通信产品的研发和制造方面，积累了先进的工艺、技术成果和丰富的生产管理经验，2011年被认定为高新技术企业，获得河南省名牌产品称号，拥有郑州市企业技术中心；2013年被评为全国电子信息行业优秀创新企业；先后有8种产品获得省部级"优质产品"称号，两项技术革新成果分获"全国科学大会奖"和"河南省科技进步奖"；曾荣获"质量信誉最佳企业""河南省百强企业""电子信息行业30强企业""知识产权优势企业""河南省百高企业"等称号。

2. 生产管理现状

生产进度控制问题是企业生产运作管理中最复杂、最棘手的问题。合理的生产进度计划安排是保证生产管理任务有效落实的基本前提，所以高效的生产管理机制对于企业的发展有十分重要的影响。它不仅可以保证落实生产计划，还能够促进资源的优化配置，均衡生产，实现资金的良好运行，有利于提高企业的综合经济效益。

公司拥有两个生产基地，相距200多千米。对于一个资金少、规模小、办公信息化程度低、人工作业占主导地位的小型生产企业来说，异地生产势必会增加生产进度控制的难度。经过实地调查与初步分析，发现豫缆科技公司在生产进度控制上存在的以下几个主要问题。

(1) 组织机构上未设立专门的生产进度控制系统。一方面，企业对生产进度的重要性认识不足，未指派人处理这方面的事务；另一方面，反映了对进度控制理论的认识不足，在实际操作上主观性强。

(2) 信息化程度低，未建立基本的生产管理信息系统。

(3) 单纯地依靠个人经验进行车间调度。豫缆科技公司拥有两个生产基地，产品种类多，主要承担的生产任务不同，因而极易造成生产的不均衡，或者开工不足，或者异常繁忙。同时，由于人为因素的影响，增加了生产的随意性。

(4) 由于工作量大，生产数据未能有效、完整地记录，造成生产事故发生后不能有效地查询生产记录。而已经记录在册的数据也存在记录不全和记录不准确的情况，所有的这些都有悖于现代生产过程中的数字化控制和精准决策，不利于生产过程的科学管理。

(5) 不能有效地预见和预防工作进度。

(6) 未严格按照生产的流程编制生产计划，生产进度控制的依据不足，生产计划不是追加就是取消、插单，致使计划无法执行，生产带有随意性、临时性。

3. 生产进度控制改进

生产进度是影响产品质量、交期、价格的直接因素，而质量、交期、价格又是制造企业的重要绩效指标。如何对生产所需物品的质与量进行确认，如何对中间过程进度进行监控，将直接影响生产进度控制的成败。结合豫缆科技公司生产进度控制中存在的问题，分别从生产进度确认、生产前的监控、生产中的控制三个方面提出改进措施。

1) 完善生产进度分析

针对豫缆科技公司的生产进度管理现状，建议完善生产进度分析系统，制定合理的生产进度分析的方法和流程。

(1) 多渠道获取生产进度分析资料。依据人力资源产能表、设备产能表、生产作业计划、生产工艺文件、生产变更通知书等文件，以及生产日报表、生产周报表、生产月报表、生产状况表、成品及半成品检验单、入库单等经过审核的生产报表信息，还有生产监控录像等，多观察生产进度管理看板、多进行现场巡视。

(2) 全面分析产品的各种状态。进行产量分析时，成品数量的完成情况直接体现了生产进度完成情况，是产量分析的重点；从在制品的数量，分析按照生产工艺流程停留在各个阶段的在制品数量，依据标准工时表评估生产进度，依次来判定生产计划是否能够达成；从不良待修品数量，分析不良原因，判定生产过程中是否存在品质异常，依次来评估生产进度的健康水平；从返工数量，分析返工数量和返工次数，发现诸如材料、人工技能、作业方法等存在的问题，解决后可避免影响之后的生产进度；分析报废品数量，目的类似于返工数量分析，只不过报废品数量过多时，对生产进度和生产成本的影响会更大。

2) 加强生产前监控

在生产前对生产进度实施监控，要明确监控内容。需要监控的内容主要包括以下几个方面。

(1) 对生产计划的确认，包括生产前置时间、标准产能及生产排程合理性确认。

(2) 对物料准备的确认。例如，生产所需的物料准备状况确认和生产所需的辅助性材料，务必按照生产计划所需的数量及状态进行确认；其库存数量一定要大于计划所需的数量，尤其是一些辅助性材料。在 MRP 阶段，企业可能会忽略这部分材料的库存状况，所以在生产前务必进行确认。

(3) 对人员状况进行确认。例如人员状况是否满足标准流程生产所需要，人员是否接受适当的培训。

(4) 对设备及工具的准备状况进行确认，包括确认设备的保养状况，确认生产工具的供应及在用状态，设备是否进行了适当的保养和维护，以避免生产过程中突发状况导致停线。另外，必须保证经常或者周期性更换的配件的足够库存。例如在光缆跳纤的生产过程中，因为每班次的产量已经有了定额要求，生产人员集中，在每个环节人和工具成为了工艺生产流程中的重要环节，设备的状况既影响产能，也影响批量质量问题，因此在保证设备预检预修情况下，每班次都会有产前样品生产检验，并加强生产过程中自检与互检，以保证设备是正常可使用状态。

(5) 产品信息状况的确认。对产品的变更信息进行确认，以免造成误用材料等异常；对生产中使用的材料，应在生产前进行小批量生产，避免批量性生产异常。定期对产品的生产履历进行回顾，在生产前对产品的品质及效率异需等情况务必进行确认，以避免在生产中再次发生异常，减少损失。

在生产前置期进行进度监控，可以有效防止进度受阻。生产前的监控对生产计划有至关重要的影响，因为生产计划是连接客户与生产单位之间的重要信息，在制造型企业中起着承上启下的非常重要的作用。对上，它可以要求客户对订单的准确性进行改善；对下，它可以要求生产相关单位不断优化标准生产和效率提升。一份合理的生产计划的建立需要生产、工程、制造以及其他单位的互相配合才能完成，不是生产一个单位就可以完成的，但生产管理可以作为主导人，并对相关单位提出合理的改善要求，如部分生产前置时间的节省、标准产能的准确性、效率的提升等。企业对达到一定数额的订单或者客户单独提出不同需求的订单，要通过产前协调会来制订生产计划，并达成一致意见，要求参会人员签字确认，形成一贯性。

3) 强化生产中控制

生产中监控应包括以下几个方面。

(1) 检验状况的确认。包括不良品状况的确认和已通过检验产品的确认。

(2) 半成品状况的确认。一是对半成品数量的确认，如对维修品、报废品数量的确认。这部分数量在刚开始交货时可能影响较小，但当交货到尾数时，其影响的重要性就会凸显，所以生产中必须及时处理半成品，以免积压。二是对半成品状态的确认。最好是每天统计汇总半成品状态，如果报废数量影响到出货数量，就要及时补足，避免影响出货。

(3) 入库状况的确认。

(4) 工单结案状况确认包括未结单工单状况确认和结单工单状况确认。

生产中进行进度监控的衡量标准就是时间和数量，即在规定的时间有没有达到规定的数量，而如何对其监控，就得明确生产进度监控的频率和工具。在生产进度监控的频率方面，豫缆科技公司应对部分产量较高，每天出货量大的产品，如对微跳纤采取半班制入库，对普通室外光缆产品采取全班制入库，较好地控制工单执行状况。生产进度监控的工具一般有生产进度看板、生产报表和以电脑为基础的资讯系统，如 MES 等，合适的监控工具可以增加监控准确性和及时性。

资料来源：http://www.hntx.net.cn/News/223377.html.

思考题

1. 生产控制的作用是什么？
2. 生产控制的方式有哪几种？各自的特点是什么？
3. 简述生产调度的原则和工作制度。
4. 生产进度控制的常用工具有哪些？
5. 简述成本控制的意义、内容和程序。
6. 生产率的表现形式有哪几种？如何测评？

第10章 供应链管理

作为21世纪增强企业竞争力的主要管理思想和方法之一,供应链管理目前已经受到了国内外学术界与企业界的普遍重视。随着市场全球化和竞争的加剧,企业之间的竞争已变成了供应链之间的竞争,如何提高整条供应链的增值能力,消除牛鞭效应,增强供应链的竞争力已经成为各节点企业共同的目标,因此设计出结构合理的供应链至关重要。经济全球化、信息技术网络化以及电子商务技术的蓬勃发展促进了供应链的全球化运营,使生产的组织和实现超越了空间和时间的概念和限制,以网络信息为依托,在更广阔的范围内选择合作伙伴,采用灵活有效的管理组合模式,更加方便、有效地实现多种企业的资源优势互补。

10.1 供应链及其牛鞭效应

供应链是由供应商、制造商、仓库、配送中心和渠道商等构成的物流网络。同一企业可能构成这个网络的不同组成节点,但更多的情况下是由不同的企业构成这个网络中的不同节点。整个供应链(包括物流、信息流和商流)是企业与企业之间的合作,不再是部门之间的合作,未来的竞争也不再是企业与企业之间的竞争,而是供应链与供应链之间的竞争。但是牛鞭效应的存在削弱了供应链的增值能力和竞争能力。所以企业之间必须协同合作,共同消除牛鞭效应,达到群体共存。

10.1.1 供应链的发展阶段

供应链的概念是从扩大的生产(extended production)概念发展来的,它将企业的生产活动进行了前伸和后延。例如,日本丰田公司的精益协作方式中,将供应商的活动视为生产活动的有机组成部分而加以控制和协调,这就是"前伸"。后延是指将生产活动延伸至产品的销售和服务阶段。因此,供应链就是通过计划(plan)、获得(obtain)、存储(store)、分销(distribute)、服务(serve)等这样一系列活动而在顾客和供应商之间形成的一种衔接(interface),从而使企业能满足内外部顾客的需求。

供应链包括产品到达顾客手中之前所有参与供应、生产、分配和销售的公司和企业，因此其定义涵盖了销售渠道的概念。供应链对上游的供应者(供应活动)、中间的生产者(制造活动)和运输商(储存运输活动)及下游的消费者(分销活动)同样重要。

10.1.2 供应链的概念

供应链是围绕核心企业，通过对信息流、物流、资金流的控制，从采购原材料开始，制成中间产品及最终产品，最后由销售网络把产品送到消费者手中，从而将供应商、制造商、分销商、零售商，直到最终用户连成一个整体的功能网链结构。它不仅是一条连接供应商到用户的物流链、信息链、资金链，还是一条增值链，物料在供应链上因加工、包装、运输等过程而增加其价值，给相关企业带来收益。

供应链上游产业原指处在整个产业链的开始端，包括重要资源和原材料的采掘、供应业以及零部件制造和生产的行业，这一行业决定着其他行业的发展速度，具有基础性、原料性、联系性强的特点。上游产业往往是利润相对丰厚、竞争缓和的行业，原因是上游产业往往掌握着某种资源，比如矿产，比如核心技术，有较高的进入壁垒。在现代的产业链理论中，上游产业则是一个相对的概念。下游产业则指处在整个产业链的末端，加工原材料和零部件、制造成品和从事生产及服务的行业。产业要形成竞争优势，就不能缺少世界一流的供应商，也不能缺少上下游产业的密切合作关系。供应链的上游和下游的含义如表10-1所示。

表10-1 供应链的上游和下游

供应链区段	含义	举例
供应链上游	指那些先于最终制造的部分,包括为最终制造提供产品和服务的供应链	在服装制造的供应链中,最初的原料供应商,如棉花种植者,以及纺纱厂、织布厂
供应链下游	涉及供应链最终产品部分,包括将产品提交给最终客户	在服装制造的供应链中,配送中心和销售商

一个供应链的最终目的是满足客户需求，同时实现自己的利润。它包括所有与满足客户需求相关的环节，不仅有生产商和供应商，还有运输、仓储、零售和顾客本身。顾客需求是供应链的驱动因素，一条供应链正是从顾客需求开始，逐步向上延伸的。例如，当一个顾客走进超市去买洗发水，供应链就开始于这个顾客对洗发水的需求，这个供应链的下属阶段分别是超市、运输商、分销商、洗发水生产工厂。

供应链是动态的，并且包括在不同阶段之间流动的产品流、信息流和资金流。每一个阶段执行不同的过程并且与其他阶段互相作用。例如，超市提供产品、价格信息给顾客，顾客付款获得产品，超市再把卖点信息和补货信息给配送中心，配送中心补货给超市，分销商也提供价格信息和补货到达日期给超市。物流、信息流、资金流同样在整个供应链过程中发生。

10.1.3 供应链中的"三流"

1. 物流

物流，即物料或产品从供应方开始，沿着各个环节向需求方流动。供应链中的物流从原材料至产品到最终用户的运动仅仅是一个方向。有关供应链中物流的比较典型的观点认为，供应链中物料的流动由最初的资源通过一系列的转换过程流向配送系统，直至最终客户。

物流管理是供应链"三流"管理体系的重要组成部分。一般认为，供应链是物流、信息流、资金流的统一体，而物流贯穿于整个供应链的始终，连接着供应链中的各个企业，是企业之间互相合作的纽带。

2. 信息流

信息流，即订单、设计、需求、供应等信息在供应链中的双向流动。供应链中的信息流需要在供应商和客户之间双向流动，包括从客户到供应商的需求信息流和从供应商客户的供应信息流。供应链管理的实现，不仅需要高效快速的物流、资金流，更需要快速、准确的信息流。

3. 资金流

资金流是供应链中货币形态的单向流通。物料是有价值的，物料流动会引发资金的流动。资金流是从下游向上游流动的。资金是业务运作的生命，没有资金流，企业将无法运营。购买原材料、支付员工薪金、产品广告宣传、各种设备设施的维护，以及维持服务等都离不开资金流。

综上所述，物流是从最初供应商流向最终客户，资金按照相反方向流动，而信息是双向流动的。

10.1.4 供应链中的牛鞭效应

1. 牛鞭效应的概念

牛鞭效应是指供应链的产品需求量随着供应链向上游不断波动且放大，其结果远远超出最初预测的消费者需求。也就是说，到达供应链最上游的产品需求量远远大于市场实际需求量。牛鞭效应的具体表现是，以订单为载体的需求信息沿着供应链从顾客向零售商、批发商、分销商、制造商、原材料供应商传递的过程中，需求信息的变异会被逐级放大。这种信息扭曲的放大作用在图形显示上很像一根甩起的赶牛的鞭子，因此被称为牛鞭效应。

最下游的客户端相当于鞭子的根部，最上游的供应商端相当于鞭子的梢部，在根部的一端只要有一个轻微的抖动，传递到末梢端就会出现很大的波动。在供应链上，这种效应越往上游，变化就越大，距终端客户就越远，影响就越大，达到最源头的供应商时，其获得的需求信息和实际消费市场中的顾客需求信息存在很大的偏差，需求变异系数比分销商和零售商的需求变异系数大得多。由于这种放大效应的影响，上游供应商往往维持比下游供应商更高的库存水平。

这种信息扭曲如果和企业制造过程中不确定因素叠加在一起,将导致巨大的经济损失。牛鞭效应反映出供应链上需求的不同步现象。

2. 牛鞭效应的形成

零售商根据以往销量,或凭经验,或凭一定算法对将来的客户需求进行预测,这时的预测是最接近市场上真实的客户需求的,接着零售商按照自己对顾客需求的预测向批发商发送订单,进行订货补充库存。由于存在订货提前期,零售商在平均需求的基础上,考虑到需求的波动,进而增加安全库存,此时的零售商订单的变动性已经超出了顾客需求初步预测,这是牛鞭效应中产品需求的第一次波动,需求的失真将从这里开始向上游传递。

批发商不能获知顾客的实际数据,只能利用零售商已发出的订单进行预测,这样批发商在零售商平均订货量的基础上,又增加了一个风险库存,这是牛鞭效应中产品需求的第二次波动。

由此,零售商、分销商、制造商、供应商的订货量波动越来越大,远远超出市场实际需求,结果是供应链各成员的库存过大,增加了供应链的库存成本,使供应与需求很难匹配,没有实现供应链管理降低库存的目标。

传统供应链中,各企业和各职能部门通常只追求本部门的利益,而企业间和企业内部部门之间缺乏系统性思考和集成化管理。例如,宝洁公司在研究尿不湿产品的市场需求时发现,该产品的销售数量相对稳定,波动性并不大。但在考察分销中心的订货情况时,却发现其订单的变动比销售数量的变动要大得多,而分销中心是根据批发商的订货需求量的汇总进行订货的。通过进一步研究发现,零售商为了能够应付客户需求增加的变化,往往在历史和现实销售情况的预测订货量基础上,进行一定放大后再向批发商订货,而批发商也出于同样的考虑进行加量订货。这样,虽然客户需求波动不大,但层层加量订货就将实际需求逐级放大了。

3. 牛鞭效应的危害

如果供应链的每一个阶段只是追求各自目标的最优化,而未考虑对整个供应链的影响,就会失调,从而使供应链总利润低于协调时可以达到的水平。供应链的每一个阶段在追求自身目标最优化的过程中所采取的行动,最终损害了整条供应链的运营业绩。具体来说,供应链中牛鞭效应的危害主要有以下几个方面。

(1) 过度频繁的需求变化,使企业生产计划变化加剧,导致额外成本支出增加。过度的生产预测大大增加了计划的不确定性,各节点企业不得不频繁地修改生产计划,使制造商投入的生产能力大于实际的需求。牛鞭效应歪曲了需求信息,使需求的波动程度加大,从而使制造商盲目扩大生产能力,结果是生产能力利用率不高。

(2) 客户需求不能及时满足,服务水平降低。现今的市场是客户驱动的市场,然而信息的失真使各节点企业很难对市场需求做出准确的预测和正确的决策。一些产品的需求被过分放大,而另一些市场真正需要的产品却得不到重视,造成制造商生产能力闲置或过度使用,从而使产品短缺与过剩,无法充分满足客户需求。

(3) 牛鞭效应增加企业管理难度。这些难度主要表现在需求扩大而引起的企业有限资源的分配问题，如产品原材料的采购、生产能力的安排、生产计划的制订、库存战略的制定和库存控制等。这些问题直接影响着企业在市场条件下的生存和发展。

综上所述，牛鞭效应及其引发的供应链失调对供应链的运营有较大的负面影响，增加了库存成本、生产成本、运输成本，降低了企业反应能力，降低了供应链绩效。

4. 应对牛鞭效应的方法

供应链中的不确定性主要来源于供应商不确定性、生产者不确定性和顾客不确定性，而供应链上的不确定性主要表现为衔接不确定性和运作不确定性。因为牛鞭效应是以下游客户逐级向上游转嫁风险的结果，所以它会危害整个供应链的运作，导致总库存增加、生产无序和失衡、业务流程阻塞、资源浪费、市场混乱和风险增大。企业可以从已经找到的牛鞭效应产生的原因中，来寻找解决牛鞭效应的方法。

(1) 采用供应商库存管理模式。供应商库存管理(vendor managed inventory，VMI)是指一种在客户和供应商之间的合作性策略，在一个双方协定的目标框架下，由供应商来管理库存。VMI体现了供应链集成化管理思想，有助于打破传统企业各自为政的库存管理模式，使整个供应链的库存管理最优化目标得以实现。

由供应商直接管理库存，能够减少订单在传递过程中需求信息波动放大造成的需求信息失真，供应商也能够直接预测消费需求，制定生产、配送等决策，或直接向上游发出订单。供应环节的减少，大大降低了牛鞭效应。

(2) 采取JIT物流模式。及时生产(just in time，JIT)是由日本丰田汽车公司在20世纪60年代实行的一种生产方式，是以市场需求为核心的"拉动式"管理体系，这一管理体系的确立可以促使企业按市场办事，严格按客户需求组织采购、运输、加工、配送等活动，即将所需要的零件以所需要的数量、在正好需要的时间送到生产线。这样，采取实时地预测、实时地配送、实时地生产，尽可能地减少安全库存量，更能直接降低牛鞭效应。供货周期的减小意味着市场需求的波动更小，因为短时间内可以假定消费者的偏好不变，在没有意外的情况下，需求的预测完全可以根据以往的经验和近期的销售数据来得出，更为接近市场实际需求信息，从而制定订单。

(3) 采用电子信息技术，缩短订货提前期。下游企业在采购时，由于考虑到缺货风险，一般都慎重决定定购提前期，而提前期的不确定性，导致下游企业的预测存在误差，从而导致库存周期波动，最终导致牛鞭效应的产生。沃尔玛的实践表明，采用电子信息技术[商品条形码技术、物流条形码技术、电子订货系统、POS(point of sales)数据读取技术、预先发货清单技术、电子支付系统、连续补充库存方式]支持的快速响应系统，能够使预测误差大幅度减少，从而减小牛鞭效应的负面影响。

综上所述，对于大多数的企业来说，仅仅依靠自己的实力在激烈的市场竞争中求得生存和发展，是相当困难的，企业之间必须通过了供应链彼此链接在一起，以一个有机的整体参与竞争，共同合作，优劣互补，实现协同效应，才能提高供应链的竞争力，达到了群体共存的效果。

供应链这个结构不仅涉及"蛋糕"的分配，还要把"蛋糕"做大及发现其他新的"蛋糕"，这都需要上下游企业间建立紧密的伙伴关系，只有在供需双方互相信任、利益共享和风险共担的基础上，才能公开各自的业务数据，共享信息和业务流程。在这样的前提下，各节点企业利用先进的信息技术以及管理技术，实现资讯的共享，使各节点企业从整体最优的角度做出决策，实现供应链的不断增值，才能有效地解决各种因素的问题，真正地消除牛鞭效应。

10.2 供应链的管理与设计

供应链管理是一种集成的管理思想和方法，执行供应链中从供应商到最终用户的物流的计划和控制等职能，表现了企业在战略和战术上对企业整个作业流程的优化，能够整合并优化了供应商、制造商、零售商的业务效率。各企业之间必须设计一个结构合理的供应链，这样才能减少库存、降低成本、缩短提前期、实施JIT生产与供销、提高供应链的整体运作效率。

10.2.1 供应链管理概述

1. 供应链管理的概念

供应链管理(supply chain management，SCM)是一种从供应商开始，经由制造商、分销商、零售商，直到最终用户的全要素、全过程的集成管理模式，其目标是从整体的观点出发，寻求建立供、产、销企业以及客户间的战略合作伙伴关系，最大限度地减少内耗与浪费，实现供应链整体效率的最优化。

2. 供应链管理涉及的内容

供应链管理涉及以下4个主要领域：供应(supply)、生产作业(production operation)、物流(logistics)、需求(demand)，如图10-1所示。供应链管理是以同步化、集成化生产计划为指导，以各种技术为支持，尤其以Internet/Intranet为依托，围绕供应、生产作业、物流(主要指制造过程)、需求来实施的。

3. 供应链管理的目标

供应链管理的目标是在满足客户需要的前提下，对整个供应链(从供货商，制造商，分销商到消费者)的各个环节(如从采购、物料管理、生产、配送、营销到整个供应链的物流、信息流和资金流)进行综合管理，把物流与库存成本降到最小。

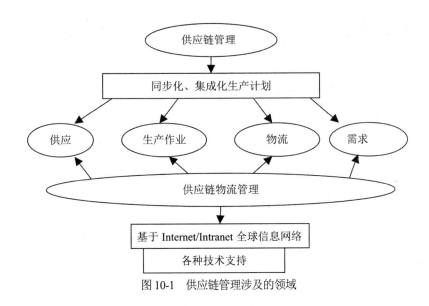

图 10-1 供应链管理涉及的领域

4. 供应链管理的要点

(1) 供应链是一个单向过程,供应链中各环节不是彼此分割的,而是通过链的联系成为一个整体。

(2) 供应链是全过程的战略管理,从总体来考虑,如果只依赖于部分环节信息,就可能导致生产计划失真。

(3) 不同链节上的库存观不同,在物流的供应链管理中,不应把库存当作维持生产和销售的措施,而应将其看成供应链的平衡机制。

5. 供应链管理的意义

供应链管理的最终目的是满足客户需求,降低成本,实现利润,具体表现为以下几个方面。

(1) 提高顾客满意度。这是供应链管理与优化的最终目标,供应链管理和优化的一切方式方法,都是朝这个目标努力的。

(2) 提高企业管理水平。供应链管理与优化的重要内容就是流程上的再造与设计,这对提高企业管理水平和优化管理流程,具有不可或缺的作用。同时,随着企业供应链流程的推进和实施、应用,企业管理的系统化和标准化将有极大的改进,这都有助于企业管理水平的提高。

(3) 节约交易成本。结合电子商务整合供应链将大大降低供应链内各环节的交易成本,缩短交易时间。

(4) 降低库存水平。通过扩展组织的边界,供应商能够随时掌握库存信息,组织生产,及时补充库存,避免供应链各企业维持较高的库存水平。

(5) 降低采购成本,促进供应商管理。由于供应商能够方便地取得存货和采购信息,采购及其管理人员等都可以从这种低价值的劳动中解脱出来,从事具有更高价值的工作。

(6) 缩短循环周期。通过供应链的自动化,预测的精确度将大幅度提高,使企业不仅能生产出需要的产品,还能缩短生产时间,从而提高顾客满意度。

(7) 收入和利润增加。通过组织边界的延伸，企业能履行合同，增加收入并维持和增加市场份额。

6. 供应链管理与物流管理的关系

供应链是一个整体，合作性与协调性是供应链管理的重要特点。在这一环境中的物流系统也需要无缝连接，物流管理是为供应链服务的，物流的效率、效果、质量和速度直接影响着供应链运作的流畅性。例如，运输的货物要准时到达，顾客的需要才能及时得到满足；采购的物资不能在途中受阻，才会增强供应链的合作性。因此，供应链物流系统获得高度的协调化是保证供应链获得成功的前提条件。

物流管理主要关注企业内部的功能整合，而供应链管理把供应链中的所有节点企业看作一个整体，强调企业之间的一体化，关注企业之间的相互关联。物流管理是计划机制，而供应链管理是协商机制，是一个开放的系统，通过协调分享需求与存货信息，以减少或消除供应链成员之间的缓冲库存不仅仅是物流的简单延伸。物流管理主要关注于组织内部对"流"的优化，而对供应链管理不仅优化了传统的物流系统，更使物流系统向更高一级发展，使物流的支链变大、变广，使供应链管理发挥最佳效果。

10.2.2 供应链的设计

1. 供应链设计的内容

(1) 供应链成员及合作伙伴的选择。一个供应链是由各个供应链成员组成的。供应链成员包括从原产地到消费地通过供应商或客户直接或间接地相互作用的所有企业和组织。因为一级级叠加起来的成员总数可能会很大，所以关于供应链成员及合作伙伴的选择是供应链管理的研究重点。

(2) 网络结构设计。供应链网络结构主要由供应链成员、网络结构变量和供应链间工序连接方式三方面组成。为了使非常复杂的网络更易于设计和合理分配资源，有必要从整体出发进行网络结构的设计。

(3) 供应链运行基本规则。供应链上各节点企业之间的合作是以信任为基础的。信任关系的建立和维系除了各个节点企业的真诚和行为之外，必须有一个共同平台，即供应链运行的基本规则，其主要内容包括协调机制、信息开放与交互方式、生产物流的计划与控制体系、库存的总体布局、资金结算方式、争议解决机制等。

2. 供应链设计的步骤

第一步是分析市场竞争环境，要"知彼"。这一过程的目的在于找到针对哪些产品市场开发供应链才有效，为此，必须知道现在的产品需求是什么，产品的类型和特征是什么。分析市场特征时，要向卖方、用户和竞争者进行调查，提出诸如"用户想要什么""他们在市场中的分量有多大"之类的问题,以确认用户的需求和因卖方、用户、竞争者产生的压力。这一步骤的输出是每一产品的按重要性排列的市场特征。同时对于市场的不确定性要有分析和评价。

第二步是总结、分析企业现状,要"知己"。这一过程主要分析企业供需管理的现状,这一个步骤的目的不在于评价供应链设计策略的重要性和合适性,而在于着重研究供应链开发的方向,分析、寻找、总结企业存在的问题及影响供应链设计的阻力等因素。

第三步是针对存在的问题提出供应链设计项目,分析其必要性。这一过程在了解产品的基础上,围绕着供应链"可靠性"和"经济性"两大核心要求,提出供应链设计的目标,这些目标包括提高服务水平和降低库存投资的目标之间的平衡,以及降低成本、保障质量、提高效率、提高顾客满意度等目标。

第四步是基于产品的供应链设计策略提出供应链设计目标。这一过程的主要目标在于获得高客户服务水平和低库存投资、低单位成本两个目标之间的平衡。

第五步是分析供应链的组成,提出组成供应链的基本框架。供应链中的成员组成分析主要包括制造工厂、设备、工艺和供应商、制造商、分销商、零售商及用户的选择及定位,以及确定选择与评价的标准,包括质量、价格、准时交货、柔性、提前期、批量、服务、管理水平等指标。

第六步是分析和评价供应链设计的技术可能性。这不仅是某种策略或改善技术的推荐清单,还是开发和实现供应链管理的第一步,是在可行性分析的基础上,结合本企业的实际情况,为开发供应链提出技术选择建议和支持。这一过程也是一个决策的过程,如果方案可行,就可进行下面的设计;如果方案不可行,就要重新进行设计,调整节点企业或建议客户更新产品设计。

第七步是从生产、分销任务与能力、信息管理系统、物流管理系统等方面设计供应链。其中生产设计解决需求预测、生产什么产品、生产能力、供应给哪些分销中心、价格、生产计划、生产作业计划和跟踪控制、库存管理等问题;分销任务与能力设计解决产品服务于那些市场、运输、价格等问题。

第八步是检验供应链。供应链设计完成以后,应通过一定的方法、技术进行测试检验或试运行。如果供应链运作存在障碍,返回第四步重新进行设计;如果没有什么问题,就可实施供应链管理了。

第九步实施供应链。供应链实施过程中需要核心企业的协调、控制和信息系统的支持,使整个供应链成为一个整体。

供应链设计的步骤如图10-2所示。

综上所述,供应链设计是企业模型的设计,它从更广泛的思维空间——企业整体角度去勾画企业蓝图,扩展企业模型。它不仅包括物流系统,还包括信息、组织、价值流和相应的服务体系。在供应链的设计中,要把供应链的整体思维观融入供应链的构思和建设中,同时,要想实现企业间并行运作模式,就要有并行的设计才能。

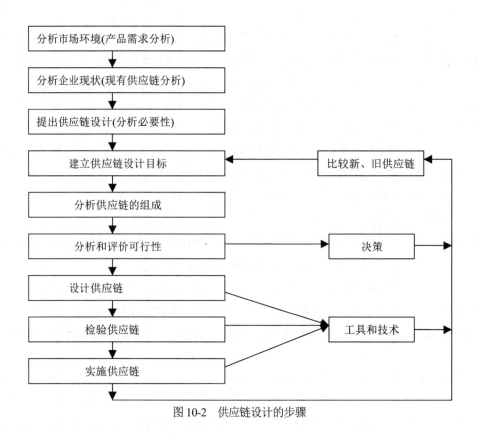

图 10-2 供应链设计的步骤

10.3 快速响应供应链体系

为了快速响应顾客的需求,保证精益生产方式的实施,供应商、制造商和销售商应紧密合作,通过共享信息来共同预测未来的需求,并持续观察需求的变化,以获得新的机会,这就是快速响应战略。随着竞争重点由成本向时间转移,快速响应供应链管理体系越来越受到人们的重视。

1. 快速响应的起源

快速响应(quick response,QR)系统由连锁零售商沃尔玛、凯马特公司等开始推动,并逐步推广到纺织服装行业。美国的纺织服装行业在应用 QR 系统之后,产业结构趋于合理,产品的产销周期由原来的 125 天锐减至 30 天,大大缩短了产品在制造、分销、零售等供应链各环节上的运转周期,大大降低了整体供应链的运营成本,大大提高了企业的竞争力。1986 年以后,美国百货公司和连锁业也开始导入 QR 系统。随着 QR 系统在零售领域的应用日益广泛和深入,其功能结构也得到不断完善和补充。

"零售巨人"沃尔玛是 QR 系统的重要推动者之一。回顾沃尔玛的 QR 实施过程,可将其分为三个发展阶段。

(1) QR 系统的初期阶段。沃尔玛 1983 年开始采用销售时点数据(point of sale，POS)系统，1985 年开始建立电子数据交换(Electronic Data Interchange，EDI)系统，这两大信息系统的建设为沃尔玛实施 QR 奠定了技术条件。1986 年，沃尔玛与 Seminole 公司和 Milliken 公司在服装商品方面开展合作，开始建立垂直型的 QR 系统。当时双方合作的领域仅限于订货业务和付款通知业务。通过 EDI 系统发出订货明细清单和受理付款通知，来提高订货速度和准确性，并节约相关事务的作业成本。

(2) QR 系统的发展阶段。为了促进零售业内电子商务的发展，沃尔玛与其他商家一起成立了经济商务解决方案协会(Voluntary Interindustry Commerce Solutions Association，VICS)，协商确定零售业内统一的 EDI 标准和商品识别标准。沃尔玛基于行业统一标准设计出 POS 数据的输送格式，通过 EDI 系统向供应商传送 POS 数据。供应商基于沃尔玛传送过来的 POS 信息，可及时了解沃尔玛的商品销售情况、把握商品的需求动向，并及时调整生产计划和材料采购计划。

供应商利用 EDI 系统在发货之前向沃尔玛传送预先发货清单(advanced shipping notice，ASN)。这样，沃尔玛事前可以做好进货准备工作，同时可以省去货物数据的输入作业，使商品检验作业效率化。沃尔玛在接收货物时，用扫描器读取包装箱上的物流条码，把扫描读取的信息与预先储存在计算机内的进货清单进行核对，判断到货和发货清单是否一致，从而简化了检验作业。在此基础上，沃尔玛利用电子支付系统向供应商支付货款。同时，只要把 ASN 数据和 POS 数据比较，就能迅速知道商品库存的信息。这样不仅节约了大量事务性作业成本，还压缩了库存，提高了商品周转率。在此阶段，沃尔玛开始把 QR 的应用范围扩大至其他商品和供应商。

(3) QR 系统的成熟阶段。上述措施为沃尔玛实施"天天平价"的价格竞争战略提供了有利条件。从沃尔玛的实践来看，QR 是零售商和供应商建立战略伙伴关系，利用 EDI 等信息技术，进行销售时点的信息交换以及订货补充等其他经营信息的交换，用高频率小数量配送方式连续补充商品，实现缩短交货周期，减少库存，提高顾客服务水平和企业竞争力为目的的供应链管理。

2. 快速响应的概念

快速响应是指供应链管理者所采取的一系列降低补给货物交货期的措施。快速响应是制造或服务行业竭力按照顾客的要求，能够提供给客户准确数量、质量和所要求时间的产品的一种响应状态，组织追求的是按照实时的客户要求，以恰当的时间、地点和价格，为客户提供产品和服务。

3. 快速响应的特点

(1) QR 是联结供需之间的链条，快速响应的基本原则是按照需求对组织活动进行部署，企业中所有活动都要与顾客的需求行为步调一致。

(2) QR 有能力在尽可能靠后的时间内按照信息决策，以便及时地保证可供物多样性的最大化，以及交货期、费用、成本和库存的最小化。

(3) QR 将重点放在灵活性和生产速度上，以便满足高竞争、多变和动态市场的不断变化需求。

(4) QR 包含了展览、结构、文化和一套通过快速信息传输和有利的信息交换活动，能够实现互联网络中企业整合的操作过程。

4. 实施快速响应系统的关键要素

(1) 改变传统的经营方式，革新企业的经营意识和组织结构。企业不能局限于依靠本企业独自的力量来提高经营效率的传统经营意识，要树立通过与供应链各方建立合作伙伴关系，努力利用各节点企业的资源来提高供应链整体经营效率的现代经营意识。首先，零售商在垂直型 QR 系统中起主导作用，零售店铺是垂直型 QR 系统的起始点。在垂直型 QR 系统内部，通过 POS 数据等销售信息和成本信息的相互公开和交换，来提高供应链上各环节企业的经营效率。其次，明确垂直型 QR 系统内各个企业之间的分工协作范围和形式，消除重复作业，建立有效的分工协作框架，改变传统的事务作业方式，利用信息技术，实现事务作业的无纸化和自动化。

(2) 开发和应用现代信息处理技术。开发应用现代信息处理技术是成功进行 QR 活动的前提条件。这些信息技术包括商品条码技术、物流条码技术、电子订货系统(electronic ordering system，EOS)、POS 数据读取系统、电子数据交换系统、预先发货清单技术、电子支付系统(electronic funds transfer，EFT)、供应商管理库存方式(vendor managed inventory，VMI)、连续补货方式(continuous replenishment planning，CRP)等。

(3) 必须与供应链上各节点企业建立战略伙伴关系。

5. 构建与实施快速反应供应链

(1) 快速反应供应链系统的构建。在新经济环境下，制造业面临着信息网络化、经济全球化、需求多样化和个性化、订货批量越来越小、产品的生命周期越来越短的市场竞争环境。而且，这种市场环境是动态的、突变的、非平稳的，是一个竞争更为激烈的生存环境。在这种背景下，产品多样性增加、批量减小，顾客对产品的交货周期、价格和质量的要求越来越高，企业必须有完善快速反应的物流系统的支持，这就对传统供应链提出了多种挑战。

创建快速反应供应链，以核心企业为中心，通过对资金流、物流、信息流的控制，将供应商、制造商、分销商、零售商及最终消费者整合到一个统一的、无缝化程度较高的功能网络链中，以形成一个极具竞争力的战略联盟。从内容上看，这种供应链系统应包括信息流、物流、资金流、价值流及业务流 5 个相互联系的子系统。

(2) 快速响应供应链系统的实施策略。一是滚动预测策略，即企业市场部门每个月根据市场状况、企业的实际销售状况及历史记录，对将来一段时间的销售情况进行预测。这种需求预测是每月更新的，可以是未来三个月或更长时间的，这样不但缩短了供应商的交货期，而且使供应商承担起部分管理库存的任务，使供应商库存成为本企业的外围库存，降低了企业的库存量和库存管理成本。二是供应商管理库存策略,即供货方代替用户(需求方)管理库存。库存的管理职能转由供应商负责,由供应商掌握供应链上的商品库存动向,即由供应商依据零售商提供的每日商品销售资料和库存情况来集中管理库存,替零售商下订单或连续补货,从而实现对顾客需求变化的快速反应。供应商管理库存策略能够提供更好的客户服务和更精确的预测,从而降低了营运成本,降低了库存量与库存维持成本等。三是安全库存策略,即在供应链上设置必要的安全库存。这样的安全库存能够有效地弥补信息集成发展的阶段性,消除供应链上不确定性。在供应链系统上设置必要安全库存有两个优势。第一个优势是缩短货物交付期。交付期越短,交付期内市场需求量的标准差就越小,在这期间进行的供应链市场需求预测就越准确,供应链上的供给不确定性就越小,从而在整个供应链上需要的必备的安全库存也就越少。因此,为了有效地消除供应链上的不确定性,就应努力缩短供应链上的交付期。第二个优势是最大限度地减小需求的不确定性。这就需要加强供应链上的信息共享,以供应链系统集成的思想加强供应链上各节点企业的战略联盟关系。这是消除供应链上不确定性的又一有效方法。

10.4 供应链全球化的趋势

经济全球化、信息技术网络化以及电子商务技术的蓬勃发展促进了供应链的全球化运营,为供应链全球化提供了信息和业务集成的基础支持。供应链全球化使生产的组织和实现超越了空间和时间的概念和限制,可以以网络信息为依托,在更广阔的范围内选择合作伙伴,采用灵活有效的管理组合模式,更加方便有效地实现多种企业的资源优势互补。

10.4.1 全球供应链管理概念

全球供应链管理(global supply chain management,GSCM)是指在全球范围内组合供应链,它要求以全球化的视野,将供应链系统延伸至整个世界范围,根据企业的需要在世界各地选取最有竞争力的合作伙伴。全球供应链管理强调在全面、迅速地了解世界各地消费者需求的同时,对其进行计划、协调、操作、控制和优化,在供应链中的核心企业与其供应商以及供应商的供应商、与销售商乃至最终消费者之间,依靠现代网络信息技术的支撑,实现供应链的一体化和快速反应,达到商流、物流、资金流和信息流的协调通畅,以满足全球消费者需求。

全球供应链管理是实现一系列分散在全球各地的相互关联的商业活动的整合,包括采购原料和零件、处理并得到最终产品、产品增值、对零售商和消费者的配送、在各个商业主体之间交换信息,其主要目的是降低成本、扩大收益。

10.4.2 全球供应链的类型

全球供应链涉及运输和仓储等主要物流环节和基本业务的全球化,采购、外包、供应链流程的全球化。通过有效的全球供应链管理,跨国公司可以节省成本和时间,并提高物料管理与实体运配的可靠性。全球供应链的4种类型如表10-2所示。

表10-2　全球供应链的类型及含义

类型	含义
国际配送系统	生产以国内为主,但某些配送系统与市场在海外
国际供应商	原材料与零部件由海外供应商提供,但最终的产品装配在国内,某些情况下,产品装配完成后,会再运回海外市场
离岸加工	产品生产的整个过程一般都在海外某一地区,成品最终运回到国内仓库
全球性供应链	产品的进货、生产、销售的整个过程都发生在全球的不同工厂

10.4.3 全球供应链的趋势和影响

自2005年以来,全球化在物流和供应链领域的影响日趋明显。供应链全球化的影响,从主要发达国家到南美、非洲、中东、亚洲等新兴物流市场,已深入企业商业活动的方方面面。

供应链全球化的趋势正在影响中国物流界,表现在以下两个方面。

1. 物流外包已经发展到供应链管理流程的全球化

供应链管理是企业内部和企业之间所有物流活动和商业活动的集成。随着运输时效的提升、信息技术的开展,运输、仓储等主要物流活动的全球化已经开始了很长时间,全球采购、全球配送等物流环节近年来的全球化趋势明显,而供应链商业过程如制造、研发、客户服务近年来外包情形发展迅速,增强了企业的价值增值能力。

领先的全球化物流服务供应商的业务范围已经由物流服务向供应链服务转化,因为仅仅具备资产和物流服务能力已经不能满足跨国企业的要求,物流企业还要具备供应链管理技术,提供知识管理层面的服务,其中涉及供应链战略、供应链网络设计、供应链流程再造和优化,为生产企业提供完整的供应链管理服务。

供应链全球化的趋势表明,物流企业的能力必须从提供以资产为基础的物流服务向提供以管理能力为核心的完整的供应链服务转型,才能在竞争中处于优势地位。

2. 跨国公司的全球供应链战略在不同的国家侧重点不同

跨国公司在实施供应链全球化战略的过程中,在不同的国家所考虑的因素和重点不同,给中国如何更好地承接全球供应链外包提供了借鉴。

中国和印度是供应链流程全球外包的两个主要承接地,但两国的优势和承接外包的主要商业流程不同，跨国公司所考虑的侧重点也明显不同。中国在承接制造业外包方面有明显优势，印度在承接完整的供应链外包、承接IT外包和离岸业务外包方面有明显优势。而当跨国公司考虑供应链流程外包的时候，认为外包到中国要考虑到知识产权保护的问题、政府的政策和规则的影响等方面因素。在物流和供应链方面，跨国公司担心的是中国产业向内地转移的过程中，沿海地区的港口和物流枢纽与内地的连接度不足而增加物流成本和时间成本。

案例

海尔现代物流创造的奇迹

海尔集团首席执行官张瑞敏曾谈起"搞"物流的原因，他说："物流对海尔的发展非常重要，为此我们大约用了两年半时间进行物流的整合和改造。到目前为止，我们认为物流对企业的发展起到了巨大的作用。"

1. 重塑企业的业务流程

海尔现代物流的起点是订单。企业把订单作为企业运行的驱动力，作为业务流程的源头，完全按订单组织采购、生产、销售等全部经营活动。企业从接到订单时起，就开始了采购、配送和分拨物流的同步流程，现代物流过程也就同时开始。由于物流技术和计算机管理的支持，海尔物流通过3个JIT，即JIT采购、JIT配送、JIT分拨物流来实现同步流程。这样的运行速度为海尔赢得了源源不断的订单。2001年，海尔集团平均每天接到销售订单200多个，每个月平均接到6000多个销售订单，定制产品有7000多个规格品种，需要采购的物料品种达15万种。由于所有的采购基于订单，采购周期减到3天；所有的生产基于订单，生产过程降到一周之内；所有的配送基于订单，产品一下线，中心城市在8小时内、辐射区域在24小时内、全国在4天之内即能送达。总体来说，海尔完成客户订单的全过程仅为10天时间，资金回笼一年15次(1999年我国工业企业流动资本周转速度年均为1.2次)，呆滞物资降低73.8%。张瑞敏认为，订单是企业建立现代物流的基础。如果没有订单，现代物流就无"物"可"流"，现代企业就不可能运作。没有订单的采购，意味着采购回来就是库存；没有订单的生产，就等于制造库存；没有订单的销售，就不外乎是处理库存。抓住了订单，就抓住了满足即期消费需求、开发潜在消费需求、创造崭新消费需求这个"牛鼻子"。但如果没有现代物流保障流通的速度，有了的订单也会失去。

2. 改变"物"在企业的流通方式

海尔改变了传统仓库的"蓄水池"功能，使之成为一条流动的"河"。海尔认为，提高物流效率的最大目的就是实现零库存，现在海尔的仓库已经不是传统意义上的仓库，它只是企业的一个配送中心，成了为下道工序配送而暂时存放物资的地方。

建立现代物流系统之前，海尔占用50多万平方米仓库，费用开支很大。2001年3月31日，坐落在海尔开发区工业园的海尔国际物流中心正式启用。该物流中心仓库面积为1.92万平方米，设置了1.8万个货位，满足了企业全部原材料和制成品配送的需求，其仓储功能相当于一个30

万平方米的仓库。这个立体仓库与海尔的商流、信息流、资金流、工作流联网，进行同步数据传输，采用世界上最先进的激光导引无人运输车系统、机器人技术、巷道堆垛机、通信传感技术等，整个仓库空无一人。自动堆垛机把原材料和制成品举上7层楼高的货位，自动穿梭车则把货位上的货物搬下来，一一放在激光导引无人驾驶运输车上，运输车井然有序地按照指令再把货送到机器人面前，机器人叉起托盘，把货物装上外运的载重运输车上，运输车开向出库大门，仓库中"物"的流动过程结束。整个仓库实现了对物料的统一编码，使用了条形码技术、自动扫描技术和标准化的包装，没有一道环节会使流动的过程梗塞。

海尔的流程再造使原来表现为固态的、静止的、僵硬的业务过程变成了动态的、活跃的和柔性的业务流程。未进行流程再造前的1999年，海尔实现销售收入268亿元，库存资金为15亿元，销售资金占用率为5.6%。2000年，海尔实现销售收入406亿元，比1999年超了138亿元；库存资金降为7亿元，销售资金占用率为1.72%。在海尔，所谓的库存物品，实际上成了在物流中流动着的、被不断配送到下一个环节的"物"。

3. 建立市场快速响应体系

面对日趋激烈的市场竞争，现代企业要占领市场份额，就必须以最快的速度满足终端消费者多样化的个性需求。因此，海尔建立了一整套对市场的快速响应系统。一是建立网上订单管理平台。全部采购订单均由网上发出，供货商在网上查询库存，根据订单和库存情况及时补货。二是建立网上支付系统。目前网上支付已达到总支付额的20%，支付准确率和及时率达100%，并节约近1000万元的差旅费。三是建立网上招标竞价平台。供应商与海尔一道共同面对终端消费者，以最快的速度、最好的质量、最低的价格供应原材料，提高了产品的竞争力。四是建立信息交流平台，供应商、销售商共享网上信息，保证了商流、物流、资金流的顺畅。集成化的信息平台，形成了企业内部的信息"高速公路"，架起了海尔与全球用户资源网、全球供应链资源网和计算机网络的桥梁，将用户信息同步转化为企业内部信息，以信息替代库存，强化了整个系统执行订单的能力。海尔物流成功地运用电子商务体系，大大缩短了海尔与终端消费者的距离，为海尔赢得了响应市场的速度，扩大了海尔产品的市场份额。在国内市场份额中，海尔彩电占比10.4%，冰箱占比33.4%，洗衣机占比30.5%，空调占比30.6%，冷柜占比41.8%。在国际市场，海尔产品占领了美国冷柜市场份额的12%，200升以下冰箱市场份额的30%，小型酒柜市场份额的50%；占领了欧洲空调市场份额的10%，中东洗衣机市场份额的10%。目前，海尔的出口量已经占到销售总量的30%。

4. 通过全球供应链参与国际竞争

从1984年12月到现在，海尔经历了5个发展战略阶段。第一阶段是品牌战略，第二阶段是多元化战略，第三阶段是国际化战略。在第三阶段，其战略创新的核心是从海尔的国际化到国际化的海尔，也是建立全球供应链网络，而支撑这个网络体系的是海尔的现代物流体系。第四阶段是全球化品牌战略阶段，为了适应全球经济一体化的形势，运作全球范围的品牌，从2006年开始，海尔集团继名牌战略、多元化战略、国际化战略阶段之后，进入第四个发展战略创新阶段：全球化品牌战略阶段。国际化战略和全球化品牌战略的区别在于，国际化战略阶段是以中国为基地，向全世界辐射；全球化品牌战略则是在每一个国家的市场创造本土化的海尔品牌。第五个发展阶段是网络化战略发展阶段，提出从 2013 年至 2019 年从传统的制造家电产品的企业转型为面向社会孵化创客的平台，致力于成为互联网企业，连通资源打造共创共赢的新平台。

张瑞敏认为，21 世纪的竞争将不是单个企业之间的竞争，而是供应链与供应链之间的竞争。谁所在的供应链总成本低、对市场响应速度快，谁就能赢得市场。一只手抓住用户的需求，一只手抓住可以满足用户需求的全球供应链，这就是海尔物流创造的核心竞争力。

资料来源：供应链管理世界. https://business.sohu.com/a/497098396_121131916.

思考题

1. 简述供应链中的"三流"。
2. 简述供应链中牛鞭效应的定义。
3. 简述全球供应链的定义及类型。
4. 对你熟悉的一家企业进行供应链设计。

参考文献

[1] 王丽莉,张凤荣. 生产计划与控制[M]. 2 版. 北京:机械工业出版社,2011.

[2] 王丽亚,陈友玲,马汉武,等. 生产计划与控制[M]. 北京:清华大学出版社,2007.

[3] 陈荣秋,马士华. 生产运作管理[M]. 5 版. 北京:机械工业出版社,2017.

[4] 邓华. 生产计划与控制[M]. 北京:中国纺织出版社,2017.

[5] 阚树林. 生产计划与控制[M]. 北京:化学工业出版社,2008.

[6] 李怀祖. 生产计划与控制[M]. 北京:中国科学技术出版社,2005.

[7] 潘尔顺. 生产计划与控制[M]. 2 版. 上海:上海交通大学出版社,2003.

[8] 陈福军. 生产与运作管理[M]. 4 版. 北京:中国人民大学出版社,2017.

[9] 杨建华,张群,杨新泉. 生产运作管理[M]. 3 版. 北京:电子工业出版社,2016.

[10] 柯清芳. 生产运作管理[M]. 3 版. 北京:北京理工大学出版社,2016.

[11] 赵启兰,刘宏志. 生产计划与供应链中的库存管理[M]. 北京:电子工业出版社,2003.